AF597758

Jürgen Reifenberger

Neoliberalismus, Krise und die Zukunft des demokratischen Sozialstaats

Jürgen Reifenberger

Neoliberalismus, Krise und die Zukunft des demokratischen Sozialstaats

Diskurse - Strategien - Argumente - Fakten

Tectum Verlag

Jürgen Reifenberger

Neoliberalismus, Krise und die Zukunft des demokratischen Sozialstaats.
Diskurse - Strategien - Argumente - Fakten

ISBN: 978-3-8288-3504-7

Umschlagabbildung: Fotolia.com © Marco2811 (bearbeitet)
Umschlaggestaltung: Norman Rinkenberger | Tectum Verlag
Druck und Bindung: CPI buchbücher.de, Birkach
Printed in Germany

Besuchen Sie uns im Internet
www.tectum-verlag.de

Bibliografische Informationen der Deutschen Nationalbibliothek
Die Deutsche Nationalbibliothek verzeichnet diese Publikation in der Deutschen Nationalbibliografie; detaillierte bibliografische Angaben sind im Internet über http://dnb.ddb.de abrufbar.

Inhaltsverzeichnis

Einleitung

Als das Parlament der Ukraine im November 2013 das geplante Assoziierungsabkommen mit der EU platzen ließ, ahnte man nicht, welch dramatische Kettenreaktion dies auslösen würde: Dem Rückzieher folgten, fast im Wochenrhythmus, der Sturz des amtierenden Präsidenten Janukowitsch, die Beschleunigung der ukrainischen Westorientierung, die russische Annexion der Krim und der Ostukraine, westliche Wirtschaftssanktionen gegen Russland und schließlich die Renaissance der alten geopolitischen Blockkonfrontationen zwischen Ost und West. Ausgangspunkt der Ereignisse war letztlich der enorme politische Druck der oppositionellen, vom Westen unterstützten Kräfte, die die Ukraine in die EU und langfristig auch in die NATO führen wollen. Der Druck speiste sich aus einer Melange verschiedenster Motive: Wunsch nach Selbstbestimmung und Demokratie, nach Gewährleistung von Rechtsstaatlichkeit und Menschenrechten, nach Wohlstand und Ende der Korruption und nach einer Ablösung von der langjährigen geopolitischen Dominanz Russlands. Doch bei allen unzweifelhaften Verbesserungen, auf die die ukrainische Bevölkerung mit einer stärkeren Anbindung an den Westen hoffen dürfte: So einfach liegen die Dinge nicht. In den letzten Märztagen 2014 fuhr der deutsche Außenminister in die Ukraine, um mit den dortigen Oligarchen über ihre Haltung zur Westorientierung und über die Zukunft des Landes zu sprechen – in Ermangelung demokratisch gewählter Vertreter, wie es in der „Welt" hieß.[1] Es waren dieselben Oligarchen, die bis vor kurzem noch Janukowitsch unterstützt hatten[2] und aus deren Kreis auch der nächste ukrainische Präsident kommen würde. Steinmeier hätte dem ehemaligen österreichischen Vizekanzler Erhard Busek zufolge beruhigt sein können: Da die Oligarchen wüssten, dass sie bei einer Orientierung nach Russland nur die zweite Geige spielten, sei eine Spaltung des Landes nicht zu erwarten.[3] Der Umkehrschluss hieße, dass sie bei West-Orientierung die erste Geige spielten. Das lässt zwei Deutungen zu: Entweder ist die ukrainische Übergangsregierung im Zuge der Transformation vorübergehend schwach legitimiert – oder die Episode ist Anzeichen für ein grundsätzlich gestörtes Kräfteverhältnis zwischen wirt-

1 Vgl. Claudia Kade: Steinmeier lobt Kiew und geht Putin scharf an. In: „Die Welt" vom 22.3.14 (online). URL: siehe Literaturverzeichnis

2 Vgl. Eduard Steiner: Ukrainische Milliardäre setzen auf Janukowitsch. In: „Die Welt" vom 17.1.2014 (online). URL: s. Lit.-Verz.

3 Vgl. APA: Experte sieht größte Revolution in Europa seit 1989. In: „Der Standard" vom 28.2.2014 (online). URL: s. Lit.-Verz.

schaftlichen Eliten und demokratisch legitimierten Entscheidern. Schließlich firmiert das Land, laut einem weit verbreiteten Demokratie-Index unter den sog. „unvollständigen Demokratien“ und wird zu den korruptesten der Welt gezählt.[4] Nun fußte die Hoffnung vieler Ukrainer gerade darauf, dass sich diese und andere Probleme bei einem EU-Beitritt mehr oder weniger von selbst erledigen. Das Problem ist nur: Der besagte Demokratieindex berücksichtigt Tendenzen zur Oligarchisierung politischer Systeme nicht. Und in den Konzepten des Westens zur Unterstützung des ukrainischen Systemübergangs spielt der Faktor bis dato nur eine marginale Rolle. So hätte die EU das Assoziierungsabkommen mit der Janukowitsch-Regierung – Oligarchen hin oder her – ohne weitere Probleme auch abgeschlossen, wenn sie nach dem Scheitern und den folgenden Bürgerrechtsprotesten nicht plötzlich deren autokratischen Charakter entdeckt hätte.

Was können die Ukrainer angesichts dieser Lage vom Westen erwarten? Die Frage führt zwangsläufig zu den tiefgreifenden politischen, ökonomischen und zivilgesellschaftlichen Veränderungen, denen die liberalen Demokratien des Westens in den letzten drei Jahrzehnten selbst ausgesetzt sind und die in der Finanz- und Staatsschuldenkrise ab 2007 deutlich zu Tage traten. Die Lösungswege zur Abwendung des drohenden Zusammenbruchs der Weltwirtschaft – öffentliche Haftung und Verpfändung zukünftiger Steueraufkommen für private Bankrisiken und fremde Staatsschulden und massive Interventionen und Sparauflagen in staatlichen Aufgabenbereichen – evozierten heftige internationale Diskussionen über eine als bedenklich empfundene Dominanz der Finanzmärkte, über Legitimationsverluste der liberalen Demokratien und über das Schwinden politischer Stabilität als Folge sozialer Verwerfungen, ja sogar Befürchtungen, dass in den westlichen Staaten selbst allmählich oligarchische und plutokratische Herrschaftsstrukturen installiert würden.

Begleitet waren diese Diskussionen von Rekursen auf die katastrophische Geschichte der ersten Hälfte des 20. Jahrhunderts. Werner Abelshauser, der Doyen der deutschen Wirtschaftshistoriker, sah etwa in der Schuldenkrise eine Reihe von ökonomischen Parallelen zur Weltwirtschaftskrise von 1931.[5] Den Wirtschaftsweisen Peter Bofinger erinnerten die von der Troika geforderten Senkungen der Mindestlöhne, die Kürzungen von Renten und die Entlassung von Staatsbediensteten in Griechenland an die Notverord-

4 Vgl. „The Economist“: Democracy Index 2012 (online). URL: s. Lit.-Verz.

5 Catherine Hoffmann im Gespräch mit Werner Abelshauser: Auftakt zur Depression. In: „SZ“ vom 17.5.2010 (online). URL: s. Lit.-Verz.

nungspolitik Reichskanzler Brünings am Ende der Weimarer Republik.[6] Und noch weitaus schärfer kommentierte Frank Schirrmacher ein Jahr später einen „Forbes"-Artikel, in dem, halb als Witz, halb als ernsthafter Vorschlag, ein Militärcoup für Griechenland als Lösung seiner Finanzkrise ins Spiel gebracht wurde:

> „Dieser Witz ist deshalb so traurig und bitter, weil – wenn wir das kleine Problem ignorieren, dass Griechenland dann eine Militärdiktatur wäre – er in Wahrheit eine gute Lösung für Griechenland zeigt. Man muss nicht alle Beziehungen des Witzes zum Unterbewussten kennen, um zu verstehen, wie massiv gerade moralische Übereinkünfte der Nachkriegszeit im Namen einer höheren, einer finanzökonomischen Vernunft zerstört werden. [...] Es wird immer klarer, dass das, was Europa im Augenblick erlebt, keine Episode ist, sondern ein Machtkampf zwischen dem Primat des Ökonomischen und dem Primat des Politischen. Schon hat das Politische massiv an Boden verloren, was man daran erkennt, dass alle politischen Begriffe, die mit dem geeinten Europa verbunden waren, im Wind zerstoben sind wie Asche."[7]

An Warnungen vor unwägbaren Risiken der ordnungspolitischen Transformationsprozesse ab den 1980er Jahren hatte es von Anfang an nicht gefehlt. Klaus von Dohnanyi mahnte – lange vor der Krise – mit Blick auf Globalisierung und Maastrichter Vertrag den Aufbau stabiler und funktionstüchtiger Strukturen des europäischen Sozialstaates an. Dies sei eine der vordringlichen Lehren aus der Vergangenheit – „[...] lebenswichtige Stabilitätsfragen für die kommenden stürmischen Jahre, für Zeiten, die gefährlicher werden".[8] In ähnlicher Weise zielte der britische Historiker Tony Judt auf die politischen Risiken des neoliberalen Paradigmenwechsels, als er dem Westen vorwarf, nach fünfzig Jahren Wohlstand und Sicherheit „die politischen und sozialen Traumata von massenhafter Unsicherheit" vergessen zu haben.[9]

---

6 Vgl. Harald Freiberger, Markus Zydra: Griechenland-Krise im historischen Vergleich. Das Gespenst von Weimar. In: „SZ" vom 26.2.2012 (online). URL: s. Lit.-Verz.

7 Frank Schirrmacher: Der griechische Weg: Demokratie ist Ramsch. In: „FAZ" vom 1.11.2011 (online). URL: s. Lit.-Verz.

8 Vgl. Klaus von Dohnanyi: Hat uns Erinnerung das Richtige gelehrt? Eine kritische Betrachtung der sogenannten „Vergangenheitsbewältigung". Rede im Rahmen der Reinhold-Frank-Gedächtnisvorlesung, Karlsruhe 2002 (online), o. S. URL: s. Lit.-Verz.

9 Vgl. Tony Judt: Das vergessene 20. Jahrhundert. Die Rückkehr des politischen Intellektuellen. Hanser Verlag, München 2010, S. 19.

Der große historische Bogen, in den die Warnungen eingebettet sind, hat seine Berechtigung. Der Westen, von dem Judt sprach – das ist jener transatlantische Großraum, innerhalb dessen sich in der symbiotischen ökonomischen Konkurrenz zwischen den USA und den europäischen Staaten die katastrophischen Erschütterungen des 20. Jahrhunderts angebahnt hatten. Nach dem Zweiten Weltkrieg bildeten eben diese Staaten den Kernverbund der liberalen und sozialen und auf Abwehr des realsozialistischen Blocks orientierten industriellen Massendemokratien, die sich zur Sicherung ihrer ökonomischen Interessen ab den 1960er Jahren in der OECD zusammenschlossen. Just aus diesem geopolitischen Raum wurde aber auch in den 1980er Jahren der neoliberale Kurswechsel eingeleitet, dessen gesellschaftliche Folgen inzwischen dazu zwingen, den Befund Wolfgang Merkels, nach dem die Länder der OECD relativ sicher vor der Gefahr wären, „ins Lager der hybriden oder gar autokratischen Regimes abzugleiten“[10], mit einem großen Fragezeichen zu versehen.

Unter strukturgeschichtlichen Aspekten lässt sich der Bogen noch weiter schlagen: Nach wie vor konstituiert das Ringen um Fiskalstaat, Rechtsherrschaft, demokratische Legitimation, Grundrechtskataloge, zivilgesellschaftliche Freiheiten und Sozialstaatsidee die gesellschaftlichen Auseinandersetzungen. Und nach wie vor werden diese Prozesse wiederum geprägt durch Industrie- und Finanzkapital und Lohnarbeit, durch den allfälligen Grundkonflikt zwischen Privateigentum und Allgemeinwohl, durch sozialdarwinistisch grundierte Überbetonung von Wettbewerb und Konkurrenzkampf, Glaube an Rationalität und exponentielles Wachstum, Streben nach Unterwerfung[11], Schwächung ökonomischer und politischer Konkurrenten und nicht zuletzt durch global agierende Wirtschaftseliten und konkurrierende und expandierende geopolitische Machtzentren. So gesehen sind die Probleme und Konfliktherde, die Handlungs-, Organisations- und Denkmuster des 19. Jahrhunderts auch heute keineswegs obsolet – trotz al-

10 Vgl. Wolfgang Merkel: Das Ende der Euphorie. Der Systemwettlauf zwischen Demokratie und Diktatur ist eingefroren. In: Internationale Politik, Heft 3, Mai/Juni 2010, S. 18-25 (online), hier: S. 20. URL: s. Lit.-Verz.

11 „Für den Philosophen David Goldberg ist ‚Unterwerfung‘ das prägende Kennzeichen der Aufklärung: ‚Unterwerfung der Natur durch den menschlichen Intellekt, koloniale Herrschaft durch physische und kulturelle Dominanz und wirtschaftliche Überlegenheit durch Beherrschung der Marktgesetze.‘ Die Beherrschung der Natur und die rationale Organisation der Gesellschaft galten einst als Grundlage der Emanzipation des Menschen – heute gelten sie als Quelle der Versklavung.“ Kenan Malik: Menschen sind potenziell gleich, Kulturen nicht. In: „Novo-Magazin“, Heft 60, Sept./Okt. 2002 (online). URL: s. Lit.-Verz.

ler aktuellen Befunde über Postmoderne und Postindustrialismus. Die Unwägbarkeiten und Strukturen des 19. Jahrhunderts sind die Unwägbarkeiten und Strukturen des 21. Jahrhunderts.[12] Der Unterschied besteht darin, dass sich die symbiotische Konkurrenz der europäischen Nationalstaaten des 19. und 20. Jahrhunderts in den letzten 30 Jahren globalisiert hat.

Dem Westen diente der damit verbundene verschärfte Konkurrenzdruck in den letzten Jahrzehnten als argumentativer Motor für die Aufkündigung jener sozialstaatlich-demokratischen Übereinkünfte, die in der ersten Hälfte des 20. Jahrhunderts, als Antwort auf die Katastrophen der beiden Weltkriege und der Weltwirtschaftskrise 1929 ff., entwickelt worden waren. Der Gedanke des funktionalen Zusammenhangs zwischen ökonomischer Verteilungsgerechtigkeit, sozialem Ausgleich und Stabilität der Demokratien rückte zusehends in den Hintergrund. Mit der allmählichen Amnesie des Sozialstaatsgedankens ging eine Amnestie des lange verpönten Neoliberalismus einher und gleichzeitig eine Renaissance der unverblümten ökonomischen Konkurrenz auf Kosten internationaler Kooperation.

Ohne Zweifel gehörte die Sowjetunion unbedingt in dieses große Thema der Geschichte des 20. Jahrhunderts hinein, da ohne ihre Existenz die allmähliche Ausbreitung von demokratischem Sozialstaat und Menschenrechtspolitik und ohne ihr Verschwinden der ordnungspolitische Kurswechsel des Westens nicht vollständig verstanden werden kann. In dieser Arbeit aber wird sie nur eine marginale Rolle spielen, da sie nie integrierter Teil des transatlantischen Verbundes und seines politischen Weges war und ihr Weg vor fast einem Vierteljahrhundert endete. Im vorliegenden Text geht es vor allem darum, aufzuzeigen, wie der westliche Liberalismus mit seinen selbst propagierten Werten umgeht und welches Verhältnis er zu seiner eigenen gewaltbelasteten Vergangenheit und den daraus gezogenen Lehren entwickelte.

Obwohl die Arbeit die ungeheuer komplexen Prozesse aus der Perspektive der sozialen Demokratie darstellt, bietet sie dem Leser keine wohlfeilen Lösungen an. Sie verzichtet aus Gründen der Konsistenz auch weitgehend auf die Analyse der vielfältigen transnationalen Netzwerke, Thinktanks, Stiftungen und Interessengruppen, auf das Verhältnis der politischen Funktionseliten zu den Machteliten[13], sie verzichtet ebenso auf die kulturel-

12 „Es ist längst nicht mehr umstritten, dass die aktuelle Globalisierungsdynamik mit Erkenntnisgewinn in der Kontinuität des 19. und 20. Jahrhunderts interpretiert werden kann.“ Werner Abelshauser: Deutsche Wirtschaftsgeschichte. Von 1945 bis zur Gegenwart. 2. Auflage, Beck, München 2011, S. 34.

13 Siehe dazu Autoren wie Krysmanski, Domhoff u.a.

len und vor allem medienpolitischen Faktoren und Instrumente, auf die in ihrem Einfluss kaum zu überschätzende „soft power" also, mit denen harte geopolitische Entscheidungen und die globalen Veränderungen der letzten Jahrzehnte vorbereitet und in Szene gesetzt wurden. Ebenfalls wird nicht diskutiert, warum sich in den transatlantischen Staaten in den vergangenen Jahren für diesen Richtungswechsel in aller Regel parlamentarische Mehrheiten fanden. Im Vordergrund steht die Darstellung der Diskurse, der Denkweisen und Weltbilder der jeweiligen Jahre, die Darstellung der großen politischen Richtungsentscheidungen und die konkreten legislativen und operativen Umsetzungen, die daraus hervorgingen.

Unter diesen Einschränkungen erzählt der Text von den wesentlichen Stationen der internationalen Ordnungs- und Sozialpolitik ab 1918, den Gründungsdiskussionen im Nachkriegs-Deutschland und schließlich von den ursprünglichen Leitideen der europäischen Einigung, um daran zu erinnern, dass die damaligen politischen Weichenstellungen als integrale Bestandteile von Vergangenheitsbewältigung, Zukunftsvorsorge und Konfliktprävention gesehen wurden. Im Anschluss daran zeigt ein Überblick über die Hintergründe und Ziele des neoliberalen Paradigmenwechsels und über Entstehung, Verlauf und politische Auswirkungen der Finanzkrise 2007 ff., wie fundamental der Wechsel dieses Kurses für die westlichen Demokratien war und ist. Bei der Auswahl der Literatur wurde darauf Wert gelegt, möglichst viele Texte heranzuziehen, die im Internet verfügbar sind, gleichwohl aber wissenschaftlichen Ansprüchen genügen. Damit soll dem Leser/der Leserin der vertiefende Zugang zu den vielfältigen thematischen Pfaden, Ableitungen und Verästelungen erleichtert werden, die dem komplexen Gegenstand notwendig anhaften. Das macht den Text zugegebenermaßen recht sperrig, und deshalb sei empfohlen, zunächst vor allem den Fließtext zu lesen und die Fußnoten beiseite zu lassen.

I. Vergangenheitsbewältigung im 20. Jahrhundert

In der menschlichen Geschichte bildeten Überlegungen zur Sühnung von Verbrechen in politischen, religiösen oder ethnischen Großkonflikten, zur Wiederherstellung stabiler gesellschaftlicher Verhältnisse, zur Schaffung eines inneren und äußeren Friedens und zur Gewinnung lebenswerter Zukunftsperspektiven stets einen zentralen Gegenstand ethisch-moralischer Diskussionen und politisch-operativer Praxis. Bereits in der Antike stellte man weitreichende Überlegungen zum gerechten Umgang mit Besiegten an[14], und früh schon gab es modern anmutende Vorläufer der juristischen Aufarbeitung gewaltbelasteter Vergangenheit nach politischen Umbrüchen.[15] Das häufig verwendete Prädikat „Ewiger Friede" (etwa für die Friedensschlüsse von Brest 1435 und Polanów 1634) drückte die nur zu menschliche Hoffnung aus, dass getroffene Vereinbarungen die Unwägbarkeiten und Risiken zukünftiger Konflikte so weit wie möglich eindämmen und damit eine Wiederholung gewaltbelasteten Geschehens verhindern mögen. Zur Erreichung dieser Ziele war man, wie etwa im Westfälischen Frieden, bestrebt, „hochkomplexe Lösungen" und Verfahren zu entwickeln.[16]

Im Großen und Ganzen jedoch beschränkten sich Friedens- oder Kapitulationsabkommen vor dem 20. Jahrhundert auf einen begrenzten Maßnahmenkanon, zumeist bestehend aus geopolitischen Neuordnungen, Gebietsabtretungen, Reparationen, Kontributionen, Festlegung von Truppenstärken und -bewaffnung et cetera. In der Regel stand die Frage nach der moralischen und faktischen Schuld Beteiligter nicht zur Debatte, und nur allzu oft suchten Konfliktregelungen und Friedensschlüsse ihr Heil in Amnestie für Täter und Tätergruppen und in verordneter Amnesie für die Opfer.[17] Historische Vorbilder dafür sind

---

14 Vgl. Platon: Politeia, 470 St. 2 D. Nach der Übersetzung der Bücher I-V von Wilhelm Siegmund Teuffel und der Bücher VI-X von Wilhelm Wiegand. In: Platon's Werke. Zehn Bücher vom Staate. Stuttgart, 1855, bearbeitet (online). URL: s. Lit.-Verz.

15 Vgl. Johannes Freudenreich: Entschädigung zu welchem Preis? Reparationsprogramme und Transitional Justice. Diplomarbeit, Universität Potsdam 2009. In: Norman Weiß(Hrsg.): Schriftenreihe Potsdamer Studien zu Staat, Recht und Politik, Nr. 6 (online), S. 44. URL: s. Lit.-Verz.

16 Vgl. Christoph Seidler: Westfälisches Vexierbild. In: „Der Spiegel – Geschichte", Heft 4, 2011 (online), S. 138-141, hier: S. 141. URL: s. Lit.-Verz.

17 Helmut König sieht vier Varianten: a) Blutige kurze Abrechnung und öffentliche Ächtung, b) Amnestie und Stillschweigen, c) korrekte Strafverfahren und Durchsetzung einer Erinnerungskultur mit dem Ziel der Ächtung des Regimes, Ehrung der Opfer, Entschädigung und Würdigung Verfolgter, d) Straffreiheit der Täter un-

reichlich vorhanden, man lese nur Christian Meiers anregende Beispielsammlung aus der Antike oder entsprechende Passagen aus dem Westfälischen Frieden[18], und dieses Procedere findet sich noch 1871 im Frankfurter Friedensvertrag[19] nach dem Krieg zwischen Deutschland und Frankreich.

Der Siegeszug der Sozialstaatsidee

Die beiden europäischen Weltkriege 1914-18 und 1939-45 bildeten eine Zäsur in der Frage, wie mit besiegten, für Verbrechen verantwortlichen Individuen und Staaten und generell mit gewaltbelasteter Vergangenheit zu verfahren sei. Von 1918 an sollte das Vorgehen der Siegermächte den herkömmlichen Katalog von Maßnahmen und Verhandlungsgegenständen wesentlich erweitern. (s. Anhang 1) Diese Entwicklung verdankte sich nicht nur der Weiterentwicklung des Kriegsvölkerrechts (etwa der Haager Landkriegsordnung von 1899), des Völkerrechts, der Volkswirtschaftslehre, der Politökonomie und der politischen Theorie und Praxis, sondern auch dem Ausmaß und der vernichtenden Wucht der Kriegshandlungen und Verbrechen. Die bisher übliche Praxis, über vergangene Verbrechen Vergessens-Gebote zu verhängen und Generalamnestie oder Straffreiheit zu vereinbaren, wandelte sich. So hatte England bereits auf der Pariser Friedenskonferenz weitreichende Vorschläge zur Errichtung eines Tribunals zur Anklage und Bestrafung von verantwortlichen Führungskräften der Achsenmächte vorgelegt. Der Plan wurde aus verschiedenen Gründen nicht realisiert[20], aber hier zeigen sich bereits jene ersten Keimformen der institutionalisierten juristischen Behandlung vergangenen Unrechts, die später zum Kanon der modernen Bewältigungspraxis gehören würde. Aus Sicht der Geschichte der

---

ter der Bedingung des öffentlichen Eingeständnisses der Schuld und öffentlicher Aufklärung Vgl. Helmut König: Die Zukunft der Vergangenheit. Der Nationalsozialismus im politischen Bewusstsein der Bundesrepublik. Fischer, Frankfurt a.M. 2003, S. 85.

18 Vgl. Christian Meier: Das Gebot zu vergessen und die Unabweisbarkeit des Erinnerns. Vom öffentlichen Umgang mit schlimmer Vergangenheit. Siedler Verlag, München 2010, S. 9-36 und S. 41.

19 Friedens-Vertrag zwischen dem Deutschen Reich und Frankreich [„Frankfurter Friedensvertrag"] (10.05.1871). In: documentArchiv.de (online). URL: s. Lit.-Verz.

20 Vgl. Christian Manfred Rust: Deutschland und die Nachkriegsordnung. Großbritannien, die Vereinigten Staaten und die Grundlagen einer Friedensregelung mit Deutschland in Paris 1919 und Jalta/Potsdam 1945. Dissertation, Freie Universität Berlin, 2001 (online), S. 86-91. URL: s. Lit.-Verz. Siehe auch: Art. 227-330 des Versailler Vertrages (online). URL: s. Lit.-Verz.

Vergangenheitsbewältigung ist aber ebenso bedeutsam, dass im ratifizierten Text des Versailler Vertrages erstmals der Gedanke des Zusammenhangs zwischen ökonomischen Verteilungsproblemen und intra- und internationalen Konflikten aufscheint. Um hier erste Lösungsstrategien zu entwickeln, nahm man Anleihen bei Theorien, die im Zuge der Industrialisierung zur Behandlung drängender sozialen Fragen entwickelt worden waren, und hier spielte insbesondere eine Idee eine zentrale Rolle: Sozialpolitik wurde schon im 19. Jahrhundert nicht mehr nur als eine auf den Einzelnen bezogene karitative Unterstützung begriffen, sondern als politisches und systemfunktionales Instrumentarium betrachtet, mit dessen Hilfe man politische Zielsetzungen wie etwa innere Pazifizierung, Humankapitalbildung und die Verwirklichung allgemein akzeptierter Werte zu realisieren trachtete.[21] Der wenig bekannte Abschnitt I des Teils XIII des Versailler Vertrages nahm diesen instrumentell-systemfunktionalen Gehalt erkennbar auf – diesmal nicht auf eine innere Pazifizierung bezogen, sondern auf eine stabile internationale Friedensordnung:

> „Da der Völkerbund die Begründung des Weltfriedens zum Ziele hat, und ein solcher Friede nur auf dem Boden der sozialen Gerechtigkeit aufgebaut werden kann, da ferner Arbeitsbedingungen bestehen, die für eine große Anzahl von Menschen mit so viel Ungerechtigkeit, Elend und Entbehrungen verbunden sind, dass eine den Weltfrieden und die Welteintracht gefährdende Unzufriedenheit entsteht, und da eine Verbesserung dieser Bedingungen dringend erforderlich ist, zum Beispiel hinsichtlich der Regelung der Arbeitszeit, [...] der Anerkennung des Grundsatzes der Freiheit gewerkschaftlichen Zusammenschlusses, [...], da endlich die Nichtannahme einer wirklich menschlichen Arbeitsordnung durch irgendeine Regierung die Bemühungen der anderen, auf die Verbesserung des Loses der Arbeiter in ihrem eigenen Lande bedachten Nationen hemmt, haben die Hohen vertragschließenden Teile, geleitet sowohl von den Gefühlen der Gerechtigkeit und Menschlichkeit als auch von dem Wunsche, einen dauernden Weltfrieden zu sichern, folgendes vereinbart: Kapitel I. Organisation. Artikel 387. Es wird ein ständiger Verband gebildet, der an der Verwirklichung des in der Einleitung dargelegten Planes zu arbeiten berufen ist. [...]“[22]

21 Vgl. Franz-Xaver Kaufmann: Sozialpolitisches Denken. Die deutsche Tradition. Frankfurt am Main 2003, S. 180.

22 Friedensvertrag von Versailles ["Versailler Vertrag"] vom 28.Juni 1919. (Auszug): Teil XIII. Arbeit. Abschnitt I. Organisation der Arbeit. In: documentArchiv.de

Dieser Passus war die Geburtsstunde jener Internationalen Arbeitsorganisation (ILO), deren Aufgabe darin bestehen sollte, den für Arbeitsbedingungen und Lohnniveau katastrophalen unbeschränkten internationalen Marktwettbewerb zugunsten gemeinsamer Sozialstandards zu regulieren. (Die ILO wird uns im Zusammenhang mit den sozialen Folgen des neoliberalen Paradigmenwechsels ab den 1980er Jahren noch mehrfach begegnen). Mit dem Versailler Vertrag wurden sozialpolitische Instrumentarien zum Bestandteil einer internationalen friedens- und vergangenheitspolitischen Agenda. Welche Wirkung dieser eher unscheinbare Passus entfaltete, zeigt sich in der berühmten Enzyklika „Quadragesimo Anno" von 1931, in der Pius XI. Sozialismus und Finanzkapitalismus einer scharfen Kritik unterzog und unter Bezug auf den genannten Teil XIII jenen Staatsmänner den Rücken stärkte, die nach dem Ersten Weltkrieg „den Frieden auf eine grundlegende Neuschaffung der gesellschaftlichen Verhältnisse gründen wollten". (s. Anhang 3)

27 Jahre später, nach der Kapitulation des Deutschen Reiches am 8. Mai 1945, ging man die Dinge noch einmal anders an. Man hatte aus den konzeptionellen Schwächen des Versailler Vertrages gelernt, und in der Folge begann namentlich mit dem Potsdamer Abkommen ein in der Geschichte in Umfang und Tiefe bis dato unerhörtes Unternehmen, Sühne und Wiedergutmachung gegnerischer Staaten einzufordern, die geistigen, politischen und materiellen Ursachen und Bedingungen für die geschehenen Verbrechen zu ergründen und die Verfassungs-, Rechts- und Sozialstrukturen einschließlich der zivilgesellschaftlichen Kultur des Gegners zu transformieren. Das Potsdamer Abkommen, in dem sich diese Ziele bündelten, war eingebettet in eine Serie internationaler Abkommen, in denen sich die Alliierten und die verbündeten Staaten bereits während des Krieges auf gemeinsame politische Nachkriegsziele und Prinzipien verständigt hatten – bestehend aus der Atlantik-Charta von 1941[23], der Deklaration der Vereinten Nationen von 1942[24] und der Londoner Erklärung von1943[25], denen schließlich die

---

[Hrsg.]. URL: s. Lit.-Verz.

23 Vgl. Richard Tüngel: Die Atlantic Charter. In: „Die Zeit" vom 2.1.1947 (online), S. 1. URL: s. Lit.-Verz.

24 Declaration by the United Nations (Subscribing to the Principles of the Atlantic Charter, January 1, 1942) (online). URL: s. Lit.-Verz.

25 Vgl. Wilfried Fiedler: Die Alliierte (Londoner) Erklärung vom 5.1.1943: Inhalt, Auslegung und Rechtsnatur in der Diskussion der Nachkriegsjahre (online). URL: s. Lit.-Verz.

Charta der Vereinten Nationen 1945[26] und die Erklärung der Menschenrechte von 1948[27] folgen würden.[28]

Geist und Gehalt, Reichweite und Inhalt der Abkommen speisten sich unzweifelhaft ebenso aus den negativen Erfahrungen, die man mit dem Versailler Vertrag gemacht hatte, wie aus den neuerlichen kollektiven und nationalen Traumata globaler Gewalt. Nun aber wurden, viel stärker noch als im Versailler Vertrag, die wirtschafts-, ordnungs- und sozialpolitischen Konsequenzen eingearbeitet, die die Industriestaaten aus den existentiellen gesellschaftlichen Gefährdungen und politischen Instabilitäten der letzten dreißig Jahre zogen.

Dieser transatlantische Wechsel der Paradigmen und das Umsteuern in ordnungspolitischen Fragen erfolgte allerdings keineswegs synchron. Die USA hatten noch bis in die 1930er Jahre hinein wohlfahrtsstaatliche Reformen als „sozialistisch" oder „deutsch" abgelehnt[29], während in Europa die meisten Staaten nach den Erfahrungen des Ersten Weltkrieges bereits den Aufbau staatlicher Systeme sozialer Sicherheit voran trieben. Erst als die Austeritätspolitik des republikanischen Präsidenten Hoover zur Verschärfung der Weltwirtschaftskrise und zu großer sozialer Not der Bevölkerung führte, setzte sich auch in den USA der Gedanke durch, dass der Staat für die Wirtschaft und für die soziale Sicherheit seiner Bürger Verantwortung tragen müsse.[30] Ab 1933, während der ersten Präsidentschaft F.D. Roosevelts, wurde ein Maß an staatlicher Regulierung und Kontrolle der Wirtschaft und vor allem des Finanzsektors durchgesetzt, das nahe an zentralstaatliche Planung und Lenkung der Wirtschaft herankam[31] und auch vor Sozialisierungen und Eingriffen in das Tarifgefüge und Arbeitsbeziehungen zugunsten der Arbeiterschaft und der Stärkung ihrer Organisationen nicht halt mach-

---

26 Vgl. die Charta der Vereinten Nationen und das Statut des Internationalen Gerichtshofs vom 26. Juni 1945 (online). URL: s. Lit.-Verz.

27 Vgl. Allgemeine Erklärung der Menschenrechte. Resolution 217 A (III) der Generalversammlung vom 10. Dezember 1948 (online). URL: s. Lit.-Verz.

28 Vgl. die Resolution 217 A (III) der Generalversammlung vom 10. Dezember 1948 hier bes. die Art. 21 bis 28. URL: s. Lit.-Verz. Siehe auch: Gerhard A. Ritter: Der Sozialstaat. Entstehung und Entwicklung im sozialen Vergleich. 3. erweiterte Auflage. Oldenbourg Verlag, München 2010, S. 1 f.

29 Vgl. Ritter, S. 143.

30 Vgl. ebda.

31 Vgl. Jörg Roesler (b): Der schwierige Weg in eine solidarische Wirtschaft. Historische Erfahrungen aus Weltwirtschaftskrise und New Deal. In: Supplement der Zeitschrift Sozialismus 9/2010, S. 1-43, hier: S. 35.

te.[32] In Europa wiederum erhielt der Ausbau des Sozialstaates angesichts der „Massenerfahrung existenzieller Not" noch während des Zweiten Weltkriegs einen weiteren Schub, ausgelöst durch ein umfassendes Programm der „sozialen Sicherheit" des britischen Politikers William Beveridge[33], das nach 1945 von der neu gewählten Labour-Regierung politisch realisiert wurde. Hier integrierte man erstmals die Auffassung Keynes', dass ein hoher Anteil an Sozialleistungen, insbesondere bei Arbeitslosigkeit, auch positive Auswirkungen auf die Kaufkraft und damit auf die Gesamtkonjunktur habe, in ein Regierungsprogramm.[34]

Der sukzessive transatlantische Paradigmenwechsel hatte weitreichende politische Folgen. Ab der Präsidentschaft Roosevelts, schreibt der Historiker Gerhard Ritter, machte der Begriff „soziale Sicherheit" einen „geradezu meteorhaften Aufstieg aus dem Nichts zu einem der Grundrechte der Menschheit".[35] Mit Roosevelts Plädoyer für die vier Grundfreiheiten – Freiheit der Rede, Freiheit der Religion, Freiheit von Not, Freiheit von Furcht[36] – wurde die Verzahnung der sozialen Grundrechte mit den Menschenrechten politisches Allgemeingut. Die sozialen Grundrechte traten neben das Recht auf Freiheit vom Staat und neben die bürgerlichen Mitwirkungsrechte. Sie gingen als „Freiheit von Mangel" in die Atlantik-Charta von 1941 ein, die eine der wesentlichen Stationen auf dem Weg zur Gründung der Vereinten Nationen und zur Deklaration der Menschenrechte bildet. (zu letzterer s. Anhang 2) Allerdings verfolgten die USA mit Ausnahme weniger Bereiche (Krankenversicherung, Erwerbsunfähigkeitsversicherung etc.) den Pfad des New Deal nach dem Zweiten Weltkrieg nicht weiter und kehrten zu den Linien des Vor-Rooseveltschen Wirtschaftsliberalismus zurück[37], während in West- und Mitteleuropa die Sozialstaatlichkeit mehr und mehr Teil der Legitimationsbegründungen politischer Macht zu werden begann.[38]

---

32 Vgl. ebda., S. 23.

33 Vgl. Ritter, S. 147 ff.

34 Vgl. ebda., S. 150.

35 Vgl. ebda., S. 14.

36 F.D. Rooesevelt: The Four Freedoms. Rede, gehalten am 6.1.1941 vor dem US-Kongress. Protokoll-Wortlaut (online). URL: s. Lit.-Verz.

37 Vgl. dazu etwa eine Darstellung aus neoliberaler Sicht: Gerhard Bökenkamp: Der New Deal und seine Überwindung: Roosevelts Desaster. In: „eigentümlich frei" vom 25.10.2012 (online). URL: s. Lit.-Verz. Siehe auch: Ernst Krüger: Trumans Kampf für den „Fair Deal". In: „Die Zeit" vom 12.5.1949 (online). URL: s. Lit.-Verz.

38 Vgl. Ritter, S. 4.

Legitimationstheoretische, friedenskonzeptuelle und konfliktpräventive Überlegungen und ihre Weiterentwicklung gingen Hand in Hand, und vor diesem Hintergrund wird deutlich, dass die Geschichte moderner Wirtschafts- und Sozialpolitik im 20. Jahrhundert aufs engste mit der Geschichte gesellschaftlicher Katastrophen und deren Bewältigung verbunden ist.

Auch die Vereinbarungen über die europäische Montanunion 1951 und die Gründung der EWG 1957 folgten der nunmehr etablierten, auf sozioökonomische Fragen bezogenen Logik zur Schaffung einer dauerhaften Friedens- und Nachkriegsordnung. Robert Schumann hatte den Plan einer Montanunion 1950, zwei Monate nach dem formalen Ende des Zweiten Weltkrieges, als „Grundstein zur Errichtung einer weiteren und vertieften Gemeinschaft zwischen den Völkern, die lange Zeit durch blutige Auseinandersetzungen entzweit waren“, vorgestellt[39] – und so war auch die zeitgenössische Wahrnehmung: In einer englischen Zeitschrift schrieb man von einer Wahl zwischen „Coal and Steel or Blood and Iron“.[40] Entsprechend mit hohen Erwartungen aufgeladen, wurde das Projekt mit dem Wunsch nach Abkehr von den jahrhundertelangen blutigen Auseinandersetzungen zwischen den europäischen Staaten durch Friedenserhaltung, Stabilität und Schaffung von Wohlstand über internationale politisch-ökonomische Kooperation begründet. (s. Anhang 4) Der Gedanke gehörte parteiübergreifend lange zum festen Kanon der Europa-Idee, und noch die Protagonisten der EU-Erweiterung und der Schaffung einer Eurozone argumentierten mit dieser Grundidee: „Die Europäische Union“, schrieb Theo Waigel 2012, „ist das Ende eines fast 1000-jährigen Krieges, den fast alle gegen fast alle geführt haben. Sie ist ein unverdientes Paradies für die Menschen eines ganzen Kontinents. EU ist das Kürzel für das goldene Zeitalter der europäischen Historie.“[41] Für die SPD erinnerte Franz Müntefering 2007 daran, dass die Sozialdemokratie Europa nicht bloß als gemeinsamen Binnenmarkt, sondern als Idee vom Sozialen und Demokratischen verstanden habe.[42] An Einsichten und guten Vorsätzen auf

---

39 Gert-Jan Hospers, Filip Kubani: Die Bedeutung der Montanunion für die europäische wirtschaftliche Integration. Wirtschaftsdienst, Leibniz-Informationszentrum Wirtschaft, 2003, Vol. 83, Iss. 3, S. 192-197 (online), hier: S. 192 f. URL: s. Lit.-Verz.

40 Vgl. ebda., S. 193.

41 Theo Waigel: Die Vision der Vereinigten Staaten von Europa. In: „Die Welt“ vom 28.2.2012 (online), o. S. URL: s. Lit.-Verz.

42 Franz Müntefering: „Er richtete den Blick immer auf das Neue.“ In: „Die Welt“

Seiten der Politiker fehlte es also nicht, vermutlich auch nicht am ehrlichen Willen. Allerdings stellte der Historiker Michael Freund schon vor 60 Jahren die Frage, was dieses große Projekt des europäischen Einigungsprozesses möglicherweise gefährden konnte:

> „Setzen nun die Völker zum Sprung an? Löst sich die soziale und wirtschaftliche Politik aus dem nationalen Rahmen? [...] Aber dabei erhebt sich auch die andere furchtbare Frage: Werden die sozialen und politischen Ordnungen Schritt halten mit den Wirtschaftsmächten, oder entweichen die Schwer-Industrien mit all ihrer Schlüsselgewalt in einen unfassbaren ‚politischen' Raum, der noch ohne Gesetz, ohne Ordnung und ohne Verantwortung ist? Verliert der nationale Staat seine Macht über die Wirtschaftsmächte, bevor noch eine internationale Gemeinschaft geschaffen ist, die im übernationalen Rahmen ordnend und bestimmend auftreten könnte? Die Gewerkschaften stünden jedenfalls nach der Verwirklichung des Schumannplans vor der größten Aufgabe ihrer Geschichte."[43]

Im Lichte der heutigen Versuche, die Krise des Euro und Europas unter den Bedingungen des Maastrichter Abkommens zu bewältigen, muten diese Zeilen geradezu prophetisch an. Sie stellen sozusagen den basso continuo der Arbeit dar, deshalb wird im Abschnitt über die europäische Integration und den Neoliberalismus davon noch einmal die Rede sein. Doch zunächst zur Frage, wie das neue transatlantische Paradigma der wohlfahrtsstaatlichen Demokratie als Teil der Vergangenheitsbewältigung in den westlichen Besatzungszonen Deutschlands und in der jungen Bundesrepublik rezipiert wurde.

Nachkriegsdeutschland: Weichenstellungen

Im Deutschland der Nachkriegszeit dominierten – neben der Frage der beginnenden Blockkonfrontation zwischen Ost und West – bis in die 1950er Jahre hinein drei unterschiedlich wirksame Bewältigungs- und Neuorientierungsdebatten. Es waren dies a) die Frage von Schuld, Verantwortung und Sühne, b) die Diskussionen um Inhalte und Verfahren einer neuen Verfassungsordnung und c) die Auseinandersetzungen um eine neue ordnungspolitische Orientierung.

---

vom 29.9.2007 (online), o. S. URL: s. Lit.-Verz.

43 Michael Freund: Der Welthorizont hinter dem Schumannplan. In: GMH 06/1950 (online), S. 244-249, hier: S. 245. URL: s. Lit.-Verz.

Die erste Linie entwickelte sich, wie der Politologe Helmut König schreibt, in Regie der beiden Kirchen unter „stark moralischen und abstrakten Vorzeichen“[44], die durch antiwestliches Sonderbewusstsein und Präzisionsmangel bei der Benennung von Ursachen, Verantwortlichkeiten und Funktionsweisen des Nationalsozialismus geprägt waren.[45] Die zweite und dritte Linie, und um diese geht es im folgenden hauptsächlich, wurden durch die wieder zugelassenen Gewerkschaften und Parteien forciert, die ihre Vorstellungen einer gesellschaftlichen und politischen Neuordnung, über Wirtschafts- und Eigentumsstruktur, über Besitzverhältnisse, öffentliche Kontrolle, wirtschaftliche Macht und die Verantwortung der Wirtschaft für den Krieg und die Kriegsverbrechen schon im Widerstand und Exil in Umrissen formuliert hatten.[46] Die Diskussionen waren programmatisch einerseits stark von der international inzwischen weit verbreiteten Sozialstaatsidee geprägt, andererseits aber auch von den politischen Erfahrungen in der Endphase der Weimarer Republik und der Rolle, die Teile der Industrie dabei und bei der folgenden Aufrüstung des Dritten Reiches gespielt hatten. Von daher war die Erklärung der Alliierten, die deutsche Wirtschaft zu dezentralisieren und zu entflechten, nicht nur für Gewerkschaften[47] und linke Parteien eine wichtige Arbeitsgrundlage, sondern anfänglich auch für Teile der CDU. Wie weit ins bürgerliche Lager hinein diese Vorstellungen zunächst gepflegt wurden, sei es aus ernsthaften Überlegungen, sei es als Hinhaltemanöver aus taktischen Gründen, zeigen die heute vollständig in Vergessenheit geratenen Kölner Leitsätze der CDU von 1945[48] und die aus heutiger Sicht erstaunlichen „Pariser Erinnerungen“

44 Vgl. König, S. 17.

45 Vgl. ebda., S. 43.

46 Vgl. Christoph Kleßmann: Deutschland nach 1945. GMH 4/85 (online), S. 199-211, hier: S. 205 ff. URL: s. Lit.-Verz.

47 Noch 1949 etwa gehörte die Sozialisierung der Schlüsselindustrien und planwirtschaftliche Steuerung des Marktes zu den Leitzielen des DGB. Die Forderung nach Demokratisierung der Wirtschaft begründete Hans Böckler, erster Vorsitzender des DGB, 1949 u. a. mit Verweis auf die päpstliche Enzyklika „Quadragesimo anno“ von 1931, die den Gedanken unter bestimmten Voraus-setzungen billigte. Vgl. dazu Manfred Wilke: Geschichte der CDU, Stichwort „Deutscher Gewerkschaftsbund (DGB)“ (online), o. S. URL: s. Lit.-Verz.

48 „Die ‚Kölner Leitsätze‘ waren im Mai/ Juni 1945 von Schwering [...] und anderen [...] niedergeschrieben worden. Der Tenor dieser ‚Leitsätze‘ war sozialistisch: ‚Das Gemeineigentum darf so weit erweitert werden, wie das Allgemeinwohl es erfordert. Post und Eisenbahn, Kohlenbergbau und Energie-Erzeugung sind grundsätzlich Angelegenheit des öffentlichen Dienstes. Das Bank- und Versicherungswesen unterliegt der staatlichen Kontrolle.‘ “ Ebda., S. 53.

des Schriftstellers Wilhelm Hausenstein.[49] Selbst Walter Eucken, Gründer der Freiburger Schule des Ordoliberalismus, kam zu dem Schluss, dass wirtschaftliche Machtgebilde wie etwa Großkonzerne im Industrie- und Finanzsektor, mit einer freien Gesellschaft unvereinbar und daher zu verstaatlichen seien[50], da sie das ökonomische Rückgrat des Nationalsozialismus gebildet hatten.

Allerdings waren alle derartigen Zielvorstellungen über das Verhältnis von Staat und Wirtschaft in der SBZ und in den Westzonen dem steuernden Zugriff der jeweiligen alliierten Kontrollmächte unterworfen.[51] Während die Sowjetunion entsprechend ihrem Verständnis über die Ursachen des Faschismus den entscheidenden Hebel in „sozioökonomischen Struktureingriffen (Bodenreform, Enteignung und Verstaatlichung von großen Industriebetrieben)“ sah[52], konnten sich ähnliche Vorstellungen trotz der anfänglich großen Popularität bei Gewerkschaften und Parteien in den Westzonen nicht durchsetzen. Vergangenheitspolitisch begründete Gesetzesvorlagen, wie sie etwa die CDU in der Mitbestimmungsdebatte des nordrhein-westfälischen Landtages von 1947 eingebracht hatte (s. Anhang 5), wurden auf Druck der amerikanischen Besatzungsmacht gestoppt[53] und später von deutscher Seite

49 Vgl. N.N.: Mein Gott – was soll aus Deutschland werden? In: „Der Spiegel“, 45/1961 (online), S. 47-60. URL: s. Lit.-Verz.

50 Vgl. Reinhard Blomert: Von der Angst vor dem Markt zur Angst vor dem Staat. Besprechung von Walter Euckens „Ordnungspolitik“, hrsgg. von Walter Oswalt, Walter Eucken-Archiv Bd. 1, Lit Verlag, Münster 2000. In: „SZ“ vom 30.10.2000 (online), S. 26. URL: s. Lit.-Verz.

51 Vgl. Kleßmann, S. 207.

52 Vgl. ebda., S. 206.

53 „Gewiß haben die Amerikaner die Sozialisierung, auch in der britischen Zone, blockiert, aber sie haben sie nicht verboten – siehe Artikel 15 des Bonner Grundgesetzes: ‚Grund und Boden, Naturschätze und Produktionsmittel können zum Zwecke der Vergesellschaftung durch ein Gesetz . . . in Gemeineigentum oder in andere Formen der Gemeinwirtschaft überführt werden.‘ Und diesen Artikel haben alle Besatzungsmächte genehmigt, sonst stünde er nicht in der Verfassung. Kein Zweifel auch, dass die Amerikaner die Marktwirtschaft favorisierten und bei Planwirtschaft an kommunistische Zwangswirtschaft dachten (wie übrigens zunehmend auch viele Deutsche) und die kapitalistische Restauration kräftig betrieben. Clay spekulierte, wie sich erweisen sollte, richtig: ‚Die Zeit ist auf unserer Seite. Wenn wir [...] die Angelegenheit hinziehen können, während die freie Unternehmerwirtschaft fortfährt zu arbeiten und wirtschaftliche Verbesserungen sich einstellen, dann wird sich die Frage dem deutschen Volk vielleicht gar nicht mehr stellen.‘ “ Wolfgang Malanowski: Die Gnade der künstlichen Geburt. In: „Spiegel“ 20/1989, S. 136-153 (online), hier: S. 139. URL: s. Lit.-Verz.

ernsthaft nicht wieder aufgegriffen.[54] Von den Vorstößen für eine weitgehende Sozialisierung blieben in der neuen BRD nur die paritätische Montanmitbestimmung von 1951 und die Mitbestimmung nach dem Gesetz von 1952 übrig.[55] Die USA setzten in dieser Frage auf eine Mischung aus direkten Interventionen einerseits und Vertrauen auf die positiven Wirkungen der erwarteten Hebung des Lebensstandards andererseits – und diese Rechnung ging auf. Der unübersehbare ökonomische Aufschwung der Westzonen und die im Vergleich zum Westen wenig erfolgreiche politische und ökonomische Entwicklung in der SBZ bzw. der DDR führten zu einem Mentalitätswechsel in der Bevölkerung und zu einem Umschwenken von Gewerkschaften und SPD in der Frage der Sozialisierung. Es war ein Kompromiss, dennoch bleibt festzuhalten, dass der Gedanke der funktionalen Verbindung zwischen Ökonomie und politischer Stabilität die entscheidende Grundfrage der damaligen Auseinandersetzungen war. Und so interpretiert auch Werner Abelshauser das „Wirtschaftswunder" der 1950er und 1960er Jahre: nicht nur als wirtschaftliche Erfolgsgeschichte, sondern als zentralen Punkt der Erfolgsgeschichte der Bundesrepublik überhaupt:

> „Die Wirtschaft schuf nicht nur die materielle Grundlage für die Entfaltung stabiler Formen der Demokratie im Inneren und für die internationale Resozialisierung der Rechtsnachfolgerin des Dritten Reiches. Sie wurde auch zum Vehikel der ‚nationalen' Identifikation der Westdeutschen oder wenigstens ihres staatlichen Selbstverständnisses."[56]

Dies ist zugegebenermaßen eine Deutung, aber sie spiegelt ohne Zweifel die damals weitverbreitete Überzeugung wider, dass wirtschaftliche Fragen und Fragen der staatlichen, politischen und sozialen Stabilität nicht unabhängig voneinander zu denken, sondern als Einheit zu behandeln waren.

Die „Idee von Weimar"

Entsprechend waren Fragen der Ordnungs- und Sozialpolitik und der Rolle des Staates untrennbare Bestandteile der gesamten Verfassungsdebatte in Westdeutschland, und die großen Richtungsentscheidungen in

---

54 Vgl. Kleßmann, S. 209.

55 „Allerdings war das Gesetz, gemessen an den Mitbestimmungsmöglichkeiten in den ersten Jahren nach dem Krieg, nur ein Torso – es stellte lediglich eine modernisierte Neuauflage des Betriebsrätegesetzes von 1920 dar." Ebda.

56 Abelshauser, S. 12.

diesem Bereich wurden wesentlich durch die Erfahrungen der Verfassungsmütter und -väter zwischen 1918 und 1945 geprägt. Über die Maßgabe, hinsichtlich der rechtsstaatlich-demokratischen Legitimation und Repräsentation die richtigen Lehren aus den politischen Fehlern und Verfassungsschwächen der Weimarer Republik und aus den Verbrechen des Nationalsozialismus zu ziehen[57], gab es im Parlamentarischen Rat kaum grundlegende Differenzen.[58] Eindeutige Bezugspunkte für die Schaffung des Grundgesetzes und der freiheitlich-demokratischen Grundordnung[59] waren der Übergang von der parlamentarischen zur präsidialen Demokratie 1930, die Regierungsübernahme durch Hitler 1933 und die Verfassungen von 1919 und 1848.

Das Sozialstaatsgebot nahm von Anfang an eine gewisse Sonderrolle ein. Im Herrenchiemseer Verfassungsentwurf war der Gedanke des Sozialen noch gar nicht enthalten[60], und erst im Parlamentarischen Rat setzte sich die Meinung des späteren Bundespräsidenten Heuss durch, dass man auf den „Gedanken der sozialwirtschaftlichen Ordnung" verzichten solle.[61] Es blieb schließlich bei dem kargen Adjektiv ‚sozial' – das aber wurde immerhin in einem jener Artikel untergebracht, die die Verfassungsmütter und -väter unter die Ewigkeitsklausel stellten. Ansonsten verzichtete man auf einen verbindlichen Katalog sozialer Grundrechte und -pflichten, wie er in noch der Weimarer Verfassung enthalten war. Das Sozialstaatsgebot[62] nach Art 20 und 29 GG wurde bewusst unscharf gehalten – im Unterschied zu anderen, ausführlich und bindend erläuterten Strukturprinzipien des Grundgesetzes wie ‚Demokratie', ‚Bundesstaat', ‚Republik' und ‚Rechtsstaat'. Diese Zurück-

57 Vgl. Michael F. Feldkamp (a): Neuland Grundgesetz. Abkehr von Weimarer Verfassung – Reaktion auf Nazi-Deutschland. In: Dossier Grundgesetz und Parlamentarischer Rat. Bundeszentrale für Politische Bildung (online), 1.9.2007/08, o. S. URL: s. Lit.-Verz.

58 Vgl. Michael F. Feldkamp (b): Die Arbeit im parlamentarischen Rat. Unstrittige und strittige Punkte. In: Dossier Grundgesetz und Parlamentarischer Rat. Bundeszentrale für Politische Bildung (online), 1.9.2007/08, o. S. URL: s. Lit.-Verz.

59 Vgl. Peter Reichel: Vergangenheitsbewältigung in Deutschland. Die Auseinandersetzung mit der NS-Diktatur von 1945 bis heute. Beck, München 2001, S. 17.

60 Vgl. Lutz Leisering: Der deutsche Sozialstaat. Entfaltung und Krise eines Sozialmodells 1949-2003, (online), o. S. URL: s. Lit.-Verz.

61 Paul Tiedemann: Das Sozialstaatsprinzip der deutschen Verfassung. Rechtsprechungsdirektive oder Begründungsornament? (online), o. O., o. D., S. 2. URL: s. Lit.-Verz.

62 Zum Verhältnis Sozialstaat, Sozialpolitik, Wirtschaft, Ordnungspolitik, Vorsorge und politische Ökonomie siehe: Heiner Ganßmann: Politische Ökonomie des Sozialstaats. 1. Auflage, Verlag Westfälisches Dampfboot, Münster 2000. S. 11-17.

haltung resultierte aus den unterschiedlichen Interessenlagen der beiden großen Parteien[63], aber auch wiederum aus den Erfahrungen von Weimar. Damals hatte die verfassungsmäßige Verankerung sozialer Grundrechte zur Sicherung der Bürger plus Regelung der Arbeitsbeziehungen, etwa Recht auf Arbeit, Mitwirkungsrechte der Gewerkschaften etc., nicht den erhofften sozialen Ausgleich zwischen den Tarifpartnern gewährleistet. Im Gegenteil: Der Kampf der Unternehmerverbände zur Abwehr sozialpolitischer Forderungen geriet damit gleich zum Kampf gegen die Demokratie als Ganzes.[64]

Es ging also bei der Gesamtkonstruktion der Verfassung nicht nur um die Verbrechen des Nationalsozialismus, sondern auch um die Fehler von Weimar – insbesondere um die Frage, wie diese Republik zu einer Diktatur geraten konnte. Beides ließ sich nicht voneinander trennen.[65] „An der Wiege des Bonner Grundgesetzes […] haben die Gespenster von Weimar gestanden", schrieb Eduard Dreher im Jahr 1950[66] – und zu diesen den Gespenstern gehörten vor allem auch die erbitterten Kämpfe und Konflikte zwischen Arbeiterbewegung und Unternehmerverbänden. Weimar, so schreibt Karl Jasper, verdankte sein Zustandekommen dem „Bündnis zwischen Arbeiterschaft und Bürgertum"[67], mit dessen Hilfe die Klassengegensätze friedlich ausgetragen werden sollten, oder, ausgedrückt mit den Worten Golo Manns: „Der Gedanke der Weimarer Republik, insofern sie einen Gedanken hatte, war der Kom-

63 Vgl. Ritter, S. 161.

64 Vgl. ebda., S. 131 und S. 276.

65 „Zwischen den Reaktion der Verfassungsmütter und -väter auf die Weimarer Reichsverfassung sowie die nationalsozialistische Diktatur kann nur ungenau unterschieden werden. Denn schließlich bahnte sich die NS-Diktatur auf scheinbar verfassungsrechtlich legale Weise den Weg. Diese strukturellen Fehler der Weimarer Verfassung drücken sich in dem Schlagwort vom ‚Scheitern von Weimar' besonders gut aus." Feldkamp: Neuland Grundgesetz, o. S. Helmut König setzte das Verhältnis anders: „Zugespitzt: Nicht ‚Nie wieder Auschwitz' ist der zentrale Impuls für die Bestimmungen des Grundgesetzes, sondern ‚Nie wieder Weimar'." Helmut König: Politik und Gedächtnis. Velbrück Wissenschaft, Weilerswist 2008, S. 572.

66 Zit. n. Feldkamp: Neuland Grundgesetz, o. S.

67 „Durch die Schaffung des Sozialstaates geschah dreierlei: Erstens wurde die Konkurrenz zwischen den einheimischen Unternehmen entschärft, zweitens die Solidarität zwischen den Lohnarbeitern fest institutionalisiert und drittens ein Klassenkompromiss zwischen Kapital und Proletariat durch eine ihnen beiden übergeordnete Macht, den Staatsapparat, rechtlich garantiert." Christoph Butterwegge: Krise und Zukunft des Sozialstaates. 3. erweiterte Auflage, VS Verlag für Sozialwissenschaften, Wiesbaden 2005, S. 45.

promiss, der Klassenfriede, nicht der bis zum bitteren Ende durchkämpfende Klassenkampf."[68] Das faktische Ergebnis dieses Kompromisses hatte in zunehmender Dekommodifizierung der Arbeit, in (moderater) Zunahme lohnarbeitsunabhängiger Leistungen für den Lebensunterhalt und in einer über Jahre bestehenden Vermittlerrolle des Staates bestanden.[69] Aber, so lässt sich der Gedanke weiterführen, wenn der besagte Kompromiss die Grundlage von Weimar war, dann bedeutete seine Aufkündigung auch das Ende. Ohne Zweifel hatte Weimar seine Chancen zur Stabilisierung der Demokratie[70], aber letzten Endes war es doch vor allem eine Geschichte des sukzessiven Bruchs der Kompromisse: Der Stinnes-Legien-Pakt von 1918 wurde 1924 gekündigt[71], das staatliche Schlichtungswesen, „eine sozialpolitische Errungenschaft allerhöchsten Ranges", wurde im Ruhreisenstreik 1928 von den Unternehmern radikal desavouiert[72], und das endgültige Ende der Sozialpartnerschaft kam mit drei Ereignissen: Mit der Denkschrift des

---

68 Golo Mann: Deutsche Geschichte des 19 und 20. Jahrhunderts. Fischer-Verlag, Frankfurt a.M. 1958, S. 751.

69 Vgl. Gotthard Jasper: Die große Koalition 1928-1930. In: Everhard Holtmann (Koordinator), Bayerische Landeszentrale für politische Bildungsarbeit (Hrsg.): Die Weimarer Republik., Bde. I-III., München 1992. Band III: Das Ende der Demokratie. S. 19-56 (online), hier: S. 43. URL: s. Lit.-Verz.

70 Vgl. Per Leo: „Krisenjahre der Klassischen Moderne"? Diskurs- und Erfahrungsgeschichte der Weimarer Republik. Tagung der Humboldt-Universität Berlin vom 25. bis 26. Juli 2003. AHF-Information. 2003, Nr. 082, (online), o. S. URL: s. Lit.-Verz.

71 Vgl. das Abkommen über die „Zentralarbeitsgemeinschaft der industriellen und gewerblichen Arbeitgeber und Arbeitnehmer Deutschlands" vom 25. November 1918. Zu finden bei Everhard Holtmann: Zwischen Revolution und Inflation. Arbeitsbeziehungen, Sozialpolitik, soziale Lage. In: Everhard Holtmann (Koordinator), Bayerische Landeszentrale für politische Bildungsarbeit (Hrsg.): Die Weimarer Republik. Bde. I-III. Band I: 1919-1923. Das schwere Erbe, S. 250-285 (online), hier: S. 280 f. URL: s. Lit.-Verz.

72 „Immerhin richtete sich die Aussperrung von rd. 213 000 Metallarbeitern für die Zeit vom 1. November bis zum 3. Dezember 1928 gegen eine sozialpolitische Errungenschaft allerhöchsten Ranges in der Weimarer Republik. Es ging dabei um das staatliche Schlichtungswesen, dessen Praxis die zuständigen Reichsarbeitsminister und Schlichter zu einem Führungsinstrument staatlicher Sozialpolitik ausgebaut hatten. Die darin vorgesehenen staatliche Verbindlichkeitserklärungen von Schiedssprüchen schufen, wenn die ‚getroffene Regelung bei gerechter Abwägung der Interessen beider Teile der Billigkeit entspricht und ihre Durchführung aus wirtschaftlichen und sozialen Gründen erforderlich ist', verbindliche Tarifverträge auch ohne die Zustimmung beider Tarifparteien." Volker vom Berg: Der Ruhreisenstreit vom November 1928 in Verlauf und Entscheidungen. In: GMH 7/1978, S. 385-396 (online), hier: S. 386. URL: s. Lit.-Verz.

Reichsverbandes der Deutschen Industrie vom 2. Dezember 1929[73] (s. Anhang 6), dem Beschluss der DVP vom 2. März 1930[74] (s. Anhang 7) und dem von den bürgerlichen Parteien provozierten Ende der großen Koalition unter dem sozialdemokratischen Reichskanzler Müller. Das Ziel war, künftig ohne SPD die eigenen wirtschafts-, außen- und verfassungspolitischen Ziele durchzusetzen. Dabei hatte anfänglich, schreibt Golo Mann, angesichts der guten Konjunktur nichts auf einen solchen dramatischen Bruch zwischen Sozialisten und „erzkapitalistischer" DVP hingedeutet.[75] „Die Parteien handelten und tauschten untereinander wie gewöhnlich, und wie gewöhnlich waren die Sozialdemokraten die Verlierer."[76] Doch: „Die Geschäfte gingen nun nicht mehr befriedigend, und die großen Unternehmer hatten den Willen, sich zu vertragen, in der Mehrzahl nicht. [...] Das ganze ihnen verhasste Arbeitsrecht der Republik zum Teufel zu schicken, war immer ihr nur zeitweise im Hintergrund gehaltener Wunsch gewesen. Das waren Wirtschaftsfragen so gut wie politische oder Machtfragen. Man konnte ja beide Sphären nicht trennen, darin hatte Marx ganz recht."[77] Der über Jahre praktizierte sozialpolitische Kompromiss war obsolet geworden. Man wollte mehr. Es ging um den rigorosen Durchgriff auf die Macht im Staat. „Lag nicht auf ihren Schultern", schreibt Mann über die organisierten Großunternehmer jener Zeit, „die zentnerschwere Verantwortung für die Ernährung des deutschen Arbeitervolkes? Hatten sie nicht ein Recht darauf, es zu machen, wie sie es verstanden, anstatt sich von Gewerkschaftshetzern, parlamentarischen Nichtskönnern und verkappten Kommunisten dreinreden zu lassen? Ihre Machtinteressen waren die Interessen der deutschen Wirtschaft, der Nation insgesamt. So ungefähr sahen sie es."[78]

Dazu passte der Anlass der politischen Trennung vom ungeliebten Sozialpartner: Die SPD hatte eine Beitragserhöhung von gerade einmal einem halben Prozent für die gerade erst eingeführte staatliche Arbeitslosenversicherung verlangt, um die steigende Zahl von Arbeitslosen aufzufangen. Die Arbeitgeber waren nicht bereit zu diesem halben Pro-

73 Vgl. Jasper, S. 52 f.

74 Einstimmiger Beschluss des Zentralvorstandes, des Reichsausschusses und der Reichstagsfraktion der Deutschen Volkspartei vom 2. März 1930. Vgl. Jasper, S. 53 f.

75 Vgl. Mann, S. 748.

76 Ebda., S. 749.

77 Ebda., S. 751.

78 Ebda., S. 753.

zent, und ihr verlängerter parlamentarischer Arm, der Koalitionspartner DVP, hatte schon längst den Abbau sozialer Leistungen im Auge. Im Ergebnis erhielten von dem im Zuge der Weltwirtschaftskrise auf sechs Millionen angewachsenen Heer der Arbeitslosen lediglich zwei Millionen finanzielle Unterstützung aus der Arbeitslosenversicherung, während der Rest auf die Wohlfahrt angewiesen war.[79] In den folgenden Wahlen erhöhte die NSDAP die Zahl ihrer Abgeordneten im Reichstag von 12 auf 107.[80] Es begann die Zeit der Präsidialkabinette, die Weltwirtschaftskrise entwickelte sich mit voller Wucht, und die folgende Regierung Brüning verschärfte die Krise der Demokratie mit Notverordnungspolitik und die Krise der Wirtschaft mit einem rigiden Sparkurs. Das Weitere ist bekannt. In dieser Vorgeschichte dürfte die Erklärung dafür liegen, warum man in das Grundgesetz nicht wieder ähnlich ausführliche Regelungen zum Sozialstaat hineinschrieb wie in Weimar, sondern stattdessen lieber eine informelle und legislativ wirkungsvolle große Koalition der Sozialpolitiker betrieb: Die beste Klausel war nichts wert, wenn sie nicht von allen wichtigen Kräften mit Leben gefüllt wurde. „Es war", schreibt Abelshauser, „nicht zuletzt das für das Schicksal der Weimarer Republik verhängnisvolle Spannungsverhältnis zwischen Anspruch und Realität in der Wirtschafts- und Sozialverfassung, das den unkritischen Rückgriff auf diese Verfassungstradition nach 1949 verbot."[81]

Entsprechend dieser Unschärfe gibt es in den Kommentaren der Staatsrechtler bis heute diametral entgegengesetzte Interpretationen hinsichtlich Gewicht, Inhalt und Verbindlichkeit des Sozialstaatsgebots. Den einen gilt es als „offenes Staatsziel"[82], aus dem sich verfassungsrechtlich keine „sozialen Grundrechte mit Strukturfolgen [...] wie etwa das Recht

79 Wilhelm Adamy, Johannes Steffen: „Arbeitsmarktpolitik" in der Depression. In: „Mitteilungen aus der Arbeitsmarkt- und Berufsforschung", 15. Jg. 1982, Heft 3, S. 276-291 (online), hier: S. 282 f. URL: s. Lit.-Verz.

80 Vgl. dazu im einzelnen: Jürgen W. Falter: Die Wahlen des Jahres 1932/33 und der Aufstieg totalitärer Parteien. In: Holtmann, Band III: Das Ende der Demokratie. Abschnitt „Die Wahlentwicklung 1930-1933", S. 271-313 (online), hier: S.272. URL: s. Lit.-Verz.

81 „Mit seiner Charakterisierung der Grundlagen der staatlichen Ordnung der Bundesrepublik Deutschland als demokratischer und *sozialer* Bundesstaat (Art. 20, I) stellt sich das Bonner Grundgesetz in die Tradition des Weimarer 'Sozialstaatspostulats', das den Kern der Wirtschafts- und Sozialordnung der Weimarer Reichsverfassung ausmachte." Abelshauser, S. 186.

82 Leisering, S. 1.

auf Arbeit" ableiten lassen.[83] Aus dieser Perspektive wären Gesetzgeber und politische Kräfte grundsätzlich frei in der Auslegung und Gestaltung des Gebots: „Wie es den Begriff ‚sozial' verstanden wissen will", urteilt der Frankfurter Verwaltungsrichter Paul Tiedemann, „definiert das Grundgesetz nirgendwo". Theoretisch, so folgerte er, könne man selbst „den krudesten Manchester-Liberalismus noch als Sozialpolitik deklarieren und damit dem verfassungsrechtlichen Staatsziel genügen".[84] Mit dieser Einschätzung korrespondierte ein Urteil des BVerfG von 1954: „Die gegenwärtige Wirtschafts- und Sozialordnung ist zwar eine nach dem Grundgesetz mögliche Ordnung, keineswegs aber die allein mögliche.[...] Ein bestimmtes Wirtschaftssystem ist durch das Grundgesetz nicht gewährleistet."[85] Das allerdings ist eine sibyllinische Formulierung, die eine weite Auslegung – nicht nur die Möglichkeit des Manchester-Liberalismus – erlaubt. Immerhin lässt sich als Argument gegen die Tendenz, das Sozialstaatsgebot als Verfassungslyrik abzuwerten[86], die Rechtsprechung eben dieses BVerfG ins Feld führen: Ihr zufolge soll das Sozialstaatsprinzip die „Ausnutzung der Arbeitskraft zu unwürdigen Bedingung und unzureichendem Lohn unterbinden [...], schädliche Auswirkungen schrankenloser Freiheit verhindern und die Gleichheit fortschreitend bis zu einem vernünftigerweise zu fordernden Maße verwirklichen".[87] Rechtssystematisch stehen beide Aussagen nicht im Widerspruch zueinander, im zweiten Urteil hatte sich das BVerfG nur erlaubt, an die Schranken zu erinnern, die die Verpflichtung auf die Menschenwürde der Ausgestaltung der konkreten Lebens- und Arbeitsverhältnisse setzt.

Die Große Koalition der Sozialpolitiker

Analog zu den Differenzen in den Debatten der Staatsrechtler führte die Unschärfe des Sozialstaatsgebots auch im parteipolitischen Feld zu höchst unterschiedlichen Vorstellungen darüber, in welchem Verhältnis Staat, Wirtschaft und das System der sozialen Sicherheit zueinander ste-

83 Leisering, S. 2.

84 Tiedemann, S. 5.

85 Zit. n. Abelshauser, S. 188.

86 Aus dem Urteil des BVerfG zum Verbot der KPD 1956. Vgl. dazu Wieland Hempel: Die schleichende Revolution. Mit neoliberalen Reformen in eine andere Republik? O. O., 10.1.2007 (online), S. 3. URL: s. Lit.-Verz. Vgl. auch Gotthart Schwarz: Rezension zu Eric Mührel (Hrsg.): Der Staat und die Soziale Arbeit. (online). URL: s. Lit.-Verz.

87 Vgl. Hempel, S. 3.

hen sollten. Sie changierten zwischen den Polen neoliberaler und marktradikaler Kräfte, etwa den Erhardschen und Müller-Armackschen Konzepten[88], einerseits und denjenigen Kräften, die aus dem Grundgesetz eine starke Rolle des Staates für die allgemeine Lebensvorsorge ableiten wollten, andererseits. Der Unterschiedlichkeit der Konzepte entsprachen die von vielen Missverständnissen geprägten Interpretationen[89] des Begriffs „Soziale Marktwirtschaft". Die liberal gemeinte soziale Marktwirtschaft lehnte staatliche Interventionen oder korporative Solidarversicherungen wie zu Bismarcks Zeiten[90], aber auch den Wohlfahrtsstaat etwa englischer oder skandinavischer Prägung ab. Sie wollte die soziale Komponente der Vorsorge und Existenzsicherung „über den Markt und über staatliche Ordnungspolitik"[91] realisieren, über die Verwirklichung eines Volkskapitalismus, etwa über die Förderung von Wohnungseigentum, über wirtschaftliche Selbständigkeit und Aktienbesitz. Das Attribut ‚sozial' für die Marktwirtschaft der Nachkriegszeit konnte entstehen, weil die Liberalen bereits ab den 1930er Jahren im Unterschied zum praktizierten klassischen Wirtschaftsliberalismus der Weimarer Republik nicht nur die Sicherung des Wettbewerbs über einen starken Staat, sondern auch die Verpflichtung der Spielregeln der Marktwirtschaft auf das Gemeinwohl forderten[92] – wobei zu ergänzen wäre, dass es angesichts der negativen sozialen Folgen der Politik der konsequenten Liberalisierung ab 1948 auch massiven Druck der Alliierten zur Abmilderung des Erhardschen Modells gab.[93] Zudem stand als

---

88 Vgl. Jürgen Löwe: Die Verantwortung der Ordnungspolitik. Der Wandel der Sozialen Marktwirtschaft in der Zeit und Ansätze zu ihrer Revitalisierung. Arbeitspapier der Konrad-Adenauer-Stiftung, Nr. 164/2006 , S. 3-47 (online), hier: S. 7 ff. URL: s. Lit.-Verz.

89 „Seine Anziehungskraft verdankt der Begriff Soziale Marktwirtschaft stets mehr den spontanen Assoziationen beim Hören der beiden Wörter als der Kenntnis der Arbeiten seiner Vordenker Eucken, Röpke, Müller-Armack, Lippmann oder Erhard." Herbert Schui: Soziale Marktwirtschaft, SPD und Gewerkschaften. Arbeitspapier, 14.4.2008 (online), S. 1. URL: s. Lit.-Verz.

90 Vgl. Abelshauser, S. 190 f.

91 Abelshauser, S. 190. Siehe zum Begriff Ordnungspolitik auch: Gabler Verlag (Hrsg.): Gabler Wirtschaftslexikon, Stichwort: Ordnungspolitik (online). URL: s. Lit.-Verz.

92 Vgl. ebda., S. 190

93 „Das Risiko eines Rückschlages", schreibt Abelshauser über die nach anfänglichen Erfolgen negativen Auswirkungen der Erhardschen Liberalisierung, „schien unter diesen Umständen umso größer, als die Zahl der Arbeitslosen ständig stieg und damit auch die Gefahr innenpolitischer Instabilität. In einem Lande, in dem eine kleine Gruppe von Menschen im Luxus lebt, während die große Masse des Volkes ein dürftiges Leben führt, entwickelten zwei Millionen Arbeitslose eine besondere so-

Blaupause das neue britische Modell des ‚welfare-state' der regierenden Labour-Party zur Verfügung, ebenso das dem englischen System nicht unähnliche System der Weimarer Republik, das den Anspruch erhob, „auf der Basis eines modifizierten und durch eine Arbeitslosenversicherung erweiterten ‚Bismarckschen Systems' allen Bürgern unabhängig von sozialer Stellung und Vermögensstatus das jeweils mögliche Optimum an öffentlichen Sozialleistungen anzubieten".[94]

Die CDU entwickelte aus diesen Diskussionen im Laufe der Nachkriegsjahre, unter der Federführung Müller-Armacks, eine erfolgreiche politischen Strategie, die im Bundestagswahlkampf unter dem Namen ‚soziale Marktwirtschaft' zum zugkräftigen wirtschaftspolitischen Programm der Partei wurde.[95] Im Unterschied zu Erhards Auffassung schlossen sich für Müller-Armack aktive staatliche Sozial- und Wirtschaftspolitik und Marktwirtschaft nicht aus. Und selbst der langjährige CDU-Wirtschaftsminister Erhard lehnte die unbegrenzte Handlungsfähigkeit der Wirtschaft und den indifferenten und sozial inaktiven Staat ab.[96] Dieser Linie kamen die Sozialdemokraten auf dem Hannoveraner Parteitag 1946 entgegen, als sie erstmals marktwirtschaftliche Elemente des Wettbewerbs und indirekte Lenkung über staatliche Ausgabenpolitik forderten.[97] In der Folge setzte sich der Trend des „staatlichen

---

ziale Sprengkraft – und dies war nicht nur die Auffassung des amerikanischen Direktors des Amtes für Wirtschaftsfragen der Alliierten Hohen Kommission." Ebda., S. 159 ff.

94 Ebda., S. 192.

95 Der Begriff wurde von Müller-Armack kreiert und in den ‚Düsseldorfer Leitsätzen' konkretisiert: „Die ‚soziale Marktwirtschaft' ist die sozial gebundene Verfassung der gewerblichen Wirtschaft, in der die Leistung freier und tüchtiger Menschen in eine Ordnung gebracht wird, die ein Höchstmaß von wirtschaftlichem Nutzen und sozialer Gerechtigkeit für alle erbringt. [...] Die ‚soziale Marktwirtschaft' steht im scharfen Gegensatz zum System der Planwirtschaft, die wir ablehnen, ganz gleich, ob in ihr die Lenkungsstellen zentral oder dezentral, staatlich oder selbstverwaltungsmäßig organisiert sind. Die ‚soziale Marktwirtschaft' steht aber auch im Gegensatz zur sogenannten ‚freien Wirtschaft' liberalistischer Prägung. Um einen Rückfall in die ‚freie Wirtschaft' zu vermeiden, ist zur Sicherung des Leistungswettbewerbs die unabhängige Monopolkontrolle nötig." Zit. n. Hanns Jürgen Küsters: Düsseldorfer Leitsätze vom 15. Juli 1949. Publikation der Konrad-Adenauer-Stiftung vom 1. 1. 1997 (online), o. S. URL: s. Lit.-Verz.

96 „Mit der entschiedenen Ablehnung dieses Wirtschaftsprinzips predige ich durchaus nicht die Rückkehr zu den liberalistischen Wirtschaftsformen historischer Prägung und einem verantwortungslosen Freibeutertum einer vergangenen Zeit [...]." Ludwig Erhard: Wohlstand für Alle. 8.Aufl., Econ-Verlag, Düsseldorf 1964, S. 101.

97 Abelshauser, S. 159 f.

Sozialinterventionismus" auch in den 1950er Jahren fort.[98] Er entsprach damit der internationalen Entwicklung, denn in den alten Industrienationen wurde das System der sozialen Sicherheit kontinuierlich ausgebaut.[99]

Durch diese Schnittmengen wurde nach dem Krieg für lange Zeit eine informelle parteiübergreifende Ordnungs- und Sozialstaatspolitik möglich, deren Leitmotiv der Zusammenhang zwischen politischer Stabilität, sozialem Frieden, Wohlstand und Teilhabe an den Möglichkeiten und Entwicklungen der Gesellschaft war[100] – trotz aller Widerstände: Richard von Weizsäcker erinnerte vor einiger Zeit daran, dass Erhard für den Sozialflügel der CDU nichts übrig hatte, und er beklagte, dass die Sozialpolitiker von SPD und CDU ab Ende der 1950er Jahre faktisch immer eine große Koalition bildeten und Entscheidungen auch gegen ihre Parteien durchsetzten.[101] Zu einem ähnlichen Ergebnis, allerdings mit positiver Bewertung, kam der ehemalige Verfassungsrichter Simon. Für ihn war die „tatsächliche Sozial- und Friedenspolitik der verfassungsrechtlichen Normierung jahrzehntelang voraus".[102] Der Aufbau des Landes, die Integration der Flüchtlinge, der Siegeszug der sozialen Marktwirtschaft mit Vollbeschäftigung, Hebung des Lebensstandards und einem Netz sozialer Sicherheit hätten im „Einklang mit dem Sozialstaatsgebot" gestanden, dessen „hoher Rang und seine Orientierung an der Menschenwürde [...] dabei immer wieder beteuert" worden sei.[103] Unter diesen Voraussetzungen kam die große Rentenreform von 1957 zustande, die in Kooperation von DGB und Arbeitnehmerflügel der CDU gegen den Widerstand der Spitzenverbände der Wirtschaft durchgesetzt wurde.[104] Die überkommene Sozialrente, die

98 Ebda., S. 192.

99 Vgl. Ritter, S. 183.

100 Vgl. Hans Ulrich Wehler: Deutsche Gesellschaftsgeschichte. Bd. 5, Bundesrepublik und DDR 1949-1990. Beck, München 2007/08, S. 257-267 (online). URL: s. Lit.-Verz.

101 Franziska Augstein, Heribert Prantl: Die fünf Weisen. Interview. In: „SZ-Magazin" 46/2005 (online), o. S. URL: s. Lit.-Verz.

102 Helmut Simon: Die Friedensverpflichtung im Grundgesetz. Vortrag anlässlich der von der Zentralstelle KDV und der Evang. Akademie veranstalteten Fachtagung „Welche Waffen braucht der Frieden?" vom 10. bis zum 12. 3. 2000 in Bad Boll, (online), o. S. URL: s. Lit.-Verz.

103 Vgl. ebda.

104 Dies nicht nur auf Drängen der USA, sondern auch aufgrund der Einsicht, dass Währungsreform und Lastenausgleich nicht für annähernd gleiche wirtschaftliche Ausgangsbedingungen gesorgt hatten: „Der Trend zur Ungleichverteilung von Einkommen und Vermögen war schon in den 1950er Jahren sichtbar." Abelshau-

sich am letzten Einkommen des Arbeitnehmers orientierte und bereits in Weimar als sicherer Weg in die Altersarmut galt, wurde durch eine Produktivitätsrente abgelöst. Die neue Rente richtete sich nach den Durchschnittseinkommen aller Arbeiter und Angestellten innerhalb der letzten Jahre vor Eintritt des Rentenalters und ließ damit auch die Rentner an den Lohn- und Gehaltssteigerungen partizipieren. In der Folge stiegen die Renten zwischen 1957 und 1969 um 110 Prozent. Letztlich, so schreibt Abelshauser, waren für diese Entscheidungsfindungen nicht allein wirtschaftliche Faktoren, sondern vor allem auch sozialethische Motive maßgeblich:

> „Ordnungspolitische Prinzipien und ethische Kategorien wie Individualität, Würde, Solidarität und Pflicht liefen dem Kalkül von kurz- und langfristigen, einzel- und volkswirtschaftlichen Rentabilitätsüberlegungen, in deren Koordinaten sich der wirtschaftliche Wert der Sozialpolitik einordnen lässt, eindeutig den Rang ab. Einer der prominentesten Vertreter der sozialen Marktwirtschaft, der Nationalökonom Wilhelm Röpke, sah in der ‚staatlich organisierten Massenfürsorge' beispielsweise ‚die Prothese einer durch Proletarismus verkrüppelten und durch Vermassung zerkrümelten Gesellschaft'. Sozialpolitik wurde letztlich nicht als Teilfunktion des wirtschaftlichen Systems gesehen, sondern im Wesentlichen als Verteilungspolitik verstanden, die tief in die Ordnung der Gesellschaft eingriff."[105]

Man sollte allerdings ergänzen, dass damals nicht das Wirtschaftswunder und auch nicht der gute Wille und die Einsicht der Sozialpolitiker allein für das Gelingen der Bonner Republik und für eine gewisse soziale Stabilität[106] sorgten, sondern auch die in harten Arbeitskämpfen erstrittenen hohen Lohnzuwächse und Sozialleistungen.[107] So ganz weit war Weimar dann doch nicht entfernt. Dennoch: Der Unterschied zwischen Weimar und Bonn war vorhanden. Wenn auch im Laufe der folgenden Jahre in der BRD die „Restauration die Neuordnung" überflü-

ser, S. 192.

105 Ebda., S. 196.

106 Siehe Michael J. Kendzia: Der Aufstieg des Normalarbeitsverhältnisses in Deutschland – vom Ausbruch des Zweiten Weltkriegs bis zur Ölkrise 1973. Arbeitspapier IZA DP No. 5364 des Forschungsinstitut zur Zukunft der Arbeit, Dezember 2010, (online), o. S. URL: s. Lit.-Verz.

107 Vgl. Jörg Roesler (a): Ein Generalstreik, der keiner sein durfte. Die Bizone am 12. November 1948. In: „Der Freitag" vom 7.11.2003 (online), o. S. URL: s. Lit.-Verz.

gelte[108], so machten die weitgehend wieder aktivierten industriellen und bürokratischen Eliten doch erstmals ihren Frieden mit der demokratischen Staatsform und versuchten nicht mehr, „die Republik in Frage zu stellen, wie es die Schwerindustrie und große Teile der Bürokratie in Weimar getan hatten".[109]

In diesen Jahren wurde eine Neuauflage der alten Sozialpartnerschaft der Weimarer Republik praktiziert, verbunden nun mit jenem demokratischen Sozialstaat[110], der den Erfahrungen von Weimar Rechnung trug – auch dies eine Form des Umgangs mit der Vergangenheit: eine stille sozialpolitische Übereinkunft der Parteien über alle politischen Differenzen hinweg. Die verfassungsrechtliche Unschärfe des Sozialstaatsgebots wurde durch die operative und legislative Kooperation einer großen Koalition der Sozialpolitiker mehr als ausgeglichen. Und das war nicht zuletzt dem Umstand geschuldet, dass „der politischen Klasse der Nachkriegsjahre [...] noch durch eigenes Erleben die fatalen politischen Folgen der Krisenpolitik der späten Weimarer Regierungen bewusst [waren], die letztlich zum Niedergang des politischen Systems beigetragen haben."[111]

In der Folge wurden die Kompromisse zum Ausgangspunkt einer erfolgreichen wirtschaftlichen und politischen Entwicklung. In den neu gesetzten Bedingungen liefen nicht nur jene Strategien zusammen, die sich aus dem beginnenden Kalten Krieg und der Konkurrenz mit dem sozialistischen System ergaben, sondern auch aus den nationalen und internationalen Erfahrungen und aus den katastrophalen ökonomischen und politischen Verwerfungen der vorausgegangen Jahrzehnte. Die Lohnzuwächse lagen über dem Gesamtzuwachs an Wertschöpfung; die Finanzmärkte waren seit der Weltwirtschaftskrise reguliert; die Wertschöpfung fand im wesentlichen in Industrie und Handel und nicht an den Finanzmärkten statt; es existierten keine nennenswerten Ungleichheiten der Außenhandelsbilanzen[112]; und die Idee des Sozialstaates und ihre Umsetzung in Gesetzgebung und Rechtsprechung bil-

---

108 Vgl. Kleßmann, S. 4.

109 Ebda. S. 6.

110 Vgl. Ritter, S. 219.

111 Dieter Döring: Krisen und Wohlfahrtsstaat – einige deutsche Erfahrungen im 20. Jahrhundert. In: „Gegenblende". Das gewerkschaftliche Debattenmagazin vom 7.11.2012, (online), o. S. URL: s. Lit.-Verz.

112 Vgl. Heinz-J. Bontrup: Zur größten Finanz-und Wirtschaftskrise seit achtzig Jahren. Ein kritischer Rück- und Ausblick mit Alternativen. Hannover 2011 (online), S. 6 f. URL: s. Lit.-Verz.

dete eine wesentliche Grundlage für die Loyalität der Bürger und für die Legitimation des demokratischen Staates. An dieses damalige Verständnis vom Zusammenhang zwischen Wirtschaft und Gesellschaft zu erinnern ist deshalb von Bedeutung, weil es den grundlegenden Paradigmenwechsel schärfer konturiert, der sich im heute allgegenwärtigen Mantra von den Wettbewerbs- und Globalisierungszwängen und der Anpassung der Demokratie an die Märkte ausdrückt.

II. Das Ende der Nachkriegszeit

Während sich der öffentliche Diskurs über die politischen und moralischen Aspekte der jüngsten deutschen Vergangenheit und ihre Bewältigung ab den 1960er Jahren intensivierte – in diese Zeit fällt der Beginn einer Entwicklung, in der der Holocaust schließlich zum „zentralen Paradigma" der Geschichte des Nationalsozialismus aufstieg[113] und die Internationalisierung des Gedenkens und der Erinnerung, wie Helmut König schreibt, zur „zentralen Obsession" wurde[114] –, hatte sich die „verteilungs- und interessenpolitische Instrumentalisierung von Sozialpolitik" in Deutschland nicht wesentlich geändert. Diese Grundlinien, die ihre Existenz ja ebenfalls den Erfahrungen von Weimar und Nationalsozialismus verdankten, waren, wenn man von der Einführung des Bundessozialhilfegesetzes als wohlfahrtsstaatlichem Element absieht[115], dieselben geblieben. Allerdings hatte in der Ära der sozial-liberalen Koalition der Anteil der Sozialleistungen am Sozialprodukt stark zugenommen und übertraf damit die Zuwachsraten des Volkseinkommens bei weitem.[116] Abelshauser schreibt:

> „Noch einmal schöpfte der Wohlfahrtsstaat seine Hoffnung auf die Finanzierbarkeit einer stetigen und menschenwürdigen sozialen Grundversorgung aller Bürger aus der Kraft der Keynesianischen Revolution in der Wirtschaftspolitik."[117]

Die Weltwirtschaftskrise ab 1974/75 und die Krisen 1980 und 1982, die zu einem weltweiten Einbruch des Wirtschaftswachstums zu ungewohnter Inflation und hoher Arbeitslosigkeit führten, signalisierten das Ende des Nachkriegsbooms. Zu den Ursachen gehörten neben dem Einbruch der bis dahin exorbitanten Wachstumsraten in der Nachkriegskonjunktur eine nicht unerhebliche De-Industrialisierung in den wichtigsten westlichen Industriestaaten, in deren Verlauf viele Produktionsstätten in Länder der Peripherie abwanderten.[118] Die Folge war ein

---

113 Vgl. Martin Broszat: Forschungskontroversen zum Nationalsozialismus. In: „ApuZ" 14-15/2007 (online), o. S. URL: s. Lit.-Verz.

114 Vgl. König,, S. 153.

115 1961 kam mit dem dem Bundessozialhilfegesetz ein wohlfahrtsstaatliches Element hinzu. Vgl. Abelshauser, S. 198.

116 Vgl. ebda.

117 Ebda.

118 Vgl. zur De-Industrialisierung: Gérard Duménil, Dominique Lévy: Jobs statt Arbeit. Folgen der Deindustrialisierung . In: „Le Monde diplomatique", Nr. 9748 vom 9.3.2012 (online), o. S. URL: s. Lit.-Verz.

fühlbares Sinken des Lohn- und Einkommensniveaus. Diese Tendenz galt – in je unterschiedlichen Graden – für alle westlichen Industrienationen. Deutschland, schreiben Duménil und Lévy, war in gewisser Weise eine Ausnahme, denn „die deutsche Strategie konnte offenbar den Kern der Industrie im eigenen Lande bewahren“[119] und erzielte insbesondere in den Ländern der EU hohe Außenhandelsüberschüsse – allerdings um den Preis merklicher Lohn- und Kaufkrafteinbussen, auch um den Preis der Zunahme von Leiharbeit und prekären Arbeitsverhältnissen. Das Ende des Wirtschaftswachstuns markierte sukzessive „insgesamt eine wachsende Erosion des Normalarbeitsverhältnisses“[120] und erschütterte den breiten Konsens über den Ausbau des Sozialstaates.[121] Diese Veränderungen würden im Streit um die Ursachen der aktuellen Staatsschuldenkrisen im EU-Raum eine nicht unbedeutende Rolle spielen.

Transatlantischer Kurswechsel

In die Zeit ab Mitte der 1970er fiel der Beginn eines weltweiten ordnungspolitischen Paradigmenwechsels, eines Abrückens von sozialstaatlicher Orientierung und Keynesianischer Volkswirtschaftslehre[122] zugunsten der Wiedereinführung neoliberaler[123] Wirtschaftsregimes[124]

---

119 Vgl. ebda.

120 Vgl. ebda.

121 Vgl. Ritter, S. 211 ff.

122 Vgl. Gabler Verlag (Hrsg.): Gabler Wirtschaftslexikon, Stichwort: Keynesianismus. (online) URL: s. Lit.-Verz.

123 Zur Einführung in den Begriff ‚Neoliberalismus‘ siehe Viktor J. Vanberg: Was ist Neoliberalismus? In: „Ifo-Schnelldienst“, 63. Jg., Heft 9/2010 (online). URL: s. Lit.-Verz.

124 „Der Paradigmenwechsel ist, dogmentheoretisch betrachtet, ein Rückfall in die Lehre des ökonomischen Liberalismus des 19. Jahrhunderts, auch als ‚Manchesterkapitalismus‘ bekannt, der mit dem Börsenkrach von 1929 und dem 2. Weltkrieg endgültig sein Ende gefunden zu haben schien. Die Liberalen hatten damals noch zur Krisenbekämpfung in fataler Weise auf die ‚Selbstheilungskräfte der Märkte‘ und eine aggressive Außenwirtschaftspolitik gesetzt. Bei Arbeitslosigkeit müssten die Löhne der Beschäftigten nur sinken und staatliche Unterstützungsleistungen für Arbeitslose abgebaut werden. Der Staat müsse durch eine ausgeglichene Budgetpolitik seine Ausgaben den sinkenden Steuereinnahmen anpassen (‚Austeritätspolitik‘); die heimische Wirtschaft solle möglichst viel exportieren und gleichzeitig durch protektionistische Maßnahmen mit Einfuhrzöllen und Abwertungen der eigenen Währung eine Sparpolitik auf Kosten des Auslands betreiben (‚beggar-my-neighbour-policy‘).“ Bontrup, S. 5.

über die Deregulierung oder besser: Liberalisierung[125] der Finanz-, Handels- und Arbeitsmärkte Die marktphilosophischen Grundzüge stammten u.a. von der sog. Chicagoer Schule.[126] Zwar hatte die neoliberale Wirtschaftsphilosophie ihren Niedergang in der Weltwirtschaftskrise 1929 ff. erlebt, war aber nie ganz aus dem Diskurs der Nachkriegszeit verschwunden. Namentlich die 1947 in der Schweiz gegründete Mont Pelerin Society sollte großen Einfluss auf den weltweiten ord-

---

125 Höpner u.a. verweisen auf den Unterschied zwischen Liberalisierung und Deregulierung: „Zudem ist Liberalisierungspolitik nicht mit Deregulierungspolitik gleichzusetzen, also mit der Rückführung administrativer Regeldichte. Liberalisierungspolitik kann Deregulierung implizieren, so etwa, wenn Kündigungsschutzvorschriften gelockert werden und damit der Warencharakter der Arbeitskraft gestärkt wird (Rekommodifizierung). Gleichzeitig aber existieren andere Bereiche, in denen Marktschaffung mit einer Zunahme an Regeldichte einhergeht. Beispiele hierfür sind Fusionskontrollen und der Aufbau von Regulierungsbehörden für Unternehmen der staatsnahen Sektoren, die im Zuge von Privatisierungsprozessen geschaffen werden. Liberalisierungspolitik darf deshalb nicht vorschnell mit dem Rückzug staatlicher Regelsetzung identifiziert werden. Um den mit Liberalisierungspolitik einhergehenden Rückzug öffentlichen Einflusses auf die Produktion und Verteilung von Ressourcen und die Delegation der entsprechenden Freiheiten an private Marktteilnehmer zu kennzeichnen, sprechen wir in diesem Papier von der politischen Rückführung öffentlicher Intervention – die im Einzelfall mit gleichbleibender oder gar zunehmender Regulierungs dichte einhergehen kann." Martin Höpner, Alexander Petring, Daniel Seikel, Benjamin Werner: Liberalisierungspolitik. Eine Bestandsaufnahme von zweieinhalb Dekaden marktschaffender Politik in entwickelten Industrieländern. Discussion Paper 09/7 des Max-Planck-Institut für Gesellschaftsforschung (online), S. 6. URL: s. Lit.-Verz.

126 „Mit diesen neuen Rahmenbedingungen der Wirtschaftsentwicklung in den siebziger Jahren wurde zugleich die bis dahin vorherrschende wirtschaftspolitischeStrategie von Keynes, die auf staatliche Intervention zur Stabilisierung der Konjunktur und auf einen Ausgleich marktbedingter Verzerrungen der Einkommensentwicklung setzte, durch die marktdogmatische Position der ‚Chicago School' abgelöst. Herausragende Vertreter dieser Richtung waren von Hayek und Milton Friedman. Sie gingen davon aus, dass Systeme, die auf freie Märkte setzen, allen anderen Systemen überlegen seien, weil sie die individuellen Kräfte der Unternehmer fördern. Der Wohlfahrtsstaat ist in diesem Konzept das größte Übel. (Milton Friedman: Kapitalismus und Freiheit, Stuttgart 1971, S. 227). Ungleichheit ist dagegen höchst erfreulich, weil die Armen mit Blick auf den Lebensstandard der Reichen auch reich werden wollten. Dies sei das entscheidende Motiv für die Entwicklung des allgemeinen Wohlstands und des zivilisatorischen Fortschritts. Nur auf diese Weise, so von Hayek, sei die bisherige Vermehrung des Wohlstandes erreicht worden (Friedrich August von Hayek: Recht, Gesetzgebung und Freiheit, Band 3: Die Verfassung einer Gesellschaft freier Menschen, München 1980, S. 232). Umverteilung zugunsten der Armen und generell Wohlfahrtssysteme werden nicht nur als freiheitsgefährdend, sondern auch als Betrug an all den Menschen betrachtet, die noch

nungs- und währungspolitischen Kurswechsel haben.[127] Diejenigen Gründungsteilnehmer, die zu den Vertretern einer „dogmatischen und wirklichkeitsfernen (‚quasi-religiösen') Richtung" gehörten, etwa Friedrich August von Hayek und Milton Friedman, erhielten bereits 1974 und 1976 die Nobelpreise für Wirtschaftswissenschaften, während die Vertreter des Ordoliberalismus und der sozialen Marktwirtschaft (Alexander Rüstow, Wilhelm Röpke) nie zum Zuge kamen.[128]

Das Vorspiel dieses Umsteuerns, die Aufgabe der Golddeckung des Dollar[129] und der festen Wechselkurse als Reaktion auf die hohe Verschuldung der USA und die damit verbundene Dollarschwäche infolge des Vietnamkriegs wurde noch unter Nixon in Szene gesetzt. Nixon selbst verfolgte keine dezidiert neoliberale Politik[130], und die Abkehr von Bretton Woods, dem System der festen Wechselkurse und der Golddeckung war eher dem Zwang der Umstände geschuldet. Gleichwohl war dies eine wesentliche Voraussetzung für jene „politisch herbeigeführte Liberalisierung"[131], die schließlich von den Regierungen Ronald Reagans in den USA und Margret Thatchers in Großbritannien[132]

---

zur Arbeit gehen und Steuern zahlen." Dieter Eißel: Über die Ursachen der Finanzkrise. In: „Spiegel der Forschung" 26 (2009), Nr. 1 , S. 46-55 (online), hier: S 52. URL: s. Lit.-Verz.

127 Vgl. zur Mont Pélerin Society: Martin Rempe: Rezension zu Matthias Schmelzer: Freiheit für Wechselkurse und Kapital. Die Ursprünge neoliberaler Währungspolitik und die Mont Pélerin Society. Marburg 2010. In: H-Soz-u-Kult, 20.01.2011 (online). URL: s. Lit.-Verz.

128 Vgl. Max Otte: Die Finanzkrise und das Versagen der modernen Ökonomie. In: „APuZ" 52/2009, S. 9-16 (online), hier: S.16. URL: s. Lit.-Verz. Vgl. auch Jürgen Nordmann: Um uns herum nur Sozialisten. In: „FAZ" vom 7.9.2012 (online). URL: s. Lit.-Verz. Vgl. auch: Philip Plickert: Der Neoliberalismus wird siebzig. In: „FAZ" vom 30.8.2007 (online). URL: s. Lit.-Verz.

129 Vgl. Armin Müller: Geldpolitik: Papiertiger. In: „Handelszeitung" vom 26.8.2012 (online). URL: s. Lit.-Verz.

130 „Der US-amerikanische Präsident Richard Nixon (1913-1994) betonte noch 1971: ‚Jetzt sind wir alle Keynesianer geworden.' Der Staat spielte zumindest eine ‚bastard-keynesianische' Rolle." Bontrup, S. 6.

131 „Alles das war und ist kein Automatismus, der – nach dem Ende des ‚Goldenen Zeitalters' des Kapitalismus – allein der Systemlogik entsprungen wäre, sondern die Entwicklung der letzten 30 Jahre ist auch das Ergebnis konkreter politischer Entscheidungen und Ereignisse sowie einer Art neoliberaler Bewusstseinsrevolution in der ökonomischen Fachwissenschaft wie in der öffentlichen Diskussion – ihr Credo ist die Alternativlosigkeit –, welche in den letzten Jahren aber ihren Zenit überschritten hat." Peter Brandt: Die ‚Globalisierung' in historischer Perspektive. Eine essayistische Deutung der Weltgeschichte der Neuzeit. In: Globkult-Magazin vom 31.7.2008 (online), S. 16. URL: s. Lit.-Verz. Vgl. auch Höpner u.a., S. 10.

132 Eine gute Einführung in die Auswirkungen der Übernahme der Ordnungspolitik

angestoßen wurde und mit den Zielvereinbarungen der internationalen Handels- und Finanzorganisationen im sog „Washingtoner Konsens“[133] von 1990 (s. Anhang 8) und der Gründung der Welthandelsorganisation WTO in Marrakesch 1994[134] weltweite Durchschlagskraft erhielt. Es war eine ordnungspolitischen Linie, die Huffschmid als „Gegenreform“ gegen eine in der Nachkriegszeit praktizierte „kooperative Internationalisierung“ unter Einschluss stabiler Währungspolitik bezeichnet.[135]

Thatchers für die Europäische Union findet sich bei Barbara Supp: Unbarmherzige Samariter. Wie Margaret Thatcher und ihre deutschen Schüler die marktkonforme Demokratie erschaffen haben. „Spiegel“-Essay. In: „Spiegel“ 6/2012, S. 56-57 (online). URL: s. Lit.-Verz.

133 „Die Zauberformel, die als ‚Washingtoner Konsens‘ in die Geschichte eingehen sollte, lautete so: Wenn alle Nationen dem Staat Zügel anlegen und sich der unsichtbaren Hand des Marktes anvertrauen; wenn sie Steuern senken, Haushalte sanieren, Inflation bekämpfen, öffentliche Güter privatisieren und Kapitalinvestoren mit offenen Armen empfangen – dann werden alle Menschen auf der Erde ihr trauriges Los verbessern. […] Kaum ein Wirtschaftsprogramm hat die Ökonomien der Weltgesellschaft so durchfurcht wie jenes, das Experten der Weltbank, des Internationalen Währungsfonds und des US-Finanzministeriums Anfang der neunziger Jahre in harmonischer Runde zu Papier gebracht hatten. Nicht nur eine Handvoll Länder, ganze Kontinente beugten sich dem Washingtoner Ratschluss in der Hoffnung auf Wachstum und Wohlstand.“ Thomas Assheuer: Wer erlöst uns vom Kapital? In: „Die Zeit“ vom 11.9.2007 (online). URL: s. Lit.-Verz. Siehe auch zu den Inhalten des Washingtoner Konsens und zur Kritik daran: Rainer Schweickert:: Vom Washington-Konsens zum Post-Washington-Dissens? Glaubwürdigkeit, Timing und Sequencing wirtschaftlicher Reformen. In: „Die Weltwirtschaft“, Jg. 2003, Nr. 3, S. 299-312 (online), hier: S. 306. URL: s. Lit.-Verz.

134 „Eines der Hauptziele der WTO, die Beseitigung ‚nichttarifärer Handelshemmnisse‘, ist in zwei Übereinkommen festgelegt, die sich nur scheinbar mit technischen Fragen beschäftigen. Mit den Abkommen über technische Handelshemmnisse (TBT) und die Anwendung gesundheitspolizeilicher und pflanzenschutzrechtlicher Maßnahmen (SPS) verpflichten sich die Unterzeichnerstaaten zur (wie es im Jargon heißt) ‚Harmonisierung‘ der umwelt-, gesundheits- und verbraucherschutzrechtlichen Normen und Bestimmungen. Praktisch läuft diese ‚Harmonisierung‘ auf die Etablierung von Minimalstandards hinaus, so dass die Mitgliedstaaten ihre nationale Gesetzgebung in absehbarer Zeit auf den kleinsten gemeinsamen Nenner zurückschrauben müssen, unter völliger Missachtung des Vorsorgeprinzips. Wer die Einfuhr bestimmter Produkte verweigert, weil sie die Gesundheit der Bevölkerung gefährden oder die Umwelt zerstören, muss seine Befürchtungen wissenschaftlich begründen. Der Hersteller hingegen braucht nicht zu beweisen, dass seine Produkte für Mensch und Umwelt unbedenklich sind. [...] Das WTO-Prinzip der Inländerbehandlung untersagt jede Diskriminierung ausländischer Erzeugnisse, auch wenn das Empfängerland mit den menschlichen oder ökologischen Bedingungen ihrer Herstellung nicht einverstanden ist. Anders gesagt, die ‚Produktionsprozesse und -methoden‘ dürfen kein Kriterium der Importverweige-

Die Aufhebung der Golddeckung des Dollar, die Einführung flexibler Wechselkurse und die Liberalisierung der Handels- und insbesondere der Finanzmärkte hatten dramatische Folgen. Das Geldvolumen war nun nicht mehr, wie bisher, durch das begrenzte Goldvolumen limitiert, sondern konnte als Kreditgeld durch Noten- und Geschäftsbanken[136], zunehmend auch durch Versicherungen und professionelle Anlegerfonds, potentiell unendlich vermehrt werden.[137] Mit den Möglichkeiten zur Schöpfung beliebiger Geldmengen ließen sich über die tatsächliche Kaufkraft der Konsumenten hinaus fast ohne Limit schuldenfinanzierte Nachfragekonjunkturen ankurbeln. Darüber hinaus ermöglichte und erforderte das System der flexiblen Wechselkurse auch die Entstehung

---

rung sein. Einzige Ausnahme bilden Erzeugnisse, die von Gefangenen hergestellt werden. Kriterien wie nachhaltige Entwicklung oder Einhaltung der Menschenrechte sind hingegen rechtswidrig." Susan George: Liberalismus versus Freiheit – WTO-Konferenz von Seattle. In: Hamburger Bildungsserver: Die Organisationen der Globalisierung. (online). URL: s. Lit.-Verz.

135 „Unter dem Eindruck von Weltwirtschaftskrise und Weltkrieg und veränderter internationaler Kräfteverhältnisse hatte sich ein System herausgebildet, das gut ein Vierteljahrhundert die internationalen Beziehungen wie auch die nationale Politik prägte. Herausragende Eckpunkte waren die Gründung der Vereinten Nationen und die Verabschiedung der Charta der Menschenrechte, die Dekolonialisierung und der Aufstieg der Entwicklungsländer [...] sowie ein internationales ökonomisches Kooperationsregime zwischen den entwickelten kapitalistischen Ländern, das auf der Konferenz von Bretton Woods 1944 konzipiert worden war. [...] Im Inneren der kapitalistischen Gesellschaften richtete sich die Gegenreform gegen wirtschaftspolitische Zielvorstellungen, die nach dem Zweiten Weltkrieg fast universell akzeptiert waren: Vollbeschäftigung, sozialer Ausgleich, Verstaatlichung oder Vergesellschaftung wesentlicher finanzieller oder infrastruktureller Schlüsselsektoren, mehr Demokratie und Mitbestimmung auch in der Wirtschaft." Jörg Huffschmid: Globalisierung – hinter den Kulissen. In: Christine Buchholz/Anne Karrass/Oliver Nachtwey/Ingo Schmidt (Hrsg.): Unsere Welt ist keine Ware. Handbuch für Globalisierungskritiker, Köln 2001, S. 61-74, hier: S. 63 f.

136 „Vor allem hat die Deregulierung den Geldhäusern die Fähigkeit gegeben, das nötige Schmiermittel solcher Geschäfte in nahezu unbegrenztem Umfang selbst zu erzeugen: Kreditgeld. So konnte das Finanzsystem jahrelang ein globales Schuldenwachstum finanzieren, das das reale Wachstum um ein Vielfaches übertraf. Besonders schnell stiegen dabei zunächst nicht die öffentlichen, sondern die privaten Schulden. Bei den Konsumenten wurden auf diese Weise Nachfrageausfälle aufgrund stagnierender Löhne ausgeglichen." Sahra Wagenknecht: Europa in der Krise. Schluß mit Mephistos Umverteilung. In: „FAZ" vom 8.12.2011 (online). URL: s. Lit.-Verz. Ein guter Einstieg in die Thematik der Finanzmarkt-Deregulierung findet sich unter „Lobbypedia": Chronologie der (De-)Regulierungen im Finanzmarktsektor. URL: s. Lit.-Verz.

137 Vgl. Ulrike Herrmann im Interview mit Joseph Huber: Geld ensteht aus dem Nichts. In: „taz" vom 3.2.2012 (online). URL: s. Lit.-Verz.

neuer Finanzinstrumente, etwa Derivattypen wie Futures und Optionen. Derartige Derivate sind Wetten auf die künftige Entwicklung eines Preises/Kurses, sei es von Anleihen und Aktien, sei es von Rohstoffen oder Devisen. Der Handel damit, schrieb Stefan Schulmeister, gleicht letztlich Casino-Spielen wie Roulette, wobei der Lauf der Kugel in diesem Fall nicht die Bilanz einer Spielbank betrifft, sondern die wichtigsten Preise in der Weltwirtschaft[138] und damit die Bilanzen ganzer Volkswirtschaften. Ursprünglich durchaus sinnvoll zur Absicherung von Wechselkursschwankungen gedacht, entfaltete der Handel mit solchen Instrumenten im Verlauf der Jahre eine verhängnisvolle und fast unkontrollierbare Eigendynamik. Sie wurde dadurch befeuert, dass Ende der 1990er Jahre Clintons Finanzminister Jerry Rubin – wie etliche der folgenden Finanzminister und Notenbankchefs Banker bei Goldmann – die seit 1933 bestehende Trennung[139] von Investmentbanken und Geschäftsbanken[140] und das Handelsverbot für andere Derivate wie CDOs (forderungsbesicherte Wertpapierpakete), CDS (Kreditausfallversicherungen), ABS (Verbriefung von Krediten und Hypotheken) etc. und Transaktionsformen wie Leerverkäufe aufhob. Das zog die Zulassung weiterer neuer, oft undurchsichtiger Finanzprodukte nach sich.[141] In der Folge gingen die Banken hohe Risiken auch zulasten ihrer Bankkunden ein, weil die Forderungen aus dem eingesetzten Ka-

---

138 Vgl. Stephan Schulmeister: Der Boom der Finanzderivate und seine Folgen. In: „APuZ", Heft 26 vom 22.06.2009 (online), o. S. URL: s. Lit.-Verz.

139 Zum Trennbankensystem und zum „Glass Steagall Act", der die Trennung gesetzlich vorschrieb, siehe Albrecht Ritschl: War 2007/08 das neue 1931? In: „ApuZ" 20/2009 (online), o. S. URL: s. Lit.-Verz.

140 „Die Bankenaufsichten sind historisch ein Ergebnis der Regulierung. Sie stammen aus einer Zeit, als die Regierungen noch der Meinung waren, dass die Staaten eine gewisse Kontrollpflicht haben. So ist z.B. die kompetenteste Bankenaufsicht der kapitalistischen Welt die Security Exchange Commission (SEC) in den USA. Sie war eine Konsequenz der US-Reformregierung Roosevelt nach der ersten Weltwirtschaftskrise. Vorher gab es keine Bankenaufsicht. 1931 war klar, dass Bilanzmanipulationen ein wesentlicher Grund für die Krise waren. Die SEC hat staatsanwaltliche Kompetenzen, kann Razzien veranstalten, Strafen verhängen, inzwischen allerdings eher theoretisch, weil sie seit Beginn der 90er Jahre unter der Präsidentschaft William Clintons – und einem Finanzminister von der Wall Street – und dann auch unter George W. Bush schrittweise entmachtet wurde, personell ausgedünnt wurde." Lars Sobirai im Gespräch mit Werner Rügemer: Die wahren Ursachen der Finanzkrise (1). 18.12.2009 (online), o. S. URL: s. Lit.-Verz.

141 Die Deutsche Bank bezeichnet den Anteil dieser Papiere gemessen am gesamten Derivatehandel als „relativ klein": Etwa 30 Billionen US-Dollar in einem Gesamtmarkt von 600 Billionen Dollar. Vgl. Deutsche Bank Research: CDS. Auf dem Weg zu einem robusteren System. 8.3.2010 (online). URL: s. Lit.-Verz.

pital das Eigenkapital um eine Vielfaches übersteigen konnten.[142] Dadurch änderte sich im internationalen Geschäft das Verhältnis von Eigenkapital und Krediten dramatisch: Lag es vor 100 Jahren etwa bei 1:1, so vergeben Banken heute das 20-fache ihres Eigenkapitals als Kredite, um Finanzspekulationen zu tätigen. Inzwischen übersteigen die Bankkredite für Finanzgeschäfte die der Kredite für die Realwirtschaft bei weitem[143] – das Volumen liegt derzeit bei unvorstellbaren 700 Billionen Dollar.[144] Die Industrie-Investitionen von Realwirtschaft und Banken sanken zugunsten lukrativerer Finanzinvestitionen, etwa zugunsten von Spekulationen mit Termingeschäften, Aktien, Rohstoffen, Zinssätzen, Immobilien und Wechselkursen mitsamt deren Derivaten.[145] Die Banken entfernten sich von ihrer angestammten Aufgabe, freie Guthaben mit überschaubarem Risiko als Kredite an die Wirtschaft weiterzureichen und damit für wirtschaftliche Entwicklung zu sorgen. Diese Umschichtungen führten im Zusammenspiel mit der erwähnten De-Industrialisierung wiederum zum Sinken von Wirtschaftswachstum, zum Anstieg von Arbeitslosigkeit und – über sinkende Steuereinnahmen – zu höherer Staatsverschuldung.[146] Die Zunahme von Spekulationsrisiken und die Abnahme industrieller Investitionstätigkeit ähnelten damit jenen Entwicklungen, die im Vorfeld der Weltwirtschaftskrise 1929 ff. zu beobachten waren. (Ein Überblick über die historischen Stationen

---

142 Der Wert des Dow Jones Index, der sich nach dem Krieg nur unwesentlich bewegt hatte und seinerzeit hauptsächlich Investitionen in die Realwirtschaft abbildete, verzehnfachte sich aufgrund von Finanzmarkttransaktionen ab 1985 bis 2007. Vgl. dazu Tomasz Konicz: Explosionsartige Ausweitung der Finanzmärkte in der Clinton-Ära. In „Telepolis" vom 1.12.2008 (online), o. S.. URL: s. Lit.-Verz.

143 „Betrachtet man die Aktivseite der Bankbilanzen, so dominiert der Handel mit Wertpapieren und Derivaten auf eigene Rechnung und für Kunden aus dem Kreditgeschäft machen oftmals nur noch ein Fünftel der Gesamtaktiva aus [...] Stark zugenommen haben hingegen Kredite von anderen Gläubigern (darunter Versicherungen, sonstige Finanzinstitute und andere Unternehmen)." Rainer Lenz: Finanzmarkt braucht keine Banken. Plädoyer für eine grundlegende Finanzreform. In: Perspektive. Veröffentlichung der Friedrich-Ebert-Stiftung, Juni 2012 (online), S. 1. URL: s. Lit.-Verz.

144 Vgl. Gerd Hübner: Die tickende Zeitbombe der weltweiten Derivate. In: „Finanzen100" vom 30.9.2014 (online). URL: s. Lit.-Verz.

145 Wer als Laie wissen will, wie diese Papiere funktionieren, lese den Artikel von Hannes Vogel, der ein, man kann es nicht anders sagen, geradezu wahnwitziges Szenario zum Verkauf von Schrottpapieren an deutsche Kommunen schildert. Hannes Vogel: Abendessen im Schlosshotel. In: „SZ" vom 31.3./1.4.2012 (online), URL: s. Lit.-Verz.

146 Stephan Schulmeister: Ausgetrickst von den Chicago-Boys. In: „SZ" vom 23.6.2012, S. 32.

der Regulierung der Finanzmärkte und deren Revision findet sich im Anhang 9)

Das Umsteuern der wichtigsten internationalen Handels- und Finanzorganisationen und Industriestaaten stellte sich also als äußerst komplexer Prozess mit vielen Facetten und Varianten dar, und die Liberalisierung der Finanzmärkte, von der Arthur F. Burns, Notenbankchef unter Nixon, sagte, „sie werde mit Sicherheit viel Elend über die Menschheit bringen"[147], war nur eine davon. Und tatsächlich war es eine Facette, die für das Kräfteverhältnis von Wirtschaft und Staat, für die Frage nach den Voraussetzungen souveräner Demokratien und für das Lebensschicksal von Millionen von Menschen von wesentlicher Bedeutung werden würde.

Ohne Zweifel hatte das Gegensteuern gegen die Ermüdungs- und Erstarrungserscheinungen der sozialen Demokratien nachvollziehbare Gründe. In gewisser Weise kann gelten, was Johann Schloemann in einer Würdigung der jüngst verstorbenen Margret Thatcher über Großbritannien schrieb, dessen Regierungen die De-Industrialisierung zugunsten des Ausbaus der Finanzmärkte bis ins Extreme trieben: „Niemand, der bei Vernunft ist, ob links oder rechts, kann heute bestreiten, dass Keynesianismus, Inflationspolitik und Staatswirtschaft Ende der Siebzigerjahre in Großbritannien zu weit gegangen waren." Aber dass Thatcher bei der Regulierung der Wirtschaft und des Bankensektors zu weit ging, schreibt er weiter, wusste man spätestens nach dem großen Crash von 2007/2008. Spätestens bei ihrem Nachfolger Tony Blair sei diese Einsicht im Glanz von „Cool Britannia" vernebelt worden, und selbst ein deutscher Finanzminister wie Hans Eichel habe sich damals von der schrankenlosen Börsen- und Privatisierungs-Euphorie anstecken lassen.[148]

Doch war die Trendwende, wie zu sehen sein wird, viel mehr als Deregulierung und Privatisierung, und erst im Ineinandergreifen der verschiedenen Elemente konnte der ordnungspolitische Richtungswechsel jene beträchtlichen sozialen und politischen Verwerfungen entwickeln, vor denen wir heute stehen.

---

147 Zit. n. Ulrich Schäfer: Startschuß für Casino Royale. In: „SZ" vom 28.7.2012, S. 2.

148 Johan Schloemann: Die Seele verändern. Margret Thatcher hat Großbritannien revolutioniert. Damit hat sie auch zerstört, was ihr lieb war. In: „SZ" vom 10.4.2013, S. 11.

Deutschland: Das Lambsdorff-Papier

Das Startzeichen für die neoliberale Tendenzwende in Deutschland war eine Denkschrift des freidemokratischen Wirtschaftsministers Lambsdorff[149], die 1982 zum Bruch der SPD/FDP-Koalition führte und vom damaligen Bundeskanzler Schmidt so charakterisiert wurde: „Sie will in der Tat eine Wende, und zwar eine Abwendung vom demokratischen Sozialstaat im Sinne des Art. 20 unseres Grundgesetzes und eine Hinwendung zur Ellenbogengesellschaft.“[150] Lambsdorff hatte die Privatisierung von bisher öffentlichen Leistungen, die Entlastung der Haushalte, die Stärkung wirtschaftlicher Dynamik und – insbesondere für die EU – „eine Ablehnung gemeinschaftlicher Regelungen [...]“ gefordert, „die bereits im Stadium der Beratung [...] das Investitionsklima belasten“.[151]

Allerdings täuschen die Worte Schmidts darüber hinweg, dass die Sozialdemokraten bereits selbst Überlegungen in diese Richtung angestellt hatten. Unter Schmidts Finanzminister Lahnstein war eine „Agenda ’90“ vorbereitet worden, eine Mischung aus sozial-, wirtschafts- und ordnungspolitischen Vorschlägen, die „erst 20 Jahre später zu Konsequenzen führte“ und „in vielem bis heute nicht überholt ist“.[152] Sie kann als Vorläufer der Schröderschen Agenda 2010 gelten und war im Grundtenor eine Bestätigung der Lambsdorff Positionen.[153] Lahnstein hielt u.a. „eine starke internationale Komponente“ der Politik für erforderlich, ein Abbremsen des Anstiegs der Lohn- und Lohnnebenkosten, dazu „Korrekturen der Sozialversicherungssysteme“, die „Stärkung der Eigenverantwortlichkeit“ im Gesundheitswesen, eine Konsoli-

149 Otto Graf Lambsdorff: Konzept für eine Politik zur Überwindung der Wachstumsschwäche und zur Bekämpfung der Arbeitslosigkeit. Denkschrift vom 9. Sept. 1982. In: Gérard Bökenkamp, Detmar Doering, Jürgen Frölich, Ewald Grothe (Hrsg.): 30 Jahre „Lambsdorff-Papier“. Texte und Dokumente zum „Konzept für eine Politik zur Überwindung der Wachstumsschwäche und zur Bekämpfung der Arbeitslosigkeit“ vom 9. September 1982, 1. Auflage 2012 (online). URL: s. Lit.-Verz.

150 Zit. n. Christoph Butterwegge: Ein neoliberales Drehbuch für den Sozialabbau. 7.9.2007 (online), o. S. URL: s. Lit.-Verz.

151 Vgl. Hempel, S. 9.

152 Abelshauser, S. 452.

153 „Der Wirtschaftsminister hat Recht, wenn er auf eine stärkere Beachtung der ökonomischen Prinzipien des Wettbewerbs, möglichst wirtschaftliche Preisbildung und Allokationen (auch bei der Preisbildung für Arbeit), mehr Anpassungsflexibilität, dauerhafte Anreize für unternehmerisches Handeln und Investitionen, Abbremsen der Sozialabgabelasten drängt.“ Ebda., S. 453.

dierungsstrategie gegen das Ausufern der Staatsverschuldung, die Veräußerung öffentlichen Eigentums zur Umwandlung von „Konsumkaufkraft in investitionsbereites Risikokapital" und schließlich „Ausnahmen von den geltenden Normen (Lehrlingsvergütung, Ausbildungsordnung)" zur Bekämpfung der Jugendarbeitslosigkeit.[154]

Mit diesen Papieren begann „ein Um- bzw. Abbau des Wohlfahrtsstaates, welcher bis heute anhält", wie Abelshauser schreibt.[155] Die ordnungspolitische Tendenzwende, die auch in Deutschland tief in sozialstaatliche Strukturen eingriff, war langfristig nur mit Hilfe jener „faktischen Großen Koalition durchzusetzen, die seit 1948 in sozialpolitischen Fragen praktiziert wurde".[156] In den nächsten 30 Jahren gab es, von Helmut Kohl über Gerhard Schröder bis zu hin Kanzlerin Merkel, keine Regierung, die die Papiere Lahnsteins und Lambsdorffs nicht umzusetzen bemüht war.[157] Wenn das gesamte Konzept auch nicht immer gradlinig und bisher auch noch keineswegs vollständig umgesetzt wurde, so war die Realisierung der Eckpunkte durchaus erfolgreich – nicht zuletzt in Hinsicht auf das erklärte Ziel, über eine „starke internationale Komponente", über den Ausbau der Europäischen Union und über die Schaffung supranationaler Gremien die bestehenden Sozialstandards, Lohnfindungsprozeduren und Marktregulierungen in Europa auszuhebeln[158] oder, um es in den Worten der Marktliberalen zu sagen, die Ordnungspolitik den Wettbewerbserfordernissen der globalen Märkte anzupassen.

154 Vgl. ebda. S. 452.

155 Vgl. ebda. S. 455 f.

156 Vgl. ebda. S. 453.

157 Unter den sozialdemokratischen Finanzministern Eichel und Steinbrück etwa wurde – trotz der Erfahrung, dass derartige Transaktions- und Spekulations-möglichkeiten den Börsenkrach 1929 ausgelöst hatten – die Arbeit von Hedgefonds und die Emission und der Handel mit Derivaten und CDS in Deutschland zugelassen. Vgl. Burkhard Erke, Ralf-M. Marquardt: Zulassung von Hedgefonds in Deutschland: Fluch oder Segen? In: „Wirtschaftsdienst", Bd. 84, 2004, Heft 5, S. 309-316 (online). URL: s. Lit.-Verz.

158 Eine Sammlung vieler Rechtsakte zur Liberalisierung in Deutschland findet sich bei Susanne Steinborn: Regulierung der Finanzmärkte in Deutschland unter Berücksichtigung der Rahmensetzung durch die EU. Kurzstudie im Auftrag der Rosa-Luxemburg-Stiftung, Stand November 2009 (online). URL: s. Lit.-Verz. Siehe auch die material- und quellenreichen Webseite von Robert Muner: Materialien Eurokrise/ Finanzkrise/ Staatsschuldenkrise. Büchse der Pandora: Die Entfesselung der Finanzmärkte (online). URL: s. Lit.-Verz.

Maastricht: Weg von den Ursprüngen

Mit dem Maastrichter Vertrag von 1992, der konzeptionell und zeitlich mit dem Washingtoner Konsens von 1990 korrespondiert und gemeinsam mit ihm als schnelle wirtschaftsstrategische und politische Reaktion des Westens auf den Zusammenbruch des realsozialistischen Staatensystems 1989 gesehen werden kann, wurde der neoliberale Paradigmenwechsel zur Geschäftsgrundlage der im Wirtschaftsraum der EU zusammengeschlossenen Staaten – einschliesslich der ehemaligen Comecon-Mitglieder, die in kürzester Zeit eine Schocktherapie der Privatisierung und Deregulierung durchliefen.[159] Die zentrale Rolle dabei kam der EU-Kommission zu. An sie übertrugen die Mitgliedsstaaten nach und nach qualifizierte Kontroll- und Maßgabekompetenzen[160], quasi in eine supranationale Sphäre hinein, schwer erreichbar für Interventionen der nationalen Parlamente. Die Kommission erhielt als faktische Regierungsinstanz der EU das alleinige Recht auf europäische Gesetzesinitiativen und wurde zugleich als „Hüterin der Verträge" mit beträchtlichen politischen und administrativen Handlungsvollmachten ausgestattet. Allerdings kann man nicht oft genug betonen, dass die Richtlinienkompetenz für die Kommissionspolitik beim Europäischen Rat der Regierungs- und Staatschefs liegt. An der demokratischen Legitimation vieler dieser Kommissionskompetenzen bestehen – trotz des Maastricht-Urteils des BVerfG, das die demokratischen Prinzipien durch die Übertragung nationalstaatlicher Regelungsbefugnisse an supranationale Gremien nicht in Frage gestellt sah[161] – bis heute massive Zweifel.[162]

---

159 Vgl. dazu insgesamt: Philipp Ther: Die neue Ordnung auf dem alten Kontinent Eine Geschichte des neoliberalen Europa. Suhrkamp 2014.

160 Insbesondere über Art. 17 des EU-Vertrages in Verbindung mit den Artikeln 26-126 des Vertrags über die Arbeitsweise der Europäischen Unions. Siehe dazu: Vertrag über die Europäische Union. Fassung aufgrund des am 1.12.2009 in Kraft getretenen Vertrages von Lissabon (Konsolidierte Fassung bekanntgemacht im ABl. EG Nr. C 115 vom 9.5.2008, S. 13). URL: s. Lit.-Verz. Siehe auch: Vertrag über die Arbeitsweise der Europäischen Union. Fassung aufgrund des am 1.12.2009 in Kraft getretenen Vertrages von Lissabon (Konsolidierte Fassung bekanntgemacht im ABl. EG Nr. C 115 vom 9.5.2008, S. 47) URL: s. Lit.-Verz.

161 Vgl. BVerfG: Urteil vom 12. Oktober 1993, 2 BvR 2134, 2159/92. URL: s. Lit.-Verz.

162 „Das komplizierte, nicht zuletzt von innenpolitischen Faktoren und Kräften abhängige Verhandeln zwischen Regierungen sollte im Gemeinsamen Markt durch die raschen Entscheidungen einer von den Regierungen unabhängigen supranationalen Behörde ersetzt werden. Hier würden Experten nach rationalen, dem Allgemeinwohl verpflichteten Kriterien entscheiden; Wirtschaftspolitik wurde damit zumindest zum Teil dem demokratischen Prozess in den Mitgliedstaaten der Ge-

Sie beziehen sich auf die ordnungs- und wirtschaftspolitische Rolle der Kommission, auf ihre Neigung, mit Hilfe der Wettbewerbsregeln des Vertrags über die Arbeitsweise der Europäischen Union kompetenzüberschreitend in Regelungsbereiche der Mitgliedsstaaten einzugreifen[163], die marktbeherrschende Stellung von Unternehmen in den Versorgungsbereichen Post, Telekommunikation, Strom, Gas und Wasser und anderen Bereichen öffentlicher Daseinsvorsorge aufzubrechen[164] und die öffentlichen Vorsorgebereiche der Privatisierung und damit dem Marktwettbewerb und der Kommerzialisierung zu unterwerfen.[165] Das sorgt bis heute immer wieder für Konfliktstoff – abzulesen etwa an Protesten gegen die Zulassung von Billigdienstleistern auf Flughäfen und in Seehäfen[166] oder gegen die allfälligen Versuche zur europaweiten Liberalisierung der Wasserversorgung. Wirtschaftliche Liberalisierung und das Ausreizen der Grenzen politischer Befugnisse bis hin zur Grenzüberschreitung gingen also Hand in Hand. Höpner u.a. resümieren, dass die derzeitige Phase der europäischen Integration im Zusammenspiel von Kommission und Europäischem Gerichtshof vor allem „durch extensive Interpretationen des europäischen Wettbewerbsrechts und der europäischen Grundfreiheiten (freie Bewegung von Arbeit, Kapital, Waren und Dienstleistungen)" gekennzeichnet ist – Bereiche

meinschaft entzogen. Es ist dies ein Motiv der europäischen Integration, das sich seit Beginn der supranationalen europäischen Zusammenarbeit immer wieder finden lässt." Guido Thiemeyer: Das Demokratiedefizit der Europäischen Union. Geschichtswissenschaftliche Perspektiven. In: Themenportal Europäische Geschichte (2008), o. S. URL: s. Lit.-Verz.

163 Vgl. Roman Herzog, Frits Boltkestein, Lüder Gerken: Die EU schadet der Europa-Idee. In: „FAZ" vom 15.1.2010 (online). URL: s. Lit.-Verz.

164 „Das europäische Wettbewerbsrecht hat den Binnenmarkt und die europäische Vereinigung in nicht unerheblicher Weise geprägt und auf eine bestimmte Art zu realisieren geholfen. Die Wettbewerbspolitik stimmt mit diesen ordoliberalen Gedanken völlig überein. Mittelbar hat sie auf diese Weise zur Verbreitung ordoliberalen Gedankenguts in Europa ganz entscheidend beigetragen. Durch die fehlende wirtschaftspolitische Neutralität auf europäischer Ebene, wie sie das Grundgesetz kennt, werden andere Optionen der Integration von vornherein beschnitten." Susanne Schmidt: Liberalisierung in Europa. Die Rolle der Europäischen Kommission. Schriften des Max-Planck-Instituts für Gesellschaftsforschung Köln, Band 33. Frankfurt/Main, New York, Campus Verlag 1998 (online), S. 18. URL: s. Lit.-Verz.

165 N.N.: Öffentliche Dienstleistungen. Europa drängt auf Privatisierung. In: „Böcklerimpuls" 18/2007. URL: s. Lit.-Verz.

166 Vgl. Sven-Michael Veit: Konkurrenz um jeden Preis. In: „taz" vom 14.6.2012 (online). URL: s. Lit.-Verz.

also, die eigentlich in die Regelungshoheit der Mitgliedsstaaten gehören.[167]

Das allerdings war nicht der ursprüngliche ordnungspolitische Ausgangspunkt der Pläne zur Bildung einer Europäischen Gemeinschaft: In einer Untersuchung zu den Auswirkungen der europäischen Sparprogramme auf die Sozialsysteme gingen die Sozialökonomen Arne Heise und Anna Lierse den Veränderungen der strategischen Zielvorstellungen im Projekt Europäische Union nach. Sie kamen zu dem Schluss, dass die ökonomische Integration Europas noch in den 1980er Jahren als Europäisches Sozialmodell begriffen wurde, das als „Legitimationsreserve“ der europäischen Einigung diente. Stand die Entwicklung des gemeinsamen Binnenmarkts und der Währungsunion zunächst noch in der Tradition der europäischen Wohlfahrtsstaaten, so setzten sich in den späteren EU-Kommissionen jene Kräfte durch, die den Paradigmenwechsel von „Welfare zu Workfare“ vorantrieben und dabei das in der Öffentlichkeit positiv besetzte Europäische Sozialmodell dazu nutzten, um „sowohl die Legitimation und Akzeptanz der vornehmlich ökonomischen Integration zu erhöhen als auch die Ökonomisierung des Sozialen hinter scheinbar Vertrautem verborgen voranzutreiben“.[168]

Es sind also zwei grundlegende Punkte, um die es in der Diskussion um die weitere Entwicklung der EU geht: Zum einen um die zweifelhafte demokratische Legitimation der EU-Ebene, zum anderen um das Verlassen des sozialstaatlichen Pfades der Nachkriegszeit. Die Verabschiedung einer europäischen Verfassung, wie man sie zwischen 2002 und 2004 in Angriff nahm, wäre möglicherweise eine Chance zur Beseitigung des Mangels an demokratischer Legitimation der EU gewesen[169], hätte allerdings nach Meinung linker Kritiker die neoliberale

---

167 Vgl. Höpner, S. 40.

168 Vgl. Arne Heise, Anna Lierse: Haushaltskonsolidierung und das Europäische Sozialmodell. Auswirkungen der europäischen Sparprogramme auf die Sozialsysteme. Studie der Friedrich-Ebert-Stiftung. Internationale Politikanalyse, Abteilung Internationaler Dialog. März 2011 (online), S. 8. URL: s. Lit.-Verz.

169 „Die Ablehnung des Verfassungsvertrages durch einen beträchlichen Teil der europäischen Linken versteht sich als Opposition zu neo-liberaler Ideologie und kapitalistischer Globalisierung. Was an dieser Stelle kritisiert werden muss, ist nicht die grundsätzliche politische Haltung, sondern die Schlussfolgerung, die daraus entsteht, d.h. das Scheitern des Verfassungsvertrages und damit die Bewahrung des Status quo als das weniger Schlechte in Betracht zu ziehen. Der Verfassungsvertrag ist ein möglicher Schritt, um die Handlungsfähigkeit der Europäischen Union auf fortschrittliche Weise auszubauen und somit die institutionellen Rahmenbedingun-

Konstruktion Europas zementiert.[170] Es steht dahin, ob dies zwangsläufig so hätte kommen müssen, denn die Charta der europäischen Grundrechte wäre integraler Bestandteil dieser Verfassung gewesen. Wichtiger ist aber, dass die Charta als Teil des Lissabonner Vertrages von allen EU-Staaten, mit Ausnahme Großbritanniens und Polens, als rechtsverbindlich anerkannt wurde.[171] Das bedeutet, dass die ursprüngliche soziale Gründungsidee der europäischen Staatengemeinschaft keineswegs obsolet ist:

> „Auf dem Papier zumindest ist die EU schon ein wenig sozial geworden: Im Artikel 3 des Lissabon-Vertrages ist nicht mehr nur von einem Europa die Rede, das auf ausgewogenes Wirtschaftswachstum und auf Preisstabilität setzt; in diesem Artikel 3 heißt es auch, dass auf eine wettbewerbsfähige soziale Marktwirtschaft hingewirkt werden soll, die auf Vollbeschäftigung und sozialen Fortschritt abzielt. In der Grundrechte-Charta der EU sind sogar soziale Grundrechte aufgeführt, die im Grundgesetz nicht genannt werden. Es reicht aber nicht, dass sie dort nur aufgeführt sind. Die sozialen Grundrechte brauchen einen Hüter: Der EU-Gerichtshof in Luxemburg muss ein solcher Hüter sein."[172]

Der Weg zu einer wohlfahrtsstaatlichen Ausgestaltung der EU und Angleichung der europäischen Lebensverhältnisse ist also, zumindest auf dem Papier, keineswegs verbaut. Festzuhalten bleibt jedoch, dass sich in der skizzierten gegenwärtigen Politik und ihren institutionellen Verankerungen die Verflüchtigung nationalstaatlich demokratischer Regelsetzung in eine unzureichend legitimierte supranationale Parallelsphäre hinein findet. Deren politisch-ökonomische Auswirkungen lassen die bange, vor sechzig Jahren gestellten Frage Michael Freunds, ob „die sozialen und politischen Ordnungen Schritt halten mit den Wirtschaftsmächten", hochaktuell erscheinen.

---

gen zur Verteidigung des Sozialstaatsmodels und zur Reform der kapitalistischen Wirtschaft zu schaffen." Peter Brandt, Dimitris Th. Tsatsos: Von der Konstitutionalisierung Europas zu einer europäischen Verfassung. In: GlobKult-Magazin vom 27.3.2010 (online), S. 15. URL: s. Lit.-Verz.

170 Vgl. Armin Schäfer: Verfassung und Wohlfahrtsstaat. Sozialpolitische Dilemmas Europäischer Integration. In: Internationale Politik und Gesellschaft online (IPG), Ausgabe 4, 2005, S. 120-141. URL: s. Lit.-Verz.

171 Siehe zur Geschichte der Charta und zu ihrer rechtlichen Einbindung: Europäische Union: EU-Charta der Grundrechte. URL: s. Lit.-Verz.

172 Heribert Prantl: Europa, ein rohes Ei. Wie auch die Deutschen die EU wieder lieben lernen können: In: „SZ" vom 17.4.2014, S. 6.

III. Neoliberalismus

Die Veränderungen der letzten dreißig Jahre sind keine naturwüchsigen Entwicklungen. Sie basieren auf fest umrissenen ordnungspolitischen Vorstellungen und Zielsetzungen, die im Zusammenspiel von Macht- und Funktionseliten, von internationalen Handels- und Wirtschaftsorganisationen, Interessenverbänden und politischen Parteien operativ vorbereitet und umgesetzt wurden. Darauf näher einzugehen, lohnt deshalb, weil die hier erkennbaren Muster internationaler Umorientierungen die Einordnung und Deutung der Maastrichter Verträge, der Ordnungspolitik der EU-Kommission und des Verlauf der Wirtschafts- und Finanzkrise 2007 ff. erleichtern und den grundsätzlichen Konfliktlinien zwischen Neoliberalismus und Sozialstaatsidee schärfere Konturen verleihen.

Die Master-Idee

Die idealtypische Master-Idee neoliberaler Agenden besteht, vereinfacht gesagt, darin, a) das „soziale System der Produktion"[173] zu negieren, b) vorhandene wirtschaftliche Einheiten wie Industrie- und Dienstleistungsbetriebe aus dem Kontext ihrer gesellschaftlichen Zusammenhänge zu lösen, also die Verfügung über die Produkteigenschaften, über die Mittel zu ihrer Herstellung und über die Wertschöpfung der einzelnen Einheiten, gänzlich bei den juristischen Eigentümer zu belassen[174] und c) zudem die Verantwortung für die Preisbildung beliebiger Produkte ausschließlich den Märkten zuzuschlagen.[175]

173 Abelshauser, S. 508.

174 „Liberalisierung meint die Loslösung leistungsfähiger wirtschaftlicher Einheiten aus Inpflichtnahme zur dauerhaften Subventionierung von Einheiten mit geringerer Wertschöpfung und damit die Durchsetzung des Prinzips der Eigenwirtschaftlichkeit gegenüber übergeordneten Bindungen." Martin Höpner: Determinanten der Quersubventionierung: Ein Vorschlag zur Analyse wirtschaftlicher Liberalisierung. In: Berliner Journal für Soziologie 16, 2006, S. 7-23, hier S. 7. Zit. n. Daniel Seikel: MPIfG Discussion Paper 11/16. Wie die Europäische Kommission Liberalisierung durchsetzt Der Konflikt um das öffentlich-rechtliche Bankenwesen in Deutschland. Max-Planck-Institut für Gesellschaftsforschung. MPIfG Discussion Paper 11/16, Anm. 3 (online). URL: s. Lit.-Verz.

175 „Das neoliberale Gedankengebäude räumt den Märkten ohne Rücksicht auf ihre spezifischen Bedingungen absolute Priorität vor staatlicher Einflussnahme ein, weil dem Preismechanismus eine systematische Objektivität in der Spiegelung von Ressourcenknappheiten zugesprochen wird, die der Staat in den Augen neoliberaler Ökonomen nie zustande bringen kann. Dementsprechend empfiehlt der Neoliberalismus, die Rolle des Staates in der Wirtschaft darauf zu reduzieren, für Rahmen-

Liberalisierung lässt sich unter diesen Voraussetzungen als Politik der Realisierung dreier strategischer Ziele charakterisieren, nämlich

– des Prinzips der Eigenverantwortlichkeit der betroffenen Einheiten, die über den Abbau staatlich administrierter und auf Dauer gestellter Quersubventionierung[176] erreicht werden soll;

– des Rechts auf autonome Entscheidungen der betroffenen Einheiten hinsichtlich der Ressourcenverwendung einschließlich des Prinzips dezentraler Entscheidungsfindung über die Stärkung des Privateigentums[177] und der mit ihm einhergehenden Freiheiten und

– des Prinzips von Konkurrenz und Wettbewerbspolitik, das über staatliche Interventionen zur Vermeidung von Monopolbildung und anderen Wettbewerbsbeschränkungen und -verzerrungen durchgesetzt wird.[178]

Diese mit Absicht konstruierte Atomisierung von Wirtschaftseinheiten mit ihrem Hauptziel, jegliche Art von Quersubventionierungen abzuschaffen, kann sich – in extremer Auslegung neoliberaler Regeln – letzten Endes auch als Totalablehnung von Steuern, Sozialabgaben und schließlich als Ablehnung von Preisgestaltungen nach Gesichtspunkten gesellschaftlicher Verträglichkeit äußern – bis hin zur Negierung der Existenz gesellschaftlicher Bindungen auf der Grundlage gemeinsamer moralischer Übereinkünfte überhaupt, so etwa in dem Thatcher zugeschriebenen Satz: „There is no such thing as society."[179] Aus solchen

---

bedingungen zu sorgen, die freien und fairen Wettbewerb auf freien Märkten gewährleisten." Heiner Flassbeck, Friederike Spiecker: „The market is always right." In: „ifo Schnelldienst", 63. Jg., 9/2010 (online), S. 7-10, hier: S. 7. URL: s. Lit.-Verz.

176 Nach neoliberalen Vorstellungen gelten auch Sozialabgaben als Quersubventionierung, da eine Einheit, der Betrieb, in Form des Arbeitgeberanteils etwa auch die Altersversorgung einer anderen Einheit, des Arbeitsnehmers, finanziert. Dafür wäre nach neoliberalen Vorstellungen diese andere „Einheit" aber im Rahmen des Rechts auf autonome Entscheidungen selbst verantwortlich.

177 Höpner u.a. sehen diese Tendenz als „theoriegeschichtlich überraschendes Ereignis": „In der theoriegeschichtlichen Rückschau überwiegen Einschätzungen, die einen nachhaltigen, anhaltenden Rückgang der relativen Bedeutung von Markt und Wettbewerb konstatierten und die eine politisch herbeigeführte Umkehr dieses Prozesses für unwahrscheinlich, wenn nicht gar unmöglich hielten. Diese Einschätzungen lassen sich bis ins späte 19. und frühe 20. Jahrhundert zurückverfolgen. Sie finden sich bei marxistischen, sozialistischen oder reformorientierten Theoretikern ebenso wie bei wirtschaftsliberalen Denkern." Vgl. Höpner u.a., S. 7.

178 Vgl. Höpner u.a., S. 5 f.

179 Vgl. Georg Seesslen: Philipp Röslers Nachtgebet. In: „taz" vom 10.10.2012 (onli-

Konzepten leitet sich die Propagierung u.a. von Ich-AGs, aber auch die Negierung der Einbettung der Lebenssicherung und -vorsorge in solidargemeinschaftliche Umlageverfahren ab. Der Historiker Joachim Perels schrieb über die Grundidee der deutschen ‚Agenda 2010':

> „Die Beschneidung des Sozialstaats folgt einer bestimmten Logik. Sie besteht darin, die Risiken aus gesellschaftlich erzeugten Problemen aus dem ökonomischen Verantwortungszusammenhang auf die einzelnen Menschen zurückzuverlagern."[180]

So gesehen stellt der Neoliberalismus ein Gegenmodell nicht nur zu sozialistischen, sondern auch zu wohlfahrtsstaatlichen Konzepten dar.[181] Natürlich gibt es es, wie in jeder Denkschule, Abweichungen und Abspaltungen, insbesondere in Bezug auf die Umsetzung und die gesellschafts- und verfassungspolitischen Konsequenzen. Das Spektrum reicht von den neoliberalen Militärdiktaturen Südamerikas[182] über Modelle des reduzierten Wohlfahrtsstaat und des „Minimalstaates"[183] bis hin zu den radikalindividualistischen asozialen Konstrukten einer Ayn Rand[184], aber der gedankliche Kern bleibt in allen Varianten der gleiche. Interessanterweise fördert der Neoliberalismus auf der Seite der Konsumenten und Arbeitnehmer mit hohem medialen Aufwand Trends zu sozialer Atomisierung, zu Individualisierung und Desorganisation, er hat aber keineswegs Einwände gegen das Aufkommen großer Produktions-, Handels- und Medienkonzerne mit hunderttausenden von straff, teilweise fast militärisch geführten Mitarbeitern, die sich einer nicht selten totalitären und missionierenden Firmenphilosophie und einem rigiden Regime standardisierter Sozialverhalten zu unterwerfen haben – man denke an Firmen wie Walmart oder auch den chinesischen Industrieriesen Foxconn, der u.a. für Apple produziert.

---

ne). URL: s. Lit.-Verz.

180 Joachim Perels: Die Würde des Menschen ist unantastbar. Entstehung und Gefährdung einer Verfassungsnorm: In: Wolf-Rüdiger Bub, Rolf Knieper, Rainer Metz, Gerd Winter (Hrsg.): Zivilrecht im Sozialstaat. Festschrift für Peter Derleder. Baden-Baden 2005, S. 635 ff. Zit. n. Skript (online), S. 23. URL: s. Lit.-Verz.

181 Otmar Gächter, Reto Nyffeler: Der Neoliberalismus. Material zum Seminar „Politische Parteien im Wandel" Universität Bern, SS 2001 (online), S. 5 ff. URL: s. Lit.-Verz.

182 Vgl. Walden Bello: Das Auge des Hurrikan. Milton Friedman und der globale Süden. In: „Aurora", Ausgabe vom 1.5.2007 (online). URL: s. Lit.-Verz.

183 Vgl. Christoph Butterwegge: Die Zukunft des Sozialstaates. In: „Ossietzky". Heft 20, 2011 (online), o. S. URL: s. Lit.-Verz.

184 Siehe für einen ersten Überblick: Georg Diez: Die Lüge vom Hü und vom Hott. In: „Der Spiegel" vom 24.8.2012 (online). URL: s. Lit.-Verz.

Die operativen Zielfelder

So viel zu einigen ordnungspolitischen Grundprinzipien des Neoliberalismus. Wie sieht nun das operative Programm aus, das sich daraus ableitet? Höpner u.a. untersuchten vor einiger Zeit den Grad und die Intensität der Liberalisierung in 21 Industriestaaten[185] in den letzten Jahrzehnten. Die Forschungsgruppe definierte fünf konkrete wirtschafts- und sozialpolitische Handlungsfelder, anhand derer für den Zeitraum von 1980 bis 2003 nationale Binnenregulierungen durch Staatstätigkeit und politische Interventionen untersucht wurden.[186] Diese Handlungsfelder bilden den Kern des neoliberalen Programms. Sie werden vom Autor durch zwei weitere Kriterien ergänzt, die sich aus der aktuellen Diskussion über Steuerwettbewerb und Staatsverschuldung, aber auch aus den Zielstellungen des sog. ‚Washingtoner Konsens' ergeben. Die operativen Ziele sind:

a) Liberalisierung in den staatsnahen Sektoren öffentlicher Daseinsvorsorge:

Die Liberalisierung der Produktmärkte in diesem Sektor bedeutet im Unterschied zu Privatisierungen zunächst die Einführung von Marktelementen bei Gas-, Wasser- und Elektrizitätsversorgung, im Verkehrs- und Kommunikationswesen, bei Krankenhäusern und Bädern – ohne diese Sektoren ganz zu privatisieren.[187] Hier wurde für alle untersuchten Länder ein durchgreifender Liberalisierungstrend festgestellt, dessen „Ausmaß die Liberalisierungspolitik in den anderen [...] betrachteten Sphären deutlich übersteigt".[188]

185 Australien, Belgien, Dänemark, Deutschland, Finnland, Frankreich, Griechenland, Großbritannien, Irland, Italien, Japan, Kanada, Neuseeland, die Niederlande, Norwegen, Österreich, Portugal, Schweden, die Schweiz, Spanien und die USA.

186 Allerdings mussten in der Untersuchung große Handlungsfelder wie die EU-Binnenmarktregulation, die Veränderungen internationaler Währungspolitik oder die Auswirkungen von Liberalisierungsmaßnahmen auf Gewerkschaften resp. Arbeitgeberverbände und auf Lohnfindungsprozeduren wegfallen.

187 „Hier werden Verbraucherpreise subventioniert, Preisobergrenzen festgesetzt, Sozialtarife eingeführt, eine flächendeckende Grundversorgung gewährleistet und Qualitätsstandards für die Leistungserbringung vorgeschrieben. auch politische Ziele wie zum Beispiel Beschäftigungsförderung können verfolgt werden." Höpner u.a., S. 13. Offensichtlich war dieser Bereich, nicht zuletzt durch intensive Bemühungen der EU-Kommission, besonderer Zielpunkt von Liberalisierungspolitik, wobei sich interessanterweise der Staat aus keinem der Bereiche zurückzog, sondern im Gegenteil die Regelungsdichte erhöhte und oft neue Regulierungsbehörden schuf.

188 Vgl. ebda.

b) Privatisierungspolitik und Subventionsabbau (Kommodifizierung[189]):

Als „historisch beispiellose Privatisierungswelle" bezeichnet Höpner die Rückführung direkter Staatseingriffe in den 1980er- und 1990er Jahren, in deren Verlauf insbesondere Betriebe in den Bereichen Telekommunikation, Post, Energie, Wasserversorgung und Bahn veräußert wurden.[190] Diese Tendenz griff ohne Ausnahme in allen untersuchten Ländern, wobei die Intensität der Privatisierungen, gemessen am Verkaufserlös im Verhältnis zum Bruttoinlandsprodukt, stark variierte. Deutschland und USA lagen am Ende, Länder wie Portugal oder Australien an der Spitze dieser Skala.[191] Das kann darauf zurückzuführen sein, dass einige Staaten ihr „Tafelsilber" möglicherweise unter Wert verkauften, wodurch der Anteil am BIP natürlich rechnerisch sinkt, obwohl der Umfang der Privatisierung tatsächlich höher liegen mag. Erhellender wären möglicherweise Angaben über die Höhe der Bilanzsummen der veräußerten Betriebe oder über die Zahl der Mitarbeiter. Nicht berücksichtigt wurde übrigens der Bereich der Mietgesetzgebung und des kommunalen Wohnungsbaus, der zumindest in Deutschland traditionell eine große Rolle spielt.

c) Liberalisierung der Arbeitsmärkte:

Eindeutig im Zentrum der Arbeitsmarktliberalisierung steht die Rekommodifizierung[192] der Ware Arbeitskraft, insbesondere der Abbau von Kündigungsschutzregelungen, aber auch Reformen bei der Gewährung von Lohnersatzleistungen wie etwa Krankengeld etc., dazu Dere-

---

189 Vgl. Jürg Helbrich: Artikel Kommodifizierung. In: Fernand Kreff, Andre Gingrich, Eva-Maria Knoll (Hrsg.): Handbuch Globalisierung. Sozialanthropologische und sozialwissenschaftliche Zugänge zur Praxis. Transcript-Verlag, Bielefeld 2011.

190 „In der Fachliteratur wird der Zusammenhang zwischen Privatisierungspolitik und wirtschaftlicher Liberalisierung als so eng eingeschätzt, dass der Begriff der Liberalisierungspolitik mitunter als Synonym für Privatisierungsmaßnahmen verwendet wird." Höpner u.a., S. 14.

191 Vgl. ebda., S. 15.

192 „Dekommodifzierung bedeutet, dass der Lebensstandard unabhängig von Marktkräften gesichert werden kann. Die Kürzung von Lohnersatzleistungen ist eine marktschaffende Maßnahme im Sinne unserer Definition, weil sie auf eine Stärkung des Prinzips der Eigenverantwortlichkeit der betroffenen Arbeitnehmer hinwirkt. Der Abbau von Kündigungsschutz wirkt ebenfalls marktschaffend, weil er den Handlungsspielraum der Arbeitgeber über Ankauf und ‚Freisetzung' von Arbeitskräften erweitert." Ebda., S. 16. Re-Kommodifizierung bedeutet also auf dem Arbeitsmarkt den Abbau von Lohnersatzleistungen und Kündigungsschutz. Der Preis der Arbeit soll sich ausschließlich nach den Marktgesetzen von Angebot und Nachfrage richten.

gulierungen von gesetzlichen Vorschriften und tariflichen Übereinkünften. So wurden Maßnahmen zur Lockerung des Kündigungsschutzes in 16 der 21 Länder beobachtet, wobei die Deregulierungen hauptsächlich bei den befristeten Arbeitsverhältnissen stattfanden, während die Mittelschichten in hoch produktiven Arbeitsverhältnissen zunächst offensichtlich geschont werden sollten.[193] Kürzungen der Lohnersatzleistungen wurden in 8 Ländern festgestellt, allerdings stieg in 10 Ländern das Interventionsniveau.[194]

Kommodifizierung ist ein zentraler Begriff der Ausgestaltung von Arbeitsverhältnissen, zugleich aber auch ein Hauptzielfeld des Neoliberalismus. Im lateinischen bedeutete commodus u.a. gefügig, gehörig, angemessen. Aus Sicht des neoliberalen Unternehmers bedeutet es die Befreiung von allen zusätzlichen Lasten, Kosten, Einschränkungen seines Eigentums, zu dem auch die Arbeitskraft seiner Beschäftigten gehört. Dekommodifizierung hieße also in diesem Fall, dass seine Verfügung über sein Eigentum durch Steuern, Beteiligung an Sozialbeiträgen, bezahlten Krankheits- und Urlaubstagen, Pausen etc. eingeschränkt wäre, Rekommodifizierung bedeutete den gegenläufigen Trend.

Welche Folgen eine flächendeckende und konsequente Rekommodifizierungspolitik letzten Endes für Arbeits- und Tarifkultur, Beschäftigungsverhältnisse und Lebensbedingungen hat, lässt sich jenseits aller Theorie am besten durch einen Text von Andreas Zielke über das Aufkommen der Leiharbeit in den 1970er Jahren verdeutlichen:

> „Anfang der Siebzigerjahre warb die Firma Kelly Services in Großanzeigen mit der Figur des ‚Never-Never-Girls‘: ‚Dieses Girl nimmt nie Urlaub. Verlangt nie höheren Lohn. Kostet Sie keinen Cent für Auszeiten. (Wenn die Aufträge fallen, lassen Sie sie fallen.) Leidet nie unter Erkältung, kaputten Bandscheiben oder Zahnschmerzen. (Nicht auf Ihre Kosten jedenfalls!). Kostet Sie keine Arbeitslosen- und Sozialabgaben. (Und den bürokratischen Aufwand auch nicht!) Versäumt nie, Ihnen zu gefallen. (Wenn Ihr Kelly-Girl bei Ihnen nicht spurt, zahlen Sie nicht.)‘ [...] Dass Arbeitnehmer nicht als teilnehmende Persönlichkeit ‚eingekauft‘, sondern nur noch auf Zeit ‚gemietet‘ werden (‚just say good-bye . . then shift them to our payroll and say hello again‘), mit prekärem Status, geliehen oder auf Basis von ‚Werkverträgen‘ heruntergestuft, wenn nicht outgesourct oder sonst wie entwertet und flexibel gemacht – das prägt seit zwei,

193 Vgl. ebda., S.17 f.

194 Vgl. ebda., S.18.

> drei Jahrzehnten ganze Sektoren des Arbeitsmarktes und der Unternehmenskultur, hüben und drüben. dass sich gleichzeitig der entgegengesetzte Trend entwickelt, der Arbeitende unter dem Aspekt ‚human relations' aufwertet, zeigt auch hier die Wendigkeit des Kapitalismus. Die Statistiken allerdings zeigen, dass der Goodbye;hello-Trend noch mächtig zunimmt."[195]

Der Arbeitslohn wird von Neoliberalen nicht, wie bei Keynes, als Einkommen gesehen, der im wirtschaftlichen Kreislauf eine wichtige Rolle spielt und als Agens der Konjunktur fungiert, sondern lediglich als Kostenfaktor, der reduziert werden muss.[196] Diese veränderte Sichtweise fand nach und nach ihren Niederschlag in den Veränderungen der deutschen Tariflandschaft. Ab den 1970er Jahren wurden die Löhne vom Zuwachs des Bruttoinlandsprodukts abgekoppelt[197], zugleich stieg mit Unterstützung des Gesetzgebers der Anteil von Leiharbeitern und Beschäftigten in prekären Arbeitsverhältnissen, deren Rechts- und Tarifansprüche fast auf das Niveau der ‚Never-Never-Girls' sanken. Die Grundalimentierung dieser Erwerbstätigen wird, besonders nach der Einführung des Arbeitslosengeldes II, aus Wettbewerbsgründen und aus Gründen des sozialen Friedens mehr und mehr von der öffentlichen Hand übernommen. Das bedeutet de facto die steuerfinanzierte Subventionierung von Lohnleistungen und damit letztlich einen Wettbewerbsvorteil auf dem europäischen Binnenmarkt zu Lasten anderer Marktteilnehmer.[198]

Wie eingeschränkt die Sichtweise neoliberaler Politiker auf die Funktionen und Bedingungen der Lohnarbeit ist, wird in der Begründung deutlich, mit der die FDP als Koalitionspartner der CDU 2012 Formulierungsänderungen im Armutsbericht der Bundesregierung durchsetzte. In der ersten Variante stand: „Während die Lohnentwicklung im oberen Bereich positiv steigend war, sind die unteren Löhne in den vergangenen zehn Jahren preisbereinigt gesunken. Die Einkommensspreizung hat zugenommen." Dies verletze „das Gerechtigkeitsempfinden

---

195 Andreas Zielke: Dieses Girl nimmt nie Urlaub, Wie der Siegeszug der Leiharbeit begann. In: „SZ" vom 20.2. 2013, S. 14.

196 Vgl. Bontrup, S. 6.

197 Vgl. Rainer Land: Teilhabe und Lohnentwicklung in Deutschland und im internationalen Vergleich von der Nachkriegszeit bis heute. Anhang 3 (Oktober 2008), soeb-Arbeitspapier 2008-4. Forschungsverbund Berichterstattung zur sozioökonomischen Entwicklung der Bundesrepublik Deutschland: Arbeit und Lebensweisen. URL: s. Lit.-Verz.

198 Vgl. auch: IG Metall: Schwarzbuch Leiharbeit. URL: s. Lit.-Verz.

der Bevölkerung“ und könne „den gesellschaftlichen Zusammenhalt gefährden“. In der auf Wunsch der FDP abgeänderten Version stand zu lesen, dass sinkende Reallöhne „Ausdruck struktureller Verbesserungen“ am Arbeitsmarkt seien. Denn zwischen 2007 und 2011 seien „im unteren Lohnbereich viele neue Vollzeitjobs entstanden“, und so hätten Erwerbslose eine Arbeit bekommen.[199] Aus neoliberaler Sicht wird der steigende Anteil prekärer Arbeitsverhältnisse, wenn nicht als positiv eingeschätzt, so doch billigend in Kauf genommen. Nicht erwähnt wurde, dass sich die Zahl der geleisteten Arbeitsstunden seit 2000 nicht mehr erhöht hat.[200] Die Arbeit wird lediglich auf mehr Leih- und Teilzeitarbeiter verteilt. Dabei fällt dem Staat die Quersubventionierung der zahlreichen prekären Einkommen über steuerfinanzierte Sozialhilfe zu, die letztendlich de facto eine Subventionierung privater Unternehmen bedeutet.

d) Liberalisierung im Renten- und Gesundheitssektor.

Die angestrebte Marktschaffung in diesen beiden großen Säulen des Wohlfahrtsstaats zielt auf jene Bereiche, die als kollektive – auch arbeitgeberfinanzierte – Lebensvorsorgesysteme ebenfalls als dekommodifizierend angesehen werden und besonders im Fokus der nationalen neoliberalen Agenden stehen: In fast allen Ländern stieg der Anteil der privaten Rentenausgaben an, während die „Generosität“, also die Höhe und die Ausstattung der staatlichen Rentenleistungen mit zeitlichen Schwankungen deutlich sank.[201] In 11 von 18 Ländern erfolgte eine Zunahme privater Gesundheitsausgaben und ein Rückgang der öffentlichen Finanzierung.[202] In sieben Ländern, darunter in den USA und Deutschland stieg andererseits auch der Anteil der öffentlichen Ausgaben.[203] Ab 2000 löste sich in Ost- und Mitteleuropa die enge Korrelation zwischen Bruttoinlandsprodukt und Sozialausgaben auf – letztere wurden abgekoppelt. Als Grund wird angegeben, dass die Staaten den

---

199 Vgl. Thomas Öchsner: Einkommensverteilung in Deutschland – Bundesregierung schönt Armutsbericht. In: „SZ“ vom 28.11.2012. URL: s. Lit.-Verz.

200 Vgl. Arbeitskreis „Erwerbstätigenrechnung des Bundes und der Länder“ im Auftrag der Statistischen Ämter des Bundes und der Länder (Hrsg.): Arbeitsvolumen in den Ländern der Bundesrepublik Deutschland 2000 bis 2012. Reihe 1, Band 2, Jan. 2014, S. 10. URL: s. Lit.-Verz.

201 Vgl. Höpner u.a., S. 19.

202 Vgl. dazu auch: Ullrich Bauer: Die sozialen Kosten der Ökonomisierung von Gesundheit. In: „ApuZ“ 8-9/2006 vom 17.2.206 (online), o. S. URL: s. Lit.-Verz.

203 Vgl. ebda., S. 21.

Rückbau der Sozialstaatlichkeit als Faktor in einem Standort- und Wettbewerbsfaktor innerhalb der EU nutzen.[204]

In Deutschland kam es, wie Streeck und Mertens schreiben, „1995 und 1996, in einem letzten Akt der so lange bewährten (west-)deutschen Konsenspolitik, zu einer Einigung zwischen Regierung und Opposition sowie Gewerkschaften und Arbeitgebern, der zufolge der Gesamtbeitrag zur Sozialversicherung 40 Prozent des Bruttolohns nicht übersteigen solle" – womit „ein allmähliche Übergang des deutschen Sozialstaats von seiner ursprünglichen Beitrags- zu einer gemischten Beitrags- und Steuerfinanzierung" begann.[205] Der zwischen den 1960er und 1990er Jahren hohe Beitragsanteil von Arbeitgebern und Arbeitnehmern zur Finanzierung des Sozialstaates[206] wurde in der Folge ersetzt durch erhöhte Bundeszuschüsse zur gesetzlichen Rentenversicherung, zur Riesterrente, für die Kosten mitversicherter Kinder in der Krankenversicherung und für die Bundesagentur für Arbeit. Zwischen 1975 und 2008 sank der Anteil der Arbeitgeber an den Sozialbeiträgen von 38% auf 33%, der Anteil der Arbeitnehmer erhöhte sich dagegen von 21% auf 27%, der Anteil des Staates stieg von 37% auf 38%.[207] Diese Tendenzen beschleunigten sich im Zuge der Finanz- und Wirtschaftskrise der letzten Jahre.[208]

e) Marktschaffung im Bereich der Kapitalbeziehungen.

Für diesen Sektor wurde beobachtet, dass wirtschaftliche Sphären, die bisher dem Wettbewerb nur begrenzt ausgesetzt waren, zu privatwirtschaftlichen Sektoren transformiert wurden, die nun „mehr oder weniger frei auf den Finanzmärkten agieren und den Prinzipien von Wettbewerb und Qualitätsorientierung folgen".[209] Das betrifft die Beziehungen zwischen Unternehmen, zwischen Unternehmen und Investoren sowie die Sphäre der Finanzmärkte. Bemerkenswert ist ein Index des IWF, der sich auf das Maß der Regulierung von Kreditvergaben, Zinssätzen und Transaktionen mit ausländischen Instituten zwischen 1975 und 2000 bezieht und 20 der von Höpner untersuchten Länder umfasst. Im

---

204 Vgl. Heise u.a., S. 35.

205 Vgl. Wolfgang Streeck, Daniel Mertens: Politik im Defizit: Austerität als fiskalpolitisches Regime. Diskussionpapier 10/5 des Max-Planck-Instituts für Gesellschaftsforschung. Köln 2010 (online), S. 20. URL: s. Lit.-Verz.

206 Vgl. Ritter, S. 40 f.

207 Vgl. Josef Schmid: Struktur und Dynamik von Sozialausgaben. bpd-Dossier vom 31.5.2012 (online), o.S. URL: s. Lit.-Verz.

208 Vgl. Ritter, S. 279.

209 Vgl. Höpner u.a., S. 22.

Ergebnis wurde für das Jahr 2000 für alle Länder außer den USA ein „Höchstmaß an vollzogener Liberalisierungspolitik" festgestellt.[210]

So weit die Ergebnisse der Untersuchung Höpners u.a. zum Grad der Neoliberalisierung in wichtigen Industriestaaten. Die Liste wäre allerdings nicht vollständig, blieben zwei wichtige Zielfelder aus dem Forderungskatalog des Neoliberalismus unerwähnt: Die Fiskal- und Haushaltspolitik. Denn auch in der Steuerquote, in der Zusammensetzung des Steueraufkommens und in der Gewichtsverschiebung bei der Besteuerung von Kapital und Arbeit gab es Trends und Entwicklungen, die den Zielvorgaben des Washingtoner Abkommens entgegen kamen und damit dramatische Auswirkungen auf die Haushaltspolitik der Industriestaaten und ihre innere Handlungsfähigkeit hatten.

f) Internationaler Steuer- und Standortwettbewerb.

Die Fiskalpolitik lässt sich inhaltlich nicht vom Gedanken des Steuerwettbewerbs trennen. Der wiederum basiert auf der Grundidee der unbehinderten internationalen Kapitalmärkte, deren Teilnehmer sich bei ihren Investitionsentscheidungen an den steuerlichen Bedingungen und Angeboten der Nationalstaaten orientieren, die wiederum miteinander im Steuerwettbewerb stehen – eine Grundidee des Neoliberalismus, die sich in der Konstruktion des Maastrichter Vertrages besonders stark niederschlug. Dieser Wettbewerb nun vollzog sich in den letzten Jahrzehnten vor allem durch Umschichtung der Steuerlast auf Lohn-, Einkommens- und indirekte Steuern zugunsten von Kapitalertrags-, Vermögens- und Körperschaftssteuern und Spitzensteuersätzen unter zunehmendem Verzicht auf Steuergerechtigkeit und Verfolgungsintensität bei Erträgen aus Kapitaltransaktionen. Zwar verringerte sich zwischen 2004 und 2009 die durchschnittliche Abgabequote weltweit insgesamt nur wenig um 1,3 Prozentpunkte auf 49,3%[211], d.h. der steuerliche Anteil am Bruttoinlandsprodukt blieb in etwa gleich. Allerdings sanken in der EU die Staatsquoten stärker als im Rest der Welt[212] – in Deutschland etwa von ehemals bis zu 48% auf nun 44%.[213] Auch der weltweite

210 Vgl. ebda.

211 „Die durchschnittliche Abgabenquote (Total Tax Rate) erreichte im weltweiten Durchschnitt noch 49,3 Prozent (2004: 50,6 Prozent)." po; Quelle: PwC : Sinkende Steuerlast. Deutschland bleibt trotz Reform im Mittelfeld. (Bericht über die Studie „Paying Taxes 2009: The global Picture"). In: „business-wissen" vom 11.11.2008 (online). URL: s. Lit.-Verz.

212 Vgl. Eurostat-Pressemitteilung: Steuerentwicklungen in der Europäischen Union. STAT/11/100 vom 1.7.2011 (online). URL: s. Lit.-Verz.

213 Staatsquote: Anteil der Ausgaben des Staates und der Sozialsysteme am Bruttoso-

Trend zur Erhöhung der indirekten Steuern bei gleichzeitiger Senkung der Kapital-, Körperschafts- und Vermögenssteuern ist in der EU besonders stark ausgeprägt:[214] Hier sanken die durchschnittlichen Unternehmenssteuern zwischen 1997 und 2007 von etwa 38% auf 29%, in den Ländern, die in der Zeit neu beitraten, sogar von 32% auf 19%.[215] Begünstigt wurde dieser Trend durch Verzicht auf die Besteuerung der Wertschöpfung an den Kapitalmärkten.[216] In Deutschland erhöhte sich dagegen der Anteil der indirekten Massensteuern zugunsten sinkender Vermögens- und Körperschaftssteuern[217] – bei gleichzeitiger starker Belastung des Faktors Arbeit.[218] Zwischen 1992 und 2008 stiegen die Unternehmensgewinne um 140%, die Unternehmenssteuern hingegen nur um 62%. In diesem Zeitraum wuchs der Anteil der Betriebs- und Vermögenseinträge am BIP um etwa 4,3 Prozentpunkte, der Anteil der Arbeitseinkommen verringerte sich um 7,3 Prozentpunkte.[219] Sogenannte leistungslose Einkommen wie etwa Kapitalerträge wurden ab 2009 mit 25% besteuert, während auf Einkommen aus Arbeitsleistung bis zu 45% Steuerabgaben fällig werden In der Folge beträgt der Anteil der Massensteuern und der Lohnsteuern am deutschen Steueraufkommen

zialprodukt. Ziel der CDU ist eine Quote unter 40%, die Wirtschaft möchte 35% und weitere Steuersenkungen. Vgl. Reuters: Merkel fordert CDU-Grundsatzentscheidung über Staatsquote. 5.9.2008 (online). URL: s. Lit.-Verz.

214 Vgl.: OTS: Körperschaftsteuersätze sinken weiter, aber Regierungen erhöhen indirekte Steuern. 18.10.2010 (online), o. S. URL: s. Lit.-Verz.

215 „Die politischen Bemühungen um eine europäische Steuerharmonisierung hätten ein ‚Race to the bottom‘ nicht verhindern können, schreiben die Wissenschaftler von der Bremer Jacobs University, der Central European University Budapest und dem WSI.“ N.N.: EU: Steuerwettbewerb ohne Grenzen. In: „Böckler Impuls“, Ausgabe 08/2011, S. 1. URL: s. Lit.-Verz.

216 Vgl. Heribert Dieter: Chancen und Effekte der Besteuerung von Finanzmarkttransaktionen. Studie der Stiftung Wissenschaft und Politik. Deutsches Institut für Internationale Politik und Sicherheit. Berlin, September 2010, S.1-29 (online), hier: S. 5 f. URL: s. Lit.-Verz.

217 Vgl. dazu: Wolfgang Lieb: Der Reiche als der ausgebeuteter Gutmensch und der Arme als Schmarotzer. In: „NachDenkSeiten“ vom10.8.2010 (online). URL: s. Lit.-Verz.

218 „Besonders stark fällt die Belastung des Faktors Arbeit in der EU ins Gewicht. Sozialabgaben der Unternehmen machen hier durchschnittlich 65 Prozent der ‚Total Tax Rate‘ aus. In Frankreich liegt diese Quote sogar bei 78,5 Prozent.“ po; Quelle: PwC, a.a.O.

219 Vgl. insgesamt Stefan Bach: Unternehmensbesteuerung: Hohe Gewinne – mäßige Steuereinnahmen. In: „DIW Wochenbericht“ Nr.22 + 23, 2013 (online), S. 1-12. URL: s. Lit.-Verz.

fast 80%, während Unternehmens- und Gewinnsteuern nur noch 12% beitragen.[220]

Weitere Disparitäten entstanden nicht nur in Deutschland, sondern auch in vielen EU-Ländern durch den Verzicht auf Nachforschungen bei Off-Shore-Vermögensverwaltungen der Banken[221], durch das geringe staatliche Interesse an der steuerlichen Verfolgung illegaler Finanzflüsse[222] – bis hin zur tw. massiven staatlichen Duldung privater Steuerhinterziehung, die in manchen Staaten fast einer Beihilfe zu Steuerstraftaten glich.[223] Neben der Umschichtung der Steuerbelastung dürfte einer der wesentlichen Gründe für das Auseinanderklaffen von Steueraufkommen und sozialstaatlich bedingtem Finanzbedarf auch darin liegen, dass die EU dem freien Fluss von Kapital besondere Priorität einräumt. Unternehmen in der EU können ihre Steuern ganz legal minimieren[224], indem sie sie in Niedrigsteuerstandorten entrichten oder ihre Gewinne, etwa über Lizenzabführungsgebühren, dorthin transferieren, ohne ihre Produktion zu verlagern zu müssen. Diese sogenannten Lizenzboxen gibt es inzwischen in zahlreichen EU-Staaten. Streng genommen stehen die Steuererleichterungen im Gegensatz zur reinen Lehre des Neoliberalismus, da sie als Subventionen von Firmen und damit als Eingriffe des Staates in die Märkte gesehen werden können, die zu Vorteilen für bestimmte Firmen und damit zu Wettbewerbsverzer-

---

220 Vgl. H.U. Wehler: Kritik der sozialen Ungleichheit in Deutschland. In: „SZ" vom 14.5.2014, S. 10.

221 „So unterhält die Deutsche Bank in Georgetown auf den Cayman-Inseln, wo fast 10.000 Hedgefonds ihre Adresse haben, mehr Niederlassungen und Zweckgesellschaften als am Konzernsitz Frankfurt am Main. Im Steuerparadies Delaware* in den USA ist die Deutsche Bank an mehr Unternehmen beteiligt, als in allen deutschen Städten zusammen. Insgesamt hat die Deutsche Bank mehr als die Hälfte (51,35 Prozent) ihrer Tochter- und Zweckgesellschaften sowie assoziierten Unternehmen in Steueroasen angesiedelt. Damit belegt sie den Spitzenplatz – gefolgt von der mittlerweile ebenfalls zur Deutschen Bank gehörenden Postbank (28,27 Prozent) und der Commerzbank (23,43 Prozent)." Jutta Sundermann: Attac veröffentlicht Liste deutscher Banken in Steueroasen. In: „blog steuergerechtigkeit" vom 11.4.2011 (online), o. S. URL: s. Lit.-Verz.

222 Zu den sog. Schattenfinanzzentren siehe: Markus Mainzer: Deutschland im Schattenfinanzindex 2011. „Informationsbrief des Netzwerks Steuergerechtigkeit", Ausgabe 06, April 011 (online), o. S. URL: s. Lit.-Verz.

223 Vgl. Wolfgang Scherf: Defekte des internationalen Steuerwettbewerbs. Finanzwissenschaftliche Arbeitspapiere der Universität Giessen, Arbeitspapier Nr. 82-2010 (online), S. 4. URL: s. Lit.-Verz.

224 Christian Ramthun: Wir werden eine Liste mit Steueroasen erstellen. Interview mit EU-Steuerkommissar Algirdas Semeta. In: „Wirtschaftswoche" vom 19.11.2012 (online). URL: s. Lit.-Verz.

rungen führen. Im Endeffekt zeitigt dieser Steuerwettbewerb, der weltweit nirgendwo so ausgeprägt ist wie in der Europäischen Union, jährliche Steuerausfälle von etwa 1 Billion Euro – so jedenfalls die Schätzung des Steuerkommissars der EU, Algirdas Šmetana.[225] Die in jüngster Zeit bekanntgewordene Rolle Luxemburgs bei der Mithilfe zu legaler Steuerumgehung -und Minimierung international agierender Konzerne zeigt, dass der Steuerwettbewerb auf Kosten der anderen EU-Mitglieder vollzogen wird. Das Prinzip ist politisch gewollt, doch ist es so absurd und konfliktträchtig, wie wenn die Anliegerstaaten des Rheins aufgefordert würden, so viel Wasser wie möglich zu verbrauchen – ohne Rücksicht auf die flussabwärts gelegenen Regionen.

Alle diese Gewichtsverschiebungen haben nicht nur weitreichende Folgen für die Haushaltslage der hochverschuldeten EU-Mitgliedsstaaten und für die notwendige fiskalische Wertabschöpfung für Belange der Allgemeinheit, sondern auch für den Bestand der bisherigen ethischen Grundlagen der staatlichen Steuersysteme überhaupt. Das Bemühen in diesem steuerpolitischen „race to the bottom" mitzuhalten, so schreibt Wolfgang Scherf, gefährdet zwangsläufig zentrale Prinzipien der Besteuerung:

> „Der Grundsatz der Besteuerung nach der Leistungsfähigkeit wird zunehmend missachtet. Auch in Deutschland haben wir uns von der Idee einer gleichmäßigen Besteuerung aller Einkommen faktisch verabschiedet. Gewinne werden anders besteuert als Löhne, Zinsen werden anders besteuert als Dividenden. Da kein Effizienzgewinn durch den Steuerwettbewerb in Sicht ist, wird die Steuergerechtigkeit auch noch völlig umsonst aufs Spiel gesetzt."[226]

g) Rückführung staatlicher Verschuldung.

Trotz des Ziels der Washingtoner Konsenses, die Staatsverschuldung zu reduzieren, nimmt die Schuldenquote aller entwickelter Industriestaaten

---

225 Vgl. ebda.

226 „International agierende Unternehmen können beispielsweise ihre Gewinne in Niedrigsteuerstandorte verschieben, ohne dass sie ihre Produktionsaktivitäten dorthin verlagern müssen. Sie nutzen dann weiterhin die staatliche Infrastruktur ihrer Produktionsstandorte, eventuell auch die dort erhältlichen Subventionen, ohne sich hinreichend an der Finanzierung zu beteiligen. Die Folge ist eine Erosion der staatlichen Finanzierungsbasis verbunden mit einer Verschiebung der Steuerlasten auf die weniger mobilen Produktionsfaktoren, insbesondere auf die Arbeitnehmer." Scherf, S. 3.

des Westens seit Jahrzehnten zu. Das lässt sich unter anderem auf die steigenden Disparitäten zwischen Steuereinnahmen und Staatsausgaben, aber auch auf die Spätfolgen der Ausweitung ziviler Staatstätigkeit zurückführen, insbesondere auf die Ausweitung staatlich regulierter sozialer Versorgungssysteme[227] in der Phase Keynesianischer Wirtschaftspolitik nach dem zweiten Weltkrieg.[228] Ab den 1970er Jahren mussten die früher eingegangen Verpflichtungen, etwa aus der Altersversorgung, eingelöst werden, ohne dass wesentliche Einnahmeerhöhungen möglich waren, da sie in die Zeit der Wirtschaftskrisen und Konjunktureinbrüche fielen. Daher war eine Finanzierung der einzulösenden Verpflichtungen ab den 1980er Jahren tendenziell nur noch über Schuldenaufnahme möglich, selbst wenn man auf neue Ausgabenfelder verzichtete. In der Folge stieg der Anteil des Schuldendienstes an den öffentlichen Haushalten, während der Anteil frei verfügbarer Einnahmen sank.[229] Diese Schere ist ungeachtet der Forderung des Washingtoner Abkommens nach Schuldenverringerung eines der wesentlichen Merkmale neoliberaler Politik: „Defizite", so schreiben Streeck und Mertens, „liefern gute Argumente gegen gestaltende oder umverteilende Politik, während Steuererhöhungen zulasten der eigenen Klientel gehen würden, und die Zinsen auf die Staatsschuld sichere Einkommen für die begüterteren Schichten sind".[230]

Hier liegt der Fall vor, dass die Realisierung des propagierten neoliberalen Ziels der Schuldensenkung den Interessen der internationalen Anleger de facto nicht entspricht – im Gegenteil: Staatsverschuldung und steuerliches „race to the bottom" schaffen nicht nur relativ sichere Geldanlagemöglichkeiten für die „Begüterten", die, so lässt sich ergänzen, durch Steuerersparnisse freiwerden, sondern liefern im Zusammenspiel von Fiskal-, Haushalts- und internationaler Wettbewerbspolitik auch vordergründig schlüssige Argumente für den Umbau des Sozialstaates. Unter diesem Aspekt sollte man auch die Finanzpolitik der EU in der Finanzkrise sehen, in deren Folge die staatliche Schuldenquote stark anstieg und die Regierungen der Industriestaaten agierten, „als habe es nie einen Zwang zur Austerität gegeben".[231] Unter dem

227 Vgl. ebda., S. 8.

228 Vgl. Streeck, Mertens, S. 5 f.

229 Vgl. ebda., S. 11 f.

230 Ebda., S. 28.

231 „Keynes, so hieß es, sei zurück – auch wenn das, was nun die Maximen des Regierungshandelns bestimmte, nur der politische Bastardkeynesianismus der 1970er-Jahre war, der wohl Defizite in schlechten Zeiten erlaubte, Überschüsse in guten

Strich wurden die im Washingtoner Konsens angestrebten Ziele des Abbaus der Staatsverschuldung und die Verwendung der frei werdenden Mittel zur Armutsbekämpfung nicht umgesetzt, sondern länderübergreifend geradezu in ihr Gegenteil verkehrt. Die nach der neoliberalen Wirtschaftsphilosophie geforderte Ächtung der Quersubventionierung, also der Finanzierung eigenständiger Wirtschaftseinheiten aus anderen Bereichen, wurde in der Krise ab 2007 ff. in Windeseile ad acta gelegt – zwar nicht in Hinblick auf die Sozialsysteme, so doch bei der Rettung der Banken durch die öffentliche Hand. Diese Subventionierung der Finanzmärkte sollte in der Öffentlichkeit bitteren Spott, etwa über den von der EU praktizierten „Sozialismus für Reiche“ nach sich ziehen.[232]

Insgesamt, so das Fazit von Höpner u.a., zeigte sich seit den 1980er Jahren ein politikfeld- und länderübergreifender Trend: Der Beginn der Phase eines „finanzmarktgetriebenen Akkumulationsregimes“[233] war gekennzeichnet von Liberalisierungspolitik in zentralen Handlungsfeldern der Produktions-, Dienstleistungs-, Versorgungs- und Finanzsektoren. Operativ umgesetzt wurde dieser Paradigmenwechsel über die Transformation der staatsnahen Sektoren öffentlicher Daseinsvorsorge, Privatisierungspolitik, Abbau öffentlicher Subventionen an privatwirtschaftlich organisierte Unternehmen, Abbau des Kündigungsschutzes für befristete und unbefristete Beschäftigungsverhältnisse, Umlenken hin zu kapitalgedeckten Säulen der Altersvorsorge, Reduzierung der öffentlichen Finanzierung der Gesundheitsausgaben, Verschärfung des Wettbewerbsrechts und schließlich über aktionärsorientierte Reformen der Unternehmenskontrolle“.[234] Zu ergänzen wären die strukturellen Veränderungen im Fiskalbereich, die sich aus einem radikal in Szene gesetzten internationalen Steuerwettbewerb und aus konsequenten Umschichtungen der Steuerlast auf Lohn-, Einkommens- und indirekte Steuern zugunsten von Kapitalertrags-, Vermögens- und Körperschaftssteuern und Spitzensteuersätzen ergaben.

Zeiten aber nicht vorsah.“ Ebda. S. 25.

232 Phillip Bagus: Sozialismus für Reiche. In: „Die Welt“ vom 6.5.14. URL: s. Lit.-Verz.

233 Vgl. Höpner u.a., S. 37.

234 Vgl. ebda., S. 36.

Deutschland: Die neoliberale Agenda

Die einzelnen Elemente der Liberalisierungsagenda sind kausal miteinander verbunden, auch wenn sie sich ökonomisch unterschiedlich auswirken: Die Liberalisierung des Arbeitsmarktes hatte andere Folgen als die Liberalisierung der Finanzmärkte, doch beides gehört funktional zusammen. Die im Laufe der Jahrzehnte sich öffnende Schere zwischen den Einkommen resp. Vermögen, die abrupten Kursschwankungen der Finanz- und Währungsmärkte, die zunehmende Praxis der Zerschlagung gesunder Firmen durch Hedgefonds, das sukzessive Verschwinden des Normalarbeitstages und die Deregulierung der Tarifregelungen und Beschäftigungsverhältnisse – all das führte zu einer allmählichen Auseinanderentwicklung der sozialökonomischen und kulturellen Subsysteme in den transatlantischen Industriestaaten, all das hinterließ tiefe Spuren in den materiellen und psychosozialen Lebenswelten der Bevölkerungen, so auch in Deutschland.[235] Wenn auch die Veränderungen in die Richtung dorthin nie radikal waren – Streeck spricht von „bleeding from a thousand cuts"[236] – , so wurden sie doch in den letzten 30 Jahren sukzessive, Schritt für Schritt und konsequent durchgeführt. Selbst wenn man die Entwicklungen nicht anhand des statistischen Materials belegen will, so ergibt allein schon der Augenschein im öffentlichen urbanen Raum Deutschlands einen unabweisbaren Eindruck: müllverdreckte Innenstädte, schlaglochübersäte Straßen, baufällige Brücken[237], bröckelnde Schulfassaden, Menschen, die in Papierkörben verstohlen nach Verwertbarem suchen, Zunahme von Obdachlosen und Bettlern, die Renaissance von Armenküchen und Tagelöhnern, das alles ist die Begleitmusik der neoliberalen Agenda. Derartige Zeichen öffentlicher und privater Armut waren auch in den Nachkriegsjahren nicht unbekannt, wohl aber der Umfang und die Häufigkeit, mit der

---

235 „Zwar sind wir rund um die Uhr emsig, rackern uns nach Kräften ab, wissen aber oft gar nicht, was wir da eigentlich machen – und vor allem warum. Die seit Jahren schwelende Wirtschafts- und Finanzkrise verstärkt diese innere Unruhe zusätzlich und damit auch den Fluchtreflex in die Überbetriebsamkeit. [...] Wir verspüren eine kafkaeske Krisenpermanenz, sehen uns geradezu umstellt von Krisen, die einfach nicht vergehen wollen. Zwar gab es auch in früheren Zeiten Krisen, aber die schienen endlich, sie wurden irgendwann einmal Vergangenheit, weil sie ausgestanden oder behoben waren." Stefan Grünewald: Arbeitsbelastung: Wenn Unruhe die Träume verdrängt. In: „Die Zeit" vom 14.2.2013 (online). URL: s. Lit.-Verz.

236 Vgl. Streeck, Mertens, S. 28.

237 Einen Blick auf die mögliche neoliberale Zukunft in Europa bietet der Zustand der Infrastruktur in den USA: Peter Gruber: Krisenland USA: Der Supermacht Amerika geht die Kraft aus. In: „focus" vom 9.7.2012 (online). URL: s. Lit.-Verz.

man auf derlei Zeichen von Armut traf. Aber damals waren sie zum großen Teil den unmittelbaren Kriegsfolgen geschuldet, nicht den Folgen neoliberaler Austeritätspolitik in Friedenszeiten, wie dies heute der Fall ist. Gab es damals den Gedanken eines Lastenausgleichs zur Abmilderung sozialer Verwerfungen, so dienen viele der heutigen ordnungspolitischen Reformen zu einem erheblichen Teil dem Ziel der Schaffung neuer Geschäftsfelder, der vermögenspolitischen Umverteilung und des Zugriffs auf bisher unerreichbare Guthaben, nicht zuletzt auf Rentenguthaben.[238] Keineswegs erwuchs diese Politik aus dem Sachzwang jener verschärfter Konkurrenz, die man letztlich durch den Wechsel von Kooperationsstaaten zu Wettbewerbsstaaten selbst geschaffen hatte. Sollte tatsächlich der Kostendruck der Globalisierung Wohlstandseinbußen erforderlich machen, so könnte der Staat diese ohne Probleme solidarisch organisieren und die Lasten gerecht verteilen.[239]

Unter diesen Aspekt ist die vielbeschworene Erhaltung der internationalen Konkurrenzfähigkeit durch Absenkung der Lohnkosten eher als fromme Legende zu sehen. Zwar fällt in die Zeit der bisher rigorosesten Neoliberalisierungskampagne in Deutschland, der Agenda 2010, eine Steigerung des Wirtschaftswachstums, aber zugleich auch ein Sinken der Lohnquote und eine Erhöhung der Armutsrate.[240] Dabei fielen speziell die Löhne der wenig qualifizierten Arbeitskräfte und der Leiharbeiter – das allgemeine Sinken der Lohnquote ist vor allem auf diese Gruppe zurückzuführen. Gleichzeitig stiegen die Löhne für den Kern der festangestellten Vollzeit-Industriearbeiter real an.[241] Bemerkenswert

238 „Man täte den Protagonisten dieser Entwicklung Unrecht, wollte man in der Übereinstimmung von neoliberaler Vision, Strategiepapieren und politischer Realisierung nur das zufällige Ergebnis situationsbezogener Entscheidungen sehen.“ Hempel, a.a.O.

239 Ebda.

240 „Tatsächlich haben die deutschen Reformen vor allem mehr Ungleichheit und hohe Exportüberschüsse ermöglicht. Letztere würden auch den Defizitländern helfen, setzen aber eben andere Länder voraus, die Importüberschüsse akzeptieren und sich dafür verschulden oder entsparen.“ Michael Dauderstädt, Julian Dederke: Reformen und Wachstum. Die deutsche Agenda 2010 als Vorbild für Europa? In: Abteilung Wirtschafts- und Sozialpolitik der Friedrich-Ebert-Stiftung (Hrsg.): WiSo direkt. Analysen und Konzepte zur Wirtschafts- und Sozialpolitik. (online), S. 1. URL: s. Lit.-Verz.

241 Vgl. cte: Gehältervergleich der Industriestaaten: Deutschland ist Lohnminus-Meister. In: „Spiegel“ vom 15.12.2010 (online). URL: s. Lit.-Verz. Vgl. auch: Tomas Konicz: Der Exportüberschussweltmeister. In: „Telepolis“ vom 21.12.2012 (online). URL: s. Lit.-Verz.

dabei ist, dass in dieser Zeit das Exportwachstum um zwei Prozentpunkte sank. Was hauptsächlich bleibt, ist die vage Behauptung vom wirtschaftlichen Erfolg der Agenda und die sichere Erkenntnis der vermögenspolitischen Umverteilung. (siehe Anhang 10) In der Tat lässt sich wohl kaum nachweisen, dass die Etablierung von Niedriglöhnen bei Friseuren, Bauarbeitern oder Kopfschlachtern die internationale Wettbewerbsfähigkeit Deutschlands erhöht hätte.

Insgesamt, so kann man resümieren, wurden die Übereinkünfte, die man in den ersten dreißig Jahren der Bundesrepublik in einer großen Koalition von Sozial- und Ordnungspolitikern getroffen hatte und die den Traditionen der Wirtschaftsorganisation, aber auch den Erfahrungen der Weimarer Republik Rechnung trugen, von einer ebensolchen großen Koalition aufgekündigt. Zugespitzt könnte man sagen, dass die Konzepte Lambsdorffs und Lahnsteins durchaus Parallelen mit der Denkschrift des Reichsverbandes der Deutschen Industrie von 1929 und dem Beschluss von Zentralvorstand, Reichsausschuss und Reichstagsfraktion der Deutschen Volkspartei von 1930 aufweisen. (Anhänge 6 und 7) Und mit dem Washingtoner Konsens (Anhang 8) und dem Vertrag von Maastricht kehrte die Geschichte von Weimar und, in den USA, die Geschichte der Ära Hoover in die westliche Ordnungspolitik zurück.

Im transatlantischen Rahmen bedeutete der neoliberale Paradigmenwechsel das Ende vieler jener Regulierungen, staatlichen Kontrollmechanismen und ordnungspolitischen Interventionen, die aus den sozialen Konflikten vor dem ersten und zweiten Weltkrieg und aus den Erfahrungen der Weltwirtschaftskrise 1929 ff. erwuchsen. Damit war ein wesentliches Element der Vergangenheitsbewältigung, das nie als solches gesehen und nie als solches bezeichnet wurde, aber praxisorientiert und effizient für lange Zeit stillschweigend hohe Priorität genoss, an ein Ende gekommen.[242] Die Quintessenz lässt sich im kurzen und prägnan-

242 Butterwegge sieht den entscheidenden Schritt im gemeinsamen Papier der sozialdemokratischen Regierungschefs Schröder und Blair 1999: „Der ‚aktivierende Sozialstaat‘, wie ihn das Schröder/Blair-Papier beschwor, bedeutet das definitive Ende für den aktiven Sozialstaat. Klaus Dörre meint, das Schröder/Blair-Papier habe die ‚glasklare Botschaft‘ vermittelt, dass sich im Gefolge der Globalisierung die Gewichte zwischen Ökonomie und Politik für immer zu Lasten der Letzteren verschöben und auch den europäischen Sozialdemokraten keine andere Wahl bleibe, als den Wohlfahrtsstaat an die Zwänge der offenen Weltmärkte anzupassen. Überlebensfähig ist nur, was sich im internationalen Restrukturierungswettlauf behauptet. ‚Renaissance der sozialen Marktwirtschaft‘ heißt in diesem Zusammen-

ten Urteil des durchaus konservativen Politologen Wilhelm Hennis zusammenfassen: „Alles, was dem Kapital in den letzten fünfzig Jahren abgerungen worden ist, das holt es sich jetzt zurück."[243] Damit begann das große Spiel aus der ersten Hälfte des 20. Jahrhunderts von neuem – unter ganz anderen Voraussetzungen als damals und doch begleitet von ähnlichen Verwerfungen, Ängsten und Unsicherheiten. Denn die Finanzmarkt[244]- und Staatsschuldenkrise[245] in Europa und in den USA, die nun schon fast sieben Jahre andauert und zur Zeit lediglich eine Ruhepause eingelegt hat, zeigt den unauflöslichen Zusammenhang zwischen ökonomischen Prozessen, ordnungspolitischen Entscheidungen und den Veränderungen der politischen und staatlichen Landschaften. Es scheint mir nötig, auf diese Prozesse näher einzugehen, da sich ansonsten der anschwellende öffentliche Rekurs auf die katastrophische Geschichte des 20. Jahrhunderts nicht nachvollziehen lässt.

---

hang, alle Institutionen des ‚rheinischen Kapitalismus' – vom Flächentarifvertrag bis zu den sozialen Sicherungssystemen – dem Markttest zu unterwerfen." Butterwegge: Krise und Zukunft..., S. 238.

243 Zit. nach Klaus Offe: Die Bundesrepublik als Schattenriß zweier Lichtquellen. Wilhelm Hennis im Gespräch mit Claus Offe. In: „Ästhetik & Kommunikation", Heft 129/130, 36. Jg., Herbst 2005, S. 149-160, hier: S. 157.

244 Eine gute Einführung in die Thematik findet sich bei Engelbert Stockhammer: Finanzkrise: Chronologie, Ursachen und wirtschaftspolitische Reaktionen. Kasinokapitalismus mit staatlichen Fremdheilungskräften. In: „grundrisse". Zeitschrift für linke Theorie und Debatte, Heft 28, Winter 2007/08, S. 13-23 (online). URL: s. Lit.-Verz.

245 Vgl. insgesamt: csf/dpa/dapd: Kampf gegen den Zusammenbruch der Währungsunion: So frisst sich die Schuldenkrise durch Europa. In: „focus" (online). URL: s. Lit.-Verz.

IV. Die Banken- und Staatsschuldenkrise ab 2007

Im Herbst 2006 ging ein seit Beginn des Jahrtausends laufender Immobilien-Boom in den USA zu Ende. Die Zahlungsausfälle bei den Hypotheken häuften sich, immer mehr Banken mussten Wertberichtigungen vornehmen, ihre Kredite abschreiben und mit staatlichen Garantien und Krediten gestützt oder ganz vom Staat übernommen werden. Für diese Schieflage wird heute insbesondere der Handel mit den sog. Asset Back Securities (ABS) verantwortlich gemacht, den Clintons Finanzminister Jerry Rubin Ende der 1990er Jahre wieder zugelassen hatte. In diesen undurchschaubaren Kreditforderungsbündeln, in denen gute und schlechte Kredite gemischt wurden, verbargen sich ungeahnte Risiken, die schließlich ihre Wirkungen entfalteten und eine dramatische Kettenreaktion auslösten. Im September 2007 wurde die Investmentbank Lehman Brothers zahlungsunfähig, die US-Firma AIG, die im Hauptgeschäft hochriskante Transaktionen mit Kreditausfallversicherungen absicherte, konnte die Forderungen ihrer Kunden nicht mehr begleichen und musste von der US-Regierung übernommen werden. In der Folge dieser Zusammenbrüche zogen Investoren weltweit ihr Geld zurück, die Aktienkurse stürzten ab, die Banken liehen sich untereinander kein Geld mehr. In der Folge mussten auch europäische Staaten zahlreiche ihrer Banken retten, die – nunmehr wertlose – US-amerikanische Papiere in Billionenhöhe hielten.[246]

Zusammen mit bereits bestehenden Schulden und einbrechender Wirtschaftskonjunktur führte diese Neubelastung einige der EWWU-Staaten 2010/11 an die Grenzen ihrer Zahlungsfähigkeit. Aus der ursprünglich US-amerikanischen Hypothekenkrise entwickelte sich die europäische Zwillingskrise[247] – eine Kombination aus Staatsschulden- und Bankenkrise.[248] Betroffen waren in erster Linie Griechenland, aber auch Spanien, Italien, Portugal und Irland, zusammengefasst unter dem Akronym „GIIPS-Staaten". Die Ursachen der Verschuldung waren un-

246 Vgl. dazu Juliane Scharff: Chronik der Weltfinanzkrise. In: „Wirtschaft im Wandel", Themenheft „Weltfinanzkrise", Ausgabe vom 31.3.2009, S. 5-8 (online). URL: s. Lit.-Verz.

247 „Die aktuelle Situation entspricht einer Zwillingskrise, bei der die Bankenkrise aufgrund massiver staatlicher Stützungsmaßnahmen letztendlich zu einer Staatsschuldenkrise führte. Von einer Drillingskrise, die zudem eine Währungskrise umfasst, kann für den Euro-Raum nicht gesprochen werden. Bankenkrisen können Schuldenkrisen verursachen, wenn Staaten zu einem direkten oder indirekten Bail-out der Banken gezwungen werden." Sachverständigenrat-Jahresgutachten 2011/12, Wiesbaden 2011, (online), S. 137 f. URL: s. Lit.-Verz.

terschiedlich: In Spanien hatte man in den 1990er Jahren das Bodenrecht liberalisiert, Ackerland und Naturschutzgebiete zu Bauland umgewidmet und Baukredite steuerlich begünstigt. Das Gesamtvolumen an spanischen Hypotheken, unter denen sich – wie in den USA – viele zweifelhaft abgesicherte befanden, wuchs ins Unermessliche.[249] In Irland, ebenso später in Zypern, hatten die einheimischen Banken ausländisches Kapital über niedrige Steuern und hohe Abschreibungsmöglichkeiten ins Land gelockt und dieses Fremdkapital in risikoreichen Spekulationen verloren. Einzig in Griechenland handelte es sich um den klassischen Fall einer drohenden Staatsinsolvenz durch Überschuldung des Staatshaushaltes.

Wie die Verschuldungen aber auch im einzelnen zustande kamen: die Zahlungsbilanzen und Wirtschaftsdaten waren so schlecht, dass die GIIPS-Staaten massive Probleme hatten, an den Finanzmärkten zu akzeptablen Kosten neues Geld zu leihen und auslaufende Schuldtitel zu refinanzieren. Im April 2010 wurde bekannt, dass die griechische Zahlungsunfähigkeit unmittelbar bevorstand. Von nun an waren die politische Agenden von EU-Kommission, EU-Ministerrat, nationalen Parlamenten, EZB und IWF hauptsächlich davon bestimmt, den drohenden finanziellen Kollaps und den möglicherweise folgenden Austritt Griechenlands aus der Euro-Zone zu verhindern. Man fürchtete bei einem solchen Szenario den finanziellen Zusammenbruch weiterer hochverschuldeter Eurozonenstaaten und den Zusammenbruch des Euro als Währung insgesamt. Das Schicksal Griechenlands stand in den letzten Jahren mehrfach auf des Messers Schneide, es gab dramatische Situationen, und Regierung und Parlament wussten zeitweise nicht, ob man eine Woche später noch handlungsfähig sein würde.

Die Krise in der Währungsunion

Warum aber geriet die gesamte Eurozone dermaßen unter den Druck der globalen Finanzmärkte, obwohl die USA trotz immenser Staatsschulden (zur Zeit fast 17 Billionen Dollar) ohne größere Probleme – wenn man einmal von ihrer schweren Dauerbudgetkrise absieht – ihre

---

248 Der Begriff „Staatsschuldenkrisen" wird vielfach kritisiert, da er suggeriert, die Krise wäre durch den Staat entstanden. Siehe dazu etwa: Wolfgang Lieb: Wie aus der Finanz- und Wirtschaftskrise eine Krise der Staatsverschuldung gemacht wird. In: „NachDenkSeiten" vom 8.11.2011 (online). URL: s. Lit.-Verz.

249 Vgl. Thomas Urban: Späte Einsicht. In: „SZ" vom 11.6.2014, S. 15.

Schuldtitel refinanzieren und neue Kredite aufnehmen konnte und kann?

Auf der Suche nach Antworten wurde verschiedentlich der Verdacht geäußert, dass große Gruppen von Anlegern gezielt gegen die Staaten der Eurozone spekulierten[250] und die Rating-Agenturen aus währungsstrategischen Gründen die USA besonders nachsichtig bewerteten.[251] Dafür gibt es Anhaltspunkte, aber das allein erklärt nicht Dauer und Intensität der Krise.

Plausibler ist, dass der US-Dollar nach wie vor die zentrale Welt-Leitwährung darstellt[252] und damit aus Sicht der Finanzmärkte die Bonität der USA außer Frage steht – zur Zeit zumindest. Ein weiterer Grund mag darin liegen, dass die Federal Bank Reserve keine staatliche Einrichtung ist, sondern sich im Besitz einiger weniger privater Großbanken befindet[253] – ein Unterschied, aus dem sich auch die jahrelange US-Politik des billigen Geldes erklärt[254], die hauptsächlich der Befeuerung

---

250 „Führende Hedgefonds-Manager wetten mittlerweile gegen Deutschland. Auf einem Branchentreffen in Monaco sagten mehr als 50 Prozent von ihnen in einer Umfrage, dass die Renditen auf deutsche Anleihen sich in einem Jahr verdoppeln werden. Das Kalkül der Händler: Wenn sich die Schuldenkrise in Spanien weiter zuspitzt, wenn sogar Italien unter den Rettungsschirm müsste, könnte irgendwann die Belastungsgrenze von Deutschland erreicht sein. Dann würde auch die Bundes-republik in den Strudel der Schuldenkrise gezogen." Süddeutsche.de/infu/bbr: Hedgefonds-Elite wettet gegen Deutschland. In: „SZ" vom 21.6.2012 (online). URL: s. Lit.-Verz.

251 „Das völlig abgebrannte Gebäude der Bewertungen stürzte wie ein Kartenhaus in sich zusammen. Wenn selbst Warren Buffet, der bei Moody's Aktionär ist, diese in Schutz nimmt, dann darf man sich getrost an den Kopf fassen und sich fragen, ob auch dieser Mann mittlerweile nicht mehr alle Tassen im Schrank hat. Doch vielleicht sieht Buffet auch die Notwendigkeit der Rating-Agenturen im Wirtschaftskrieg gegen Europa und nimmt diese deshalb in Schutz. Schließlich lässt sich der Euro wie der ganze Euroraum momentan trefflich durch die Rating-Agenturen manipulieren." Artur P. Schmidt: Der große Rating-Wahnsinn. In: „Telepolis" vom 15.6.2010 (online). URL: s. Lit.-Verz.

252 „[Ihre Schulden] können sie sich nur deshalb leisten, weil der Dollar nicht nur die nationale Währung der USA, sondern gleichzeitig die globale Leitwährung darstellt: Die USA können als einziges Land ihr Leistungsbilanzdefizit in eigener Währung finanzieren, sie sind nicht von ausländischem Kapital abhängig, sondern bezahlen ihre Importe einfach in Dollars und diese können sie unbeschränkt produzieren." Schulmeister, 2009, S. 7.

253 Vgl. insgesamt: Markus Priebe (verantwortlich i.S.d.P.): Die Entstehungsgeschichte der vermeintlich staatlichen US- Zentralbank „Federal Reserve System", kurz FED. URL: s. Lit.-Verz.

254 Vgl. Sobirai im Interview mit Rügemer, a.a.O.

schuldenfinanzierte Konjunkturen diente und damit das Fundament für die Krise überhaupt erst gelegt hatte. Dagegen war die Geldpolitik der Europäischen Zentralbank, jedenfalls in den ersten 10 Jahren ihres Bestehens, anderen Motiven und Zielen, darunter einer strikten Geldwert- und Preisstabilität, verpflichtet. Die Ausreichungen billiger EZB-Gelder in Billionenhöhe und die fast unbesehenen Aufkäufe von Staats- und Industrieanleihen kamen erst auf dem Höhepunkt der Krise und sorgten für eine gewissen Beruhigung der Lage, allerdings um den Preis der Gefahren neuer Blasen, aber auch des systematischen und permanenten Bruchs der EU-Verträge.

Wirklich entscheidend scheint aber zu sein, dass die einzelnen Mitgliedsstaaten der Eurozone nach Artikel 125 des AEUV für ihre Bilanzen ganz allein verantwortlich sind und auch für Schulden der anderen nicht einstehen[255] – entsprechend der neoliberalen Doktrin der Ablehnung von Quersubventionierungen. Zwar hatten sich die Beitrittsstaaten zur Einhaltung von nationalen Schuldenobergrenzen verpflichtet, aber bis auf die Zahlung von Vertragsstrafen gab es keine Instrumente, mit denen die Einhaltung dieser Grenzen sanktioniert werden konnten. Man war blauäugig in das Abenteuer der Euro-Zone gestartet und hatte, obwohl es an Warnungen nicht fehlte[256], die Möglichkeit einer Staatsinsolvenz für undenkbar gehalten.[257] Gut zehn Jahre später trat dieser Fall eben doch ein. Es war unübersehbar, dass die drohende Zahlungsunfähigkeit eines Mitglieds die Währungsstabilität aller Euro-

255 „Die Union haftet nicht für die Verbindlichkeiten der Zentralregierungen, der regionalen oder lokalen Gebietskörperschaften oder anderen öffentlich-rechtlichen Körperschaften, sonstiger Einrichtungen des öffentlichen Rechts oder öffentlicher Unternehmen von Mitgliedstaaten und tritt nicht für derartige Verbindlichkeiten ein.“ Artikel 125 des Vertrags über die Arbeitsweise der Europäischen Union. (online) URL: s. Lit.-Verz.

256 Vgl. Hans von der Hagen: Mit Anlauf in die Katastrophe. In: „SZ“ vom 15.6.2012 (online). URL: s. Lit.-Verz. Siehe auch: Dirk Stelzel: Frühe Warnungen der Ökonomen. In: „HAZ“ vom 20.6.2012, S. 23.

257 „In der Währungsunion seien Transferleistungen so absurd wie eine Hungersnot in Bayern, hatte der Luxemburger Regierungschef Jean-Claude Juncker vor dem Start ins Euro-Abenteuer versichert. Die Klausel, nach der jeder Staat für seine eigenen Schulden geradesteht, sollte die Garantie dafür sein, dass kein Land auf Kosten der anderen herausgepaukt wird. Genau dieser eigentlich verbotene Pfad gilt in Brüssel heute als der einzig gangbare.“ Dorothea Siems: Dem Euro-Abenteuer droht ein schreckliches Ende. In: „Die Welt“ vom 23.11.2010 (online). URL: s. Lit.-Verz.

Länder betraf und daher eine Intervention im Sinne von Transferleistungen unausweichlich wurde. [258]

Nun mussten, und das prägt das Bild des Krisenmanagements in den EU- und besonders in den EWWU-Staaten bis heute, die vertragsrechtlichen Grundlagen und Instrumente einer erfolgversprechenden Intervention überhaupt erst geschaffen oder den Erfordernissen der Situation angepasst werden. Die Situation war in etwa vergleichbar einem Hausbrand, bei dem die Feuerwehr die nötigen Löschgeräte erst zusammenmontieren oder umbauen muss, um des Feuers Herr zu werden.

Soweit zunächst zu den Währungsaspekten der Eurokrise. Die Frage ist, wie die Ungleichgewichte zwischen den Euro-Staaten überhaupt zustande kamen. Das hat wiederum mit der Konstruktion der EWWU und deren Folgen für den Handelsaustausch im Binnenmarkt zu tun: Durch die schnelle und unkritische Aufnahme einer Reihe von Staaten in die Währungsunion ohne entsprechende Kontroll- und Regelungsinstanzen wurde die EWWU im Grunde genommen nur zu einer besseren Freihandelszone, deren Staaten durch die neue gemeinsame Währung auf Gedeih und Verderb aneinander gekettet wurden – ein Verbund formal souveräner, aber ganz unterschiedlich leistungsfähiger Staaten, die beim Austausch von Waren, Arbeitskräften, Kapital und Dienstleistungen in einen permanenten ökonomischen Wettbewerb gestellt waren. Eine der Folgen der gemeinsamen Währung war, dass in der Eurozone günstige Kredite trotz aller Warnungen[259] auch für jene

258 „Die sogenannte No-Bailout-Klausel nach Artikel 125 des ‚Vertrages über die Arbeitsweise der Europäischen Union' (AEUV) besagt, dass weder die EU noch ein anderes EU-Land für Verbindlichkeiten eines Mitgliedstaates haften oder einspringen dürften. Sie soll dafür sorgen, dass die Mitgliedsländer Haushaltsdisziplin wahren und nicht auf eine Nothilfe spekulieren. Doch wurde man schon hellhörig, als EU-Präsident Herman Van Rompuy nach dem Sondergipfel vergangene Woche plötzlich erklärte, dass der EU-Vertrag Finanzhilfen erlaube." Ralf Streck: Konkrete Finanzhilfe für härtere Auflagen an Griechenland? In: „Telepolis" vom 16.2.2010 (online). URL: s. Lit.-Verz.

259 „Es dürfte kaum ein Ereignis in der Geschichte gegeben haben, das derart zuverlässig vorhergesagt wurde: Mit geradezu mathematischer Gewissheit stürzte Griechenland in ein Desaster. Doch die Politik wischte vor zwölf Jahren alle Bedenken beiseite, der damalige EZB-Chef fand es geradezu ‚lächerlich', anzunehmen, Griechenland könne den Euro in Gefahr bringen. Dabei hatten sogar Griechen gewarnt." von der Hagen, a.a.O. Ein anderer Journalist schreibt: „In der Tat staunt man über die Treffsicherheit mancher Prognosen, wenn man die 1992 formulierten Thesen heute liest: ‚Die überhastete Einführung einer Europäischen Währungsunion wird Westeuropa starken ökonomischen Spannungen aussetzen, die in absehbarer Zeit zu einer politischen Zerreißprobe führen können und damit das

Länder wie Griechenland und andere zu haben waren, die, wie man inzwischen weiß, mit ihren Wirtschaftsdaten nie oder nur unter strengen Auflagen in die Währungsunion hätten aufgenommen werden dürfen.[260] Auf diese Weise wuchsen mit den Jahren die neu hinzugekommenen Mitgliedsstaaten der europäischen Peripherie in die gleiche Rolle hinein, welche die Immobilienkäufer vor der Sub-Prime-Krise in den USA spielten[261]: Sie erhielten trotz fehlender wirtschaftlicher Leistungsfähigkeit billige Kredite. Mit diesem Geld finanzierten sie den Import von Waren und Dienstleistungen aus den leistungsfähigen EWWU-Volkswirtschaften, die damit wiederum ihre eigenen Bank- und Industrieumsätze steigern konnten.[262] Nutznießer waren und sind nicht zuletzt übri-

---

Integrationsziel gefährden', sagten die Ökonomen etwa voraus. […] Die ökonomisch schwächeren europäischen Partnerländer […] würden bei einer gemeinsamen Währung einem verstärkten Konkurrenzdruck ausgesetzt, was wegen ihrer geringeren Produktivität und Wettbewerbsfähigkeit dort eine zunehmende Arbeitslosigkeit zur Folge haben werde. ‚Hohe Transferzahlungen im Sinne eines ‚Finanzausgleichs' werden damit notwendig.'" Dirk Stelzel: Frühe Warnungen der Ökonomen. In: HAZ vom 20.6.2012, S. 23.

260 „Die Griechen zahlen nun den Preis für das Glücksspiel der Eliten, und noch Generationen nach ihnen werden dafür aufkommen müssen. Denn sie werden keine adäquate Ausbildung haben, kein staatliches Gesundheits- oder Sicherheitssystem, und trotzdem höhere Steuern zahlen als alle anderen vor ihnen. Griechenland hat die falschen Entscheidungen getroffen und muss nun die Folgen tragen. Aber auch die EU hat die Griechen betrogen, mindestens so sehr wie die Griechen die Europäer. Als deutsche Geschäftsleute mit griechischen Ministern illegale Verträge über Milliarden von Euros abschlossen, sahen die gewählten Vertreter in Brüssel einfach zu, unfähig oder unwillig einzugreifen. Die öffentlichen Finanzen wurden nicht ausreichend kontrolliert, Fonds zur Strukturförderung und Anpassung wurden zweckentfremdet, das alles war ‚Business as usual'." Theodore Kouvakas: Schlimmer geht's nimmer. In: „taz" vom 1.3.2012. URL: s. Lit.-Verz.

261 „Wir haben die aktuelle Krise noch gar nicht verlassen. Seit 30 Jahren wurde das Wachstum in diesem Land in Zyklen immer wieder mit größerer Ausweitung der Kreditvergabe stimuliert. Die jüngste Expansionsrunde dieser Art setzte auf eine korrupte Industrie auf. Genauer gesagt meine ich damit die Hausfinanzierungsbranche. Der Markt, der am stärksten wuchs, war der mit Krediten, die nie zurückgezahlt werden würden, da der Markt mit Hypotheken, die bedient werden konnten, längst gesättigt war." Christof Leisinger im Gespräch mit James Galbraith: Krise geht auf institutionalisierten Betrug zurück. In: „FAZ" vom 13.12.2010 (online). URL: s. Lit.-Verz.

262 „Die Möglichkeit, Geld auf dem Kreditmarkt von den Bäumen zu pflücken, schuf das Trugbild einer Euro-Prosperitätszone, in der sich Unterschiede angleichen. In Wirklichkeit benahmen sich viele Regierende so wie vor 2007/08 jene amerikanischen Hauskäufer, die von willigen Banken ungesicherte Kredite für Häuser erhielten, die sie sich nicht leisten konnten." Kurt Kister: Europäische Union nach dem Gipfel. Mitgehangen, mitgefangen. In: „SZ" vom 10.12.2011 (online). URL: s. Lit.-Verz.

gens die deutsche und französische Rüstungsgüterindustrien, die den hochverschuldeten Griechen bis heute teure Militärtechnik verkaufen[263] und die notwendigen Kredite gleich mitliefern – zum Teil abgesichert durch staatliche Garantien. Mit den zunehmend unausgeglichenen Außenhandelsbilanzen[264] wuchsen auch Staatsschulden und Verpflichtungen aus umlaufenden Krediten. Sie wurden in unübersichtlichen Schattenhaushalten oder komplizierten Finanzprodukten versteckt, aus konjunkturpolitischen Gründen stillschweigend in Kauf genommen oder direkt manipuliert – wobei in letzterem Fall auch der jetzige EZB-Präsident Draghi offensichtlich eine dubiose Rolle spielte.[265]

Aber wie auch immer die Kriterien zustande kamen: Vor dem Beitritt zur Eurozone hatten die wirtschaftlich schwachen Staaten Defizite im Außenhandel bekämpfen können, indem sie die eigenen Währungen abwerteten, danach ihre Waren günstiger ins Ausland verkauften und auf diese Weise die Außenhandelsschulden abtrugen. Nach dem Beitritt war ihnen diese Möglichkeit versperrt, da es keine eigene Währung mehr gab, die sie auf- oder abwerten konnten. Mit dem Beitritt blieb ihnen nur eine Möglichkeit, um wettbewerbsfähig zu bleiben oder zu

---

263 „Kein Land in der Europäischen Union ist so großzügig beim Einkauf von Rüstungsgütern wie Griechenland. Und kein Staat der EU kann sich das so wenig leisten wie das hochverschuldete Hellas. Gut vier Prozent des griechischen Bruttoinlandsprodukts gehen für Militärausgaben drauf, andere EU-Staaten begnügen sich mit einem bis eineinhalb Prozent. Der griechische Regierungschef Giorgos Papandreou hat auf dieses Ungleichgewicht erst vor wenigen Tagen hingewiesen. Dieses Missverhältnis ist nicht neu, es hat Athen zuletzt aber auch nicht davon abgehalten, noch mehr Panzerfahrzeuge und Unterseeboote zu ordern." Christiane Schlötzer: Kalter Krieg am Rande Europas. In: „SZ" vom 15.3.2010 (online). URL: s. Lit.-Verz.

264 Siehe dazu auch Michael Hutterer: BIP: Keine Industrie, kein Wohlstand. Teil 7 einer Artikelserie zur Eurokrise. In: „focus" ab 20.5.2010 (online). URL: s. Lit.-Verz.

265 Über dubiose Währungsswapgeschäfte der griechischen Regierung mit der US-Investmentbank Goldman Sachs von 2001 bis 2007 schreibt der ehemalige Regierungsberater Gunnar Beck: „Ziel der Geschäfte war die vorübergehende Ausbuchung mehrerer Milliarden Euro aus der griechischen Haushaltsbilanz zur Verschleierung der wahren Staatsverschuldung Griechenlands. [...] EZB-Präsident Draghi hat seit mehr als 30 Jahren engste Verbindungen zu führenden US-Investmentbanken und war von 2002 bis 2005 bei Goldman Sachs unter anderem zuständig für das Bankgeschäft mit europäischen Regierungen. Draghis Ernennung zum stellvertretenden Chef von Goldman Sachs im Januar 2002 erfolgte nur wenige Monate nach dem ersten, von Goldman Sachs eingefädelten Währungsswap der Griechen. Von 1990 bis 2002 war Draghi Generaldirektor des italienischen Finanzministeriums, das sich ähnlicher Währungsswaps bediente, um den wahren Schuldenstand Italiens zu beschönigen." Gunnar Beck: Draghis Wille geschehe. In: „SZ" vom 2.6.2014, S. 18.

werden: Die Option der sogenannten ‚inneren Abwertung' über die Senkung von Löhnen, Preisen, industriellen Standortkosten, Steuern und Sozialausgaben.[266] Michael Braun umreißt den Konstruktionsfehler der EU-Gründung folgendermaßen:

> „Auf ein höchst riskantes Spiel hatten sich da die Euro-Staaten eingelassen: Geldpolitisch war ihnen jeder autonome Handlungsspielraum genommen, zugleich war ihnen das Ventil möglicher Abwertungen innerhalb des Euro-Raums auf Dauer verschlossen. Versorgt wurden sie vorerst bloß mit einer naiven Konvergenzerwartung: Da alle nun mit dem gleichen Geld, im gleichen grenzenlosen Wirtschaftsraum operierten, würden sich ihre Volkswirtschaften mit der Zeit aneinander angleichen. Doch das Gegenteil geschah, wie die Handels- und Zahlungsströme zwischen den Euro-Staaten bald zeigten. Vorneweg Deutschland – und mit ihm einige andere Länder des harten Kerns – erwirtschaftete Jahr für Jahr wachsende Überschüsse."[267]

Es war ein Rennen zwischen Hase und Igel, und Deutschland trug zu einem nicht geringen Teil zu diesem Ungleichgewicht in der EWWU bei, denn hier waren die Produktionskosten im neuen Jahrtausend am stärksten gesunken. Die Internationale Arbeitsorganisation ILO machte die lang anhaltende Stagnation der deutschen Industrielöhne zu einem Gutteil für die europäische Staatsschuldenkrise verantwortlich: Der Erfolg der deutschen Exportindustrie war, so heißt es, der Misserfolg anderer europäischer Staaten.[268] Allerdings gibt es auch gewichtige Gegenstimmen, die die Niveauunterschiede hinsichtlich der Leistungsbilanzen und technisch-wissenschaftlichen Standards in den je spezifischen Bedingungen und Versäumnissen der jetzigen Schuldnerstaaten sehen.[269] Zudem wurde argumentiert, dass die florierende Industriepro-

---

266 „Konträr zu einem europäischen Ansatz wurden die Mitgliedsstaaten durch Aufgabe des Wechselkursinstruments in einen Wettbewerb um niedrige Löhne, Steuern und Sozialausgaben entlassen." Björn Hacker: Der Fiskalpakt braucht ein Protokoll. Erweiterung um Wirtschaftswachstum, Beschäftigung und soziale Kohäsion. In: FES Perspektive, Mai 2012 (online). URL: s. Lit.-Verz.

267 Michael Braun: In die Rezession getrieben. In: „taz" vom 25.06.2012 (online). URL: s. Lit.-Verz.

268 nck/dpa :ILO gibt deutschen Löhnen schuld an Euro-Krise. In: „Spiegel" vom 24.01.2012 (online). URL: s. Lit.-Verz.

269 Etwa Gerd Held: „Mediterrane Volkswirtschaften haben eine hartnäckige Ertragsschwäche, besonders bei der industriellen Wertschöpfung. Zwar gibt es nach wie vor erfolgreiche Regionen wie das spanische Katalonien oder die italienische

duktion in Deutschland auch Millionen von Arbeitsplätzen in den Zuliefererindustrien anderer EWWU-Staaten sichert. Das ist sicher nicht falsch, ändert aber nichts an der grundsätzlichen Schieflage. Der Fall zeigt, dass schrankenloser Wettbewerb statt Kooperation unter diesen Bedingungen zu massiven Verwerfungen führt. Letztlich wurde die alte Erfahrung verdrängt, dass zum Handel immer zwei gehören. Kommt die Kundschaft durch Insolvenz abhanden, weil man ihr ohne Rücksicht auf Zahlungsfähigkeit immer neue Produkte verkauft, brechen die Märkte weg.

Die Rettungsschirme

Soweit zur Vorgeschichte der Krise. Der Ausbruch der Krise und der Versuch ihrer Bewältigung war eine Geschichte von plötzlichen Notsignalen überschuldeter Regierungen, hektischen Rettungsmaßnahmen, drakonischen Sparauflagen, Protesten der Bevölkerung, Zurückrudern der Regierungen und trickreichen Versuchen zur Umgehung der Auflagen, weiteren Herabstufungen durch die Finanzmärkte, Ausweitung der Stützkredite und immer neuen Deckungslöchern in Bankbilanzen und Staatshaushalten.[270] Die solventen Mitgliederstaaten waren fast im Halbjahresrhythmus gezwungen, ihre finanziellen Schutzschirme weiter aufzuspannen und immer größere Summen in Form von Krediten, Bürgschaften und Garantien bereitzustellen, um die drohenden Staats- oder Bankenbankrotte und damit letztlich den Beginn des Auseinanderfallens der Währungsunion und den Rückfall in nationalstaatliche Konstellation aus der Zeit vor und nach dem Zweiten Weltkrieg zu verhindern. Der Katalog der Primärmaßnahmen von EU und EWWU resp. IWF bestand aus insgesamt vier Paketen zur Bereitstellung von Bürgschaften und Krediten, die von währungspolitischen Interventionen der EZB flankiert wurden: Es waren dies

– der Europäische Finanzstabilisierungsmechanismus (EFSM) von 2010, der als EU-Gemeinschaftsinstrument Teil des temporären Euro-

Lombardei. Auch einige Teile der Türkei und Marokkos sind sehr dynamisch. Doch nie gelingt die Durchindustrialisierung eines ganzen Landes, wie wir sie aus West- und Mitteleuropa kennen. Gerd Held: Die regulative Idee führt die EU in die Katastrophe. In: „Die Welt" vom 4.10.2011 (online). URL: s. Lit.-Verz. Siehe dazu auch: Kolja Rudzio: Böse Deutsche. In: „Die Zeit" vom 26.01.2012 (online). URL: s. Lit.-Verz.

270 Vgl. dazu auch die ausgezeichnete und reichhaltige Dokumentation der ARD: Von Bear Stearns bis zu den Rettungsschirmen. Die Chronologie der Krise. (online) URL: s. Lit.-Verz.

Schutzschirms mit 60 Milliarden Euro ausgestattet wurde. Der EFSM sollte bei Einrichtung des permanenten Europäischen Stabilitätsmechanismus (ESM) wegfallen, wobei allerdings die Haftung fortbesteht;

– die Europäische Finanzstabilisierungsfazilität (EFSF) von 2010, die mit einem maximalen Ausleihvolumen von 780 Mrd. Euro versehen wurde, für das die 17 Staaten der Eurozone mit unterschiedlichen Anteilen bürgen. Der Zweck sollte darin bestehen, zur Bekämpfung der Ursachen der Schuldenkrise unter der Auflage strikter Spar- und Reformprogramme Notkredite an Mitglieder zu vergeben, die von der Kommission, der EZB und dem IWF, der sogenannten Troika, engmaschig überwacht werden;

– der Europäische Stabilitätsmechanismus (ESM) von 2012 mit einem Finanzvolumen von 700 Mrd. Euro, für das ebenfalls die 17 Staaten der Eurozone mit unterschiedlichen Anteilen bürgen. Sein Zweck besteht darin, a) bei Gefährdung der finanziellen Stabilität eines Mitgliedstaates und zur Stärkung des Vertrauens der Märkte Darlehen (auch zur Rekapitalisierung von Finanzinstituten) zu vergeben, wobei für Rückzahlung und Einhaltung der Konditionen der empfangende Mitgliedstaat verantwortlich ist, b) Anleihen eines gefährdeten ESM-Mitglieds auf dem Primärmarkt (Emissionsmarkt) und auf dem Sekundärmarkt (Umlaufmarkt) zur Gewährleistung ausreichender Liquidität im Anleihemarkt aufzukaufen. Im Gegenzug verpflichten sich die Empfängerstaaten zur Durchführung umfangreicher Reformen im Rahmen eines makroökonomischen Anpassungsprogramms. Der ESM sollte den EFSF ablösen, allerdings werden ab Ende 2012 zunächst beide weitergeführt.

– Parallel zu den haushaltspolitisch wirksamen Maßnahmen der EWWU-Staaten liefen die geld- und währungspolitischen Maßnahmen der EZB an. Diese bestanden zum einen aus der Bereitstellung großer Mengen billigen Geldes für die EWWU-Finanzmärkte mit Hilfe der LTRO (Long-Term-Refinancing-Operation ab 2012[271]), verbunden mit Garantien zur unbegrenzten Fortführung dieser Geldpolitik. Zum anderen waren dies Aufkäufe staatlicher und privater Anleihen am Primär- und Sekundärmarkt ab 2010 mit Hilfe der Programme SMP (Securities Markets Program) und der darauf folgenden OMT (Outright Monetary Transactions). Als Ziel dieser Transaktionen war vorgesehen, Banken

271 Vgl. Holger Zschäpitz: EZB-Bazooka macht den Euro-Crash richtig teuer. In: „Die Welt“ vom 29.02.2012 (online). URL: s. Lit.-Verz. Siehe auch: hs/ak/hr/cow: Die Eine-Billion-Euro-Frage. In: „Wirtschaftswoche“ vom 2.4.2012 (online). URL: s. Lit.-Verz.

und Versicherungen deren Staatsanleihen abzukaufen und mit dieser Marktintervention die teuren Risikoaufschläge für wankende Staaten zu senken, die diese für neue Kredite zu zahlen hatten. Zudem sollte es die Aufnahme neuer Kredite erleichtern. Der OMT-Beschluss der EZB vom September 2012, zukünftig Staatsanleihen jedweder Qualität in fast unbegrenzter Höhe zu kaufen, wurde gegen den heftigen Widerstand der deutschen Bundesbank getroffen.[272]

Zunächst beeindruckte das gesamte Paket die Finanzmärkte, und in der Folge trat einmal mehr eine gewisse Beruhigung ein. Im Herbst 2012 gab es Zinssenkungen und damit neue Möglichkeiten für die Krisenstaaten, ihre auslaufenden Anleihen zu refinanzieren und überhaupt an den Finanzmärkten anleihefähig zu bleiben. Doch war der angestrebte Effekt nur von kurzer Dauer: Ende November 2012 stuften die Ratingagenturen, sehr zum Verdruss der EU-Politiker, das gesamte gewaltige ESM-Paket herab und setzten damit das Signal, dass die Kreditaufnahme sogar für den nunmehr doppelt genähten Rettungsschirm zukünftig teurer werden könnte. Begründung: Frankreich als eines der geldgebenden Länder erreiche nicht mehr die Höchstbewertung, wodurch nur noch vier der geldgebenden Staaten die Höchstnote aufwiesen.[273] Es war die Neuauflage eines ähnlichen Vorgangs, denn bereits der Vorläufer des ESM, der EFSF war im Januar 2012 ähnlich herabgestuft worden.[274] Obwohl nun beide Fonds mit einem Volumen um die 1,5 Billionen Euro ausgestattet sind, scheint das nicht zu genügen. Die Rating-Agenturen sehen die Garantien und Kredite nicht als einheitlichen Schirm der EWWU, sondern richten ihre Bewertungen nach den schwächsten Geberländern aus. Auch hier macht sich der Geburtsfehler der EWWU, die gegenseitige Haftung der Mitgliedsstaaten auszu-

272 „Immer wieder mahnt [Bundesbankchef] Weidmann die Unabhängigkeit der Europäischen Zentralbank (EZB) an und betont die Risiken ihrer Hilfsmaßnahmen wie der Eine-Billion-Euro-Spritze für Europas Geldhäuser – etwa für die deutschen Steuerzahler. EZB-Chef Mario Draghi aber ließ Weidmanns Kritik abprallen. Ungerührt jonglierte er mit gigantischen Summen und aufgeweichten Sicherheiten, die ihn zum König der Finanzblasen krönen könnten." Alexander Hagelüken, Markus Zydra: Duell der Notenbanker. In: „SZ" vom 1.4.2012 (online). URL: s. Lit.-Verz. Vgl. auch: D. Eckert. H. Zschäpitz: Finanzmärkte bejubeln den Tod der Bundesbank. In: „Die Welt" vom 6.9.2012 (online). URL: s. Lit.-Verz.

273 Vgl. zur Herabstufung der Rettungsschirme ESM und EFSF: Reuters: Euro-Hilfen könnten nach ESM-Herabstufung teurer werden. Agenturmeldung vom 2.12.2012 (online). URL: s. Lit.-Verz.

274 Vgl. Süddeutsche.de/dpa/Reuters/gie/bbr: Rettungsschirm trotzt Herabstufung. In: „SZ" vom 17.1.2012 (online). URL: s. Lit.-Verz.

schließen, negativ bemerkbar. Dieser Konstruktionsmangel hatte schon die Griechenlandkrise zu einer europäischen gemacht und konterkarierte jene mit martialischen Kommentaren[275] verbundenen Hoffnungen mancher EU-Politiker, nach der die Finanzmärkte es irgendwann schon aufgeben würden, gegen eine solche geballte Finanzkraft anzuspekulieren. Zwar verhinderten die massiven geldmarktpolitischen Interventionen, Notkredite und Bürgschaften bisher einen Zusammenbruch der Krisenstaaten und -banken, mehr aber auch noch nicht. Der „focus" schrieb seinerzeit, zwar in Verkürzung der ganzen Krisengeschichte, aber für Europa durchaus zutreffend:

> „Was mit gefälschten Haushaltsdaten in Griechenland begann, hat sich zu einer Krise des Euroraums ausgeweitet. Die Hoffnungen der Politiker, mit den Hilfspaketen für Athen die Krise einzudämmen, haben sich nicht erfüllt. Auch Irland und Portugal brauchten Milliardenkredite. Griechenland wurde im Frühjahr 2012 ein Großteil seiner Schulden erlassen. Im Juni 2012 beantragte schließlich Spanien Hilfen aus den europäischen Rettungstöpfen, um sein Bankensystem zu stützen. Damit steuert die Schuldenkrise auf einen neuen Höhepunkt zu."[276]

Dieser Stand gilt im Großen und Ganzen auch noch 2014. Die Finanzmärkte sind zur Zeit zwar „beruhigt", aber das ändert nichts an der bestehenden Schuldenlast und der Ungewissheit, wie sich die unausweichlichen Refinanzierungen der Staatsschulden zukünftig gestalten lassen. Die Vorgänge verweisen darauf, dass trotz der Bankenrettung von 2007/08 und trotz der drei auf einander folgenden immer gewaltigeren Schutzschirme weder die akuten noch die langfristigen Gefahren gebannt sind. Nach wie vor droht die Ausweitung staatlicher Haftung und Garantien – oder sogar der haushaltspolitische GAU, die volle finanzielle Einlösung dieser Zahlungsversprechen. Die Rückkehr Irlands, Griechenlands und Portugals an die Finanzmärkte bedeutet nicht, dass die Schulden verschwunden und die Garantien überflüssig wären. Im Gegenteil: Die fast unbegrenzten Einlösungsgarantien der Troika, insbesondere der EZB, ermutigen Investoren, wieder Papiere der GIIPS-

---

275 „Mit grimmigen Kriegsmetaphern versuchen manche Akteure in der Euro-Schuldenkrise, ihren Rettungsinstrumenten rhetorisch Durchschlagskraft zu verleihen. Ein nie gekanntes Kaliber hatte in der Tat die ‚Dicke Bertha', die EZB-Chef Mario Draghi nun zur Namenspatronin für das Programm der Geldschwemme erkoren hat. Sie war ein schwerer Mörser aus der Schmiede der Firma Krupp." Stefan Löwenstein: „Dicke Bertha" Nur bedingt durchschlagskräftig. In: „FAZ" vom 1.3.2012 (online). URL: s. Lit.-Verz.

276 csf/dpa/dapd: Kampf gegen den Zusammenbruch..., a.a.O.

Staaten zu kaufen, obwohl etwa Griechenlands Schulden seit Beginn der Krise von 116% des Bruttoinlandsprodukts[277] auf 170 % gestiegen sind.[278] Die Höhe der Staatsschulden hält Investoren nicht vom Aufkauf wackliger Staatsanleihen ab. Sie wissen, dass sie ihr Geld im Notfall vom Steuerzahler zurück erhalten. Das Spiel geht weiter.

Gewinner und Verlierer

Es gab in dieser Krise – wie in allen ökonomischen Krisen – Gewinner und Verlierer, Verursacher und Opfer, Nutznießer und Leidtragende. Die Frage, wie die Kriseninterventionen gewichtet wurden und wie und mit welchen Motiven man mit den Schuldnern und Gläubigern verfuhr, ist angesichts der aufgewendeten Billionenbeträge der öffentlichen Hand und der Folgen für die Gesellschaft eine nähere Betrachtung wert.

In der Krise übernahmen die Troika und die EZB die Forderungen privater Investoren. Diese Gremien wurden über die Rettungspakete der öffentlichen Hand und über Anleiheankäufe zu Hauptgläubigern der von Zahlungsunfähigkeit bedrohten Staaten und Banken. Als vordergründige Rechtfertigung wurden von offizieller Seite vornehmlich zwei Argumente ins Feld geführt: Zum einen wies man auf die Gefahr hin, dass eine tatsächliche Zahlungsunfähigkeit des griechischen Staates resp. der griechischen Banken in einer Art Dominoeffekt das Vertrauen der Anleger in den Euro überhaupt erschüttern könnte, was wiederum die Kreditfähigkeit weiterer Problemstaaten der Eurozone gefährden könnte. Zum zweiten wurde betont, dass eine andere Lösung als die öffentliche Übernahme von Rückzahlungsforderungen privater Gläubiger, etwa ein rigoroser Schuldenschnitt oder eine Staatsinsolvenz zu unvorhersehbaren Entwicklungen geführt hätte.[279] Die Argumente blieben

---

277 Vgl. Florian Hassel: Griechenland steht schlechter da als vor der Krise. In: „Die Welt" vom 29.10.2011 (online). URL: s. Lit.-Verz.

278 Vgl. Cerstin Gammelin: Krisenpolitik im Umbruch. In: „SZ" vom 8.7.2014, S. 7.

279 Interview der „SZ" mit dem Chef des ESM, Klaus Regling. „SZ: Warum erklärt dann niemand, dass man die 40 Milliarden Euro, die der ESM jetzt für Spaniens Banken bereitstellt, sich hätte sparen können: Wenn Madrid früher reagiert und die großen Gläubiger der Institute gezwungen hätte, ihre Kredite in Beteiligungen umzuwandeln. Regling: Wenn man die vorrangigen Gläubiger zu einem solchen Programm gezwungen hätte, hätte das erneut zu riesigen Verwerfungen auf den Finanzmärkten führen können. auch in Deutschland. Wer, bitte schön, soll denn einer Bank noch Geld leihen, wenn er die Sorge haben muss, dass sein Darlehen eines Tages plötzlich in Aktien minderer Qualität umgetauscht wird?" Cerstin Gam-

zwar nicht unwidersprochen, es gab heftige Auseinandersetzungen, aber letztlich zeigte die Katastrophen-Rhetorik über die Gefahr „riesiger Verwerfungen", „Auseinanderbrechen der EU", „Stillstand der Wirtschaft" usw. die erwünschte Wirkung[280] – nicht zuletzt auch deswegen, weil die Risiken tatsächlich immens waren und weil auf die Schnelle kein anderer Weg gangbar schien. In diesem Fall war der Satz, dass in Gefahr und Not der Mittelweg den Tod bringt, tatsächlich angemessen, wenn auch die Frage zwingend ist, warum und wie man sich in diese Lage hinein manövrieren konnte. Auch in Griechenland wurde die Katastrophen-Rhetorik in Anschlag gebracht: Angela Merkel sprach von „alternativlosem" Handeln gegenüber dem Druck der Märkte. Die konkreten Vermögensinhaber wurden übrigens in den offiziellen Verlautbarungen nie genannt, sie sind aber offensichtlich weitgehend identisch mit jenen 5% der Bevölkerung dieser Welt, die Bankaktien im wesentlichen halten.[281] Trotz des offensichtlichen Bemühens um die Anonymität globaler Investoren wurde nach und nach publik, dass zu den größten Gläubigern Griechenlands deutsche, französische und schweizerische Banken gehörten. Sie hielten zwei Drittel aller Auslandsforderungen [282], allein die deutschen Banken hielten 10%. Vor diesem Hintergrund interpretierte Karl-Heinz Roth die Bereitstellung von inzwischen drei öffentlichen Hilfspaketen als bewusste Strategie, um den privaten Gläubigern Zeit zu verschaffen, ihre Forderungen über Verkäufe an die EZB bzw. über EU-Bürgschaften an die öffentliche Hand zu übertragen.[283] Denn im Falle der griechischen Insolvenz hätten die Ban-

melin und Claus Hulverscheidt im Interview mit Klaus Regling: ‚Wir müssen ständig um Vertrauen werben.' In: „SZ" vom 10.12.2012, S. 2. URL: s. Lit.-Verz.

280 Vgl. Reuters/dpa/cat: Weltbankenverband malt Horrorszenario für Europa. In: „Die Welt" vom 6.3.2012. (online). URL: s. Lit.-Verz.

281 „Das Aktienkapital ist im Wesentlichen bei den fünf Prozent Reichsten der Welt konzentriert. Ein Rettungsschirm für die Banken in Form von Krediten bedeutet eine Subventionierung der Bankaktionäre und damit eine Umverteilung vom Steuerzahler zugunsten den Reichsten dieser Welt.„ Zit. nach Catherine Hoffmann: Die Zeitbombe ist noch nicht entschärft. In: „SZ" vom 27.4.2012 (online). URL: s. Lit.-Verz.

282 Karl Heinz Roth: Griechenland und die Euro-Krise. In: „Sozial.Geschichte Online", Ausgabe 6 (2011), S 156-176, hier: S. 165 ff. URL: s. Lit.-Verz.

283 „Zumindest in Griechenland betreibt die EU lediglich Insolvenzverschleppung. Dabei wird privates Geld widerrechtlich zunehmend durch öffentliches ersetzt. Am 15. Juni titelte die Financial Times Deutschland: ‚Deutsche Banken laden Hellas-Bonds am Markt ab'. Allein deutsche Banken hatten Forderungen in Milliardenhöhe zeitgerecht abgesetzt." Kunibert Raffert: Die Farce der griechischen Schulden – Geschichte einer Umverteilung zugunsten der Reichen. In: „Hintergrund" vom 17.1. 2012 (online). URL: s. Lit.-Verz.

ken ihre Forderungen abschreiben müssen. Damit wären möglicherweise zumindest Deutschland und Frankreich ihrerseits zu Stützmaßnahmen für die eigenen professionellen Anleger gezwungen gewesen – was wiederum zu einer höheren Staatsverschuldung geführt hätte.[284] Roth beobachtete jedenfalls, dass die „Abschreibungs- und Abstoßungsoperationen der Banken [...] nach dem Abschluss des Zwangsverwaltungsvertrages ein[setzten]".[285] Die griechischen Staatsanleihen wurden, noch vor der Auszahlung des ersten Hilfspakets an Griechenland, von der EZB „teils zu Mondpreisen eingesammelt, zur Freude der Banken"[286] oder in Bad Banks entsorgt.[287] In beiden Fällen liegt das Risiko ihres Ausfalls bei der öffentlichen Hand und beim Steuerzahler. Erst nach Abschluss dieser Schuldenübernahme stimmte Deutschland im März 2012 dem griechischen Schuldenschnitt zu, gegen den es sich so lange gewehrt hatte. Wie groß das tatsächlich Ausmaß der staatlichen Übernahme drohender Forderungsverluste der Banken war, zeigt sich – über den Fall Griechenland hinaus – erst heute, Jahre nach dem drohenden Zusammenbruch der Finanzmärkte.[288]

---

284 „Nun wird vielleicht klarer, warum man in Berlin bisher versucht hat, Zeit zu gewinnen und die nötige Umschuldung mit einem Schuldenschnitt (Haircut) zu verzögern. Die deutschen Institute wären nämlich von einem Schuldenschnitt besonders betroffen. Sie sollen offensichtlich Zeit bekommen, um sich weiter zurückziehen zu können. Einige Institute kämen mit einem Haircut ins Trudeln oder hätten noch mehr Probleme, die neuen Kapitalanforderungen (Basel III) zu erfüllen." Ralf Streck: Erste ungeordnete Staatsinsolvenz innerhalb der Eurozone. In: „Telepolis" vom 9.6.2011 (online). URL: s. Lit.-Verz.

285 Vgl. Roth, S. 168.

286 Vgl. Holger Steltzner: Scheitern in Hellas. In: „faz.net" vom 4.6.2011 (online).URL: s. Lit.-Verz. Und: „Wo ein Verkäufer ist, da muss es auch einen Käufer geben. Sollte man zumindest meinen. Und an Verkäufern griechischer Staatsanleihen scheint es angesichts all der schlechten Nachrichten derzeit nicht zu fehlen. So haben sich deutsche Banken zwischen Mai 2010 und Ende Februar 2011 von rund einem Drittel ihrer Griechen-Papiere getrennt. Und sogar die größte Privatbank Griechenlands, die National Bank of Greece, hat bis Ende März dieses Jahres griechische Bonds im Wert von 4,8 Milliarden Euro verkauft. [...] Dass es den Eigentümern der Griechen-Anleihen überhaupt gelungen ist, sich noch bis zum Frühjahr von ihren Beständen zu trennen oder diese zumindest zu reduzieren, lässt sich trotz der geringen Nachfrage erklären. Die Europäische Zentralbank kaufte seit Mai 2010 über Monate Staatsbonds europäischer Krisenländer auf – unter anderem auch griechische." Stefan Kaiser: Banken bleiben auf Griechenland-Anleihen sitzen. In: „Spiegel online" vom 17.6.2011. URL: s. Lit.-Verz.

287 Vgl. André Kühnlenz, Karsten Röbisch: Deutsche Banken laden Hellas-Bonds am Markt ab. In: „ftd" vom 15.5.2011 (online). URL: s. Lit.-Verz.

288 „Ohne die staatliche Rettung von Banken wie der deutschen Hypo Real Estate, der amerikanischen AIG oder der spanischen Bankia hätten die deutschen Banken

In ähnlich gläubigerfreundlicher Form verlief die Ausreichung von Hilfskrediten an Spanien. Dort wurden viele der bisher etwa 400000 Zwangsräumungen und der 1,5 Millionen laufenden Zwangsräumungsverfahren auch von jenen Banken beantragt, die gerade eben mit Steuergeldern gerettet worden waren.[289] Das spanische Insolvenzrecht erlaubt den Banken, wie international weithin üblich, die von ihnen finanzierten Immobilien zu einem Preis weit unter Wert zurückzusteigern, ohne die Forderungen an die ehemaligen Eigentümer aufzugeben. Im Angesicht steigender Selbstmordraten im Zuge von Zwangsräumungen plädierten spanische Richter und Staatsanwälte dafür, einen Teil der europäischen Bankenhilfen an überschuldete Immobilienkäufer weiterzugeben.[290] Doch geschah bis auf eine recht hilflose Debatte im Europaparlament[291] und bis auf ein widerwilliges Zugeständnis spanischer Banken, in Fällen „äußerster Not" auf Zwangsräumungen zu verzichten[292], nichts. Die Auflagen an die Banken zum Wechsel des Personals oder des Geschäftsmodells[293] waren erkennbar milde, es gab keinen Schuldenschnitt für Gläubiger, es gab auch keine Entschädigungen für Hypothekennehmer, wie sie in den USA jüngst mit den Gläubigerbanken vereinbart wurden.[294] Heribert Prantl schrieb über diese Art von radikaler Parteinahme zugunsten der Forderungen institutioneller und professioneller Anleger und Gläubiger:

> „Die Euro-Rettung geschieht nicht in Solidarität mit den Nicht-Betuchten. Sie ist eine ver-rückte Rettung. Mit der Rettungssemantik wird suggeriert, es ginge um die Menschen. Gerettet

---

Milliardensummen verloren. [...] Insgesamt hat die Bankenrettung weltweit 3,3 Billionen Euro gekostet, rechnen die Grünen vor, darin inbegriffen sind auch Garantien. Welche Banken davon profitiert haben, ist nur in geringem Maße nachvollziehbar. Die Grünen haben 162 Milliarden Euro an Forderungen gefunden, die namentlich bekannt sind, und haben sie den unterschiedlichen deutschen Banken zugeordnet." Andrea Rexer: Wer unbemerkt von der Bankenrettung profitierte. In: „SZ"vom 27.5.2014 (online). URL: s. Lit.-Verz.

289 Vgl. Ralf Streck: Kreditausfälle und Zwangsräumungen in Spanien steigen dramatisch an. In: „Telepolis" vom 19.12.2012 (online). URL: s. Lit.-Verz.

290 Vgl. Hubert Kahl: Zwangsräumungen treiben Spanier in den Selbstmord. In: „Die Welt" vom 2.11.2012 (online). URL: s. Lit.-Verz.

291 Vgl. Europäisches Parlament/Aktuelles: Europäisches Parlament hilft verschuldeten Hauseigentümern. Pressemitteilung vom 6.6.2012 (online). URL: s. Lit.-Verz.

292 Vgl. APA/sho: Selbstmorde: Spanien stoppt Zwangsräumungen. In: „Kurier" vom 13.11.2012 (online). URL: s. Lit.-Verz.

293 Vgl. apa, afp/js: ESM-Milliarden für Spaniens Banken. In: „Kurier" vom 28.11.2012 (online). URL: s. Lit.-Verz.

294 ZEIT ONLINE, dpa, AFP: USA entlasten amerikanische Hausbesitzer. In: „Zeit online" vom 9.2.2012. URL: s. Lit.-Verz.

> werden aber Schuldverhältnisse, Finanzbeziehungen, Machtgefüge, Wirtschaftssysteme; sie sollen überleben. Ob und wie Menschen dabei überleben, ist sekundär. Bei den Nachrichten aus den EU-Südländern über die Folgen der Sparprogramme erinnert man sich an einen medizinischen Kalauer, der hier bittere Realität wird: Operation gelungen, Patient tot. [...] Die Fluchtwege für das Finanzkapital aus den Südländern in die Schweiz und in sonstige Refugien werden dagegen nicht versperrt. Und in den nordeuropäischen Ländern verweigert man sich dem rettenden Schuldenerlass, will nicht teilen, nicht verstehen, dass das für alle, für ganz Europa, gut wäre."[295]

Niemand bestreitet, schrieb Claus Hulverscheidt in der „SZ", „dass die Renten und Gehälter in Griechenland zu hoch waren. Doch stellt sich die Frage, warum die deutsche Regierung nicht auf höhere Vermögenssteuern oder auf Kapitalverkehrskontrollen drängte, sondern auf das Verbot der Beschränkungen des Kapitalverkehrs im Maastrichter Vertrag verwies."[296] Die Frage ist berechtigt, denn drei Jahre lang blieb etwa von den EU-Kontrolleuren unbeachtet, dass der IWF ihnen 2010 eine Liste griechischer Steuerflüchtlinge übergeben hatte, die zur Rechenschaft gezogen werden sollten. Und ein Passus der griechischen Verfassung, der ansässigen Reedern[297] fast ein halbes Jahrhundert lang unbegrenzte Steuerfreiheit garantiert hatte, wurde erst Ende 2012 aufgehoben.[298] Hier ließ man eine Langmut walten, die in merklichem Kontrast zum harten Auftreten der Troika in Bezug auf Rentenkürzungen und Erhöhung der Massensteuern stand.

Sozial verträglichere Alternativen zu dieser Linie hätte es reichlich gegeben: In Island etwa wurde die Finanzkrise 2007 nach dem Verursacherprinzip gelöst: Man verstaatlichte die Banken, ließ sie danach in Insolvenz gehen, die Schulden wurden von den Eignern abgetragen und die Hypothekenforderungen der Banken gegenüber privaten Hausbesitzern reduziert.[299] Ähnliche Konzepte kamen erstaunlicherweise in den

295 Heribert Prantl: Rette sich, wer kann. In: „SZ" vom 24.12.2012 (online). URL: s. Lit.-Verz.

296 Vgl. Claus Hulverscheidt: Merkel, gefangen in der Rolle der Managerin. In: „SZ" vom 22.11.2012 (online). URL: s. Lit.-Verz.

297 Vgl. Christiane Schlötzer: Schluss mit den Mauscheleien. In: „SZ" vom 18.1.2013, S. 7.

298 Vgl. Christiane Schlötzer: Staatsschiff in sozialer Schieflage. In: „SZ" vom 18.1.2013 (online). URL: s. Lit.-Verz.

299 Vgl. Sven Prange: Island – ein Vorbild für die EU? In: „Handelsblatt" vom 27.10.2012 (online). URL: s. Lit.-Verz.

USA, gemeinhin als Bollwerk des Neoliberalismus bekannt, zur Anwendung: Das US-Justizministerium zwang im Oktober 2013 die größte US-Bank JP Morgan zur Zahlung von Schadensersatz in Höhe von 13 Mrd. Dollar.[300] Morgan hatte massenhaft Hypotheken an finanzschwache Hauskäufer ausgegeben und diese faulen Hypotheken an Investoren verkauft. Aus der Summe werden zum Teil Investoren, zum Teil aber auch notleidende Hausbesitzer entschädigt. Zudem wurden in viel größerem Umfang als in Europa öffentliche Stützungsgelder dafür verwendet, sich in jene Banken einzukaufen, die die Krise mitverschuldet hatten. Das bedeutet, dass Banken teilweise oder ganz verstaatlicht wurden. Man traf also dort mehr die Aktionäre, weniger die Gläubiger oder die Steuerzahler, und damit dürfte der Rückfluss der eingesetzten Staatsgelder um einiges größer sein. Im Verfahren der Troika hingegen bleibt unter dem Strich – trotz des ausgehandelten Schuldenschnitts für Griechenland vom März 2012 – der Großteil der Risiken bei der EZB und den Steuerzahlern der Geberländer hängen, ohne dass der Versuch unternommen worden wäre, den Gläubigern resp. Bankaktionären wesentliche Konzessionen abzuringen.[301] Es war im Fall Griechenlands und Spaniens keine Rettung von Staaten, sondern von institutionellen Anlegern. Und auch diese Geschichte ist keineswegs beendet. Derzeit betragen die griechischen Staatsschulden 316 Milliarden Euro, wobei auf die Hilfspakete der Troika 215 Mrd. Euro entfallen, für die etwa die deutschen Steuerzahler in Höhe von 55 Mrd. Euro bürgen. Falls aktuelle Pläne realisiert werden sollten, die Laufzeit der griechischen Kredite zu verlängern und die Zinsen zu senken, bedeutete dies faktisch einen Schuldenschnitt in Höhe von 40% – und damit für Deutschland eine weitere Belastung von 22 Mrd. Euro. Eine solche Entscheidung, die die Zustimmung der Parlamente erforderte, ließe sich in der deutschen Öffentlichkeit, so die Interpretation, besser verkaufen als ein weiteres Hilfspaket für Griechenland.[302]

---

300 Vgl. Nikolaus Piper: US-Bank muss Rekordstrafe für Finanzkrise zahlen. In: „SZ" vom 21.10.2013, S. 1.

301 „Eine Studie der Organisation Attac zeigt, dass zwei Drittel der Rettungsgelder für Griechenland in Höhe von 206 Milliarden Euro an Banken und Investoren geflossen sind. [...] Recherchen der Organisation ergaben, dass 58,2 Milliarden Euro (28,2% der Gesamtsumme) für die Rekapitalisierung griechischer Banken aufgewendet wurden und 101,3 Milliarden Euro (49% der Gesamtsumme) an Gläubiger des griechischen Staates gingen." Anna Gabriel: Griechenland: Hilfe ging fast nur an Finanzsektor. In: „Die Presse" vom 17.6.2013 (online). URL: s. Lit.-Verz.

302 Vgl. Claus Hulverscheidt, Markus Zydra: Schuldenschnitt durch die Hintertür. In: „SZ" vom 14.5.2014, S. 17.

Die Memoranden

Die Bedingungen, die die Troika an Notkredite und Garantien für Krisenstaaten und Banken knüpfte, zielten auf zwei Bereiche: Zum einen auf die Bekämpfung der Korruption, die Einforderung ausstehender Steuern und den Aufbau einer effizienten Steuerverwaltung, zum anderen auf massive Eingriffe in den Arbeitsmarkt, in die Sozial- und Vorsorgesysteme und in die öffentliche Eigentumsstruktur. Die Architektur dieser Eingriffe lässt sich paradigmatisch an dem Kreditvertrag darstellen, den die Regierung Papandreou im Mai 2010 unter massivem Druck der EU mit den Ländern der Eurozone abschloss:

> „Mit dem Vertrag wurde der griechischen Regierung en détail vorgeschrieben, in welchem Quartal welche Maßnahme zu treffen ist; dazu gehörten neben der Erhöhung von Verbrauchssteuern, der Mehrwertsteuer sowie der Lohn- und Einkommenssteuer die Senkung der Löhne und Gehälter im Öffentlichen Dienst, Rentenkürzungen, die Liberalisierung des Transportsektors und der freien Berufe, eine Zusammenlegung von Kommunen und die Stilllegung von Bahnlinien. Selbst Eingriffe in die Tarifautonomie mit dem Ziel von Lohnsenkungen im Bereich der privaten Wirtschaft waren vorgesehen.“[303]

Diesem Vertrag, in dem sich – fast idealtypisch – das gesamte Strukturprogramm des Neoliberalismus abbildete[304], sollten noch vier ähnliche Verträge mit Griechenland und weiteren GIPS-Staaten folgen.[305] Die Memoranden brachten gravierende Einschnitte für die volkswirtschaftliche Entwicklung und die materielle Lage der griechischen Bevölkerung. Griechenlands Wirtschaftsleistung schrumpfte austeritätspolitisch- und krisenbedingt in den letzten vier Jahren mit

303 Gregor Kritidis: Die Demokratie in Griechenland zwischen Ende und Wiedergeburt. In: „Sozial.Geschichte Online“, Heft 6 (2011), S. 135-155 (online), hier: S. 137. URL: s. Lit.-Verz.

304 Busch u.a. beobachteten, dass sich die Forderungen sehr stark auf die Liberalisierung der Lohnbildung, des Lohnniveaus, der Arbeitsmärkte, der nationalen Tarifstrukturen und der Sozialversicherungssysteme konzentrieren. Vgl. Klaus Busch, Christoph Hermann, Karl Hinrichs, Thorsten Schulten: Eurokrise, Austeritätspolitik und das Europäische Sozialmodell. Wie die Krisenpolitik in Südeuropa die soziale Dimension der EU bedroht. Publikation der Abt. Internationale Politikanalyse der Friedrich-Ebert-Stiftung im Rahmen der Arbeitslinie „Europäische Wirtschafts- und Sozialpolitik“, November 2012, S. 3-36 (online), hier: S. 8 ff. URL: s. Lit.-Verz.

305 Vgl. Ralph Schulze: Portugal: Amtsdiener sollen gehen. In: „Mitteldeutsche Zeitung“ vom 4.5.2011 (online). URL: s. Lit.-Verz.

durchschnittlich je 5% pro Jahr am stärksten, die Arbeitslosigkeit lag zum Jahresende 2012 bei 25%, ein Drittel der Griechen arbeitete schwarz[306], im Jahr zuvor wurden aus finanziellen Gründen 250000 PKW abgemeldet[307], und die Gesundheitsversorgung tendiert inzwischen zum Dritte-Welt-Niveau.[308] (s. zu den Auflagen: Anhang 11)

Die anderen GIIPS-Staaten erlitten ebenfalls massive Wirtschaftseinbrüche.[309] Insgesamt nahmen in diesen letzten Jahren die Unterschiede der Lebensverhältnisse zwischen den südeuropäischen und den mitteleuropäischen EWWU-Staaten zu. Im diametralen Gegensatz zur Forderung der ILO nach Arbeitsbeschaffungsprogrammen[310] vertrat die Troika die klassische neoliberale Auffassung, Sparprogramme und deregulierende Eingriffe in den Arbeitsmarkt führten zu Wachstum, d.h. zu stärkerem Investorenengagement. Das Gegenteil war der Fall, was allerdings angesichts sinkender Einkommen und Staatsausgaben nicht verwundern kann. Die Hoffnung darauf, dass das seit Jahren billige EZB-Geld irgendwann zur Konjunkturbelebung führt, erfüllte sich bisher nicht – das Geld landet im großen und ganzen nicht in der Realwirtschaft. Die Banken parken, aus Misstrauen untereinander, das freie Geld wieder bei der EZB, oder sie investieren es in weitere Spekulationsobjekte, darunter auch in neue Staatspapiere der Krisenstaaten. Nach Beginn der EZB-Politik des billigen Geldes ab 2102 legten die Staatsanleihekäufe der Banken um 355 Mrd. Euro (+25%) zu und erhöhten sich damit insgesamt auf 1,75 Billionen Euro – den höchsten Stand seit 2006.[311]

306 Vgl. vst/chb/sda/awp: Ein Drittel der Griechen arbeitet schwarz. In: „Handelszeitung" vom 28.12.2012 (online). URL: s. Lit.-Verz.

307 Vgl. ssu/dpa: Wirtschaftskrise: Hunderttausende Griechen melden ihre Autos ab. In: „Der Spiegel" vom 28.12.2012 (online). URL: s. Lit.-Verz.

308 Für die griechische Bevölkerung wurden in Deutschland 2011 Spendenaktionen durch die griechische Sektion der „Ärzte der Welt" initiiert. Die Organisation, die normalerweise in der Dritten Welt arbeitet, aber auch Flüchtlinge in Griechenland betreut, strich Auslandsprogramme, um die steigende Zahl von Griechen zu behandeln, die medizinische Versorgung nicht mehr bezahlen können. Siehe dazu etwa: Paul-Michael Heit, Niko Chatzipanagiotidis (Verantwortliche): Norddeutschland hilft Griechenland. (online) URL: s. Lit.-Verz. Vgl. auch: Maria Rigoutsou: „Ärzte der Welt helfen in Griechenland. In: Deutsche Welle. Themen vom 10.4.2012 (online). URL: s. Lit.-Verz.

309 Vgl. N.N.: Daten zur Eurokrise . Wie schlecht geht es Europas Staaten? In: ARD-Hintergrund. Stand November 2012 (online). URL: s. Lit.-Verz.

310 ZEIT ONLINE, AFP, Reuters: UN-Organisation warnt vor Folgen der Sparpolitik. In: „Die Zeit" vom 30.4.2012 (online). URL: s. Lit.-Verz.

311 Vgl. N.N.: EZB finanziert Schulden-Staaten durch die Hintertür. In: Deutsche

Die Logik der Finanzmärkte ist eigentlich hinreichend bekannt, aber noch halten die Zentralbanker, trotz zunehmender Ungeduld[312], am neoliberalen monetaristischen Dogma fest, nach dem Gießkannenprinzip viel Geld in die Märkte zu pumpen, sich aber ansonsten nicht in die Marktprozesse einzumischen. So könnte mit dem Geld der EZB schon der Keim der nächste Krise heranwachsen[313], obwohl die Krise 2007 ff. noch nicht überwunden ist Man darf gespannt sein, welche Haftungsmöglichkeiten die öffentliche europäische Hand in einem solchen Fall noch hat, denn gleichzeitig besteht Bedarf an weiteren Hilfskrediten, und die Verschuldung fast aller EWWU-Staaten, auch die der Geberländer, steigt.[314]

Insgesamt kann für das Grundkonzept der Direktinterventionen, für den Mitteleinsatz der Rettungsschirme und für die EZB-Geldpolitik das gelten, was Stephan Schulmeister, einer der profiliertesten Kritiker der EU-Krisenpolitik, für den Fiskalpakt feststellte: Die systemischen Ursachen der Staatsverschuldung wurden vernachlässigt, der Staat zum Alleinschuldigen erklärt und damit generell impliziert, dass der Schuldner schuld ist:

> „Dieser ‚common (non)sense' entspricht der ökonomischen Weltanschauung der frühen 1930er Jahre. Auch damals dominierte jene Theorie, wonach freie Märkte zu einem allgemeinen Gleichgewicht streben, der Staat sich aus der Wirtschaft heraus-

---

Wirtschaftsnachrichten vom 9.3.2014 (online). URL: s. Lit.-Verz.

312 „Die Banken sollten ihre Funktion als Intermediäre wieder wahrnehmen, und dazu gehört, dass sie wieder Kredite vergeben." Ives Mersch, EZB-Direktor. zit. n. Guido Bohsem, Claus Hulverscheidt, Markus Zydra: Draghi fordert mehr Kredit. In: „SZ" vom 15.5.2014, S. 22. Der Ökonom Richard Werner plädiert dafür, den Banken vorzuschreiben, nur noch Kredite für produktive Zwecke zu vergeben. Vgl. Jan Willmroth: Schön locker bleiben. In: „SZ" vom 6.10.2014, S. 17.

313 „[Die] Großbanken fangen wieder an zu zocken. Ausgerechnet mit dem Geld, das die Zentralbanken wegen der letzten Krise in die Wirtschaft gebracht haben. Dieses Kapital dreht sich, schneller und schneller; da die Zinsen niedrig sind, wollen die Leute es anlegen, sie kaufen alles, zu fast jedem Preis. Blasen wachsen. Wie 2008 bei den Immobilien. In den USA steigen derzeit die Preise von Bürogebäuden zweistellig. In Deutschland sind die Wohnimmobilien 20 Prozent überbewertet. Die Bundesbank warnt, dass die Banken sorglos Kredite vergeben könnten, einer der Hauptgründe der letzten Krise." Alexander Hagelüken, Lorenz Wagner: Freut euch nicht zu früh.In: SZ-Magazin Nr. 12 vom 21.3.2014 (online). URL: s. Lit.-Verz.

314 Vgl. EurActiv/rtr/mka: Eurostat zu Defizit und Schuldenstand. Staatsverschuldung in der EU steigt weiter. In: „EurActiv" vom 22.4.2013 (online). URL: s. Lit.-Verz.

> halten sowie ein Nulldefizit aufweisen müsse, und Arbeitslosigkeit durch Lohnsenkungen zu bekämpfen sei. Die Politik orientierte sich an diesen Empfehlungen der Ökonomen und führte die Wirtschaft in die Depression.“ [315]

Der schlechte Witz dabei ist, dass der sozialabgabenpflichtige Steuerzahler mit seinen Beiträgen letzten Endes die Staatsschulden finanziert, die aus der Übernahme der Gläubigerforderungen der Finanzmärkte entstanden – und er in Folge des nun ausgerufenen Austeritätsregimes eine Verschlechterung seiner eigenen sozialen Existenzsicherung hinzunehmen hat. Um es mit einem Begriff der Finanzmärkte zu sagen: Die Rendite seiner Investitionen in Form von Steuern und Sozialabgaben ist zur Zeit denkbar ungünstig.

Ordnungspolitische Weichenstellungen

Im bisherigen wurde deutlich, dass die unmittelbaren Kriseninterventionen mit einer massiven Ausreichung billiger EZB-Gelder, mit der Erzwingung einer rigiden Austeritätspolitik, aber auch mit einer Ausweitung und Verfestigung neoliberaler Wirtschaftsregimes verbunden wurden. Gerade letzteres gilt auch für die begleitenden mittelfristigen makroökonomischen Strukturprogramme, die die Gremien des Europäischen Rats zwischen 2010 und 2012 verabschiedeten. Zu diesen Programmen gehören a) der „Vertrag über Stabilität, Koordinierung und Steuerung in der Wirtschafts- und Währungsunion“ (SKS-Vertrag, Fiskalvertrag), b) das „Europäische Semester“, c) „Europa 2020“, d) das auf Initiative von Sarkozy und Merkel veranschiedete „Euro-Plus-Pakt“, e) der „Vertrag über gesamtwirtschaftliche Überwachungsverfahren“ und schließlich f) Beratungen zu wirksamen Regulierungen der Finanzmärkte. (s. dazu auch ausführlicher: Anhang 12) Als Leitziele dieser Vertragsserie sind offiziell genannt: Herstellung der Konvergenz und der Wettbewerbsfähigkeit der Volkswirtschaften, Abbau von Staatsverschuldung über eine Schuldenbremse, Kontrolle und Korrektur der einzelstaatlichen Haushaltspolitik einschließlich Strafsanktionen und schließlich Maßnahmen gegen systemische Gefahren der Finanzmärkte und des Bankensektors. Das sind durchaus notwendige und akzeptable Ziele, doch verbirgt sich dahinter zugleich eine Tendenz zur Verstetigung der Memorandenpolitik: So sieht der Euro-Plus-Pakt staatliche Eingriffe in die Arbeitsmärkte und Lohnfindungsprozeduren vor,

315 Stephan Schulmeister: EU-Fiskalpakt: Strangulierung von Wirtschaft und Sozialstaat. Eigenveröffentlichung vom Mai 2012 (online), S. 1. URL: s. Lit.-Verz.

etwa die Festlegung einer Obergrenze für Lohnstückkosten und die Beeinflussung der nationalen Lohn- und Tarifvertragssysteme.[316] Nachdem der Anfang bereits in den Memoranden gemacht worden war[317], zog die EU nun das Recht zur „Überprüfung der Lohnbildungsverfahren und erforderlichenfalls des Grads der Zentralisierung im Verhandlungsprozess" (!) an sich und empfahl den Mitgliedsstaaten im „Europäischen Semester zur Koordinierung der Wirtschaftspolitik" Reformen in den Tarifvertragssystemen.[318] Einige Äußerungen zentraler Akteure deuten darauf hin, dass die Flexibilisierung der Arbeitsmärkte und die Senkung der Arbeitskosten primäre Ziele der EU-Politik zur Überwindung der ökonomische Krise sind[319]: EZB-Präsident Draghi nutzte die europäische Krisenbewältigung zur prinzipiellen Absage an die bisherigen europäischen Sozialstaats-Traditionen, ohne dass ihm von den anderen Akteuren widersprochen worden wäre.[320] Für das deutsche EZB-Direktoriumsmitglieds Jörg Asmussen, SPD-Mitglied, sind Arbeitsmarktreformen der Schlüssel für den Verbleib eines Landes in der Eurozone.[321] In der Folge des Euro-Plus-Pakts formulierte die Generaldirektion Wirtschaft und Finanzen der Europäischen Kommission (DG ECFIN) unter der Überschrift „beschäftigungsfreundliche Reformen"[322] u.a. folgende tarifpolitische Zielsetzungen: a) allgemeine Dezentralisierung des Tarifvertragssystems; b) Einführung/Ausdehnung von Öffnungsklauseln für betriebliche Abweichungen von Flächentarifverträgen; c) Begrenzung/Abschaffung des „Günstigkeitsprinzips"; c) Beschränkung/Reduzierung von Allgemeinverbindlicherklärungen; d) „Reduzierung der Tarifbindung" und e) „allgemeine Re-

---

316 Vgl. Busch u.a, S. 9.

317 Vgl. ebda., S.11 f.

318 Vgl. ebda., S. 13.

319 Vgl. ebda., S. 8.

320 Berichterstattung über Äusserungen des EZB-Präsidenten Draghi im Wall Street Journal im Februar 2012: „Die Krise habe gezeigt, dass das vielgepriesene europäische Sozialstaatsmodell ausgedient habe. Es gebe keine schnellen Lösungen für die Probleme des Kontinents. [...] Stattdessen würden die anhaltenden ökonomischen. Schockwellen die verschuldeten Euroländer dazu zwingen, strukturellen Reformen am Arbeitsmarkt und in anderen Bereichen der Wirtschaft zu ergreifen." Brian Blackstone, Matthew Karnitschnig, Robert Thomson: Draghi spricht sich für harte Linie bei Sparkurs aus. In: „The Wall Street Journal" vom 23.2.2012 (online). URL: s. Lit.-Verz.

321 Vgl. Busch u.a., S. 8.

322 Europäische Kommission: Labour Market Developments in Europe 2012. In: European Economy Nr. 5/2012. URL: s. Lit.-Verz.

duzierung der Lohnsetzungsmacht der Gewerkschaften".[323] Zwischen 2009 und 2014 sanken die Lohnquoten (Anteil der Einkommen von abhängig Beschäftigten am Bruttoinlandsprodukt) im Euroraum um 1,1 Prozentpunkte, besonders stark in den Memorandenländern Portugal (-5,4 Pp), Zypern (- 6,1 Pp) und Griechenland (- 8,2 Pp). In letzteren beiden Ländern liegt die Lohnquote 2014 sogar unterhalb der 50-Prozent-Grenze – inzwischen entsteht dort mehr als die Hälfte des Wohlstands durch Kapital- und Gewinneinkommen.[324] Die europäischen Zahlen sind gewiss nicht allesamt auf die Politik der Troika zurückzuführen, aber mit Sicherheit korrespondiert der Trend mit dem Memorandenziel, die bisherigen Tarifregelungen und Lohnfindungsverfahren auszuhebeln. Den Gewerkschaftsbewegungen droht – unter tätiger Mitwirkung der Troika – in Europa eine ähnliche Marginalisierung wie in Großbritannien während der Thatcher-Ära oder wie in den USA.

Auch der Fiskalpakt, der die im Prinzip richtige und notwendige Reduktion staatlicher Schulden zum Ziel hat, steht im Zeichen dieses Grundgedankens. Für Stefan Schulmeister, einen der profiliertesten Kritiker des austeritätspolitischen Kurses, basiert der Vertrag „auf der monetaristisch-neoliberalen Theorie, deren politische Hauptziele der Abbau des Sozialstaats, die Regelbindung der Politik und die De-Regulierung der Finanzmärkte sind".[325] Zwar wird es für den Anfang eine Übergangsfrist geben, in der die Schuldenregel nicht strikt angewendet wird oder sogar Rücksicht auf konjunkturelle Wirkungen des Sparprogramms genommen wird, aber bereits in dieser Phase gibt es Interventionsmöglichkeiten: Wie das gemacht wird, werden de facto die Ökonomen der EU-Kommission festlegen. Dabei ist der Spielraum angesichts der vagen Formulierungen so groß, dass „aus Rechtsanwendung faktische Rechtssetzung wird."[326]

323 Vgl. Thorsten Schulz: Die Troika und der Flächentarifvertrag. In: „Gegenblende" vom 12.5.2013 (online). URL: s. Lit.-Verz.

324 Vgl. ebda.

325 Vgl. Schulmeister: EU-Fiskalpakt, S. 3.

326 Vgl. ebda.

V. Perspektiven transatlantischer Ordnungspolitik.

Die Nutzung der europäischen Krise zur Ausweitung und Verfestigung neoliberaler Regelwerke und zur Zurückdrängung sozialstaatlicher Elemente führt zu der Frage, wie weit die Prozesse der Liberalisierung und in deren Folge die Einengung der Handlungsspielräume von Nationalstaaten und sogar supranationalen Institutionen wie der EU fortgeschritten sind und ob man sie unter den gegebenen politischen Bedingungen als irreversibel bezeichnen müsste.

In der politikwissenschaftlichen Literatur werden die Auswirkungen auf das Kräfteverhältnis von Ökonomie und Politik und auf die öffentlichen Vorsorgesysteme unterschiedlich eingeschätzt: Nach Stefan Schirm sieht eine Gruppe die Schwächung der Staaten, etwa eine Tendenz zum „Entbündeln von Staatsaufgaben, auch als Selbstentmachtung der Politik“[327], während eine andere Gruppe den Staat trotz des Agierens internationaler Unternehmen nach wie vor für handlungsfähig hält. Die Tendenz ist umstritten, allerdings konstatiert Schirm auch, dass „die Globalisierung die Staaten zwinge, ihre Politik den Gewinnerwartungen globaler Märkte anzupassen, um mobile Ressourcen im Land zu halten bzw. neue anzuziehen“.[328] Hier sei allerdings angemerkt, dass „Selbstentmachtung“ und „staatlicher Zwang zur Anpassung an die Globalisierung“ zwei Seiten derselben Medaille darstellen: Durch den gewollten und freiwilligen Verzicht auf sozialstaatliche, fiskalische und ordnungspolitische Machtinstrumente wurde der „Zwang zur Anpassung an die Gewinnerwartungen globaler Märkte“ erst erzeugt. Die „Globalisierung, die etwas erzwingt“, ist ebenso wenig naturgegeben wie ein „Krieg, der ausbricht“. Sie hat ein Gesicht, ein Umfeld, Personen, Programme und Auslöser, Planer und Konzepte, Werkzeuge und Multiplikatoren, Netzwerke und Kommunikationswege. Es sei nur daran erinnert, dass die Forderungskataloge von Austeritätspolitik, Privatisierung, Deregulierung, Lohnabbau und Steuersenkungen in den USA unter dem Begriff Washingtoner Konsens entwickelt und über IWF, Weltbank und andere global agierende Institutionen weltweit durchgesetzt wurden.[329] Dass sich hinsichtlich des Machtverhältnisses zwischen

327 Vgl. Stefan Schirm: Analytischer Überblick: Stand und Perspektiven der Globalisierungsforschung. In: Ders. (Hrsg.) : Globalisierung. Forschungsstand und Perspektiven. Baden-Baden 2006, S. 11-34, hier: S. 16.

328 Vgl. ebda., S. 17. Siehe auch: Reimut Zohlnhöfer: Globalisierung der Wirtschaft und nationale Anpassungsreaktion. In: Zeitschrift für Internationale Beziehungen, 12. Jg. (2005), S. 1-36, hier: S. 1-3.

329 Siehe zum programmatischen und personellen Umfeld der Neuen Rechten: Alex-

Staaten und Märkten dennoch kein eindeutiges Urteil fällen lässt, hat drei Gründe:

Der erste Grund ist, dass die konkreten wirtschaftlichen Bedingungen in den einzelnen Ländern des transatlantischen Raums ebenso unterschiedlich sind wie ihre jeweiligen politischen und sozioökonomischen Kulturen. Nach wie vor bestehen, historisch bedingt, wirtschaftskulturelle, fiskal-, ordnungs- und sozialpolitische Unterschiede zwischen den USA und Europa, und – innerhalb Europas – zwischen Großbritannien, den skandinavischen Ländern und den Staaten Mittel-, Süd- und Osteuropas[330], zwischen den Sozial- und Wohlfahrtsstaatenregimes US-amerikanischen, skandinavischen oder deutschen Typs[331] und zwischen liberalen, konservativ-korporatistischen und sozialdemokratischen Systemen.[332]

Zweitens verläuft der Prozess der neoliberalen Agenden mit unterschiedlicher Intensität und unterschiedlichen Auswirkungen. So war ein Liberalisierungsschub durch die EWWU-Memorandenpolitik in den letzten Jahren insbesondere in den Mitgliedsstaaten der südlichen Peripherie zu verzeichnen, weniger dagegen in den mittel- und nordeuropäischen Staaten. Hier ist der steuer- und arbeitgeberfinanzierte Anteil an den Sozialleistungen ungeachtet der Änderungen in den Sozialsystemen nach wie vor hoch.[333] Auch in Deutschland funktionieren bis dato, trotz aller Einschränkungen, die in den letzten Jahrzehnten durchgesetzt wurden, wesentliche Bereiche aus den Zeiten des Nachkriegs-Wohlfahrtsstaates, ob es sich nun um Alters- und Gesundheitsvorsorge, um Tarifpolitik, Arbeitsrecht oder Mitbestimmung handelt. Ebenso wenig sind Quersubventionierungen oder Preisregulierungen verschwun-

ander Reichwein: Der amerikanische Neokonservatismus und seine Ursprünge, Ideen und Ziele. In: Zentrum für Nordamerika-Forschung der Universität Frankfurt a.M. (Hrsg.): ZENAF Arbeits-und Forschungspapiere (ZAF), Nr.1, 2009. Siehe auch: Rudolf Hickel: Reagans ‚amerikanischer Traum' – ein Alptraum für Europa. In: Blätter für deutsche und internationale Politik, Heft 03/1981, S. 286-300 (online). URL: s. Lit.-Verz.

330 Vgl. dazu etwa Martin Schröder: Varianten des Kapitalismus. Studienmaterial zum Kurs 33917 des Studiengangs „M.A.-Governance" an der Fernuniversität Hagen. FernUniversität Hagen 2012, S. 63-65.

331 Vgl. Ritter, S. 276 ff.

332 Vgl. Claudia Bogedan: Totgesagte leben länger. Zum Verhältnis von Sozialer Demokratie und Sozialstaat . Veröffentlichung der Online-Akademie der Friedrich-Ebert-Stiftung (online), o. D., S. 5 ff. URL: s. Lit.-Verz.

333 Vgl. Eurostat: Sozialschutzmaßnahmen nach Einnahmearten in der EU 15 im Jahr 2007 (online). URL: s. Lit.-Verz.

den, man denke an die Regulierung der Strompreise[334], an die Begrenzung von Mieterhöhungen, an öffentliche Nahverkehrspolitik oder an die Subventionierung kultureller oder karitativer Einrichtungen etc. – von den Milliardensubventionen für die Landwirtschaft ganz zu schweigen. Und selbst öffentliches Eigentum ist trotz umfangreicher Privatisierungen noch keineswegs obsolet.

Zurück zur sozialen Demokratie?

Drittens hat der Gegenwind gegen das jahrzehntelang scheinbar unaufhaltsam exekutierte neoliberale Dogmengebäude in den letzten Jahren zugenommen, auch wenn von einer konsistenten, zumal globalen Bewegung, wie sie der Neoliberalismus repräsentiert, zur Zeit nicht die Rede sein kann. Dennoch gibt es Anzeichen für eine partielle Renaissance sozialstaatlich-keynesianischer Politik, die ein Gegengewicht gegen die operativen Ziele des Neoliberalismus[335] bilden könnte. Die Indizien, die für eine gewisse Revitalisierung des Sozialstaatsgedankens sprechen, seien im folgenden in unsystematischer Reihe aufgeführt. Sie erheben keinen Anspruch auf Vollständigkeit, sie sind eher Momentaufnahmen bestimmter Bereiche, aber sie können immerhin illustrieren, wo die Bruchlinien zwischen den großen politökonomischen Schulen der liberalen Demokratien verlaufen:

a) Grundsätzliche Kritik am Neoliberalismus und am Finanzsystem:

– 2009 übte der UNCTAD-Report zur globalen ökonomischen Krise heftige Kritik am Versagen des Marktfundamentalismus der letzten 20 Jahre und empfahl eine Stärkung der Rolle der nationalen Regierungen und der Vereinten Nationen in einem global abgestimmten System öffentlicher Wirtschaftspolitik.[336] (s. auch Anhang 13) In Harvard, einer der Ordensburgen neoliberaler Marktideologie regt sich studentischer

---

334 Vgl. Helmut Bünder: Gericht untersagt höhere Renditen für Stromnetzbetreiber. In: „FAZ" vom 24.4.2013 (online). URL: s. Lit.-Verz.

335 Nochmals zur Erinnerung: a) Liberalisierung in den staatsnahen Sektoren öffentlicher Daseinsvorsorge, b) Privatisierungspolitik und Subventionsabbau (Kommodifizierung), c) Liberalisierung der Arbeitsmärkte und Rekommodifizierung der Ware Arbeitskraft, d) Liberalisierung im Renten- und Gesundheitssektor, e) Marktschaffung im Bereich der Kapitalbeziehungen, f) Internationaler Steuerwettbewerb, g) Abbau der Staatsverschuldung.

336 Vgl. Jörg Goldberg: Neuer UNCTAD-Report: Krisenanalyse und Alternativen zum Kasino. In: „Informationsbrief Weltwirtschaft und Entwicklung", April 2009 (online). URL: s. Lit.-Verz.

Widerstand gegen die Forderungen nach unbeschränkter Marktfreiheit, gegen ihre professoralen Protagonisten und ihren Vollzug durch gewählte Politiker.[337] In diese Linie passt, dass mittlerweile wieder jene Stimmen Gehör finden, die die mit hohem medialen Aufwand propagierte Behauptung in Frage stellen, dass reine Finanzmarkttransaktionen einen hohen volkswirtschaftlichen Nutzen haben: Sie seien volkswirtschaftlich ein Nullsummenspiel und trügen nicht zu echter Wertschöpfung bei.[338] Und selbst Gerhard Schröder, mit dessen Namen der schärfste ordnungspolitische Kurswechsel in Deutschland nach dem Krieg verbunden ist, hält die derzeitige Entwicklung inzwischen für falsch:

> „Wären wir ähnlich aufgestellt wie zum Beispiel das faktisch deindustrialisierte Großbritannien oder Irland, die sehr stark auf die Finanzdienstleistungen gesetzt haben, wären wir jetzt in existenziellen Nöten. Eine starke industrielle Basis ist durch nichts zu ersetzen. Sie ist auch Grundlage für künftigen wirtschaftlichen Erfolg: Als Folge der globalen Finanz- und Wirtschaftskrise wird es eine Rückbesinnung auf die industriellen Kerne einer Volkswirtschaft und auf die Stärke von innovativen Industriestandorten geben. Viele haben ja bis vor wenigen Monaten noch geglaubt, Wertschöpfung sei allein durch Internet, Dienstleistungen oder Finanzspekulationen zu erreichen. Das war ein großer Irrtum.“[339]

Am weitesten ging 2010 der Nobelpreisträger Paul Krugmann: Von dem, was in seinem Lehrbuch der Makroökonomie über Geldökonomie und Banken stünde, so sein Eingeständnis auf einem internationalen Treffen der Volkswirte, sei nichts mehr gültig – vor allem, so ergänzte das „Handelsblatt“ in einem Artikel über Krugmann, nicht der Glaube an die Rationalität der Märkte.[340]

– Der Trend zur selbstkritischen Betrachtung hat inzwischen auch die Führungskräfte der Wirtschaft erreicht. Zumindest in den informellen Diskussionen sind unter dem Stichwort „Corporate Social Responsibi-

---

337 Vgl. Moritz Koch: Entzauberung des amerikanischen Traums. In: „SZ“ vom 14.4.2012 (online). URL: s. Lit.-Verz.

338 Vgl. stellvertretend für zahlreiche Stimmen: Ulrich Thielemann: Die Grenzen des Wachstums. In: „The European“ vom 24.11.2010 (online). URL: s. Lit.-Verz.

339 Gerhard Schröder: „Zukunft in Arbeit. Industriepolitik für Deutschland“. Rede am 25. Mai 2009 anlässlich einer Veranstaltung der Friedrich-Ebert-Stiftung in Peine (online). URL: s. Lit.-Verz.

340 Vgl. Olaf Storbeck: Wie die Finanzkrise die VWL auf den Kopf stellt. In: „Handelsblatt“ vom 14.01.2010 (online). URL: s. Lit.-Verz.

lity“ neue und nachdenkliche Töne zu hören, etwa über die Wiedergewinnung ethischer Maßstäbe wirtschaftlichen Handelns und über den Nutzen des ‚Rheinischen Kapitalismus‘, dessen Prinzipien in den Globalisierungsprozessen mehr und mehr in den Hintergrund traten.[341] Und auch der Wirtschaftsgipfel 2014 in Davos blieb von den neuen Diskursen nicht unberührt: Zwar wurden wie eh und je die alten Rezepte der Wirtschaftsliberalisierungen und Steuersenkungen beschworen, aber die Tagung wurde ebenso von Beiträgen über grundlegende Ziele und Bedingungen ökonomischen Handelns, über Glück, Zufriedenheit, nachhaltiges Wirtschaften und vor allem über die Verantwortung einzelner Akteure im gesellschaftlichen Gesamtsystem geprägt. [342]

– Und mittlerweile etablierte sich auch eine ernstzunehmende Diskussion über eine Radikalreform des globalen Finanzsystems. Fachleute wie Martin Wolf, Chefvolkswirt der Financial Times, Joseph Huber von der Universität Halle oder Thomas Mayer, bis 2012 Chefvolkswirt der Deutschen Bank, plädieren in der einen oder anderen Form für eine Abkehr vom bisherigen Giralgeldsystem, das die Banken zur Geldschöpfung über die Vergabe von Krediten ermächtigt.[343]

Derartige Überlegungen sind allerdings in der Sphäre des Diskurses angesiedelt, in der zwar möglicherweise auf lange Sicht praxisverändernde, gleichwohl aber gesellschaftlich unverbindliche Debatten geführt werden. Sie sind noch lange nicht auf der Ebene der operativen Entscheidungen angelangt, die zu einem nachhaltigen, gar globalen Wechsel des derzeitigen ordnungspolitischen Kurses führen könnten. Doch auch im Bereich von Exekutive, Legislative und Jurisdiktion gibt es diese und jene handfesten Entscheidungen, die dem scheinbar unaufhaltsamen Siegeszug der neoliberalen Marktphilosophie zumindest Verzögerungen auferlegen:

b) Zum Verhältnis zwischen Nationalstaaten und globalen Marktakteuren:

Ein aktuelles Urteil des EuGH könnte weitreichende Wirkungen für die bisherigen Tendenzen zur Verflüchtigung staatlichen Rechtes in eine su-

341 Vgl. Dirk Schmaler: Gute Firma, gute Gesellschaft, gutes Geld. In: „HAZ“ vom 28.10.2012, S. 3.

342 Vgl. Carsten Knop: Auf der Suche nach Glück. In: „FAZ“ vom 12.2.2014 (online). URL: s. Lit.-Verz.

343 Vgl. Nikolaus Piper: Brauchen wir neues Geld? In: „SZ“ vom 26.11.2014, S. 17. Vgl. auch: Christian Siedenbiedel: Brauchen wir ein neues Geldsystem? In: „faznet“ vom 6.10.2014. URL: s. Lit.-Verz.

pranationale globale Wirtschaftssphäre haben: Das Urteil verwehrt der globalen Suchmaschine Google die uneingeschränkte Verfügung über die Daten der Nutzer und legt die rechtlichen Regelungen zur informationellen Selbstbestimmung und damit die Klagemöglichkeiten für Kunden in die Hände der einzelnen Mitgliedsstaaten. Dadurch ist dem Konzern der Weg versperrt, sich unter Verweis auf das von ihm als geltend betrachtete US-Recht rechtlichen Auseinanderzubringen im nationalstaatlichen Rahmen zu entziehen. Damit stärkt das Urteil nicht nur die Rechte der Bürger auf informationelle Selbstbestimmung und Privatsphäre, sondern auch die rechtlichen Durchgriffsmöglichkeiten der EU-Nationalstaaten.[344] Dieses grundlegende Problem des Verhältnisses zwischen staatlichen Rechtssetzungsmöglichkeiten und den Tendenzen zu nationaler oder supranationaler Rechtsimmunität globaler Wirtschaftsbetriebe wird uns im Abschnitt über die Gefährdungen demokratischer Souveränität noch einmal begegnen.

c) Umdenken in den Bereichen Liberalisierung öffentlicher Daseinsvorsorge, Privatisierungspolitik und Verbot von Quersubventionierung:

– In Fragen der lange betriebenen Privatisierungspolitik zeigen sich gewisse Tendenzen zur öffentlichen Rückgewinnung jener Aufgaben der Daseinsvorsorge, auf die der Mensch nach einer berühmten Definition Ernst Forsthoffs zur Befriedigung seines Appropriationsbedürfnisses angewiesen ist. Der Aufgabenkatalog der Industriestaaten hatte sich im Zuge der industriellen Entwicklung des 19. und 20. Jahrhunderts nicht nur um die Verwaltung und Finanzierung von Sozialhilfe, Arbeitslosengeld etc. erweitert, sondern auch um viele mittelbare Leistungen wie Errichtung und Betrieb von Schulen, Bibliotheken und Museen, Bau und Unterhaltung von Infrastruktur: Straßen, Plätze, öffentliche Bauten, öffentliche Verkehrsmittel, öffentliche Wasserversorgung usw.[345] Und gerade bei der öffentlichen Wasserversorgung entwickelte sich aufgrund missverständlicher Privatisierungsvorgaben der EU-Kommission ein beachtlicher europaweiter Widerstand, der die Kommission zwang, bestimmte Formulierungen zu revidieren und die Öffentlichkeit zu beschwichtigen.[346] Es zeigte sich, dass Eingriffe in diese Bereiche beson-

344 Vgl. rtr/afp: EuGH stärkt „Recht auf Vergessen". In: „FR" vom 13.5.2014 (online). URL: s. Lit.-Verz.

345 Vgl. Wolfgang Weiß: Daseinsvorsorge in allen Landesteilen sichern – Linke Sozialpolitik unter demographischen Aspekten. Analyse für die Rosa-Luxemburg-Stiftung Gesellschaftsanalyse und Politische Bildung e.V. vom 18.12.2009 (online), S. 3 f. URL: s. Lit.-Verz.

346 Vgl. Süddeutsche.de/afp/mahu/sana: EU lenkt bei Wasserprivatisierung ein. In:

ders heikel sind, da sie offensichtlich ein im Bewusstsein der Bevölkerung tief verankertes Rechtsgefühl tangieren.

– Darüber hinaus zeichnet sich besonders in Deutschland eine Bewegung zur Re-Kommunalisierung jener Betriebe ab, die in den letzten Jahrzehnten privatisiert worden waren.[347] Bis 2016 laufen in mehr als tausend Kommunen die Verträge, die auf dem Höhepunkt der Privatisierungseuphorie in den neunziger Jahren geschlossen wurden, aus. In diesen Sektoren machte die Öffentlichkeit zunehmend die Erfahrung, dass Privatwirtschaft nicht zwangsläufig besser, effizienter und kostengünstiger arbeitet als die Öffentliche Hand. Die Hamburger Bürger etwa erzwangen bei der Energieversorgung einen Volksentscheid, den der „Spiegel" im Vorfeld als Richtungsentscheidung bezeichnete:

> „Soll die öffentliche Hand die Versorgungsinfrastruktur besitzen und beeinflussen oder sich aus der Wirtschaft raushalten? Kurz: Ist mehr Staat besser oder weniger? Es geht dabei nicht um Parteipolitik, sondern darum, ob die Hansestadt die Netze für Strom, Erdgas und Fernwärme komplett von den Konzernen E.on und Vattenfall zurückkaufen und selbst betreiben soll."[348]

Allerdings verlaufen die Frontlinien keineswegs nur zwischen marktliberalen und sozialstaatlich orientierten Kräften, sondern auch innerhalb der Gewerkschaften, da die Privatisierung durchaus auch Vorteile für die Beschäftigten mancher Branchen, so bei Wasser- und Energieversorgung, brachte.[349] Zudem stockt der Prozess derzeit, da das Bundeskartellamt Ausschreibungskriterien, die nicht im Energiewirtschaftsgesetz stehen, für unvereinbar mit den Regeln des Wettbewerbs und der Ausschreibungen hält.[350]

„SZ" vom 21.6.2013 (online). URL: s. Lit.-Verz.

347 Vgl. Hartmut Bauer: Von der Privatisierung zur Rekommunalisierung. Einführende Problemskizze. In: Hartmut Bauer, Christiane Büchner, Lydia Hajasch (Hrsg.): Rekommunalisierung öffentlicher Daseinsvorsorge. Schriftenreihe KWI-Schriften, Universitätsverlag Potsdam 2012 , S. 11-33 (online), hier: S. 12. URL: s. Lit.-Verz.

348 Vgl. Christian Rickens, Nicolai Kwasniewski: Rückkauf der Hamburger Energienetze: „Vertrauen Sie Ihrem Bürgermeister!" In: „Spiegel" vom 16.9.2013 (online). URL: s. Lit.-Verz.

349 Vgl. etwa: Ines Wallrod: Von Fall zu Fall. In: „Neues Deutschland" vom 21.4.2011 (online). URL: s. Lit.-Verz. Siehe auch die Dokumentation der Hans-Böckler-Stiftung vom 19.01.2012: Zurück zur öffentlichen Hand – Chancen und Formen der Rekommunalisierung. Fachtagung der Hans-Böckler-Stiftung in Kooperation mit dem DGB am 10. Januar 2012 in Berlin (online). URL: s. Lit.-Verz.

350 Vgl. Timm Krägenow: „Die Rekommunalisierung muss dem Bürger zugutekom-

Doch selbst in den EU-Institutionen, die sich im allgemeinen dem freien Spiel der Kräfte verschrieben haben, gehen die Meinungen darüber auseinander, wie das Verhältnis von Allgemeinwohl und Marktfreiheit zu gestalten ist. Im Oktober 2013 traf der EuGH eine für seine Verhältnisse überraschende Entscheidung: Ein Verbot von Energiekonzernen, an denen sowohl Netzbetreiber als auch Unternehmen zur Erzeugung, Lieferung und zum Vertrieb von Energie beteiligt sind, kann eine zulässige Beschränkung des freien Kapitalverkehrs sein. Gerade die Gebote des freien Wettbewerbs und der Vermeidung von Quersubventionierung, so das Gericht, erforderten eine Marktregelung, die den Verbraucher schützen und die Sicherheit der Energieversorgung gewährleisten soll. Dies seien zwingende Gründe des Allgemeininteresses, die die Beschränkungen einiger Grundfreiheiten (Nichtdiskriminierung, Niederlassungsfreiheit, Kapitalverkehrsfreiheit) rechtfertigen

d) Revisionstendenzen in Fragen der Liberalisierung der Arbeitsmärkte und der Rekommodifizierung der Ware Arbeitskraft.

Immer mehr deutsche Bundesländer machen mittlerweile – gegen die einschlägige Rechtsprechung des EuGH – soziale Kriterien für die Vergabe öffentlicher Aufträge zur Bedingung.[351] Dazu gehören Lohnuntergrenzen, Frauenförderung, Familienfreundlichkeit, effiziente Energienutzung und Maßnahmen des Umweltschutzes. Der bundesdeutsche Gesetzgeber trug der Tendenz 2009 Rechnung, indem er im Gesetz gegen Wettbewerbsbeschränkungen[352] sogenannte „vergabefremde Gesichtspunkte" zuließ, etwa soziale, ökologische und innovative Kriterien.[353] Die Sache ist allerdings noch nicht ausgestanden, da die in den Bundesländern erlassenen Gesetze gegen europäisches Recht und zum Teil auch gegen das hiesige Grundgesetz verstoßen.[354]

---

men." Interview mit dem Präsidenten des Bundeskartellamtes, Andreas Mundt. In: „Energie&Management" vom 1.9.2013 (online). URL: s. Lit.-Verz.

351 Vgl. Dorothea Siems: Länder führen heimlich den Mindestlohn ein. In: „Die Welt" vom 8.7.2013 (online). URL: s. Lit.-Verz.

352 Vgl. Bundesministerium der Justiz und für Verbraucherschutz: Gesetz gegen Wettbewerbsbeschränkungen in der Fassung der Bekanntmachung vom 26. Juni 2013 (online). URL: s. Lit.-Verz.

353 Vgl. Fachredaktion ‚anwalt.de': Öffentliche Auftragsvergabe: Portioniert in handlichere Lose (online). URL: s. Lit.-Verz.

354 „Zu diesem Schluss kommt eine noch unveröffentlichte Studie, die der Leiter der Forschungsstelle für Vergaberecht und Verwaltungskooperationen der Universität München, Martin Burgi, im Auftrag der Vereinigung der Bayerischen Wirtschaft (vbw) erstellt hat. Der Jurist verweist darauf, dass der Europäische Gerichtshof (EuGH) bereits 2008 im sogenannten Rüffert-Urteil das damals geltende nieder-

Die Konfliktlinie zwischen De- und Rekommodifizierung findet sich inzwischen auch im wachsenden globalen Diskurs über das Problem des Lohn- und Sozialdumping und über die Behinderung gewerkschaftlicher Organisation, der durch eine Reihe von Katastrophen in Fertigungsstätten für westliche Textilkonzerne, etwa in China oder Bangladesch, ausgelöst wurde.[355] Der Diskurs verschafft jenen sozialen Menschenrechten mehr Aufmerksamkeit, die lange im Schatten der globalen Auseinandersetzungen über politische und bürgerliche Rechte, etwa Kampagnen gegen die Diskriminierung von Homosexuellen, Transgenderaktivisten oder systemkritischen Künstlern, standen. So werben zur Zeit der Deutsche Gewerkschaftsbund (DGB) und der Deutsche Fußball-Bund (DFB) in einer durchaus bemerkenswerten konzertierten Aktion für die Verbesserung der Arbeitsbedingungen auf den WM-Baustellen in Katar. Das Ziel ist, den Mindeststandards der Internationalen Arbeitsorganisation (ILO), etwa die Beseitigung von Diskriminierung und Zwangsarbeit sowie die Zulassung von Gewerkschaften, Geltung zu verschaffen.[356]

e) Revision des internationaler Steuer- und Standortwettbewerbs und der Deregulierung der Finanzmärkte.

Hier zeichnet sich ein gewisser transatlantischen Paradigmenwechsel ab, der mit einem rigorosen Vorgehen der USA im Zusammenhang mit Restitutionsfragen eingeleitet wurde. Dieser Trend erhielt durch die Aufdeckung eines globalen Systems von Kapitalfluchtnetzwerken einen weiteren Schub und ist mittlerweile auf der Ebene von OECD und G20-Staaten angekommen. Die Gefahren unregulierter Finanzmärkte für den Bestand staatlicher Souveränität werden durchaus gesehen.[357]

---

sächsische Landesvergabegesetz als europarechtswidrig verworfen habe. Damals waren Unternehmen bei öffentlichen Bauaufträgen verpflichtet, die örtlichen Tarifverträge einzuhalten. Der EuGH sah hierin einen Verstoß gegen die europäische Dienstleistungsfreiheit." Dorothea Siems: Vergaberecht: Länder führen heimlich den Mindestlohn ein In „Die Welt" vom 08.07.13 (online). URL: s. Lit.-Verz.

355 Vgl. Steven Greenhouse: Some Retailers Rethink Role in Bangladesh. In: „New York Times" vom 1.Mai 2013 (online). URL: s. Lit.-Verz.

356 Vgl. ZEIT ONLINE, dpa, kg: DFB und DGB mobilisieren gegen Katar. In: „Die Zeit" vom 31.10.2013 (online). URL: s. Lit.-Verz.

357 „Das Prinzip der Zustimmung zur Besteuerung ist für die Souveränität der Staaten von zentraler Bedeutung und muss ein Eckpfeiler unserer Demokratien bleiben. Dieses Prinzip ist heute bedroht, denn die unzureichende Zusammenarbeit zwischen den Ländern macht Steuerhinterziehung in einem gewaltigen Umfang möglich. Eine weitere Bedrohung liegt darin, dass wir die Regeln des internationalen Steuerrechts noch nicht an unsere globalisierte Wirtschafts- und Unternehmens-

Immerhin zwingt die Debatte diejenigen europäischen Staaten, die bislang trotz frommer Verlautbarungen ein unübersehbares Desinteresse an wirksamer Steuererhebung und Verfolgung versteckter Vermögen an den Tag legten, Zugeständnisse zu machen[358] und politisch tätig zu werden.[359] So lenken bekannte Finanzrefugien wie Österreich und Luxemburg in Fragen des Informationsabgleichs zwischen Banken und Finanzämtern inzwischen ein.[360] Parallel dazu ist ein Umdenken beim bislang sakrosankten internationalen Steuerwettbewerb „down to the bottom" und bei der lange als absolut gesetzten Kapitalverkehrsfreiheit zu erkennen: Es gibt in einer Reihe von EU-Staaten die Tendenz zur Erhebung bzw. Wiedereinführung von Vermögensabgaben und zur Erhöhung von Spitzensteuersätzen[361] – Möglichkeiten übrigens, die im EU-Vertragswerk im Prinzip schon enthalten sind.[362]

Im weiteren Sinn lassen sich auch die Ablehnung der Olympischen Winterspiele 2022 durch Volksentscheide in Bayern, in der Schweiz und in Norwegen[363] und die anhaltenden Unruhen in der Bevölkerung Brasiliens vor der Fußball-Weltmeisterschaft 2014 als Indiz dafür anführen, dass die internationale Öffentlichkeit die Durchführung globaler Sportgroßereignisse – als Ausdruck eines ungehemmten neoliberalen Standortwettbewerbs – zunehmend kritisch sieht. Während in Europa Fragen der Umweltzerstörung und der asymmetrischen Vertragsgestaltung zwi-

---

welt angepasst haben. Wenn wir das Vertrauen der Bürger und der Steuerzahler wiedergewinnen wollen, müssen wir um Transparenz und gerechtere internationale Regeln kämpfen – und wir müssen diesen Kampf gewinnen." Angel Gurria, Generalsekretär der OECD: Kampf gegen Steuerhinterziehung ist globale Aufgabe. In: „SZ" vom 21.4.2013 (online). URL: s. Lit.-Verz.

358 „Das Steuerstrafrecht, das lange Zeit für die besseren Kreise ein gut wattiertes und gönnerhaftes Strafrecht war, ist zu einem echten, einem strafenden Strafrecht geworden." Heribert Prantl: Kavaliersstrafrecht? Nein danke! In: „SZ" vom 23.4.2013 (online). URL: s. Lit.-Verz.

359 Vgl. Florian Eder: EU zieht Schlinge um Steuerhinterzieher enger. In: „Die Welt" vom 13.4.2013 (online). URL: s. Lit.-Verz.

360 Vgl. Reuters: EU-Schwergewichte forcieren Kampf gegen Steuerbetrug. Meldung vom 10.4.2013. URL: s. Lit.-Verz.

361 Vgl. Dorothea Siems: Europas Regierungen nehmen die Reichen ins Visier. In: „Die Welt" vom 13.1.2013 (online). URL: s. Lit.-Verz.

362 Siehe dazu: Gabler Wirtschaftslexikon, Stichwort: Steuerharmonisierung in der EU (online). URL: s. Lit.-Verz.

363 Vgl. SDA: Olympische Winterspiele: Graubünden sagt Nein zu Olympischen Winterspielen 2022. In: „Blick" vom 3.3.2013 (online). URL: s. Lit.-Verz. Siehe auch: sid: Auch Norweger wollen Winterspiele 2022 nicht. In: „rp-online" vom 12.2.2014 (online). URL: s. Lit.-Verz.

schen Staaten und IOC[364] im Vordergrund stehen, richten sich die Proteste gegen die Fußballweltmeisterschaft in Brasilien angesichts drängender sozialer Probleme direkt gegen öffentliche Verschwendung. Die Süddeutsche Zeitung deutet diese Ablehnungsbewegungen geradezu als gesamtgesellschaftlichen Bewusstseinswandel, als Fingerzeig für westliche Demokratien insgesamt:

> „Im Wettbewerb um Standortvorteile und Imagebildung überbieten sich die Zentren in der fragwürdig gewordenen Kunst, den sogenannten öffentlichen Raum zu bespielen – der dadurch eher privatisiert und kommerzialisiert wird und der zunehmenden Exklusionsgesellschaft dient."[365]

Und in der Tat lassen sich die inzwischen üblichen Vertragsbedingungen und die Umstände, unter denen solche globalen Großereignisse stattfinden, wie das Idealszenario eines hartgesottenen Neoliberalen interpretieren, das alles enthält, was er sich wünscht: Nämlich eine Art gesellschaftlichen Ausnahmezustandes, mit dessen Hilfe die Sicherheitsapparate der vertragschließenden Staaten die ungehinderte Durchführung von steuerbefreiten Geschäften – in der Regel unter Ausschluss der einheimischen Bevölkerung und mit hohen finanziellen Belastungen für die Allgemeinheit – garantieren.[366]

f) Kritik an neoliberaler Austeritätspolitik.

Angesichts steigender Arbeitslosenzahlen ist die rigorose Durchsetzung strikter Austeritätspolitik auf EU-Ebene nicht unumstritten.[367] Ein kleines Signal gegen die unerbittlich exekutierte Logik der Marktzwänge setzte der portugiesische Präsident da Silva, als er wegen der offensicht-

---

364 „Wo immer das IOC hinkommt, lässt es sich Steuererleichterungen zusichern, verlangt Markenschutz für Sponsoren, möchte Straßen, Hotels, Flughäfen. Es verdient viel Geld, trägt aber kaum Risiko. Wird es teurer als gedacht, zahlen die Steuerzahler. Die aber machen nicht mehr mit. Nicht einmal in München, das wahrscheinlich die nachhaltigsten Spiele aller Zeiten ausgerichtet hätte. Die Bürger haben entschieden: Die nachhaltigsten Spiele sind die, die nicht stattfinden." Christian Spiller. Olympia hat die Menschen verloren. In: „Die Zeit" vom 11.11.2013 (online). URL: s. Lit.-Verz.

365 Gerhard Matzig: Nicht in meinem Hinterhof. In: „SZ" vom 12.11.2013, S. 2.

366 Vgl. zu den Auswirkungen der Verträge zwischen FIFA und Südafrika anlässlich der Fussball-WM 2010: Colleen Dardagan: Eine Fußball-WM ist das letzte, was Südafrika braucht. bpd-Dossier über die WM 2010 vom 7.6.2010 (online). URL: s. Lit.-Verz.

367 Alexandra Endres: Wir können nicht ohne Wachstum. In: „Die Zeit" vom 2.4.1.2012 (online). URL: s. Lit.-Verz.

lichen sozialen Härten[368] der staatlichen Sparprogramme[369] eine verfassungsrechtliche Überprüfung initiierte. In der Folge setzte das Verfassungsgericht im April 2013 Teile des Maßnahmenpakets der Regierung wegen Verstoßes gegen den Gleichheitsgrundsatz außer Kraft. Selbst die EU-Kommission äußerte erstmals generelle Kritik an der bisherigen Krisenagenda, forderte eine Abkehr von der deutschen Mindestlohnpolitik und plädierte, unter ausdrücklichem Verweis auf die bedenklichen sozialen Folgen[370] und auf die Gefahr von Armutswanderungen[371], für eine Lockerung des wachstumsdämpfenden Austeritätskurses, der unter dem Namen Stabilitätspakt firmiert. EU-Politiker wie Schulz, van Rompuy und Barroso sprachen sich für eine Abkehr vom reinen Spardiktat aus. Zumindest partiell scheint ein Rückgriff auf Keynesianische Politik, die auf Wachstumspolitik[372], staatliche Interventionen zur Stabilisierung der Konjunktur und auf einen Ausgleich marktbedingter Verzerrungen der Einkommensentwicklung setzt[373], nicht ausgeschlossen. Dabei ist hier und da sogar von einem „Marshallplan für Europa" die Rede.[374] Im Juni 2014 gewann die Debatte an Fahrt, als eine Reihe von EU-Staaten, allen voran Italien und Frankreich, forderten, Kreditaufnahmen zur Finanzierung staatlicher Investitionen in Wachstum und Beschäftigung nicht mehr auf das Budgetdefizit anzurechnen.[375] Damit soll Zeit gewonnen werden, um die Haushaltsdefizite in Ordnung zu bringen und zugleich die Strukturreformen, also den Umbau der Arbeitsmärkte, Sozialsysteme und Haushaltsausgaben in Angriff zu nehmen – eine Atempause also, die allerdings den Druck der Finanzmärkte keineswegs mindert und nichts zu einer systemischen Lösung des permanenten „Modernisierungs"-Drucks beitragen dürfte.

---

368 Vgl. Leo Wieland: Portugals langer Weg zum schlanken Staat. In: „FAZ" vom 29.3.2013 (online). URL: s. Lit.-Verz.

369 Vgl. Zeit-online, Reuters, AFP, dpa, ff: Euro-Krise. Portugals Verfassungsrichter kippen Sparpaket. In: „Die Zeit" vom 6.4.2013 (online). URL: s. Lit.-Verz.

370 Vgl. de/bbr/anri: EU will strikten Sparkurs stoppen. In: „SZ" vom 23.4.2013 (online). URL: s. Lit.-Verz.

371 Vgl. SZ/fran: „Sparen allein schafft kein Wachstum." In: „SZ" vom 29.4.2013 (online). URL: s. Lit.-Verz.

372 Vgl. Marc Beise: Ökonomen streiten über Wege aus der Euro-Krise. In: „SZ" vom 11.6.2012 (online). URL: s. Lit.-Verz.

373 Vgl. Eißen, S. 51.

374 Günter Voss: Neue Front gegen Merkels Sparpolitik. In: „HAZ" vom 2.5.2011, S. 1.

375 Vgl. Cerstin Gammelin, Claus Hulverscheidt: Rom und Paris rütteln am Stabilitätspakt. In: „SZ" vom 17.6.2014 (online). URL: s. Lit.-Verz.

g) Ein Blick über Europa hinaus.

Und schließlich zeigt ein Blick auf andere Kontinente, dass die scheinbar unaufhaltsame globale neoliberale Agenda nicht linear verläuft: Selbst in den USA, neben England Hochburg des ökonomischen Liberalismus, sind nicht alle Elemente wohlfahrtsstaatlichen Denkens verschwunden: 2012 setzte Präsident Obama gegen den massiven jahrzehntelangen Widerstand der Republikaner die Einführung einer gesetzlichen Krankenversicherung durch.[376] Und auch staatliche Eingriffe in die Arbeitsmärkte sind keineswegs tabu. Eine Reihe von Kommunen und Bundesstaaten, die von Demokraten regiert werden, sahen sich veranlasst, unter dem Druck öffentlicher Proteste die jeweiligen Mindestlöhne erheblich anzuheben. Das Thema wurde im Vorfeld gar als entscheidend für die Midterm-Wahlen zum US-Kongress und zu vielen Parlamenten der Bundesstaaten im Herbst 2014 eingeschätzt.[377]

Gleich flächendeckend wurden in den südamerikanischen Staaten einige Dogmen des Neoliberalismus, die seit den 1970er Jahren die Politik des ganzen Kontinents geprägt hatten, revidiert und durch Elemente der Wiederverstaatlichung wichtiger Versorgungs- und Produktionssektoren und durch den Ausbau sozialstaatlicher Strukturen ersetzt. 2001 kündigte Argentinien kurzerhand die eingegangenen Verpflichtungen dem IWF gegenüber und leitete damit die Rückkehr zu einer gewissen anti-neoliberalen Tendenzwende in ganz Südamerika ein.[378] Argentinien und Bolivien verstaatlichten 2013 in kurzen Abständen die Betriebe ihrer Energieversorgung, die sich im Besitz spanischer Eigentümer befanden.[379] „Das Vertrauen in die freien Kräfte des Marktes nimmt ab", schreibt Sebastian Schoepf über die dortige Revision der Privatisierungswelle. "Dass das so ist, haben sich die Protagonisten der schrankenlosen Marktfreiheit selbst zuzuschreiben. Nirgendwo waren ihre

376 Vgl. Dorothea Hahn: Obamas Zittersieg. In: „taz" vom 22.3.2010 (online). URL: s. Lit.-Verz.

377 Vgl. Nikolaus Piper: Das 15-Dollar-Fanal. In: „SZ" vom 17.09.2014, S. 17.

378 Vgl. Peter Burghardt: Südamerikas Erfahrungen mit dem Währungsfonds. Feindbild IWF. In: „SZ" vom 11.06.2012 (online). URL: s. Lit.-Verz.

379 Vgl. Jannis Brühl: Der Preis der Unabhängigkeit. In: „SZ" vom 26.11.2013 (online). URL: s. Lit.-Verz. Siehe auch: Timo Berger: Verstaatlichungspolitik in Bolivien. In: Dossier der Bundeszentrale für Politische Bildung vom 19.11.2007 (online). URL: s. Lit.-Verz. Ähnliche Tendenzen zeigten sich in Ecuador ab. Siehe dazu Harald Neuber: Eucadorianer schaffen Neoliberalismus ab. In: „Telepolis" vom 30.9.208 (online). URL: s. Lit.-Verz.

Chancen so groß wie in Lateinamerika, und nirgendwo haben sie eine solche soziale Ungleichheit geschaffen. Das wird nun bestraft."[380]

Interessanterweise zeigen sich derzeit im globalen Maßstab Verschiebungen der Fronten zwischen Sozialstaatsidee und Neoliberalismus auch dort, wo man es nicht erwartet hätte. So kritisierte die internationale Arbeitsorganisation ILO in ihrem Weltbericht zur sozialen Sicherheit 2014 zwar insbesondere die EU-Staaten, nach deren Maßnahmen zur Bewältigung der Finanzkrise inzwischen 123 Millionen Menschen von Armut und Ausgrenzung betroffen sind[381], konstatierte aber im selben Bericht, dass viele Länder mit mittlerem Einkommen inzwischen ihre sozialen Sicherungssysteme ausweiten und damit ihr nationales nachfragegestütztes Wachstum stabilisieren:

> „China beispielsweise hat einen allgemeinen Deckungsgrad der Altersrenten fast erreicht und Löhne erhöht, und Brasilien hat die Ausweitung des Deckungsgrads der sozialen Sicherung und des Mindestlohns seit 2009 beschleunigt. [...] Manche Länder mit niedrigem Einkommen haben die soziale Sicherung vor allem durch befristete Programme mit sehr niedrigen Leistungsniveaus ausgeweitet. In vielen dieser Länder wird jedoch die Einführung sozialer Basisschutzniveaus als Teil umfassender sozialer Sicherungssysteme diskutiert."[382]

Und schließlich noch eine Episode aus der Sphäre der World Trade Organisation, einem der Kraftzentren der Bewegung für grenzenlose und deregulierte Märkte: Indien darf nach langen und mühseligen Verhandlungen auf der WTO-Konferenz in Bali 2013 trotz Verstoßes gegen die Regeln sein Programm zur Subventionierung von Nahrungsmitteln für 820 Millionen Arme fortsetzen. Im Gegenzug soll das Land gewährleisten, dass die Intervention keine Handelsverzerrung auf Märkten anderer Länder verursacht.[383] Gerade an diesem Fall lässt sich

---

380 Sebastian Schoeps: Gemeinwohl statt Gewinn. In: „SZ" vom 18.4.2012, S. 4.

381 „Die Kosten der Anpassung wurden an Bevölkerungen weitergegeben, die seit mehr als fünf Jahren weniger Arbeitsplätze und niedrigere Einkommen verkraften müssen. [...] Die Errungenschaften des Europäischen Sozialmodells, das in der Zeit nach dem Zweiten Weltkrieg die Armut drastisch verringerte und den Wohlstand förderte, wurden durch kurzfristige Anpassungsreformen untergraben." Department of Communication and Public Information. Internationale Arbeitsorganisation: Weltbericht zur sozialen Sicherung 2014/15. Zusammenfassung. Genf, 2014 (online), S. 7. URL: s. Lit.-Verz.

382 ebda., S. 8.

383 Vgl. dpa: WTO erreicht Durchbruch für historisches Freihandelsabkommen. In: „focus" vom 6.12.2013 (online). URL: s. Lit.-Verz.

ermessen, welche Konsequenzen die rigorose Einforderung der Liberalisierung globaler Märkte und des Verbots der Quersubventionierung für die Lebensverhältnisse weiter Teile der Bevölkerung haben können. Doch zeigen die angeführten Beispiele auch, dass die Idee einer von Keynesianismus flankierten Sozialstaatlichkeit keineswegs überholt ist.

Ambitionierte globale Projekte, deren Auswirkungen auf die angesprochenen Konfliktlinien noch gar nicht abzuschätzen sind, stehen gegen Ende 2015 an: Für den Dezember ist die Verabschiedung eines weltweiten Klimaabkommens geplant, im September 2015 die Verabschiedung eines UN-Abkommens über globale Ziele nachhaltiger Entwicklung („Sustainable Development Goals"). Ein entsprechendes Arbeitspapier mit 17 Zielen und 169 Unterzielen wurde gegen Ende 2014 veröffentlicht. Der Entwurf problematisiert den Lebensstil und die Wirtschaftsweise der Industrieländer ebenso wie die Wachstumsmodelle aufstrebender Staaten. Neben diversen klimabezogenen Maßnahmen wird auch die Reduzierung von Entwicklungsunterschieden zwischen Staaten, die Entwicklung inkludierender Gesellschaften, die Einführung nachhaltiger Konsumtions- und Produktionsmuster, der Erhalt und die nachhaltige Nutzung der Ressourcen der Meere und Gewässer etc. angestrebt.[384] Natürlich ging es in den Vorbereitungsrunden auch um die schwierigen Fragen der Verteilung von Wohlstand, Rechten und Pflichten und um jene ökologischen Belastungsgrenzen, die von den Industriestaaten jahrzehntelang ignoriert wurden und nun von den Entwicklungsländern akzeptiert werden sollen.[385] Die Initiatoren sind einerseits bemüht, die Dramatik der globalen Lage und die ökologischen Gefährdungen der unmittelbaren Zukunft darzustellen und andererseits die Erwartungen in realistischen Grenzen zu halten. Aber die Tatsache, dass sich eine multilaterale Vorbereitungsgruppe überhaupt auf einen solchen anspruchsvollen Zielkatalog einigen konnte, gibt bei aller berechtigten Skepsis Anlass zur Hoffnung. Denn immerhin wird der Zusammenhang zwischen der globalen Wirtschaftsweise und den massiven, sozialen, ökologischen und Ressourcenproblemen inzwischen weltweit gesehen. Und so, wie das Programm angelegt ist, stehen dabei die Ziele und Strategien der derzeit vorherrschenden globalen Wirtschaftsphilosophie massiv auf dem Prüfstand.

384 Vgl. Open Working Group of the General Assembly on Sustainable Development Goals: Open Working Group proposal for Sustainable Development Goals. Dokument A/68/970. URL: s. Lit.-Verz.

385 Vgl. Michael Bauchmüller: Sein oder sein lassen. In: „SZ" vom 30.12.2014, S.2.

Fortgang der neoliberalen Transformation

Allerdings sollten diese Episoden und Tendenzen nicht zu dem Schluss verleiten, dass die Neoliberalisierungsagenden ihren Zenith bereits überschritten hätten. Unter dem Strich kann gerade in den transatlantischen Staaten nicht die Rede sein von einer ernsthaften Rückbesinnung auf die ordnungspolitischen Rezepte der sozialen Marktwirtschaft, auf wohlfahrtsstaatliche Traditionen und die lange gültigen Marktregulierungsverfahren. Vieles von dem, was in der Not der Krise angedacht wurde, befindet sich auf der Stufe der unverbindlichen zivilgesellschaftlichen Diskussion, auf der Ebene unbestimmter politischer Ankündigungen und symbolischer Aktionen – keineswegs schon auf der Ebene verbindlicher strukturpolitische Entscheidungen. Daran ändert auch das Bedauern mancher Protagonisten des freien Marktes über bestimmte Entscheidungen der Vergangenheit nichts.[386] Die folgenden Beispiele zeigen, dass die neoliberale Transformation trotz mancher Diskussionen nicht zum Erliegen gekommen ist und in manchen Sektoren sogar verstärkt betrieben wird:

– In Deutschland setzt sich der Trend zur Privatisierung und Kommerzialisierung der öffentlichen Daseinsvorsorge und zum Rückzug der öffentlichen Hand zugunsten von Finanzinvestoren weiter fort. Das betrifft vor allem die Sektoren der kommunalen Krankenhäuser[387] und der zweckgebundenen Wohnungsbestände[388], im weiteren Sinn aber auch die sukzessiven Eingriffe in das Solidarprinzip der umlagefinanzierten Sozialversicherungssysteme: Mit der Gesundheitsreform 2011 gehen künftige Erhöhungen der Krankenversicherungsbeiträge gänzlich zu Lasten der versicherten Arbeitnehmer, der Beitrag der Arbeitgeber wurde eingefroren. Die neu geschaffene private Pflegeversicherung berücksichtigt erstmals nicht mehr die Leistungsfähigkeit von Niedriglohnbe-

386 Altbundeskanzler Schröder zu den Auswirkungen seiner Arbeitsmarktreform: „‚[Die Arbeitgeber] hätten die Ausweitung von Niedriglohnjobs ausgenutzt', sagte der SPD-Politiker am Dienstag auf einer Konferenz in Brüssel. Er plädierte für einen ‚vernünftigen' gesetzlichen Mindestlohn in Deutschland. Jeder müsse seine Familie von seiner Arbeit ernähren können, sagte Schröder." N.N: Meldung in der „HAZ" vom 18.4.2012, S. 2.

387 Vgl. Rüdiger Wölk / imago: Kliniken: Privatisierungszug rollt weiter. In: „Ärzte Zeitung" vom 19.7.2012 (online). URL: s. Lit.-Verz.

388 „Nach einem Tief in der kreditarmen Zeit der Finanzkrise 2008 bis 2010 entwickelt sich seit 2012 ein neuer Boom. Die Hälfte der ‚Transaktionen' in den 2000er Jahren wurde von drei globalen Investoren getätigt, davon sind zwei ‚Private Equity'-Fonds." Rainer Neef: Privatisierung großer Wohnungsbestände. In: „Gemeingut in Bürgerhand" vom 3.4.2014 (online). URL: s. Lit.-Verz.

ziehern. In der Folge kommt die angebotene staatliche Förderung im Ergebnis nur jenen zugute, die sich eine solche Versicherung auch leisten können.[389] International wird das Prinzip der Solidarumlage mit Sicherheit durch neue kommunikationstechnische Entwicklungen eine Veränderung erfahren: Die Möglichkeit des Versicherten, dem Krankenversicherer über technische Applikationen den Nachweis der eigenen gesunden Lebensführung zu liefern und damit den Vorteil von Tarifvergünstigungen zu erlangen, steckt zwar erst in den Anfängen, gilt bei großen Versicherern aber bereits als Geschäftsmodell der Zukunft. Diese individualisierten Tarife sind ein Einfallstor zur Auflösung des traditionellen Versicherungsprinzips, nach dem Alte und Kranke durch die Jungen und Gesunden mitgetragen werden.[390]

– Auf EU-Ebene stehen nach Griechenland, Spanien und Portugal nun auch Frankreich und Italien wegen ungünstigen Wirtschaftsdaten und hoher staatlicher Verschuldung unter starkem Druck, eine Politik nach Art der Agenda 2010 einzuleiten.[391]

– 2013 verschärfte das britische Parlament nochmals den austeritätspolitischen Kurs, als es für eine weitere Einschränkung der Sozialausgaben bei gleichzeitiger weiterer Erhöhung der Massensteuern und Senkung der Spitzensteuersätze votierte.[392] Die Regierung Cameron kündigte eine nochmalige Verschärfung des Kurses an.[393]

– Die Interessenverbände der europäischen Arbeitgeber betreiben derzeit eine intensive Lobbyarbeit, die das Ziel verfolgt, allfällige Bereitschaftsdienste der Beschäftigten oder auch das Warten des Verkaufspersonals auf den nächsten Kunden nicht mehr zu entlohnen.[394] Diese Praxis der Nullstundenjobs ist insbesondere in Großbritannien verbreitet[395] und hat durchaus Chancen, zum Referenzniveau auf EU-Ebene

389 Vgl. Katharina Schuler: Gleich viel für alle ist nicht gerecht. In: „Die Zeit“ vom 5.6.2012 (online). URL: s. Lit.-Verz.

390 Vgl. Anne-Christin Gröger: Neues Krankenversicherungsmodell – Generali erfindet den elektronischen Patienten. In: „SZ“ vom 21.11.2014 (online). URL: s. Lit.-Verz.

391 Vgl. Alexander Hagelüken: Zeit für einen Schröder-Moment. In: „SZ“ vom 5.4.2014 (online). URL: s. Lit.-Verz.

392 Vgl. Christian Zaschke: Reich gegen Arm. In: „SZ“ vom 3.4.2013 (online). URL: s. Lit.-Verz.

393 Vgl. Björn Finke: Liste des Schreckens. In: „SZ“ vom 1.10.2014, S. 2.

394 Vgl. Detlef Drewes: Wer auf Kunden wartet, arbeitet nicht. In: „HAZ“ vom 19.12.2012, S. 4.

395 Vgl. zu den Charakteristika der Nullstundenjobs: Florian Rötzer: Gibt es wie in

zu werden: Fragen der Kommodifizierung der Arbeit, der Angleichung von Sozialstandards gehören erkennbar ebenso wenig zu den Schwerpunkten der EU-Politik[396] wie die Abfederung von Konjunkturschwankungen, etwa mit Hilfe eines Länderfinanzausgleichs oder Transferzahlungen in Form einer europäischen Arbeitslosenversicherung.[397] Die einzigen Konvergenzkriterien beschränkten sich auf Industriestandards und haushaltspolitische und monetäre Aspekte[398], ohne die Fragen der Angleichung der Lebensverhältnisse in den Blick zu nehmen.[399] Zwar wird derzeit die Idee einer europäischen Arbeitslosenversicherung diskutiert. Die Idee stösst allerdings auf viele Vorbehalte – nicht nur bei Arbeitgebern, sondern auch bei den Gewerkschaften. Es wäre dies allemal ein Pilotprojekt für eine europäische Transferunion, aber der Weg dorthin ist steinig. [400]

– Was die angekündigten Kontrollen der Kapitalflüsse und Betriebsgewinne und die Maßnahmen gegen ruinösen Steuerwettbewerb betrifft, so wurden die wesentlichen legalen und illegalen Schlupflöcher bisher nur unzulänglich gestopft[401], die entsprechenden Verlautbarungen haben zum Teil eher symbolischen Charakter[402] oder befinden sich im Sta-

---

England boomende Nullstundenverträge in Deutschland? In: „Telepolis" vom 21.3.2014 (online). URL: s. Lit.-Verz.

396 „Weder in der Arbeitsmarkt- und Sozialpolitik, noch in der Wirtschafts- und Finanzpolitik gab es wesentliche Schritte einer weiteren europäischen Integration. Auch in den Bereichen Migration, Asyl, Entwicklung, Sicherheit, Verteidigung, Außenpolitik, Verbraucherschutz, Gesundheit, Justiz, Forschung und Entwicklung kann nicht von wirklichen Fortschritten bei Koordination, Kooperation und Integration gesprochen werden. Auch von einer realen ökonomischen Konvergenz kann in Europa - trotz der Existenz zahlreicher Töpfe für Programme der Kohäsion und der Strukturangleichung über viele Dekaden hinweg – nicht gesprochen werden. Konvergenztendenzen sind in wichtigen Bereichen nicht zu erkennen. Die Arbeits- und Sozialstandards, die Löhne und die Lohnnebenkosten, die Produktivitätsentwicklung, die Einkommen, der Wettbewerb auf den Märkten und die Wettbewerbsfähigkeit zeigen keinen klaren Trend zur Konvergenz." Karl Wohlmuth: Die „Vereinigten Staaten von Europa" und der Euro. Konferenzbeitrag für das Europapolitische Kolloquium 2012 zum Thema: Die „Vereinigten Staaten von Europa" – ein Revival? In: Andreas Knorr, Alfons Lemper, Axel Sell, Karl Wohlmuth (Hrsg.): Materialien des Wissenschaftsschwerpunktes „Globalisierung der Weltwirtschaft", Bd. 41, Mai 2012 (online), S. 4. URL: s. Lit.-Verz.

397 Siehe dazu: Kerstin Bernoth, Philipp Engler: Konjunkturelle Ausgleichszahlungen als Stabilisierungsinstrument in der Europäischen Währungsunion. In: „DIW Wochenbericht" Nr. 44/2012 vom 31.10. 2012 (online). URL: s. Lit.-Verz.

398 Siehe dazu auch die Artikel 126 und 140 des Vertrags über die Arbeitsweise der Europäischen Union (online): URL: s. Lit.-Verz.

dium der Ankündigung.[403] Zu begrüssen ist, dass ab Januar 2015 die EU-Banken offenlegen müssen, in welchem Land sie wieviel Steuern und Gewinne verbuchen.[404] Dennoch wird der internationale Steuerwettbewerb trotz des deutlich verschärften Drucks der EU-Kommission weiter betrieben oder intensiviert.[405]

– Wirksame internationale Neuregelungen wie die Erhöhung der Einlagensicherungen der Banken oder die Einführung von Finanztransaktionssteuern blieben bisher ebenso in Ansätzen stecken wie das Verbot

---

399 Als Beispiel für eine strikt monetäre Sichtweise einige Anmerkungen des Altbundeskanzlers Helmut Schmidt: „Als Bismarck 1875 die Mark an die Stelle der mehreren deutschen Duodezwährungen setzte, hat keiner vorher Konvergenz verlangt - mit Recht. Tatsächlich gab es keine Konvergenz der öffentlichen Schuldaufnahmen der deutschen Staaten, auch keine Konvergenz der allgemeinen Lebensverhältnisse etwa zwischen Westpreußen und Hamburg oder Ostfriesland und Sachsen. Auch in unserer Zeit gilt die Mark zugleich im reichen Stuttgarter Raum und im armen Vorpommern. Und der gleiche Yen gilt im armen Okinawa wie im reichen Tokio, der gleiche Dollar gilt im armen Staate Arkansas wie im reichen Staate Kalifornien. Notabene: Für die Solidität einer Währung und der ihr zugrundeliegenden Geldpolitik ist es unerheblich, dass die Währung für Arme und Reiche zugleich gilt, für arme und reiche Unternehmen und Regionen zugleich.“ Helmut Schmidt: Offener Brief an Bundesbankpräsident Hans Tietmeyer. In: „Die Zeit“ vom 8.11.1996 (online). URL: s. Lit.-Verz.

400 wallstreet:online (Redaktion): Europäische Arbeitslosenversicherung – Deutschland zum Zahlmeister degradiert. In: „wallstreet:online“ vom 18.8.2014. URL: s. Lit.-Verz.

401 Vgl. Kai Schöneberg: Ex-Banker über Steueroasen. 100.000 Euro lohnen nicht. Interview mit Rudolf Elmer. In: „taz“ vom 11.4.2013 (online). URL: s. Lit.-Verz.

402 Vgl. Heike Buchter, Arne Storn: Der Traum vom Aufräumen. In: „Die Zeit“ vom 19.12.2012 (online). URL: s. Lit.-Verz.

403 „Die vorliegende Studie [zeigt], dass im Gegensatz zu gängigen Vorurteilen die Regierungen in den USA und der EU tatsächlich einiges bei der Regulierung des Finanzsektors auf den Weg gebracht haben [...] Trotz der neuen Gesetze ist allerdings fraglich, ob künftig Finanzkrisen ähnlich jener aus dem Jahre 2007/08/9 verhindert werden können. [...] Es gibt keinen umfassenden Ansatz, der Intransparenz und Komplexität des Finanzsektors zurückdrängen würde und Anreize setzte, damit der Finanzsektor künftig sich wieder vor allem auf die Finanzierung produktiver Realinvestitionen konzentriert.“ Sebastian Dullien: Anspruch und Wirklichkeit der Finanzmarktreform: Welche G20-Versprechen wurden umgesetzt? In: Study 26 vom März 2012, hrsgg. vom Institut für Makroökonomie und Konjunkturforschung bei der Hans-Böckler-Stiftung, Kurzbeschreibung (online). URL: s. Lit.-Verz.

404 Vgl. Andrea Rexer: Offenlegung der Abgaben EU zwingt Banken zu Steuertransparenz. In: „SZ“ vom 12.11.2014. URL: s. Lit.-Verz.

405 „Statt Steuervorschriften abzuschaffen, mit denen man andere schädigt, haben mehrere Staaten in den vergangenen Jahren neue eingeführt oder planen dies sogar noch. Das geht aus der Antwort des Bundesfinanzministeriums auf einen Fragen-

gefährlicher und undurchschaubarer Finanzprodukte oder die Trennung der Geschäfte von Analysten und Investmentbankern.[406] Im April 2014 verabschiedete das EU-Parlament die Einrichtung eines europäischen Bankenabwicklungsfonds. Dessen Ziel, die Gläubiger und Aktionäre der Banken haften zu lassen und die Steuerzahler zu schonen, ist durchaus ein Schritt in die richtige Richtung. Der Fonds, der aus Bankenbeiträgen gespeist wird, soll bis 2024 ein Volumen von 55 Mrd. Euro haben. Er kommt einer wankenden Bank dann zugute, wenn die Eigentümer zuvor mit mindestens 8% der Bilanzsumme in Haftung getreten sind. Allerdings wuchsen die Geschäftsvolumina der größten Banken nach der Krise in ungeahntem Maße an. Da die Banken schon bei der jüngsten Krise 1,3 Billionen frisches Kapital benötigten, dürfte auch dem Laien klar sein, dass ein Fonds von 55 Mrd. Euro und eine achtprozentige Eigenhaftung der Eigentümer bei einer derzeitigen Gesamtbilanzsumme von 31 Billionen Euro auch nicht annähernd ausreichend ist. Mit Sicherheit müsste in einer weiteren Krise doch wieder der Steuerzahler des jeweiligen Landes in die Bresche springen.[407] Zudem haben sich die Schauplätze auch verlagert: Auf der Flucht vor den Regulierungsmaßnahmen floss freies Kapital in großem Umfang in die unregulierten grauen Finanzmärkte und in „Schattenbanken"-Systeme: In diesem Bereich nahm das Geschäftsvolumen von Hedgefonds, Geldmarktfonds und Versicherungen bis 2011 auf 67 Billionen Dollar zu – eine Verdreifachung innerhalb von nur 10 Jahren.[408]

Hagelüken/Wagner ziehen sieben Jahre nach Beginn der Bankenkrise ein düsteres Fazit:

> „Im Großen haben die Regulierer verloren. Weiter haben sie keine Kontrolle über die Finanzwetten, deren Wert zehn Mal so hoch ist wie alles, was die Welt im Jahr an Waren herstellt. Die Banken haben gesiegt. In Europa, wo die Regierungen genug andere Sorgen haben. In den USA, wo es vier lange Jahre dauerte, bis die Volcker-Regel kam, der Kern der Reform. Als das

Katalog der Grünen-Fraktion hervor." Claus Hulverscheidt: Patent zum Steuersparen [...]". In: „SZ" vom 12.5.2014, S. 21.

406 Vgl. dazu Claus Hulverscheidt: Kapitalismus, ein bisschen gezähmt. In: „SZ" vom 24.9.2012 (online). URL: s. Lit.-Verz.

407 Vgl. Hauke Jansen: Münchhausen-Check zu sicheren Banken: Merkel täuscht die Deutschen. In: „Der Spiegel" vom 18.11.2014 (online). URL: s. Lit.-Verz.

408 cte/Reuters/AFP: Hedgefonds und Co.: Schattenbanken breiten sich im Finanzsystem aus. In: „Spiegel" vom 19.11.2012 (online). URL: s. Lit.-Verz. Siehe zu den Maßnahmeplänen der EU: Europäische Kommission: Grünbuch Schattenbankwesen. Version Com 2012 final vom 19.3.2012 (online). URL: s. Lit.-Verz.

Gesetz vor drei Monaten vorgestellt wurde, kommentierte die Financial Times: ‚Die Veröffentlichung einer wirkungslosen Richtlinie sollte nicht fälschlicherweise für einen echten Fortschritt gehalten werden.‘ “[409]

– Der Verdacht, dass da vieles für die Galerie inszeniert wird, drängt sich auch angesichts des Verhaltens der EU-Kommission in den laufenden Verhandlungen zur Schaffung der transatlantischen Freihandelszone TTIP (Transatlantic Trade and Investment Partnership) zwischen den USA und der EU auf. Nach Ansicht der lobbykritischen Brüsseler Organisationen Corporate Europe Observatory (CEO) und dem Centre for Research on Multinational Corporations (SOMO) dringt die EU-Kommission auf eine Aufweichung der Regulierungsstandards im Finanzwesen. Nach Analyse eines geleakten Dokuments müsste jede Finanzmarktregulierung von einem neu einzurichtenden „Gemeinsamen EU/US Regulierungs-Forum“ geprüft werden. Nach welchen Verfahren das Gremium arbeiten wird, soll erst nach Abschluss der TTIP festgelegt werden. CEO interpretiert diesen Punkt dahingehend, dass ein derartiges Gremium ein dauerhaftes Einfallstor für die Finanzlobby darstellte: „Zumindest nicht ausgeschlossen [...]wäre“, schreibt Patrick Schreiner, „dass europäische Banken in den USA möglicherweise gemäß der im Bankenbereich niedrigeren EU-Standards reguliert würden. Dies würde Wettbewerbsnachteile für US-Banken mit sich bringen, die sich den höheren US-Standards unterwerfen müssten. Druck seitens der Finanzlobby, US-Standards zu senken und hierdurch die Wettbewerbsnachteile wieder wettzumachen, wäre die logische Folge.“[410]

– Überhaupt spielen die Verhandlungen zur TTIP, zum Handelsabkommen EU-Kanada (CETA) und zum Handel mit Dienstleistungen (Trade in Services Agreement – TISA) im Prozess der Deregulierung und Liberalisierung eine zentrale Rolle. TTIP und CEAT sind bilaterale Vertragswerke zwischen den USA resp. Kanada und der EU, das TISA-Abkommen wird multilateral zwischen 50 Staaten verhandelt. Gerade bei Verwirklichung dieser Abkommen könnte die Tendenz zur Einengung staatlicher Handlungsspielräume einen neuen Schub erhalten[411] –

---

409 vgl. Hagelüken/Wagner, a.a.O.

410 Patrick Schreiner: EU dringt weiter auf Finanzmarkt-Deregulierung durch das EU-US-Freihandelsabkommen. In: „annotazioni“ vom 2.7.2014 (online). URL: s. Lit.-Verz. Zum geleakten Dokument siehe: EU-US TTIP Negotiations: Regulatory Co-operation on Financial Regulation in TTIP. URL: s. Lit.-Verz.

411 Vgl. dazu Nikolaus Piper: Gewagtes Projekt, gewaltiges Potenzial. In: „SZ“ vom

ein weites Feld mit vielen Fallstricken, das profunde Fragen des Verhältnisses von staatlicher Souveränität und wirtschaftlicher Macht globaler Konzerne berührt. Die Probleme beziehen sich vor allem auf den Begriff der ‚indirekten Enteignung'. Der Punkt wurde in das Verhandlungsmandat aufgenommen, das die EU-Staaten der EU-Kommission für die Verhandlungen mit den USA erteilt hatten. (s. Anhang 14) Indirekte Enteignung, so ein Definitionsansatz, liegt dann vor, wenn staatliche Maßnahmen „ohne formellen Entzug der Eigentümerposition der Investoren die wirtschaftliche Grundlage ihrer Investition zerstören".[412] Die Befürchtungen der inzwischen zahlreichen TTIP-Gegner: Eine indirekte Enteignung könnte bereits dann vorliegen, wenn die Gewinne oder auch nur die Gewinnerwartungen von Investoren durch neue strengere gesetzliche Auflagen, etwa im Umweltbereich, auch nur geschmälert würden.[413] Setzte sich die indirekte Enteignung als Rechtsprinzip durch, so könnten etwa globale Investoren die Bundesrepublik vor einem geheimen, nicht-staatlichen Schiedsgericht auf Entschädigung verklagen, weil etwa das System des öffentlich-rechtlichen Rundfunks oder die Buchpreisbindung[414] , die hier geltenden Standards im Arbeitsrecht[415] oder auch nur die Einführung eines gesetzlichen Mindestlohnes in ihren Augen eine Wettbewerbsverzerrung darstellen. In der Vergangenheit gab es bereits eine Reihe ähnlich gelagerter Fälle.[416] 2001 verklagte der amerikanische Rohstoffkonzern Noble Ventures den rumänischen Staat vor dem geheim tagenden ICSID (Internationales Zentrum zur Beilegung von Investitionsstreitigkeiten) in Washington.[417] Die Firma hatte in Rumänien ein ehemaliges Staatsunternehmen ge-

---

14.2.2013 (online). URL: s. Lit.-Verz.

412 Vgl. Kai Hennig: Der Schutz geistiger Eigentumsrechte durch internationales Investitionsschutzrecht. In: Christian Tietje, Herhard Kraft, Matthias Lehmann (Hrsg.): „Beiträge zum Transnationalen Wirtschaftsrecht", Heft 110 vom Mai 2011, S. 13 (online). URL: s. Lit.-Verz.

413 Vgl. Fritz Glunk: Der Investor ist unantastbar In „SZ" vom 5.7.2013 (online). URL: s. Lit.-Verz.

414 Vgl. Felix Stephan: Kulturstaatsstreich. In: „SZ" vom 22.5.2014, S. 9.

415 Die ILO-Kernarbeitsnormen wurden von allen EU-Staaten ratifiziert: Zu ihnen gehören: „1. Vereinigungsfreiheit und Schutz des Vereinigungsrechtes, 2. Vereinigungsrecht und Recht zu Kollektivverhandlungen, 3. Verbot von Zwangsarbeit, 4. Abschaffung der Zwangsarbeit, 5. Gleichheit des Entgelts, 6. Verbot der Diskriminierung, 7. Mindestalter, 8. Verbot und unverzügliche Maßnahmen zur Beseitigung der schlimmsten Formen der Kinderarbeit." URL: s. Lit.-Verz.

416 Vgl. Alexandra Endres, Lukas Koschnitzke: Wie Konzerne Staaten vor sich hertreiben. In: „Die Zeit" vom 27.3.2014 (online). URL: s. Lit.-Verz.

417 Vgl. Petra Pinzler, Wolfgang Uchatius, Kerstin Kohlenberg: Im Namen des Geldes. In: „Die Zeit" vom 10.4.2014 (online). URL: s. Lit.-Verz.

kauft, musste aber, bedingt durch massive Proteste gegen diese Privatisierung, mehr Geld investieren als vorgesehen. Noble Ventures warf dem Staat in der Klage vor, nicht ausreichend vor Streiks und Betriebsbesetzungen gewarnt zu haben.[418] Das Unternehmen verlor allerdings in diesem Fall. Erfolgreicher war die Klage des europäischen Vattenfall-Konzerns gegen Umweltschutzgesetze, die nach seiner Auffassung Bau und Betrieb eines Kohlekraftwerks bei Hamburg beeinträchtigten. Der Vattenfall-Konzern konnte in einem Vergleich wesentliche seiner Bedingungen durchsetzen.[419] Es liegt auf der Hand, dass das Prinzip der indirekten Enteignung nicht nur mit staatlicher Souveränität konfligiert, sondern auch mit jenen Prinzipien ökologischer Nachhaltigkeit, die Ende 2015 von den Vereinten Nationen verabschiedet werden sollen.

Befürchtungen hinsichtlich staatlicher Souveränität und bestehender und zukünftiger Standards werden auch hinsichtlich des globalen Dienstleistungsabkommens TISA geäussert: Hier ist nicht nur eine freier Austausch von Kundendaten angestrebt, der Artikel 17 scheint auch der Verpflichtung eines Staates zur Marktöffnung Vorrang vor Finanzmarktkontrollen einzuräumen. Dadurch wird ihm möglicherweise die Beweislast dafür auferlegt, dass Kontroll- und Regulierungsgesetze den Freihandel nicht hemmen – bei Gefahr hoher Schadensersatzforderungen.[420] Da das Vertragswerk neben den Bereichen Kommunikation, Finanzen, Postdienstleistungen und Leiharbeit auch die Strom- und Trinkwasserversorgung betrifft, steht zudem die Frage nach einer weiteren – und unter Umständen unumkehrbaren[421] – Privatisierung der Grundversorgung der Bevölkerung auf der Tagesordnung.[422]

---

418 Vgl. Marlies Uken: Im Zweifel für den Arbeitgeber. In: „Die Zeit" vom 16.5.2014 (online). URL: s. Lit.-Verz.

419 Vgl. dpa: Einigung im Streit um Kohlekraftwerk Moorburg. In: „N24-Nachrichten" vom 26.8.2010 (online). URL: s. Lit.-Verz.

420 Vgl. Zeit online: Handelsabkommen Tisa gefährdet den Datenschutz. In: „Die Zeit" vom 19. 6.2014 (online). URL: s. Lit.-Verz.

421 „Besonders problematisch finden TISA-Kritiker wie der kanadische Politikwissenschaftler Scott Sinclair, dass in dem TISA-Abkommen sogenannte ‚Stillstands-' und ‚Ratchet-Klauseln' verankert werden sollen. [...] Im Falle eines Regierungswechsels könnte so die Privatisierung einer bestimmten Dienstleistung nicht mehr zurückgedreht werden, auch dann nicht, wenn private Anbieter versagen würden." John Goetz, Nils Naber: Unter Ausschluss der Öffentlichkeit. In: „tagesschau.de" vom 19.6.2014 (online). URL: s. Lit.-Verz.

422 Vgl. Zeit online: Globales Dienstleistungsabkommen Tisa rückt näher. In: „Die Zeit" vom 19. 6.2014 (online). URL: s. Lit.-Verz.

Der ursprüngliche Gedanke solcher Rechtskonstruktionen in Handelsabkommen war der berechtigte Anspruch von Firmen, bei Projekten im Ausland ein Mindestmaß an Planungssicherheit und Schutz ihrer Investitionen vor politischer Willkür zu erhalten. Dies galt insbesondere für den Handel mit Ländern ohne stabile rechtsstaatliche Strukturen. Diese externen Schiedsgerichte nun für den Handel zwischen den USA und den EU-Staaten zu fordern, spricht für andere Absichten: Mit einer extremen Ausgestaltung des Prinzips der ‚indirekten Enteignung' könnte sich das Verhältnis zwischen Staat und Wirtschaft so weit drehen, dass Regierungen und Parlamente im Geltungsbereich der TTIP und des TISA bei Wahrnehmung ihrer Verfassungsaufträge mit Schadensforderungen in Milliardenhöhe konfrontiert sind – ein potentieller Deregulierungshebel erster Güte. Zwar widersprechen maßgebliche Akteure des Vertragswerks auf US-Seite in neuen Stellungnahmen ausdrücklich dem Verdacht, die TTIP werde unter Ausschluss der Öffentlichkeit hauptsächlich in deregulatorischer Absicht geschaffen[423], und auch die EU-Kommission bemühte sich inzwischen, die Gemüter zu beruhigen und die Verhandlungsziele gerade in Hinblick auf die indirekte Enteignung und die Rolle der Schiedsgerichte näher zu erläutern.[424] Allerdings dürfte das angesichts der abgeschotteten Verhandlungen und der zweifelhaften Projektbegründungen die allgemeine Skepsis und das tiefe Misstrauen der Öffentlichkeit nicht mildern. Wenn sich die Befürchtungen der TTIP- und TISA-Gegner bewahrheiten, dann gewinnt das von Höpner u.a. entwickelte Szenario, nach dem sich in der Politik der Memoranden auch die nähere fiskalische, ordnungs-, arbeitsmarkt- und so-

423 „Der Handelsbeauftragte von Präsident Obama, Michael Froman, bestätigte [...], dass auch die USA Korrekturen beim Investorenschutz für notwendig halten: ‚Wir kennen diese Diskussionen durch unseren eigenen öffentlichen Konsultationsprozess mit dem Kongress. Gerade deshalb schlagen wir vor, die Standards anzuheben, um zu gewährleisten, dass leichtfertiges Klagen verhindert wird.' Die USA wollten sicherstellen, dass sich auch Nichtregierungsorganisationen an den Prozessen beteiligen können. Auch müssten die Verfahren transparent sein. ‚Nur so kann man sicherstellen, dass Regierungen im öffentlichen Interesse regulieren.' Fromans Stellvertreterin Miriam Sapiro machte zudem klar: ‚Wir haben keine deregulatorische Agenda', die Regierung Obama wolle also über TTIP keinen Abbau von Schutzvorschriften durchsetzen." Nikolaus Piper: Eine Debatte der Furcht. In: „SZ" vom 24./25.5.2014, S. 27.

424 Siehe Europäische Kommission: Investitionsbestimmungen im Freihandelsabkommen EU-Kanada (CETA). Verlautbarung vom 10.12.2013 (online). URL: s. Lit.-Verz. Und: EU-Kommission: Investitionsschutz und Beilegung von Investor-Staat-Streitigkeiten in EU-Abkommen. Verlautbarung vom 18.12.2013 (online). URL: s. Lit.-Verz.

zialpolitische Zukunft der Mitgliedsstaaten der EU abbildet, durch diese Freihandels-Abkommen neue zusätzliche Aktualität:

> „In distributiver Hinsicht hingegen mag die Finanzkrise anstelle eines Endes der Liberalisierung sogar deren zusätzliche Beschleunigung bewirken. Denn die außerordentlichen Haushaltsdefizite zur Stützung der Finanz- und Realwirtschaften werden künftige Sparzwänge verstärken und mit großer Wahrscheinlichkeit eine Phase fiskalischer Austeritätspolitik einleiten. [...] Wir vermuten deshalb, dass die Finanzkrise auf mittlere Sicht zu weiteren Privatisierungsschüben, zu Subventionsabbau und zu verstärktem Druck auf die sozialen Sicherungssysteme führen wird.“[425]

Doch selbst wenn der Fall einträte, dass noch heute auf breiter Front eine internationale, regulatorisch wirksame und nachhaltige Konvergenzpolitik bei Finanzmarktkontrollen, Transferzahlungen, bei Arbeits-, Sozial- und Umweltstandards etc eingeleitet würde: Es wäre nicht leicht, die sozialpolitischen Folgen neoliberaler Politik in kürzerer Zeit abzumildern: Viele der in den vergangenen Jahren eingeleiteten Eingriffe werden ihre sozioökonomischen Wirkungen erst in einigen Jahren entfalten, während eine Reihe von sozial- und arbeitsmarktpolitischen Reformen schon heute ernsthafte soziale Probleme aufwerfen – etwa die Zunahme der Altersarmut in Deutschland aufgrund der Rentenreform 2001 und aufgrund des seit Jahren zu beobachtenden Sinkens der Arbeitseinkommen.[426] Die Effekte dieser Entwicklung konnte man bereits nach den Privatisierungswellen und dem Umbau der Vorsorgesysteme im Großbritannien Margret Thatchers beobachten. Inzwischen weist das Land eine der höchsten Altersarmutsquoten in der EU auf. Ähnliche Entwicklungen zeichnen sich in den GIIPS-Staaten und – in anderer Form – auch in Teilen der US-Bevölkerung ab.[427]

Und gerade in den USA zeigte die erbitterte Obstruktionspolitik des rechten Flügels der Republikaner gegen den Sozialversicherungsgedanken, hier: gegen eine gesetzliche Krankenversicherung, wie schwer eine auch nur partielle Rückkehr zu wohlfahrtsstaatlicher Politik durchzusetzen ist. Der Widerstand marktradikaler Strömungen, der die USA im Oktober 2013 an den Rand eines Staatsbankrotts trieb, kann als

---

425 Höpner u.a., S. 40

426 Vgl. afp, dpa: Regierung prognostiziert dramatischen Rentenrückgang. In: „Die Zeit“ vom 31.08.2011 (online). URL: s. Lit.-Verz.

427 Vgl. Nikolaus Piper: Armut in den USA. Das verlorene Jahrzehnt. In: „SZ“ vom 18.9.2010 (online). URL: s. Lit.-Verz.

sinnfälliger Beweis dafür gelten, dass der Gedanke des New Deal nahezu vollständig aus dem veröffentlichten Gedächtnis der Nation verschwunden ist. Die Auseinandersetzungen haben längst quasi-religiöse Züge angenommen und markieren eine Zuspitzung jenes Grundkonflikts über das Verhältnis von Bürger und Staat, in dem sich „auf der einen Seite das Bild vom Minimalstaat des 19. Jahrhunderts, auf der anderen Vorstellungen von einem Sozialstaat europäisch-sozialdemokratischer Prägung“ finden.[428] Dieses Thema wird, neben dem Kampf um Rohstoffe und Wasser, neben der Frage der Grenzen des Wachstums und der ökologischen Belastbarkeit des Planeten die globalen Konflikte der nächsten Jahrzehnte maßgeblich bestimmen.

428 Vgl. Nikolaus Piper: Allein, es fehlt die Mitte. Worauf sich Demokraten und Republikaner einigen müssten – aber es nicht unbedingt tun werden. In: „SZ“ vom 18.10.2013, S. 2.

VI. Neoliberalismus und Demokratie

Wiederentdeckung der politischen Ökonomie

Im Bisherigen wurden vor allem die sozioökonomischen Folgen der neoliberalen Agenda, der Banken- und Staatsschuldenkrise und der Art und Weise ihrer Bewältigung in den Blick genommen. Doch geht es um viel mehr als um Zahlungs- und Außenhandelsbilanzen, um Arbeitsmärkte und fiskalische und volkswirtschaftliche Aspekte. Denn die neoliberalen Agenden haben erhebliche strukturelle Auswirkungen auf die Souveränität und Legitimation liberaler, rechtsstaatlicher und sozialer Verfassungsdemokratien.

Nun gehört das Verhältnis zwischen Ökonomie und Politik, zumal der Zusammenhang zwischen wirtschaftlicher und politischer Stabilität von je her zu den hoch umstrittenen politischen und wissenschaftlichen Themen, und wie jedes große Paradigma durchlief es Konjunkturen und Rezessionen. In den politischen Entscheidungen und zivilgesellschaftlichen Argumentationslinien der Nachkriegsjahre war der Zusammenhang noch allgegenwärtig, denn die Ökonomie wurde damals stark von ihren gesellschaftlichen Implikationen her gedacht. Ab den 1970er Jahren begann sich das Verhältnis zu drehen, ablesbar etwa in der zunehmenden Umdeutung der sozialen Marktwirtschaft in eine bloße Marktwirtschaft und in der allmählichen Verdrängung des Programms der sozialen Demokratie durch ökonomisch und zweckrational definierte Begriffe wie ‚Standort Deutschland'. Im methodischen Mainstream der Wirtschaftswissenschaften wurden die Teilbereiche des Marktes zunehmend aus ihrem gesellschaftlichen Gesamtzusammenhang gelöst. In solchen hermetischen Konstrukten, die sich hauptsächlich mit Fragen der Betriebsoptimierung und Gewinnmaximierung beschäftigten, fanden ethische, soziale, psychologische und verteilungspolitische Fragestellungen keinen Platz mehr. Der Trend zur verengten Referenzierung führte dazu, dass volkswirtschaftliche Lehrgebäude ohne Berücksichtigung politischer und sozialer Implikationen errichtet wurden – eine fatale perspektivische Beschränkung, deren Konsequenzen Wolfgang Streeck so beschreibt:

> „In letzter Zeit hat der Gedanke an Raum gewonnen, dass ohne Überwindung der Vorstellung einer durch rationalen Egoismus effizient und gerecht organisierten Gesellschaft, ohne Verabschiedung des Interessen- und Maschinenmodells sozialer Ord-

> nung zugunsten eines Gesellschaftsbildes, in der verantwortliches soziales Handeln einen zentralen Platz einnimmt, die immer kritischer werdenden Krisen – des Klimas, der Finanzen, der Arbeitsmärkte, des Zusammenlebens in immer heterogener werdenden Gesellschaften – nicht bewältigt werden können. Eine Voraussetzung für ein neues Denken ist, dass die nachwachsende Generation, insbesondere ihr Wirtschaftswissenschaften studierender Teil, von der an den Universitäten betriebenen monokulturellen Gehirnwäsche mit standardökonomischen National- und Marktmodellen geschützt wird."[429]

Im Rahmen dieser harschen Kritik macht Streeck aber auch Anzeichen für ein gewisses Umdenken aus – und zumindest in den Argumentationen des öffentlichen und politischen Diskurses findet diese Revision des lange geltenden abstrakten Reduktionismus schon seit längerem ihren allmählichen Niederschlag: Waren die Verlautbarungen der letzten Jahrzehnte sehr stark geprägt durch einen quasi geschichtslosen Ökonomismus ohne Verbindung zu den gesellschaftlichen Implikationen wirtschaftlichen Handelns, so lässt sich heute eine gewisse Renaissance der Topoi vom politischen Charakter der Wirtschaft beobachten – nicht zuletzt durch die erste Garde der Europa- und Finanzpolitiker. Sie beschwor auf dem Höhepunkt der Finanzkrise dramatische Szenarien herauf, etwa von der schwersten Krise seit dem Ende des Zweiten Weltkrieges (Kanzlerin Angela Merkel) von der Gefahr der Wiederholung der Großen Depression (Christine Lagarde) und gar von Parallelen zum Vorabend des Ersten Weltkrieges (Jean-Claude Juncker). In diesen geschichtspolitischen Begründungen scheint die Wiederentdeckung des Zusammenhangs zwischen Politik und Ökonomie, wenn vielleicht auch unbeabsichtigt, deutlich auf. Durchaus bemerkenswert dabei ist, dass die neoliberalen Protagonisten einer öffentlichen Schuldenübernahme inzwischen die gleichen Argumentationsmuster in Anschlag bringen wie die Befürworter der sozialen Demokratie.

Dem Trend folgte auch der zivilgesellschaftliche Diskurs. Im Zeichen der Krise entbrannte im transatlantischen bürgerlichen und selbst im wirtschaftsnahen Feuilleton eine grundsätzliche Debatte über den Zustand und die Zukunft der liberalen Demokratien. Diese Diskussion, die im Umfeld der Maastrichter Verträge bereits in den 1990er Jahren

---

429 Wolfgang Streeck: Man weiß es nicht genau: Vom Nutzen der Sozialwissenschaften für die Politik. MPIfG Working Paper 09 /11, hrsgg. vom Max-Planck-Institut für Gesellschaftsforschung, Köln 2009 (online), S. 25. URL: s. Lit.-Verz.

begonnen hatte[430], wurde nun von einem Tenor radikaler Systemkritik begleitet, der in der Nachkriegszeit seinesgleichen sucht.

So befand die ansonsten recht betuliche „Zeit" in einem zornigen Kommentar, dass der heutige Neoliberalismus nur noch wenig Ähnlichkeit mit jenem klassischen Liberalismus habe, „der die Freiheit des Individuums nicht nur als Freiheit des stärksten Marktteilnehmers sah, alle Übrigen ins Elend zu stürzen". Die Demokratie selbst sei auf dem Weg zur Plutokratie[431] – eine These, die Konstantin Seibt im Schweizer „Tagesanzeiger" durch den Befund ergänzte, dass die 60 Jahre währende Herrschaft der Mittelklasse ihrem Ende entgegengeht und an ihrer Stelle eine Oligarchie installiert wird.[432]

Plutokratie und Oligarchie – das sind starke Worte, schwere Geschütze, denn mit ihnen ist gemeinhin die ethik- und rechtsferne Herrschaft einer Elite konnotiert, deren politische Macht durch ihren Reichtum legitimiert wird. Bemerkenswert daran ist zweierlei: Erstens, dass Kommentatoren der bürgerlichen Mitte Argumentationsmuster in Anschlag bringen, die denen der sozialistischen und sozialdemokratischen Kräfte der Weimarer Zeit ähneln.[433] Und zweitens bestehen offensichtlich tiefgreifende Zweifel daran, ob das, was man nach dem Ende des Zweiten Weltkrieges im Westen als Grundwerte der liberalen und sozialen Verfassungsdemokratien verstand, heute überhaupt noch Gültigkeit beanspruchen kann. Dem seit dreißig Jahren praktizierten Neoliberalismus und der daraus folgenden Finanzkrise wird systemgefährdendes Potential zugeschrieben.

430 Etwa Jürgen Habermas: Die Postnationale Konstellation und die Zukunft der Demokratie, in: Blätter für Deutsche und internationale Politik, Nr. 7, 1998, S. 804-817.

431 Vgl. Jens Jessen: Finanzkrise: Unterwegs zur Plutokratie. Hemmungsloser Reichtum, betrogene Bürger: Der entfesselte Markt bringt die Demokratie in Gefahr. In: „Die Zeit" vom 3.9.2011 (online). URL: s. Lit.-Verz.

432 Vgl. Gustav Seibt: Der rechte Abschied von der Politik. In: „Tagesanzeiger" vom 8.8.2011 (online). URL: s. Lit.-Verz.

433 Der Begriff ‚Plutokrat' wurde etwa vor 1933 von Kurt Tucholsky für Neureiche verwendet. Die Nationalsozialisten nutzten ihn als Synonym für die jüdisch-kapitalistische Weltverschwörung. Heute lebt er in der unbestimmten Verwendung als Plural oder als ‚Plutokratie' wieder auf. Der Begriff ‚Oligarch' erfuhr ebenfalls eine Wiederbelebung. Im westlichen Sprachgebrauch wird er in personalisierter Form ausschließlich zur Bezeichnung russischer und ukrainischer, nicht aber westlicher Eigentümer großer Industrie-, Rohstoff- und Finanzkonglomerate, verwendet.

Deformation demokratischer Herrschaft

Das Problem deformatorischer Entwicklungen liberaler Demokratien aufgrund ökonomisch-politischer Strukturveränderungen stand schon lange vor Ausbruch der Krise in der Diskussion. So hatte etwa der Politologe Colin Crouch bereits mit Ende des Kalten Krieges in den westlichen Staaten einen „allmählichen ‚Substanzverlust der Demokratie' bei durchaus intakt bleibenden institutionellen Strukturen"[434] und eine „Überlagerung politischer durch wirtschaftliche Kategorien" diagnostiziert. Demokratische Gremien und Verfahren, so argumentierte er, blieben zwar formal-institutionell erhalten, hätten aber für Entscheidungen von allgemeinem Interesse längst an Bedeutung verloren, da diese zunehmend im Zusammenwirken der „Firma", bestehend aus politischen und wirtschaftlichen Akteuren, definiert und durchgesetzt würden. In einer solchen „Postdemokratie" würde der Bürger zwar nicht de jure, aber de facto entmachtet. Postdemokratie sei daher Scheindemokratie im Gewand einer vollwertigen Demokratie.[435]

Vielfach wurde kritisiert, dass Crouch wenig empirisches Material für seine Befunde anbot und zudem auch nicht angab, auf welchen Vergleichsrahmen oder welches Modell von Demokratie er sich genau bezog. Der Einwand ist durchaus gewichtig, denn die Zielsetzungen und Verfahrensweisen der westlichen Demokratien waren schon in den 50er und 60er Jahren keineswegs so hehr, wie es der Begriff „Substanzverluste" vielleicht suggerieren mag. Die vielberufenen und -strapazierten „westlichen Werte" sind oft eher als Element einer idealisierenden Selbstdarstellung zu sehen, die der Realpolitik nur selten entsprach.[436]

---

434 Ähnlich auch Wolfgang Merkel: „Defekte Demokratien [sind] Herrschaftssysteme, die sich durch das Vorhandensein eines weitgehend funktionierenden demokratischen Wahlregimes zur Regelung des Herrschaftszugangs auszeichnen, aber durch Störungen in der Funktionslogik eines oder mehrer der übrigen Teilregime die komplementären Stützen verlieren, die in einer funktionierenden Demokratie zur Sicherung von Freiheit, Gleichheit und Kontrolle unabdingbar sind." Wolfgang Merkel, Hans-Jürgen Puhle, Aurel Croissant, Claudia Eicher, Peter Thiery: Defekte Demokratie. Bd. 1: Theorie. Leske + Budrich, Opladen 2003, S. 66.

435 Vgl. Colin Crouch: Postdemokratie. Erste Auflage, Suhrkamp Verlag, Frankfurt a.M. 2008, S. 32, 34, 57 f., 60 ff. Vgl. auch: Claudia Ritzi, Gary S. Schaal: Politische Führung in der „Postdemokratie". In: „APuZ", Heft 2-3 vom 11.1.2010 (online), o. S. URL: s. Lit.-Verz.

436 Siehe dazu etwa: Domenico Losurdo: Krieg der Begriffe. Obama und Orwell: Die Sprache des Imperiums und das „Newspeak". Vorabdruck aus: Die Sprache des Imperiums. Ein historisch-philosophischer Leitfaden, PapyRossa-Verlag, Köln 2011 (online). URL: s. Lit.-Verz.

Die Hinwendung der Leitdemokratie des Westens, der USA, zur „dunklen Seite der Macht“ war nach einer kurzen Blüte sozialer Demokratie und Menschenrechtspolitik schon wenige Jahre nach Ende des Zweiten Weltkriegs zu beobachten. Davon zeugen die beklemmenden Zeilen von George Kennan im Jahr 1948, dem Jahr der Gründung der Vereinten Nationen und der Verabschiedung der Deklaration der Menschenrechte. (s. Anhang 15) Trotz dieser Einschränkungen bietet Crouchs Modell viele perspektivische Anregungen, aus denen heraus sich systemische Veränderungen und Gefährdungen beurteilen und einordnen lassen – im besten Sinne kann der Begriff der Postdemokratie also geeignet sein als „Warnbegriff, der den Sinn der Bürger für Gefahren schärft, die nicht den bekannten antidemokratischen Mustern des zwanzigsten Jahrhunderts entsprechen“.[437]

Libertäre versus soziale Demokratie

Um die Frage einzukreisen, was in diesen Bereichen in den letzten Jahrzehnten möglicherweise an Substanz verloren ging, im Folgenden zunächst ein kurzer Exkurs zu den allgemein akzeptierten Verfassungsbedingungen liberaler Demokratien und zu den umstrittenen Fragen. Das Problem lässt sich anhand der Arbeiten zur neueren Transitions- oder Systemwechselforschung gut nachvollziehen: Im Rahmen der dritten internationalen Demokratisierungswelle[438] ab den 1980er Jahren untersuchte man die Transformationen der diktatorischen Regimes in Südafrika und Südamerika, im ehemaligen Ostblock und in den arabischen Staaten. Hinsichtlich der Übergangsphasen gab es nur wenige Differenzen: der Dreischritt „Liberalisierung (Ende des autokratischen Systems) – Institutionalisierung der Demokratie – Konsolidierung der Demokratie“ galt und gilt als brauchbares Modell. Aber bei der Frage, was denn Demokratie überhaupt beinhalten müsse, um als solche bezeichnet zu werden, scheiden sich die Geister. Die Frontlinien verlaufen zwischen einer minimalistisch-libertären und einer maximalistisch-sozialen Demokratie. Der Politikwissenschaftler Thomas Meyer etwa

437 Jan-Werner Müller: Postdemokratie? Karriere und Gehalt eines problematischen Schlagwortes. In: „NZZ“ vom 10.11.2012 (online). URL: s. Lit.-Verz.

438 Nach Samuel P. Huntington umfasst die dritte der Demokratisierungswellen ab den 1970er Jahren die Ablösung der Diktaturen in Spanien, Portugal und Griechenland, in Lateinamerika, Ostasien und das Ende des realsozialistischen Staatenverbundes.

kritisierte an der libertären Version deren Selbstbegnügung mit dem blossen Vorhandensein formaler Rechte:

> „Demokratie hat auf die Dauer keinen unangefochtenen Bestand, wenn sie sich in einem formalen politischen Institutionensystem erschöpft, im extremen Schwundfall reduziert auf mehr oder weniger freie Wahlen, während gesellschaftliche und wirtschaftliche Macht sich der Mitverantwortung der von ihr Betroffenen entziehen und die sozialen Voraussetzungen ihrer Bürger zur erfolgversprechenden Mitwirkung an den politischen Entscheidungen hochgradig ungleich verteilt sind. Eine bloß delegative Demokratie mit ohnmächtiger Passivbürgerschaft für die Vielen ist eine Form defekter Demokratie, die gleichermaßen die Effektivität und Legitimität demokratischer Gemeinwesen in Frage stellt.“[439]

Im Unterschied zum minimalistischen Modell wird eine maximalistische Demokratie verstanden als Form eines politischen Systems, „in dem alle Menschen soziale Sicherung und einen rechtsstaatlichen Schutz der politischen und bürgerlichen Freiheits- und Menschenrechte erfahren und, mit sozialen und bürgerlichen Rechten ausgestattet, am politischen Entscheidungsprozess teilnehmen können, der über Wahlen und andere Partizipationsmöglichkeiten im demokratischen Wettbewerb die Besetzung einer souveränen Regierung hervorbringt, die wiederum die Präferenzbekundungen der Wählenden achtet“.[440]

Es liegt auf der Hand, dass solche Unterschiede sich auch auf die Kriterien für die Prüfung demokratischer Verhältnisse auswirken. Wer ein minimalistisches Demokratiemodell zugrunde legt, wird in der politischen Dominanz wirtschaftlicher Eliten, wie sie eingangs für die Ukraine konstatiert wurde, keine Demokratiedefekte feststellen – und umgekehrt. Indien, Südafrika und Israel rangieren bspw. nach dem Demokratieindex der regierungsnahen und erzkonservativen US-NGO „Freedom House“ in der gleichen Gruppe der „freien“ Staaten wie die USA, Norwegen und Deutschland.[441] Der Index der US-Zeitschrift „The

439 Thomas Meyer: Die Theorie der Sozialen Demokratie. Online-Akademie der Friedrich-Ebert-Stiftung (online), o. O., o.J. , S. 2 f. URL: s. Lit.-Verz.

440 Holger Blaul: Vergangenheitspolitik im Rahmen demokratischer Konsolidierung Das ‚unfinished business' des südafrikanischen Systemwechsels. Examensarbeit für das Lehramt an Gymnasien, vorgelegt an der Phil. Fak.der Universität Freiburg, WS 2005/2006 (online), S.10 f. URL: s. Lit.-Verz. Vgl. auch Lutz Schrader: Krisen- und Gewaltprävention. In: Internstaatliche Konflikte. Dossier der Bundeszentrale für Politische Bildung vom 12.3.2012 (online), o. S. URL: s. Lit.-Verz.

441 Vgl. Freedom House: Freedom in the World. 2014 (online). URL: s. Lit.-Verz.

Economist“ hingegen reiht sie unter die „unvollständigen Demokratien“ ein.[442] Wieder zu anderen Schlüssen kommt der Demokratieindex BTI der Bertelsmann-Stiftung: Er berücksichtigt nicht nur elementare Bürgerrechte und die Durchführung von freien Wahlen, sondern – neben Fragen des staatlichen Gewaltmonopols, der Rechtsstaatlichkeit, der Ahndung von Amtsmissbrauch, der Akzeptanz, Repräsentativität und der politischen Kultur – auch Kriterien wie sozialer Ausgleich, Chancengleichheit, Nachhaltigkeit, Armutsbekämpfung und Handlungs- und Entscheidungsfreiheit für möglichst viele Bürger. Allerdings erfasst der BTI nicht Länder, die bereits 1989 Mitglieder der Organisation für wirtschaftliche Zusammenarbeit und Entwicklung (OECD) waren, also Länder, die zu den Kernstaaten des transatlantischen Werteverbundes gehören.[443] Das ist schade, denn dieses Messinstrument wäre bestens zur Erfassung jener massiven politischen und ordnungspolitischen Transformationen geeignet, die die alten OECD-Staaten seit dem Anschlag auf das World Trade Center 2001 und seit der Finanzkrise 2007 ff. durchlaufen.

Im folgenden wird als Bezugsrahmen für das Eingangsproblem das maximalistische Modell zugrunde gelegt, dem zufolge demokratische Legitimation zwingend gebunden ist an

a) eine demokratische Verfassung;

b) demokratisch kontrollierte Verfahren;

c) Grundrechte und Grundwerte, die den einzelnen, aber auch Opposition und Minderheiten schützen, z. B. Presse-, Vereinigungs-, Versammlungsfreiheit und

d) die Anerkennung und das Vertrauen der Bürger in diese demokratische Ordnung.[444]

e) Des weiteren soll gelten, dass – vor allem in West- und Mitteleuropa – die Sozialstaatlichkeit zum Bestandteil der Legitimationsbegründungen politischer Macht wurde[445] und damit neben das Recht auf Freiheit vom Staat und neben die bürgerlichen Mitwirkungsrechte die sozialen

---

442 Vgl. „The Economist“: Democracy Index, a.a.O.

443 Vgl. Bertelsmann Transformationsindex BTI 2014: Methode. (online). URL: s. Lit.-Verz.

444 Vgl. Ulrich von Alemann: Probleme der Demokratie und der demokratischen Legitimation. (online). URL: s. Lit.-Verz.

445 Vgl. Ritter, S. 4.

Grundrechte traten[446] – zusammengefasst in der prägnanten Formel, dass soziale Demokratien „[...] im Gegensatz zu libertären Demokratien auf der Annahme [beruhen], dass die Verteilung von Ressourcen entscheidend ist für die Wahrnehmung bürgerlicher und ziviler Rechte. Dem Staat fällt damit die Aufgabe zu, den Bürgerinnen und Bürgern jene Ressourcen zu gewähren, damit sie auch tatsächlichen Gebrauch von ihren Freiheitsrechten machen können."[447]

Aus dieser Sicht liegt auf der Hand, dass sozialstaatliche demokratische Souveränität einen anderen Umfang und andere Aufgaben hat als die Souveränität in einer libertären Minimalstaats-Demokratie. Gemein ist beiden Ausformungen zunächst in der Theorie, dass sie als die höchste, nach innen und außen unabhängige staatliche Herrschaftsmacht und Entscheidungsgewalt durch die Volkssouveränität legitimiert und zugleich begrenzt sein sollen. Diese Souveränität erstreckt sich auf die Bereiche Territorium, Verfassungsstruktur der zentralen staatlichen Ebene, Wahlrecht und Wahlen, Grundrechte, Verwaltung, Justiz, Militär, Verfassungskultur, Kirche, Bildungswesen, Finanzen, Wirtschafts- und Sozialgesetzgebung/Öffentliche Wohlfahrt. [448]

In extremer Auslegung duldet der Staat in keinem der genannten Bereiche einen Wettbewerber neben sich.[449] In Rosseaus ‚Contrat social' etwa soll der Staat selbst über die Grundrechte mitsamt dem Recht auf Eigentum herrschen. Dies wäre allerdings, so ein Einwand des österreichischen Staatsrechtslehrers Georg Jellinek, eine neue Form des staatlichen Absolutismus, welcher sich insbesondere in der Verfügung über die ökonomischen Grundlagen der Gesellschaft niederschlägt: In diesem Fall stünde dem Einzelnen das Eigentum nur kraft staatlicher Konzession zu, denn „[...] der Gesellschaftsvertrag macht den Staat zum Herrn aller Güter seiner Glieder, die als Depositare des öffentlichen

446 Zur Erinnerung: Im Sozialstaat als besonderer Form der Massendemokratie haben das Soziale und die Demokratie „in der Legitimation der Herrschaft als ‚Herrschaft durch das Volk' und ‚Herrschaft für das Volk' eine gemeinsame Wurzel". Vgl. ebda., S. 11.

447 Claudia Bogedan,ebda. S. 32.

448 Vgl. Peter Brandt, M. Kirsch, A. Schlegelmilch, W. Daum: Einleitung. In: Peter Brandt, Martin Kirsch, Arthur Schlegelmilch (Hrsg.): Handbuch der europäischen Verfassungsgeschichte im 19. Jahrhundert. Institutionen und Rechtspraxis im gesellschaftlichen Wandel. Band I: Um 1800. Dietz Verlag, Bonn 2006, S. 11.

449 „Der (National)Staat schützt die Rechts- und Wettbewerbsordnung und duldet zugleich keinen Wettbewerber neben sich. Er und kein Zweiter soll das Monopol ausüben dürfen." Rainer Hank: Solidaritätsverbot. Zur Theorie nationalstaatlicher Souveränität in Europa. In: „Eurozine" vom 28.1.2013 (online). URL: s. Lit.-Verz.

Gutes zu besitzen fortfahren."[450] Aber der Staat hat in Form der Garantie der Freiheits- und Grundrechte, darunter die Eigentumsrechte, eben doch Konkurrenten, die seine Souveränität beschränken – ein Dilemma, das Joachim Perels wie folgt charakterisiert:

> „Anscheinend spricht vieles dafür, dass Grundrechte und Demokratie in einem prinzipiellen Gegensatz zueinander stehen, denn die Grundrechte entziehen die Sphäre des persönlichen und gesellschaftlichen Lebens systematisch staatlichem Zugriff, während die mit der Demokratie gegebene Souveränität des Volkes darin besteht, für ihre Gestaltungsmaterien auf keine Schranken zu stoßen."[451]

Es ist eine historische Binsenweisheit, dass es eine absolute Souveränität, eine „summa soluta potestas", wie sie Jean Bodin beschrieb, in der Praxis nicht geben kann. Sie gab es selbst zu Hochzeiten absolutistischer Regimes nicht, denn hier konkurrierten die Rechte der Stände mit denen des Königs. Wo es aber konkurrierende Rechte und Machtagglomerationen gibt, dort sind auch stets Verschiebungen in vielerlei Gestalt zu gewärtigen, sei es im Spannungsverhältnis von Herrscher und Ständen, sei es zwischen Eliten und Volk, zwischen demokratischem Souverän und Grundrechten oder sei es im Verhältnis des Rechts auf Eigentum zu den anderen Grundrechten. Sichtbar werden diese stets präsenten Spannungen in der praktischen politischen Ausgestaltung, in der sich Verfassungsnorm und- wirklichkeit oft nur schwer zur Deckung bringen lassen.[452] Lobbyismus beispielsweise, die bekannteste Form der Einflussnahme auf gewählte staatliche Repräsentanten, stellt, obwohl gesellschaftlich legitimiert und als sinnvoll anerkannt, auch eine stete Quelle der Gefährdung demokratisch legitimierter Verfahren im Rahmen von „cheques and balances" dar – etwa wenn Entscheidungen

450 G. Jellinek, Erklärung der Menschen- und Bürgerrechte (1904), in: R. Schnur (Hrsg.): Zur Geschichte der Erklärung der Menschenrechte. Darmstadt 1964, S. 5 ff. Zit. n. Joachim Perels: Sind Grundrechte und Demokratie unvereinbar? In: „Vorgänge", H.1/1984 (online), S. 1. URL: s. Lit.-Verz.

451 Ebda.

452 Brandt u.a. weisen auf die Schwierigkeiten hin, den „Dualismus von normativem und empirischem Verfassungsverständnis auf der Ebene der Verfassungsgeschichtsschreibung" und die auch nach 1945 weiterbestehenden „Ambivalenzen des historischen und wissenschaftlichen Verfassungsbegriffs" zu integrieren. Diese Schwierigkeiten lassen sich durch eine „Arbeitsbegrifflichkeit" von Verfassung" auflösen, die die hauptsächlichen Regelungsbereiche staats- und regierungspolitischen Handelns im langen 19. Jahrhundert aufgreift, ohne sie gleich an die Vorbedingung voll ausgebildeter normativer und institutioneller Verfassungsordnungen zu knüpfen. Vgl. Brandt u.a.: Verfassungsgeschichte...a.a.O., S. 11.

„aus dem Bereich der staatlichen Institutionen und der verfassungsmäßig vorgesehenen Verfahren heraus in verschiedene Formen einer Kooperation mit Verbänden und Interessenvertretungen“ verlagert werden, wenn „Verhandlungspartner, die nicht in den demokratischen Legitimations- und Verantwortungszusammenhang des Grundgesetzes einbezogen sind“ ins Spiel kommen, oder wenn ein Parlament angesichts geballten Expertenwissens nur noch als „Ratifikationsinstanz“ fungiert.[453]

Andererseits widerspricht es nicht demokratischer Souveränität, wenn der Staat im Rahmen des Subsidiaritätsprinzips Teile dieser Aufgaben fall- oder zeitweise abtritt, überlässt oder überträgt. So definierte Katzenstein die BRD der Nachkriegszeit als erfolgreiches „semi-souveränes“ System, in dem einem dezentralisierten Staat eine starke Zivilgesellschaft, insbesondere repräsentiert durch Arbeitgeber- und Arbeitnehmerverbände, gegenüberstand und politische Entscheidungen im Konsens getroffen wurden.[454] Man denke auch an staatliche Souveränitätsüberlassungen etwa im Bereich der Sportgerichtsbarkeit, in der sogar Fragen, die normalerweise unter das Strafgesetzbuch fallen, etwa Doping, Körperverletzungen etc., von speziellen Sportgerichten geregelt werden.

Souveränitätsverschiebungen, die die praktische Gestaltung und Anwendung der Verfassung berühren, müssen also nicht von vornherein Defekte nach sich ziehen, die den Charakter eines Gemeinwesens mit dem Anspruch einer gemeinsamen Teilhabe aller an politischen Entscheidungen in seiner Qualität verändern.

Aber, wenn man einmal von „heißen“ Putschen, Revolutionen, kriegerischen Ereignissen oder auch Selbstentmächtigungen des Souveräns, wie im Falle des deutschen Reichstages 1933, absieht: von welchem Punkt an kann man von systemischen Brüchen und Transformationen rechtsstaatlicher, zumal sozialstaatlicher, demokratischer Herrschaftssysteme sprechen? Da gibt es tausend Varianten, auf welchen allmählichen Wegen sich demokratische und selbst sozial orientierte Gemeinwesen von der gedachten Ideallinie entfernen und zu defekten Demo-

---

453 Hans-Jürgen Papier: Zum Spannungsverhältnis von Lobbyismus und parlamentarischer Demokratie. Vortrag anlässlich der Vorstellung des Buches „Die fünfte Gewalt. Lobbyismus in Deutschland„ am 24. Februar 2006 im Berliner Reichstag (online), o. S. URL: s. Lit.-Verz.

454 Vgl. Simon Vaut: Gezähmt oder gelähmt? In: „Berliner Republik“, Heft 5, 2005 (online). URL: s. Lit.-Verz.

kratien mutieren können – sei es zu exklusiven Demokratien, sei es zu illiberalen, delegativen oder Enklavendemokratien[455], sei es zu Gesinnungs- oder Tugendherrschaft. Diese Veränderungen können von zivilgesellschaftlichen Netzwerken und Interessengruppen ausgehen, sie können aber auch durch die staatlichen Amts- und Mandatsträger, durch die gewählten Inhaber formal legitimierter Macht selbst eingeleitet und befördert werden.

Indizien für solche systemischen Deformationen, für die Schaffung totalitärer Teilbereiche durch Exekutive und Legislative gibt es in den liberalen Demokratien der transatlantischen Staaten genug – nicht zuletzt in der Leitdemokratie des Westens nach dem Durchgriff der Neokonservativen in der Bush-Ära in der Folge der Anschläge auf das World Trade Center 2001. Franziska Augstein schreibt in einer Besprechung eines neuen Buches von Jeremy Scahill, das sich mit dieser Frage befasst:

> „Folter, die Bombardierung Unschuldiger, militärische Geheimeinsätze in befreundeten Ländern, die Ermordung von Alten, Frauen und Kindern mittels Drohnen, ungerechtfertigte Massenfestnahmen, illegale Abhörmaßnahmen gegen die eigene Bevölkerung, der Abbau ihrer Bürgerrechte und die Exekution eigener Bürger ohne ordentlichen Prozess: Die Regierungspolitik der Vereinigten Staaten hat eine Entwicklung genommen, von der auch Amerikaner entsetzt sind. [...] [Scahills] Buch wirft die Frage auf, inwieweit man die USA noch einen funktionierenden Rechtsstaat nennen kann."[456]

Die Liste Scahills ließe sich ohne Mühe ergänzen um Geheimgerichte und -gesetze, Strafandrohung für das Öffentlichmachen von Durchsuchungen, staatlich angeordnete Verschleppungen etc.

---

455 Typologie etwa: Exklusive Demokratie: Eingeschränktes Wahlrecht, keine freien und fairen Wahlen; Illiberale Demokratie: Unvollständiger Verfassungsstaat und beschädigter Rechtsstaat, Beschädigung der Grund-, Menschen, und liberalen Freiheits- und Bürgerrechte durch gewählte Regierungen; Delegative Demokratie: Regierungen können das Parlament umgehen oder auf die Justiz einwirken; Enklavendemokratie: Vetomacht bei Militär, Unternehmern oder anderen Akteuren ohne Legitimation durch Wahlen. Vgl. Wolfgang Merkel u.a.: Defekte Demokratie, a.a.O., S. 68-76.

456 Franziska Augstein: Die ganze Welt ein Schlachtfeld. Besprechung von Jeremy Scahills Buch „Schmutzige Kriege. Amerikas geheime Kommandoaktionen." (2013) In: „SZ" vom 8.10.2013, S. 15.

Hier vollzieht sich eine Renaissance absoluter Souveränität in bestimmten staatlichen Sektoren, die von legitimierten demokratischen Verfahren, öffentlicher Kontrolle und den Bindungen an völkerrechtliche Prinzipien, Grundrechtsgebote und rechtsstaatliche Beschränkungen abgekoppelt wurde. Der Trend zur schleichenden Ausweitung der „dunklen Seite der Macht“ über die sukzessive Installierung von Elementen eines permanenten Kriegsrechts nach innen und außen ohne formellen Kriegszustand[457] beschränkt sich keineswegs nur auf die USA. Unverkennbar nehmen auch viele der EU-Staaten diese Maßnahmen, obwohl im eigenen Land strafbar, aus Bündnisgründen, aus strategischen Überlegungen oder wegen geheimdienstlicher Vorteile in Kauf oder beteiligen sich aktiv daran, anstatt die Verfassungsrechte ihrer betroffenen Bürger, Firmen und staatlichen Institutionen zu schützen. „Gleich nach dem Terrortag 9/11“, schreibt Stefan Kornelius, „sagte ein besorgter Transatlantiker zu seinen europäischen Freunden: Nach dem Zweiten Weltkrieg haben wir euch gerettet, jetzt seid ihr dran.“[458] Davon ist nicht allzu viel zu merken. Das Schweigen der westlichen Leitdemokratie hinsichtlich eigener Verbrechen ist beredt.[459] Und weder auf der EU-Ebene noch auf der Ebene der EU-Mitgliedsstaaten spielten die Verletzungen von Grundrechten und nationalstaatlicher Souveränität durch befreundete Mächte[460] bisher eine wesentliche Rolle

457 Vgl. dazu den Erlass der „National Security Strategy“ (NSS) von 2002 und die Revisionen des „US Patriot Acts“ ab 2001.

458 Vgl. Stefan Kornelius: Auf der dunklen Seite der Macht. In: „SZ“ vom 2.7.2013 (online). URL: s. Lit.-Verz.

459 Wie deformiert das Rechtsbewusstsein mancher Vertreter der US-Exekutive inzwischen ist, zeigt sich darin, dass man Folterungen nicht generell aus moralischen und völkerrechtlichen Gründen ablehnt, sondern nach ihrem Nutzen beurteilt: „Der Chef des US-Auslandsgeheimdienstes CIA, Michael Hayden, hat die sogenannte Überstellung Terrorverdächtiger zu Verhören in Drittländern gerechtfertigt. ‚Unsere Programme sind so legal wie sie nützlich sind‘, sagte Hayden in einer Rede in Chicago. Durch die ‚Überstellung‘ können die Verdächtigen in Ländern vernommen werden, die weniger strenge Auflagen bei den Verhörmethoden haben und zum Teil auch Folter zulassen. Die so erhaltenen Informationen seien ‚unersetzlich, was der einzige Grund ist, aus dem wir dieses zugegebenermaßen umstrittene Programm‘ weiterverfolgen sagte Hayden.“ AFP/odg: CIA-Chef verteidigt Gefangenen-Outsourcing. In: „SZ“ vom 17.Mai 2010 (online). URL: s. Lit.-Verz.

460 Einer erstaunten Öffentlichkeit wurde erst in den letzten Monaten bewusst, in welchem Ausmaß US-amerikanische Gesetze hierzulande Rechtsgültigkeit haben Vgl. dazu Josef Foschepoth: In Deutschland gilt auch US-Recht. Warum Edward Snowden nicht in die Bundesrepublik kommen darf. In: „SZ“ vom 11.08.2014, S. 10.

– auch in Deutschland nicht.[461] Wie weit die Erosion des vom Westen lange hochgehaltenen demokratischen Wertekanons fortgeschritten ist, zeigt sich selbst in Großbritannien. Dessen Regierung zwang die linksliberale britische Tageszeitung „Guardian“, unter Aufsicht des Geheimdienstes GCHQ in den eigenen Redaktionsräumen Recherchematerial über die Abhöraktivitäten der NSA zu vernichten[462] – eine Aktion, die man lange Zeit eher mit den Praktiken russischer Geheimdienste in Verbindung gebracht hätte.

Viele Autoren sehen einen funktionellen Zusammenhang zwischen der Ausweitung autokratischer resp. autoritärer Elemente im Westen und dem freiwilligen oder erzwungenen staatlichen Souveränitätsabfluss zugunsten liberalisierter Märkte. Politologen wie Christoph Butterwegge u.a. nehmen die Entwicklung zum Anlass, vor einer Rückentwicklung zu jenen neoliberalen „Minimalstaaten“ zu warnen, in denen die Prekarisierung der Bevölkerung einhergeht mit der Ausweitung exekutiver Gewalt und mit verstärkten Eingriffen des Staates in die Grundrechte seiner Bürger. Diese doppelte Souveränitätsverschiebung und ihre funktionalen Wechselwirkungen bieten ohne Zweifel ein notwendiges und ertragreiches Forschungsfeld zur Zukunft der westlichen politischen Systeme. Doch soll hier die Fragestellung darauf beschränkt werden, wie sich die fiskalischen, wirtschafts- und ordnungspolitischen Weichenstellungen der neoliberalen Agenden und der Finanzkrise 2007 ff. auf die Souveränität und die Legitimation der sozialen Massendemokratien auswirken.

Verschuldung und demokratische Souveränität

Ein erster Aspekt betrifft die Veränderungen der Handlungskompetenzen der EWWU-Staaten in der Folge der Staatsschuldenkrise. Die Troika übernahm die Gläubigerforderungen der Finanzmärkte in die öffentliche Hand und treibt sie nun auf eigene Rechnung und Gefahr ein. Durch die „über Nacht getroffenen Notmaßnahmen“ wurde

461 „Ist es also souverän, wenn die Bundesregierung hinnimmt, dass die USA von deutschem Boden aus Krieg führen? Ist es souverän, wenn die Bundesanwaltschaft dabei zuschaut? Ist es souverän, dass die deutschen Staatsgewalten das geheimkriegerische Schalten und Walten der Amerikaner auf deutschem Territorium tolerieren, akzeptieren, respektieren?“ Heribert Prantl: Wie souverän ist Deutschland? In: „SZ“ vom 18.11.2013, S. 4. Vgl. auch Heribert Prantl: Vom Verschwinden der Bürgerrechte. In: „SZ“ vom 21.10.2013 (online). URL: s. Lit.-Verz.

462 Vgl. Oliver Klasen: Szenen wie aus einem Spionagethriller. In: „SZ“ vom 20.8.2013 (online). URL: s. Lit.-Verz.

nicht nur die Geschäftsgrundlage der EWWU vollkommen verändert[463], im Zuge der Memorandenpolitik verschoben sich auch die Handlungskompetenzen der supranationalen EWWU-Institutionen in Richtung auf eine faktische Rechtsetzungsmacht gegenüber ihren notleidenden Mitgliedern, den GIIPS-Staaten. Solche Kompetenzverlagerungen sind per se nicht illegitim; sie führen auch nicht gänzlich auf falsche europapolitische Pfade, sondern können das ohne Zweifel notwendige weitere Zusammenwachsen der europäischen Staaten beflügeln. Das Problem besteht darin, dass der Machtzuwachs der supranationalen Institutionen ebensowenig demokratisch legitimiert ist[464] wie deren ordnungspolitische Ausrichtung. Beide Bereiche, die Verfahren zur Herbeiführung politischer Entscheidungen (polity) wie die Inhalte der Entscheidungen (policy) sind unlösbar miteinander verbunden. Vor der Krise, schreiben Busch u.a., beschränkten sich die Mittel der EU-Kommission zur Liberalisierung der nationalen Märkte auf ‚weiche' Interventionen wie Verhandlungspolitik, Empfehlungen und Leitlinien.[465] Während der Krise wurde diese Linie durch einen neuen „europäischen Interventionismus" abgelöst, dessen inhaltliche Ausrichtung sich als „neoliberaler Autoritarismus" charakterisieren lässt: Länder, die dieser Politik nicht folgen

463 „Inzwischen dämmert allen Beteiligten die Tragweite der Brüsseler Entscheidung vom 8. Mai 2010. Die neudeutsche Bildersprache, in der wir pausenlos Rettungsschirme aufspannen und Rettungspakete schnüren, darf nicht darüber hinwegtäuschen, dass die über Nacht getroffenen Notmaßnahmen für den Euro andere Konsequenzen haben als alle bisherigen bail outs. Weil die Kommission nun für die Europäische Union als ganze Kredite am Markt aufnimmt, ist dieser ‚Krisenmechanismus' ein ‚Gemeinschaftsinstrument', das die Geschäftsgrundlage der Europäischen Union verändert. Die Tatsache, dass die Steuerzahler der Euro-Zone fortan gemeinsam für die Haushaltsrisiken der jeweils anderen Mitgliedstaaten haften, bedeutet einen Paradigmenwechsel." Jürgen Habermas: Wir brauchen Europa. In: „Die Zeit" vom 27.5.2010 (online). URL: s. Lit.-Verz.

464 Nach wie vor aktuell ist die Einschätzung von Höreth aus den 1990er Jahren: „[M]it dem weiterem Voranschreiten der europäischen Integration ist die Legitimationsbeschaffung zum Problem geworden, da in der EU traditionelle Prozesse der politischen Willensbildung sowie der Verantwortung und Zurechnung von allgemeinverbindlichen Entscheidungen unterlaufen werden." Marcus Höreth: Warum sich das Vereinte Europa mit der Demokratie schwer tut. In: Friedrich-Ebert-Stiftung (Hrsg.): „International Politics and Society", Heft 1/1998 (online), o. S. URL: s. Lit.-Verz.

465 „Ebenso wie die Verpflichtung zu mittelfristig ausgeglichenen Haushalten in der Entschließung des Europäischen Rates waren also auch die Mittel der präventiven Komponente nicht rechtlich bindend." Karsten Herzmann: Europäische Währungsstabilität über Bande gespielt. Ein Überblick über den Fiskalpakt. In: „Zeitschrift für das Juristische Studium", Heft 2, 2012 , S. 168-174 (online), hier: S. 169. URL: s. Lit.-Verz.

wollen, konnten nunmehr mit harten Sanktionen belegt werden.[466] Der Hebel zur Durchsetzung dieses neoliberalen Autoritarismus war zunächst der Druck der Verhältnisse, unter denen die GIIPS-Staaten – bei Strafe der Staatsinsolvenz – die Memoranden der Troika akzeptieren mussten (und angesichts der neoliberalen Ausrichtung der je nationalen Regierungsmehrheiten zumeist auch akzeptieren wollten). Zudem etablierte sich – neben der EU-Kommission, dem Europäischem Rat und dem IWF – mittlerweile auch die EZB als neuer europäischer Akteur: Sie wandelte sich von der Hüterin der Geld- und Preisstabilität zu einer direkten Interventionsinstanz auf dem Feld der Geldmarkt- und Wirtschaftspolitik, weil sie Staatsanleihen und verbriefte Unternehmensanleihen kauft[467] und auf diese Weise in die direkte Finanzierung von Staaten und privaten Unternehmen involviert ist – eine Kompetenz, die bisher jedenfalls nur den Staaten zustand. Sie machte diese Aufkäufe notleidender Staatsanleihen vom Beitritt der ausgebenden Staaten zum Rettungsschirm ESM abhängig, der wiederum die Erfüllung austeritätspolitisch grundierter Strukturreformen verlangt.[468] Zudem strebt sie – über eine weitere Ausreichung billiger Gelder und in der Absicht, die bei ihr geparkten Einlagen der Banken mit einem negativen Zins zu belegen –, eine Erhöhung der Inflationsrate von 1% auf 2% an. Sie betreibt auf diese Weise direkte Konjunkturpolitik wie die US-amerikanische Fed, verfolgt damit aber zugleich auch einen schnelleren Abbau der Schuldenlast der Mitgliedstaaten und nimmt zur Erreichung dieses Zieles eine Entwertung von Sparguthaben in Kauf. Die EZB hat mit der Aufkündigung ihrer Rolle als Hüterin der Geldwertstabilität in der Krise faktisch rechtsetzende ordnungs-, wirtschafts-, geldmarkt- und fiskalpolitische Handlungskompetenz erlangt. Mit einem solchen Interventionskatalog ist die Zentralbank keine unabhängige Institution mehr, sondern ein politisches Instrument der Finanzmärkte und der EU. Die EZB-Politik verstößt nicht nur gegen das Verbot von Staats - und Unternehmensfinanzierung nach der EU-Ratsverordnung 3603/1993 und gegen das Verbot des Maastrichter Vertrages zur gemeinsamen Haftung

466 Vgl. Busch u.a., S. 8 f.

467 Vgl. U. Meerkamp: EZB kaufte Staatsanleihen für 22 Milliarden Euro. In: tagesschau.de vom 16.8.2012 (online). URL: s. Lit.-Verz.

468 „Sie hilft Kreditinstituten, kontrolliert Staaten und soll bald die Finanzaufsicht übernehmen: Die Europäische Zentralbank gilt als Nebenregierung. Die Macht von EZB-Chef Mario Draghi wächst. Er hat die Trägheit der Politiker spürbar satt. Nun möchte er die Euro-Zone retten – mit der Notenpresse." Markus Zydra, Andrea Rexer: Europas heimliche Regierung. In: „SZ" vom 4.9.2012 (online). URL: s. Lit.-Verz.

der EWWU-Mitglieder, sondern auch gegen das Gebot der Geldwertstabilität nach Artikel 127 AEUV.[469] In dieser Metamorphose der EZB spiegelt sich das Vorgehen der Troika in der Krise – ein System anlassbezogener Kompetenzanmaßungen, Souveränitätserweiterungen, Ermächtigungen aus eigenem Recht und Rechtsbrüche, die Heribert Prantl so charakterisiert:

> „Die ganze Euro-Rettung basiert auf Entrechtlichung. Im Verhältnis der Mitglieder der Währungsunion zueinander und zum Finanzmarkt sind Verträge und Gesetze immer weniger verbindlich. Gestern formuliert, sind sie heute angeblich für effektive Rettungsmaßnahmen schon zu schwerfällig. Regeln, die aus der Not geboren wurden, sind angeblich für die nächste Not und die nächste Euro-Rettungsaktion schon nicht mehr geeignet, müssen angeblich der Not gehorchend gebrochen, oder, wie man beschwichtigend formuliert, großzügig ausgelegt werden. [...] Es gibt einen ‚Vertrag über die Arbeitsweise der Europäischen Union'. Er ist kompliziert, aber geltendes Recht. In der Staaten- und EU-Praxis ist es freilich so, dass nicht die Arbeitsweise dem Vertrag, sondern der Vertrag der Arbeitsweise angepasst wird. Aus Europa wird so eine Art Notverordnungs-Demokratie: Jede Rettungsaktion schafft sich ihr Recht."[470]

Diese Machtverschiebungen, die ihren Ausgangspunkt in der Schuldenkrise nahmen, sind konkrete historische Ausformung des allgemeinen Problems schuldenbedingter Souveränitätseinschränkung – leicht zu verdeutlichen an dem tiefen Seufzer eines deutschen Städtetagspräsidenten: „Die gewählten Ratsmitglieder haben nichts mehr zu entscheiden. Das ist das Ende von lokaler Demokratie, wenn man überhaupt keine Spielräume mehr hat."[471] Die finanzpolitische Souveränität, so viel ist bekannt, ist der König im Schachspiel. Fällt er, ist ein Spiel verloren, die anderen Figuren, hier: die Akteure auf staatlicher Ebene, sind handlungsunfähig. Wie im Kleinen, so im Großen: Speziell in der Eurozone scheint das Dilemma der Verschuldung inzwischen so sehr in den Bereich alltäglicher Normalität gerückt, dass Jaques Delors daraus vorsorglich schon einmal ein festes Prinzip ableitete:

---

469 Vgl. Gunnar Beck, ebda.

470 Heribert Prantl: Zypern-Hilfe im Bundestag. Geld schlägt Recht. In: „SZ" vom 18.4.2013 (online). URL: s. Lit.-Verz.

471 AFP/dpa/afis: „Das ist das Ende lokaler Demokratie". In: „SZ" vom 28.12.2010 (online). URL: s. Lit.-Verz.

> „In einer Währungsunion gilt die Regel: Die Souveränität endet, wenn die Solvenz endet. Konkret würde das bedeuten: Ein Staat, der keinen Zugang mehr zum Finanzmarkt hat, überträgt Schritt für Schritt seine finanzpolitische Souveränität an Europa – im Gegenzug für Finanzhilfen. Je größer die finanzielle Abhängigkeit von Europa, desto größer die Einwirkungsmöglichkeiten Europas. Wir schlagen dazu vor, eine europäische Schuldenagentur zu schaffen.“[472]

Wie man in die Nähe solcher Insolvenzen gerät, ist im Abschnitt über die europäische Schuldenkrise ausführlich dargelegt worden, aber es kann nicht oft genug wiederholt werden: Zur Vorgeschichte gehören neben kriminellen Handlungen, leichtfertigen Kreditvergaben und der Vernachlässigung von Außenhandelsbilanzen auch die von neoliberalen Eliten gewollte Reduktion staatlicher Gestaltungskompetenz, wahlweise durch Liberalisierung, Privatisierung, Rekommodifizierung und Senkung der Steuern (oder durch alle Maßnahmen zugleich) bei gleichzeitig steigenden anleihefinanzierten Ausgabenverpflichtungen und sinkenden Einnahmen. Am Ende dieses abschüssigen Weges sitzen die Gläubiger ohne demokratische Legitimation, aber als faktischer Souverän auf der Regierungsbank. Im Fall Griechenlands vertritt die Troika die Gläubiger. Alle Bereiche, die zum Katalog der Gläubigerbedingungen gehören – Arbeitsrecht, Ordnungs-, Fiskal-, Renten- und Sozialpolitik – wurden unter dem Druck der Verhältnisse nach den Maßgaben der Memoranden neu geordnet, liberalisiert, die Ausgaben gekürzt. Das Parlament war zwar auch weiterhin formal demokratisch legitimiert, aber von Souveränität konnte nicht mehr die Rede sein, da es bei Strafe der endgültigen Insolvenz nicht anders konnte als die Forderungen der Gläubiger zu erfüllen – eine Lage, deren Auswirkungen der Wirtschaftswissenschaftler Michael Hudson so beschrieb:

> „Wenn man zulässt, dass die Banken sich selbst regulieren und ein Vetorecht gegenüber staatlichen Regulatoren erhalten, kommt es zu einer Verzerrung der Wirtschaft, die es den Gläubigern erlaubt, sich an Spekulationsspielen und offenkundigen Betrügereien zu beteiligen, wie sie das letzte Jahrzehnt geprägt haben. Unter diesen Umständen ist die Alternative zu staatlicher Planung und Regulierung des Finanzsektors ein Weg in die Schuldknechtschaft.“[473]

472 Jacques Delors, Henrik Enderlein: Wer Schulden macht, muss Macht abgeben. In: „Die Zeit“ vom 23.12.2012 (online). URL: s. Lit.-Verz.

473 Michael Hudson: Was sind Schulden? In: „FAZ“ vom 2.12.2011 (online). URL: s. Lit.-Verz.

„Wenn man es zulässt" – das ist eine andere Formulierung für eben jenen zunächst politisch gewollten neoliberalen Verzicht auf demokratisch legitimierte Gestaltungsmacht, der von einem bestimmten Zustand an irreversibel zu werden droht, wenn die Schulden zu hoch sind und man daher, wie in der EWWU, gezwungenermaßen seine Rettung im Verbleib im Währungssystem suchen muss. Der Begriff Schuldknechtschaft mag eine mit Absicht zugespitzte Formulierung sein, aber er trifft den Kern der Sache: Es ist eine faktische Entmachtung des demokratischen Souveräns. In Griechenland war dies der Fall, als die Regierung Papandreou im Jahr 2010 ihre Unterschrift unter einen Kreditvertrag mit den EWWU-Staaten setzte, der ihr 80 Mrd. Euro Notkredite verschaffte und im Gegenzug die Erfüllung der Gläubigerforderungen verlangte. Der Verfassungsrechtler Giorgos Kasimatis, einer der Autoren der griechischen Verfassung, sprach in diesem Zusammenhang von der „Auflösung" der Verfassung und der „Abtretung von Souveränitätsrechten".[474] Und jeder ernsthafte Versuch, eine wirtschaftspolitische Alternative zur Austeritätspolitik der Gläubiger durchzusetzen, rückte den Kandidaten in die Nähe eines Staatsbankrotts. Wie stark der Finanzmarktsektor grundlegende demokratische Prozesse beeinflussen kann, zeigen die Reaktionen auf die Ankündigung des griechischen Premiers Papandreous, ein Referendum über die Memoranden durchzuführen: Die griechischen Anleihekurse sanken prompt in den Keller und das Vorhaben wurde daraufhin abgebrochen. Es war ein Vorgang, der Frank Schirrmacher in dem anfangs zitierten Artikel von einer „Deformation des Parlamentarismus durch erzwungene Marktkonformität" sprechen ließ und zu der hilflosen Frage veranlasste, ob man nicht sähe, „dass wir jetzt Rating-Agenturen, Analysten und irgendwelchen Bankenverbänden die Bewertung demokratischer Prozesse überlassen".[475] In diesem Vorgang ist der Satz, nach dem Eigentum Souveränität bedeutet, auf seine Spitze getrieben.

Ideelle Gesamtgläubiger, seien es nun Finanzmärkte – oder eine Troika als deren Stellvertreter – repräsentieren eben auch private, nicht legitimierte Souveränität gegenüber Staaten, die durch Selbstentmächtigung und Überschuldung Gefahr laufen, in einem Prekariat zu landen, dem man, wie wir wissen, bis ins 20. Jahrhundert die politischen Rechte verweigerte – eine unbehagliche Zukunft, die auch denjenigen Staaten blühen kann, die ihren Kopf noch nicht durch das Halsbrett der Memo-

474 Vgl. Kritidis, S. 137.
475 Vgl. Schirrmacher, a.a.O.

randenpolitik gesteckt, sich aber dem neoliberalen Diktat des Standortwettbewerbs bereits verschrieben haben, wie Claus Noé schon vor 17 Jahren hellsichtig in der „Zeit" schrieb:

> Nach neoklassischer Auffassung soll nun die Wirtschaft über die Politik herrschen. [...] Der global player soll der neue Souverän sein. Er wählt in deregulierten globalen Kapitalmärkten unter den Verfassungsstaaten denjenigen Standort aus, der seinem ökonomischen Interesse am nächsten kommt. Mobiles Kapital aus allen Ländern der Welt speist diese staatenlosen Märkte. Sie gewinnen den Primat über die Politik, über die dem Gemeinwohl verpflichtete Politik, auch über die gewählten Parlamente und Regierungen, Rechtsstaatlichkeit und Selbstverständlichkeiten der Humanität, von Sozialstaat oder Umweltvorsorge ganz zu schweigen. Menschen- und Bürgerrechte hängen immer mehr davon ab, ob sie ins individuelle Nutzeinkalkül von Finanziers passen, die jederzeit den Standort wechseln können oder nur damit drohen müssen.[476]

Formen solcher Politik lassen sich in der Behandlung der GIIPS-Staaten durch die Troika studieren. Insofern ist auch Crouchs Gedanke nachvollziehbar, dass Angehörige gut organisierter und meinungsbildender neoliberaler Netzwerke[477] mit gemeinsamen finanziellen, weltanschaulichen und geostrategischen Interessen eng mit den formell gewählten öffentlichen Amtsträgern und den großen nationalen Parteien kooperieren oder zum Teil sogar mit ihnen identisch sind. Gerade im Fall der akuten Schuldenkrise eines Staates bedarf es keiner großen Phantasie, um sich vorzustellen, dass ein politisch missliebiger Ausgang von Wahlen – bei Strafe des sofortigen Verlustes der Kreditwürdigkeit – die politische Handlungsfähigkeit einer neuen, nicht marktkonformen Parlamentsmehrheit beeinträchtigte. Das wäre dann sozusagen die Wiederkehr des Zensuswahlrechts durch die Hintertür, eine Kopplung des Zugangs zu realpolitischen Entscheidungen und zur politischen Repräsentation an materiellen Besitz, Grundbesitz, Investitions- oder Steuer-

476 Claus Noé: Der Staat darf nicht abdanken. In: „Die Zeit" vom 15.11.1996 (online). URL: s. Lit.-Verz.

477 Reinhard Jellen im Gespräch mit Hans Jürgen Krysmanski: Wer die Fäden zieht. In: Telepolis vom 29.12.2009 (online). URL: s. Lit.-Verz. Als Anregung zur Lektüre über die Rolle der „weltweit aktive Machteliten amerikanischen Zuschnitts" aus der Sicht Krysmanskis siehe: Richard Sorg: Die Reichen und Mächtigen – Materialien und Vorschläge zu ihrer Erforschung. in: „UTOPIE kreativ", Heft 180 (Oktober 2005), S. 925-931 (online). URL: s. Lit.-Verz.

kraft. So etwas muss jedenfalls nicht erst formell in einer Verfassung niedergelegt sein, um zu wirken, sondern kann auch informell praktiziert werden.[478]

Die schleichende Erosion demokratischer Souveränität unter dem Druck der Finanzmärkte betrifft auch Staaten, die trotz aller Verschuldung immer noch hohe internationale Kreditwürdigkeit und damit eigene Bewegungsfreiheit und eigene Gestaltungskompetenz aufweisen. Ende 2012 kauften internationale Investoren in großem Umfang französische Staatsanleihen, da diese eine bessere Rendite boten als deutsche Anleihen. Obwohl der französische Präsident Francois Hollande zur Beruhigung der Märkte und zur Verbesserung der Wettbewerbsfähigkeit gerade ein Paket über die Senkung der Arbeitskosten vorgestellt hatte, äußerte ein britischer Vermögensverwalter sogleich Zweifel an der Glaubwürdigkeit des Präsidenten und kritisierte die „Fundamentaldaten der französischen Wirtschaft“.[479] Kurze Zeit später stufte die Ratingagentur Standard & Poors Frankreichs Kreditwürdigkeit mit der Begründung herab, die Senkung der Arbeitskosten um zwanzig Milliarden Euro reiche noch nicht aus. In der Konsequenz, so kommentierte ein Broker, täte Frankreich gut daran, „Sanierungsauflagen“ zu erfüllen und die „Reformbemühungen“ zu beschleunigen.[480] Hollande befindet sich bis heute in der Zwickmühle: Beharrt er auf dem sozialstaatlichen Pfad, steigen die Zinsen für französische Anleihen und damit die staatliche Verschuldung. Geht er den austeritätspolitischen Weg des neoliberalen Umbaus, sinken die Einkommen aus unselbständiger Arbeit, die Beiträge zur Sozialversicherung, die Binnenkaufkraft und die Zuflüsse aus den Unternehmenssteuern – von den politischen Verwerfungen ganz zu schweigen: Weitere Stimmenverluste bei der Stammwählerschaft und die Stärkung des Front National wären die sichere Folge. Der permanente Druck aus dieser Zwickmühle lastet zwar zur Zeit besonders auf Frankreich und Italien[481], abzulesen an deren schweren Regierungskrisen 2014, aber er beschränkt sich keineswegs auf diese neuen Krisenstaat-Aspiranten: Bereits Anfang 2012 warnte Standard & Poors, dass man generell allen Industriestaaten die Höchstbewertung entziehen

478 Zum Begriff „informelles Zensuswahlrecht“ siehe: Albert Scharenberg: Alles außer Bush. In: „Blätter“ 9/2004 (online), o. S. URL: s. Lit.-Verz.

479 Vgl. W. Horobin, N. Chaturvedi: Hollande – verhindertes Schreckgespenst der Märkte. In: „Die Welt“ vom 22.11.2012 (online). URL: s. Lit.-Verz.

480 Vgl. Thomas Hanke: Moody's erhöht Reformdruck auf Hollande. In: „Handelsblatt“ vom 20.11.2012 (online). URL: s. Lit.-Verz.

481 Vgl. Alexander Hagelüken: Problemstaaten... Ebda.

wolle, die nicht massive Einschnitte in ihre Gesundheitssysteme vornähmen, etwa über Erhöhung des privaten Finanzierungsanteils an medizinischen Kosten und über Einschränkungen bei der Versorgungsdichte.[482]

In diesen Episoden nimmt jene „Überlagerung politischer durch ökonomische Kategorien", von der Couch sprach, eine ganz neue und dramatische Gestalt an: Selbst Staaten, die sich noch nicht in einer akuten Schuldenkrise befinden, geraten unter den Druck externer Finanzmärkte und müssen die Verfahren des politischen Interessenausgleichs und ihre innenpolitischen Zielsetzungen diesen Zwängen anpassen. Die Zunahme der Staatsverschuldung durch die Rettung des Finanzmarktsystems, aufgrund derer den Rettern durch die Geretteten auch noch höhere Kreditzinsen in Rechnung gestellt werden, beschleunigt diesen Prozess. Da alle Industrieländer 2013 zu über 100% ihres BIP verschuldet waren und allein die Refinanzierung auslaufender Anleihen Frankreichs, Italiens, Deutschlands und Spaniens Neuemissionen im Wert von 1,3 Billionen Euro erforderte[483], bedarf es keiner besonderen Phantasie, um sich die weitere Entwicklung vorzustellen. (s. auch Anhang 16)

Nichts charakterisiert dieses systemisch und chronisch gewordene Abhängigkeitsverhältnis zwischen Staaten und institutionellen Investoren besser als die Metapher von der „Beruhigung der Märkte".[484] Man könnte den Topos fast als Epochenbegriff verwenden. Wir leben nicht nur im Zeitalter finanzmarktgetriebener Akkumulationsregimes, sondern auch und vor allem im Zeitalter des globalen Marktberuhigungswettbewerbs. Die Assoziation von ‚Beruhigung' mit ‚Besänftigung' liegt da nahe, und von da aus ist es nur noch ein Gedankenschritt zu den Ritualen archaischer Kulturen, in denen – bei Strafe der Verwüstung des Königreichs – der Gottheit vielleicht eine (griechische?) Jungfrau als Opfer vorgesetzt wurde, um sie milde zu stimmen. Diese Überlegung gehört zwar eher in die Abteilung Kultur- oder Diskursgeschichte, aber die millionenfach verwendete Metapher sagt viel aus über das Verhältnis Finanzmarkt und Staat.

---

482 Joseph Kuhn: Unser Gesundheitssystem im Visier von Standard & Poor's. In: Science Blog vom 2.2.2012 (online). URL: s. Lit.-Verz.

483 Vgl. Lars P. Feld: Wann läuft die Schuldenuhr rückwärts? Die Zukunft der Staatshaushalte in Europa und in Deutschland. Veröffentlichung des Walter-Eucken-Instituts der Universität Freiburg (online), o. O., o. D., S. 12. URL: s. Lit.-Verz.

484 Unter diesem Begriff fanden sich bei Google 524000 Einträge, unter „sedation of markets" 11 Millionen.

Die Rückkehr des Privateigentums

Ein zweiter Aspekt betrifft die Rückkehr des Privateigentums[485] und deren Auswirkungen auf demokratisch-sozialstaatliche Souveränität und auf die individuellen Freiheiten des einzelnen. Die wachsende Dominanz privater Eigentumsrechte auf Kosten der sonstigen Grundrechte wird mit Sicherheit ein zentrales globales Problem der Zukunft sein. Im Folgenden soll es allerdings nicht um die Berechtigung oder Nichtberechtigung des Privateigentums als solchem gehen, auch nicht darum, ob Privatisierungen öffentlichen Eigentums per se schon Abkehr vom Sozialstaat bedeuten müssen. Es ist dies eine Eigentumsform mit Vor- und Nachteilen, wie sie allen Eigentumsformen zu eigen ist. Der entscheidende Punkt dreht sich im vorliegenden Fall um das, was Juristen Inhalts- und Schrankenbestimmung nennen, um das also, was den Grad an privater Verfügungs- und Gestaltungsmacht und Kontrolle über alle möglichen Eigentumsgegenstände, etwa natürliche Ressourcen, Geldvermögen, Grund und Boden, Immobilien, Sachwerte, geldwerte Rechte, Arbeitsleistungen und deren Erträge, betrifft. § 903 des deutschen BGB etwa bestimmt, dass der Eigentümer „mit [einer] Sache nach Belieben verfahren und andere von jeder Einwirkung ausschließen [...]“ kann, schränkt aber zugleich ein: „[...]soweit nicht das Gesetz oder Rechte Dritter entgegenstehen[...]“.[486] Hier nun kommt der weiter oben erwähnte demokratische Souverän mitsamt seinem Konkurrenten, dem Grundrechtskatalog, ins Spiel. Er definiert den Grad der Eigentümerbefugnis in Form der Regelung von Haftungsfragen, Umweltauflagen, Mieter- oder Arbeitsschutzbestimmungen, Preisobergrenzen für bestimmte Produkte, Steuersätzen etc. Dieses Verhältnis bewegte sich im Laufe der Geschichte zwischen den Polen fast unumschränkter privater Verfügung einerseits und unumschränkter staatlicher/öffentlicher Ver-

485 Höpner u.a. bezeichneten Liberalisierungspolitik als „theoriegeschichtlich überraschendes Ereignis“, das von den Wirtschaftstheoretikern des 20. Jahrhunderts nicht erwartet worden war: „Nicht sich dezentral vollziehende oder politisch administrierte Marktschaffung, sondern ein evolutionärer Trend zur Marktbeseitigung kennzeichnete für eine Mehrheit der politökonomischen Klassiker die Entwicklung des Kapitalismus, und zwar nicht nur im Sinne raum- und zeitgebundener empirischer Beobachtungen, sondern im Sinne tiefer liegender, dem Kapitalismus innewohnender Gesetze.“ Höpner u.a. 2009, S. 10.

486 Vgl. Bundesministeriums der Justiz: BGB in der Fassung vom 1.10.2013. Nichtamtliche Veröffentlichung (online). URL: s. Lit.-Verz. Siehe zum Eigentumsgrundrecht auch: Matthias Schmidt-Preuss: Der Wandel der Energiewirtschaft vor dem Hintergrund der europäischen Eigentumsordnung. In: „Europarecht“. Heft 4, Juli-August 2006, S.463-488. URL: s. Lit.-Verz.

fügung über das Eigentum andererseits.[487] Ein wesentliches Kennzeichen des Neoliberalismus der letzten Jahrzehnte war, dass sich die Waagschale entgegen allen wissenschaftlichen Prognosen wieder in Richtung größerer Verfügungsmacht der Eigentümer und stärkerer Gewichtung des Privateigentums neigte[488], ablesbar etwa an der Diskussion über den zunehmenden Dominanzanspruch der Shareholder gegenüber den Stakeholdern eines Unternehmens.[489]

Veränderungen in diesem Bereich sind politisch hochsensibel, wenn sie nicht nur einzelne Betriebe, sondern die gesamte Volkswirtschaft und das Rechtssystem tangieren. In diesem Fall betreffen sie die Lebensgestaltung und -planung jedes einzelnen, aber auch den Umfang, die Struktur und den Grad demokratischer Herrschaft: Je stärker sich der Rückzug des demokratischen Sozialstaates vollzieht, je höher der private Verfügungs- und Regelungsanteil und -grad über die gesellschaftliche Wertschöpfung, über Geldvermögen, Sachwerte, Immobilien, Vorsorgeeinrichtungen, über Arbeitskräfte, Arbeitsbeziehungen und Produkte ausfällt, desto geringer sind die Möglichkeiten des Souveräns, die Bindung des Eigentums an die Normen sozialer Demokratien mit ihren Implikationen von Menschenwürde und -rechten zu gestalten [490] – und

---

487 Vgl. zur Einführung in das Thema: Ruth König: Inhalts- und Schrankenbestimmung oder Enteignung? In: Juristische Arbeitsblätter, Heft 4, 2001, S.345-349.

488 Stellvertretend für die Auffassung vieler anderer namhafter Ökonomen: „Auch Joseph Schumpeter beschrieb ein Gesetz der abnehmenden Prägekraft des Privateigentums: Mit der Unternehmerfunktion schwinde auch der spezifische Nutzen der Privatwirtschaft. Die Führung von Unternehmen wandle sich zu einer reinen Verwaltungsangelegenheit, folglich werde der Kapitalismus sich nach und nach dem Sozialismus annähern. Mögliche Anstöße für eine Umkehrung des Prozesses, für die Wiederkehr der formativen Wirkung von Privateigentum und Märkten sah er nicht." Höpner u.a. 2009, S. 7 f.

489 Es handelt sich hier um ein „Konzept, nach dem die Unternehmensführung nicht nur die Interessen der Anteilseigner (Shareholder), sondern aller Anspruchsgruppen, ohne deren Unterstützung das Unternehmen nicht überlebensfähig wäre, zu berücksichtigen hat. Die Gruppe der Stakeholder ist folglich sehr heterogen und umfasst z.B. die Arbeitnehmer, Kunden und Lieferanten, den Staat und die Öffentlichkeit." Gabler Verlag (Hrsg): Gabler Wirtschaftslexikon (online), Stichwort: Stakeholder-Ansatz. URL: s. Lit.-Verz.

490 Wie im kleinen, so im großen: Die Muster finden sich auch in der seit Jahrzehnten ungeklärten Frage, inwieweit global agierende Unternehmen Verantwortung für Menschenrechtsverletzungen tragen. „Über die Verantwortung von Unternehmen für Menschenrechtsverletzungen wird seit Jahrzehnten debattiert – auf Ebene der Vereinten Nationen, der OECD oder der EU. Tragen internationale Firmen Mitschuld, wenn bei Zulieferbetrieben Zwangsarbeit herrscht? Wenn sie Rohstoffe aus Kriegsgebieten kaufen und so Konflikte verlängern? Wenn Arbeiter ihrer lokalen

desto größer sind umgekehrt die Möglichkeiten des Privateigentümers zur Gestaltung von Belangen allgemeiner und öffentlicher Bedeutung.

In den letzteren Problembereich gehört ohne Zweifel die weltweite Zunahme großer Privatvermögen, in deren Folge ein privates Stiftungswesen aufblühte, dessen Schenkungen den Etat mancher Staaten übersteigen. Microsoft-Gründer Bill Gates etwa, Initiator einer globalen Charity-Bewegung, und andere Milliardäre sollen 2010 allein aus privaten Vermögen eine Summe von 600 Mrd. Dollar bewegt haben, die für soziale, kulturelle und wohltätige Zwecke, insbesondere für Bildung und Gesundheitswesen bestimmt sind.[491] So großzügig und verantwortungsbewusst solche Spendenaktionen auch sein mögen: Der durch die publikumswirksame Großspender-Charity sichtbar gewordene Zuwachs an privaten Vermögens-Volumina hat ohne Zweifel mit dem neoliberal gewollten Rückzug der transatlantischen Staaten aus der Eigentumsregulierung, mit der geforderten Stärkung des Privateigentums, mit der Senkung von Vermögens- und Körperschaftssteuern, mit der nachlassenden Erhebungsintensität der Steuerbehörden, dem nicht selten staatlich geförderten Aufblühen von Steueroasen, mit der Liberalisierung der Arbeitsmärkte und der Verlagerung von Produktionsstätten zu tun, letztlich also damit, dass Stiftungen „Resultat vorenthaltener Löhne und nicht gezahlter Steuern“ sind, wie der Jesuit Friedhelm Hengsbach zugespitzt formulierte.[492] Ein Boom von Stiftungen und Wohltätigkeitsveranstaltungen ist stets ein Zeichen zunehmender Ungleichheit an Einkommen und Vermögen, und wenn auf diesem Wege größere Gruppen der Bevölkerung zu Almosenempfängern gemacht werden, zu zufälligen Empfängern der Wohltaten philanthropischer Millionäre aufgrund deren privaten Neigungen und Präferenzen, so bleibt ein schaler Nachgeschmack. Den Hautgout solcher Gabenlotterien hatte schon Johann Heinrich Pestalozzi als unwürdig empfunden, als er – lange vor

Betriebe von der Polizei terrorisiert werden, weil sie in der Gewerkschaft sind? [...] Die OECD hat sehr viel detailliertere ‚Richtlinien für multinationale Unternehmen‘ festgesetzt, die immerhin ein Beschwerdeverfahren vorsehen. Doch wie weit Unternehmensverantwortung reicht, wo die juristische Haftbarkeit beginnt und vor welchen Gerichten sie eingeklagt werden kann – all das ist höchst umstritten.“ Andrea Böhm: Kongo. Der Mord im Dorf. In: „Die Zeit“ vom 25.4.2013 (online). URL: s. Lit.-Verz.

491 Vgl. Lars Halter: Buffett, Gates und Co.: Amerikas Superreiche starten Spendenrevolution. In: „Spiegel“ vom 5.8.2010 (online). URL: s. Lit.-Verz.

492 Vgl. Malte Conradi und Christoph Giesen im Gespräch mit Friedhelm Hengsbach: „Erbschaften sind undemokratisch.“ In: „SZ“ vom 12.4.2013, S. 24.

der Menschenrechtserklärung von 1948 – schrieb, dass die Wohltätigkeit das Ersäufen des Rechts im Mistloch der Gnade sei.[493]

Der Zuwachs von Gnadenakten aus eigenem Recht – als Ausdruck privater, jederzeit wandelbarer Gesinnung – ist erst in zweiter Linie eine Frage der Moral. In der Hauptsache stellt sich hier das fundamentale politische Problem des Verlustes legislativer Gestaltungsmacht[494] mit ihrer verpflichtenden Bindung an normative Setzungen, in dessen Gefolge grundlegende Aufgaben von allgemeinstem Interessen dem demokratischen Entscheidungsprozess sukzessive entzogen und von nicht legitimierten Instanzen exekutiert werden.[495]

Diese Diffusion einklagbarer, öffentlich kontrollierbarer sozialstaatlicher Rechte in private Souveränitätssphären[496] gilt nicht nur für Stif-

---

493 Zit. n. Heribert Prantl: Bankenregulierung. Pflicht zur Wiedergutmachung. In: „SZ“ vom 4.10.2012 (online). URL: s. Lit.-Verz.

494 „Der bekanntermaßen wenig an Traditionen gebundene US-amerikanische Pragmatismus macht nicht mehr den Versuch, das sozialstaatliche Versprechen an Bedürftige in Form umfassender sozialer Systeme aufrecht zu erhalten. Vielmehr soll der Rückgriff auf die gemeinschaftliche und private Moral jene Lücke füllen, die das soziale System jetzt bewusst lässt.“ Wolfgang Klug: Abstract zu: Was kommt nach der „Moderne“? : Die neue US-amerikanische Sozialpolitik und ihre Konsequenzen für die Entwicklung der Sozialen Arbeit in Deutschland. In: „Sozialmagazin: die Zeitschrift für soziale Arbeit“, Bd. 29 (2004), Heft 5 (online), S. 38-43. URL: s. Lit.-Verz.

495 Zu dem Thema schreibt Jordan Mejias in der FAZ: „In der Debatte über die steuerbedingte Großherzigkeit der Milliardäre geht der alte Streit um das Verhältnis von Staat und Bürger, von Allgemeinwohl und Individualglück weiter. [...] [D]ass die ökonomischen Machthaber immer mehr auch in gesellschaftlichen Belangen auftrumpfen, missfällt jetzt aber nicht allein dem linkslastigen ‚Guardian‘ in der europäischen Ferne, die für viele Amerikaner ohnehin unter Sozialismusverdacht steht. Vom ‚Boston Globe‘ bis zu ‚Foreign Affairs‘, der Zeitschrift des wahrlich nicht antikapitalistischen Council on Foreign Relations, reißt die Kette der Vorbehalte und offenen Zweifel nicht ab. [...] In einer nun oft zitierten Studie, die Michael Edwards, ehemals in Diensten der Weltbank, für den Thinktank Demos anfertigte, heißt es noch deutlicher: ‚Warum sollten die Reichen und Berühmten entscheiden, welche Schulen reformiert oder welche Arzneimittel zu erschwinglichen Preisen verteilt oder welche Bürgerbewegungen finanziell unterstützt werden sollten?‘ Die Antwort darauf hat Bill Gates noch nicht gegeben.“ Jordan Mejias: Amerikas Milliardenspender. Profitgeier im Schafspelz. In: „FAZ“ vom 10.8.2010 (online). URL: s. Lit.-Verz.

496 „Dem Staat entgleitet das Monopol für die Aufrichtung von Verfügungsrechten immer stärker.“ Christoph Engel: Die soziale Funktion des Eigentums. In: Otto Depenheuer, Christoph Engel, Thomas von Danwitz (Hrsg.): Bericht zur Lage des Eigentums. Reihe Bibliothek des Eigentums, Bd. 1. Springer-Verlag, Berlin 2002 , S. 9-107 (online), hier: S. 100. URL: s. Lit.-Verz.

tungs- und Schenkungsakte, für Geldvermögen und geldwerte Sachzuwendungen[497], sondern ebenso für die Ausgestaltung von Arbeitsverhältnissen mit ihrem Trend zur Re-Kommodifizierung. Wie sich die wieder etablierten neoliberalen Freiheitsgrade der Vertragsgestaltung auswirken können, lässt sich nicht nur in Bangla Desh, sondern auch in Deutschland beobachten: Beim niedersächsischen Großschlachter Weidemark in Osnabrück erwiesen sich die Wohnungs-, Hygiene- und Verpflegungsbedingungen für osteuropäische Werksvertrags-Arbeiter als so katastrophal, dass Parteien, Kreistag, Kommunalverwaltung und Bevölkerung dagegen Front machten.[498] Die Verbesserung der Lage der Beschäftigten war hauptsächlich dem zivilgesellschaftliche Engagement der Bürger und der Einrichtung eines Runden Tisches zu danken. Aber letztlich war man dabei auf die moralische Kraft zivilgesellschaftlicher Argumentation und auf den guten Willen des Unternehmens angewiesen. Die Durchgriffsmöglichkeiten der kommunalen Verwaltung mussten sich aus rechtlichen Gründen auf die Kontrolle von Hygiene- und Brandschutzvorschriften und entsprechende Auflagen beschränken, während die Entscheidung, wirksam Abhilfe zu schaffen, letztlich ganz in der privaten Verfügungsgewalt des Unternehmens über Wohn- und Arbeitsverhältnisse lag.[499]

Ähnlich problematisch ist der Fall des Klinikbetreibers Ameos, der wegen unzumutbarer Arbeitsbedingungen und menschenunwürdiger Patientenbetreuung vor einiger Zeit in der Kritik stand. Mit der Privatisierung der niedersächsischen Landeskrankenhäuser im Jahre 2007 hatte die damalige Landesregierung einen Teil der staatlichen Rechtsaufsicht und der Zugriffsberechtigung auf die Klinikunterlagen aufgegeben – ein Umstand, der heute die Aufklärung und die rechtliche Sanktionierung erschwert. Die Begleitumstände der Privatisierung von Landes-

497 Nach ähnlichem Prinzip funktionieren die „Tafeln" zur Speisung der zunehmenden Zahl von Bedürftigern Sie funktionieren durch Spenden der lebensmittelverarbeitenden Gewerbebetriebe und gelten Kritikern als ambivalent, da sie einerseits unzweifelhaft nützlich sind, andererseits als Lückenbüßer für mangelhafte soziale Leistungen gesehen werden.

498 Diese inzwischen weitverbreiteten Werkverträge sind ein zentrales Instrument zur Beschleunigung von Sozial- und Lohndumping und zugleich Ausdruck veränderter Auslegungen der Inhalts- und Schrankenbestimmung des Eigentums.

499 Vgl. Bürgerinitiative Pattensen: „Eimermenschen" – Diskriminierung aus Profitgier? In: Wendepunkt: Newsletter der Bürgerinitiative Pattensen, Nr. 4, Januar 2013 (online). URL: s. Lit.-Verz. Vgl. auch: Hedwig Ahrens: Verbessertes Leben für die „Eimermenschen". In: NDR1 Regional vom 18.12.2012 (online). URL: s. Lit.-Verz.

krankenhäusern führten zu massiven verfassungsrechtlichen Bedenken hinsichtlich der Abgabe des Gewaltmonopols an private Betreiber.[500]

Die Episoden können als paradigmatisch für die inzwischen weitverbreitete Praxis[501] gelten, die Normen der Arbeitsbedingungen im Rahmen der Rekommodifizierungslinie von EU-Kommission[502] und Europäischem Gerichtshof kontinuierlich abzusenken.[503] Dieser Trend zur Kommodifizierung führt zurück zu jener „Privatisierung der Gestaltung von Zukunft“[504], die aus manchen Bureauordnungen des 19. Jahrhundert überliefert ist, in denen der Patron der Belegschaft fürsorglich empfahl, für das Alter beizeiten eine Summe vom Gehalt zurückzulegen und sich ansonsten dafür zu bedanken, dass er sie ernährt. (s. Anhang 17) Auch hier scheint der Gedanke der Gnade auf, der im Extremfall keine rechtlichen Ansprüche der Beschenkten anerkennt. Trotz aller immer noch bestehenden sozialstaatlichen Regelungskompetenz ist dies der Kernkonflikt zwischen Neoliberalismus und sozialer Demokratie.[505] Der Tenor der (unverbindlichen) EU- Rahmenbedingungen für

500 Vgl. Petra Bühring: Privatisierung von Landeskrankenhäusern: Verfassungs-rechtliche Bedenken. In: „Deutsches Ärzteblatt“, Ausgabe 10/2005 (online), Seite 442. URL: s. Lit.-Verz.

501 Siehe zum Thema ‚Wanderarbeiter und Arbeitnehmerfreizügigkeit in der EU‘ zahlreiche ähnliche Fälle unter: DGB: Faire Mobilität (online). URL: s. Lit.-Verz.

502 „Im Europäischen Parlament wird derzeit ein Vorschlag der EU-Kommission für eine Durchsetzungsrichtlinie der Richtlinie 96/71/EG über die Entsendung von Arbeitnehmern im Rahmen der Erbringung von Dienstleistungen beraten. Der DGB warnt vor einer Aufweichung der Arbeitnehmerrechte und einer Ausweitung des Lohndumpings in Europa durch die EU-Kommission.“ Ebda., o. S.

503 „Weit verbreitet ist auch der Versuch von Sozialbetrug durch Entsendefirmen. [...] Verschärft wurde die Situation noch einmal durch die Rechtsprechung des Europäischen Gerichtshofes (EuGH). Durch eine Serie von Urteilen (Viking, Laval, Rüffert und Luxemburg) hat das Gericht die ursprüngliche Zielsetzung der Entsenderichtlinie – die Festlegung von Mindestarbeitsbedingungen – in ihr Gegenteil verkehrt. Die in der Richtlinie verankerten Mindestnormen sind nun als Obergrenzen (Maximalforderungen) umgedeutet.“ DGB-Bundesvorstand: Aufruf: Europäische Demonstration gegen die Verschlechterung der Entsenderichtlinie am 23.1.2013 (online), o. S. URL: s. Lit.-Verz.

504 Petra Schaper-Rinkel: Der Zeit-Raum der Zukunft als politischer Handlungsraum. In: Britta Krause; Tania Meyer; Nina Pippart; Dietmar Fricke (Hrsg.): Agency in ZeitRäumen. Frankfurt am Main: P. Lang, 2006 , S. 185-196 (online), hier: S. 193 f. URL: s. Lit.-Verz.

505 „Erstes Anliegen der liberalen Eigentumslehre war es daher, das Recht auf inhaltlich unbegrenztes Individualeigentum und den Anspruch der Eigentümer auf Selbstregierung theoretisch zu untermauern;[...]“ Helmut Rittstieg: Die juristische Eigentumslehre in der Zeit des Nationalsozialismus. In: Quaderni fiorentini, hrsgg. von A.Giuffré, Mailand, Heft V/VI (1976-77) , S. 703- 721 (online), hier: S. 703 f.

die soziale Verantwortung der Unternehmen zeigt eben diese Zweischneidigkeit:

> „Die meisten Definitionen bezeichnen [soziale Verantwortung der Unternehmen] als ein Konzept, das den Unternehmen als Grundlage dient, auf freiwilliger Basis soziale Belange und Umweltbelange in ihre Unternehmenstätigkeit und in die Wechselbeziehungen mit den Stakeholdern zu integrieren. Sozial verantwortlich handeln heißt nicht nur, die gesetzlichen Bestimmungen einhalten, sondern über die bloße Gesetzeskonformität hinaus ‚mehr' investieren in Humankapital, in die Umwelt und in die Beziehungen zu anderen Stakeholdern."[506]

Das hört sich zunächst gut an, aber die Formulierung bestätigt letztlich den Trend, die Gestaltung der Arbeitswelt zunehmend den Marktgesetzen und den privaten Einstellungen der Eigner zu überlassen. Zudem ist soziale Verantwortung eine relative Bezugsgröße: Angesichts der großen Kommodifizierungswellen der letzten Jahrzehnte muss ein Angebot, das über die jetzige Gesetzeskonformität hinausgeht, nicht mehr viel bedeuten.

Damit steigt die Gefahr der Herausbildung sozial- und rechtsstaatsferner Immungebiete, wie sie in Sonderwirtschaftszonen[507] außerhalb der EU bereits zahlreich vorhanden sind und auch für Europa gefordert werden – und dies umso mehr, je schlechter die Daten der eigenen Wirtschaft sind oder je schlechter sie dargestellt werden.[508] Das Problem faktischer privatwirtschaftlicher Immunisierung in einem demokratischen Rechtsstaat hatte der gelernte Jurist Kurt Tucholsky schon in der Weimarer Republik auf seine unübertreffliche Art auf den Punkt gebracht:

> „Eine Verfassung ist, so sie diesen Namen überhaupt verdient, der Extrakt aller Grundgesetze, staatlicher Einrichtungen, wichtigster Praxis des Landes. Diese da ist ein Hütchen, das sich ein gänzlich ungewandelter Koloß spaßeshalber aufs linke Ohr setzt

---

URL: s. Lit.-Verz.

506 Europäische Kommission: Europäische Rahmenbedingungen für die soziale Verantwortung der Unternehmen. Grünbuch. 2001 (online), S. 8. URL: s. Lit.-Verz.

507 Vgl. insgesamt Uwe Kerkow, Jens Martens: Sonderwirtschaftszonen. Arbeitspapier, hrsgg. von DGB, Global Policy Forum Europe, terre des hommes, Düsseldorf, Bonn, Osnabrück 2010 (online). URL: s. Lit.-Verz.

508 Vgl. Harald Neuber: Mit Sonderwirtschaftszonen aus der Eurokrise? In: „Telepolis" vom 15.9.2012 (online). URL: s. Lit.-Verz.

> – eine Papiertüte zum politischen Bockbierfest und für höhere Feiertage. Bei der Arbeit nimmt man sie ab. [...] Zwei Stunden vor den Toren Berlins treten die Gutsarbeiter morgens zum ‚Appell' an; drei Stunden von der Wilhelmstraße entfernt pfeift alles auf wahre Demokratie."[509]

Das Problem ist nicht zusammen mit den Ostelbischen Junkern untergegangen. Es ist zurückgekehrt nach Deutschland und Europa, von den USA ganz zu schweigen – auch wenn heute dem Eigentümer keine privaten gutsherrlichen Polizei- und Gerichtsprivilegien mehr überlassen werden wie damals. Und selbst das ist nicht mehr so sicher.

Demokratische Rechtssouveränität

Aber es geht nicht nur um den Rückzug des Staates aus bestimmten Souveränitätsbereichen, sondern auch um das Einrücken neuer nichtstaatlicher Akteure in die Leerstellen. Ein ganz zentrales Kapitel in diesen so eminent wichtigen Fragen stellt das Vorhaben zur Schaffung der transatlantischen Freihandelszone TTIP dar.[510] Das Thema wurde im Abschnitt über den Dominanzzuwachs der Märkte gegenüber den Staaten schon einmal angesprochen. Hier wird es unter demokratietheoretischen Aspekten nochmals aufgegriffen, denn es betrifft im transatlantischen Raum die grundsätzliche Neubestimmung demokratischer Souveränität, demokratischer Rechtsstaatlichkeit und demokratischer Verfahren zur Durchsetzung politischer Entscheidungen. Es sind Veränderungen, die sich im Zuge der weltweit zunehmenden rechtlichen und ökonomischen Verflechtungen schon seit längeren vollziehen. Andreas Fischer-Lescano etwa konstatierte die Entstehung eines „globalen Rechtspluralismus", der zwar nicht von einem Rechtsschwund, aber doch von einer Veränderung der Rechtsstruktur begleitet ist:

> „An die Stelle der nach innen einheitlich und hierarchisch gedachten staatlichen Rechtsordnung, die nach außen nur den Bindungen des Völkerrechts unterliegt, tritt offenbar ein unübersichtliches Nebeneinander zahlreicher Ordnungsmuster verschiedenen Zuschnitts."[511]

509 Ignaz Wrobel: Verfassungsschwindel. In: Die Weltbühne vom 26.10.1926, Nr. 43 (online), S. 646. URL: s. Lit.-Verz.

510 Vgl. dazu Nikolaus Piper: Gewagtes Projekt...a.a.O.

511 Andreas Fischer-Lescano: Globaler Rechtspluralismus. In: Aus Politik und Zeitgeschichte, Heft 34-35 vom 23.8.2012 (online), o. S. URL: s. Lit.-Verz.

Zu den wesentlichen Elementen dieser globalen Rechtsetzungsverschiebungen zählt Fischer-Lescano a) die Herausbildung eines supranationales Rechts, in dessen Rahmen staatlich gegründete internationale Organisationen mit eigener Rechtsetzungsbefugnis Vorschriften erlassen, die teilweise unmittelbare und bindende Wirkung für Staaten und ihre Bürger haben. Daneben steht b) die Entwicklung eines transnationalen Rechts, das durch Verträge privater Akteure, teilweise mit staatlicher Beteiligung, zur Geltung gebracht wird, bspw. durch das Regime der Internet Corporation for Assigned Names and Numbers (ICANN), einer privatrechtlich verfassten Institution mit Sitz in Kalifornien. Ferner unterliegt c) nationale Rechtsprechung mehr und mehr einer Hybridisierung: Nationalstaatliche Gerichte beziehen sich bei der Auslegung des nationalen Rechts zunehmend auf internationale Quellen, etwa auf die Rechtsprechung internationaler Gerichte und völkerrechtliche Verträge. Und schließlich sieht Fischer-Lescano d) eine Fragmentierung des Völkerrechts, innerhalb derer eine Vielzahl bereichsspezifischer Regimes voneinander weitgehend unabhängig ihrer eigenen Sachlogik folgen. Solche sog. ‚self-contained regimes' schließen partiell den Rückgriff auf das allgemeine Völkerrecht aus, wie sich etwa in bestimmten Konflikten zwischen Freihandelsinteressen und Umweltschutzbelangen zeigte, die von der WTO zu schlichten waren. So weit zunächst Fischer-Lescano.

Nun steht außer Frage, dass im Zuge der internationalen Verflechtungen die unterschiedlichen Rechtssysteme gemeinsamer Werte- und Verfahrensstandards bedürfen, um allfällige Kollisionen zu vermeiden. Aber gerade im ersten und zweiten Fall, der Herausbildung eines supranationalen und transnationalen Rechts unter ausschließlicher Beteiligung privater Akteure deutet sich ein Trend zur Verlagerung von Entscheidungen in rechtsstaatliche Grauzonen an, in denen von demokratischer Legitimation und legaler wertgebundener Rechtsanwendung nicht mehr die Rede ist. Gleichwohl entstehen hier wirksame Rechtssetzungsebenen, in denen für hunderte von Millionen Menschen verbindliche lebenswichtige Entscheidungen getroffen werden. Diese Prozesse vollziehen sich schleichend und verbergen sich, obwohl keineswegs interesselos[512], gern hinter dem Mantel mehr oder weniger wertfreier Verfahrensfragen, die keine klaren Kontrollinstanzen und keine rechtsstaatlichen Zuständigkeiten mehr kennen. Der finnische Diplomat

512 Vgl. Andreas Zielcke: Transatlantisches Freihandelsabkommen. TTIP Sieg über das Gesetz. In: „SZ" vom 3.5.2014 (online). URL: s. Lit.-Verz.

Martti Koskenniemi untersuchte kürzlich den Trend zur Ablösung rechtsstaatlich definierter Regierungskompetenzen durch Formen pragmatischer „Steuerung“ und fand ihn widergespiegelt in der zunehmenden Verbreitung eines technischen Vokabulariums weit auslegbarer Begriffe.[513] Die folgende Gegenüberstellung gibt einen Eindruck vom allmählichen Wechsel von verfassungsrechtlich klar definiertem „government“ zu einer als „governance“ umschriebenen und unklar legitimierten Handlungs- und Verfahrensebene:

Herkömmlicher Begriffskatalog wertgebundener und legaler Rechtsanwendung:	*Neuer Begriffskatalog technokratischer und für legitim erklärter Regelungsverfahren:*
„Regierung“	„Steuerung“
„Regeln und Gesetze“	„Regulierung“
„Institutionen“ „Rechtsgarantien“	„Regimes“ („Menschenrechtsregime“ „Handelsregime“ „Sicherheitsregime“)
„Verantwortlichkeit“	„Compliance“
„Recht und Gesetz, Legalität“	„Legitimität“
Juristen als „Rechtsanwender geltender Gesetze“	pragmatisch agierende „Experten der Problemlösung und Beziehungen“

Es liegt auf der Hand, dass sich hier ganz neue und konkurrierende operative Entscheidungsebenen und Rechtssysteme herauszubilden beginnen. Für Fischer-Lescano erfordern die Fragen nach der Legalität und Legitimität supranationaler Entscheidungen unter den Bedingungen der Globalisierung gänzlich neue Herangehensweisen: zum einen die Anerkennung der „Parallelisierung und Vernetzung von gesetzlicher und vertraglicher Geltungsproduktion“, zum anderen, angesichts der Besonderheiten supranationaler Rechtsetzungsprozesse, die Anpassung hergebrachter Demokratievorstellungen:

513 „Words are politics. When vocabularies change, things that previously could not be said, are now spoken by everyone; what yesterday seemed obvious, no longer finds a plausible articulation. With a change of vocabularies, new speakers become authoritative[...]Periods of social transformation often involve clashes of vocabularies. Old languages begin to seem inadequate. They begin to ring like the voice of corruption of old elites. This is true of law as well: a new legal idiom challenges an old one; new lawyers become authoritative.“ Martti Koskiennimi: Miserable Comforters: International. Relations as New Natural Law. In: European Journal of International Relations. SAGE Publications and ECPR-European Consortium for Political Research, Vol. 15(3), S. 395–422 (online), hier: S. 395 f. URL: s. Lit.-Verz.

> „In den transnationalen Arrangements, die zwar teilweise öffentliche Belange berühren, Recht aber häufig ohne staatliche Beteiligung im Vertragswege in Geltung setzen, scheint es gar einer grundlegenden Neuformulierung des Verhältnisses von Demokratie und Grundrechten zu bedürfen."[514]

Damit steht die Frage auf der Tagesordnung, ob privatrechtlichen Verträgen nicht die gleiche Rechtskraft zukommen sollte wie staatlicher Rechtsetzung und inwieweit diese Vertragsabschlüsse an die Grundrechtsnormen und an die Normen demokratischer Entscheidungsverfahren gebunden sein müssten. Es ist nicht zu übersehen, dass sich die angesprochenen Probleme gerade in einer Reihe von neuralgischen Punkten der TTIP und des TISA wiederfinden:

Der erste Punkt betrifft das Verfahren der Vertragsverhandlungen. Die Frage, ob die Normen demokratischer Entscheidungsfindung in den TTIP-Runden eingehalten werden, ist gemäß den unterschiedlichen Interessenlagen höchst umstritten, doch zeigt sich unzweifelhaft eine neue Qualität im Verhältnis zwischen politisch legitimierten Entscheidungsorganen, supranationalen Gremien, privaten Investoren und wirtschaftlichen Interessenverbänden: aktiv beteiligt und eingebunden sind zur Zeit die Verhandlungsdelegationen der USA und der EU, dazu etwa 600 privatwirtschaftliche Organisationen. Sie alle haben Kenntnis von den Verhandlungsmandaten und den Vertragsentwürfen, sie handeln die Kompromisse aus und wissen über den je aktuellen Stand der Verhandlungen bestens Bescheid. Im Gegensatz dazu können die Parlamente der EU- Staaten, das Europaparlament und die Öffentlichkeit bislang in den Stand der Verhandlungen ebenso wenig Einsicht nehmen wie in die Inhalte der Verhandlungsvollmacht, die die EU-Kommission vom Europäischen Rat erhielt. In diesem Verfahren scheinen die gleichen Muster auf wie im europäischen Einigungs- und Krisenbewältigungsprozess. Dort werden geltende legislativ-staatliche Handlungsspielräume sowie soziale, technische und Umwelt-Standards über zweifelhaft legitimierte und kaum kontrollierbare exklusive supranationale Gremien ausgehebelt und die Ergebnisse den nationalen Parlamenten als fertige internationale Entscheidung präsentiert – wenn man sie ihnen überhaupt noch vorlegt. Derzeit wird darüber gestritten, ob die EU-Kommission den Parlamenten der Mitgliedsstaaten das Verhandlungsergebnis überhaupt zur Entscheidung vorlegen muss oder ob nicht eine Abstimmung im EU-Parlament ausreichend ist. Noch schär-

514 Fischer-Lescano, a.a.O.

fer wird die Abschottung der TISA-Verhandlungen betrieben: Die Öffentlichkeit soll das Papier erst nach fünf Jahren zu Gesicht bekommen.[515]

Auf der inhaltlichen Seite des Freihandelsabkommens könnte die schon jetzt starke finanzielle und politische Stellung globaler Investoren um rechtliche Privilegien ergänzt werden. Inzwischen wurden der Öffentlichkeit die Leitlinien des Verhandlungsmandats – gegen den Willen der Kommission – zugänglich gemacht.[516] Bei der Lektüre wird deutlich, dass es für die vielfach geäußerten Befürchtungen der TTIP-Gegner substantielle Gründe gibt. Nach derzeitigem Stand ist eine Verpflichtung der Teilnehmerstaaten vorgesehen, im Falle eines entsprechenden Schiedsspruches Schadensersatz aus Steuermitteln zu zahlen, wenn ein Investitionsprojekt durch Behördenintervention oder staatliche Gesetzgebung nicht zustande kommt – und zwar auch für geplante Gewinne, die Investoren durch staatliche Auflagen, etwa beim Umweltschutz, entgehen. Das Recht zur Anrufung eines geheimen und nichtstaatlichen Schiedsgerichtes[517] hätte ausschließlich der Investor, das Urteil würde ohne die Möglichkeit der Revision rechtskräftig.[518] Unter diesen Voraus-

515 Vgl. John Goetz, Nils Naber, a.a.O.

516 Vgl. Rat der Europäischen Union: Leitlinien für die Verhandlungen über die transatlantische Handels- und Investitionspartnerschaft zwischen der Europäischen Union und den Vereinigten Staaten von Amerika vom 17. Juni 2013 (25.06) (OR. en). Dok.-Nr. 11103/13, WTO 139 SERVICES 26, FDI 17, USA 18 (online). URL: s. Lit.-Verz.

517 Etwa das „Internationale Zentrum zur Beilegung von Investitionsstreitigkeiten" (ICSID). „Es tagt in Washington hinter verschlossenen Türen: Ein geheimnisvolles Gremium aus drei Richtern kann eine Regierung zu Strafen in Milliardenhöhe verurteilen, wenn ein Konzern seine Geschäfte bedroht sieht. Eine Paralleljustiz ist entstanden, die bald noch mächtiger werden könnte." Petra Pinzler, Wolfgang Uchatius, Kerstin Kohlenberg, a.a.O.

518 „Nach offiziellen Studien, die auch die liberale Friedrich-Naumann-Stiftung zitiert, sind aber nur 0,27 bis 0,48 Prozent Wachstum zu erwarten. Um auch nur das zu erreichen, will man Handelshindernisse, Umweltauflagen etwa oder Bankenreglements, die als Protektionismus und Diskriminierung angesehen werden, abschaffen. Der Öffentlichkeit weitgehend unbekannt sind die sogenannten Schiedsgerichte. Sie gibt es in allen Freihandelsabkommen. Vor einem solchen Schiedsgericht kann der Investor gegen einen Staat wegen Benachteiligungen aller Art klagen; der umgekehrte Weg, Staat gegen Investor, ist nicht möglich. Der Investor kann schon klagen, wenn der ‚volle Schutz' der Investition etwa durch neue Umweltgesetze nicht mehr garantiert ist. Die Verhandlungen vor dem Schiedsgericht sind geheim, wie die Bundesregierung erst neulich auf eine Anfrage der Grünen hin bestätigte. Es geht immer um hohe Entschädigungssummen. [In] 70 Prozent der Fälle gewinnen vor diesen Schiedsgerichten die Unternehmen. Nur die USA haben noch nie

setzungen stünde das gesamte System steuer- oder umlagefinanzierter staatlicher Aufgabenbereiche, Quersubventionierungen und zukünftiger gesetzlicher Auflagen, etwa Verbraucherschutz, Baurechts- und Umweltschutzbestimmungen uvm., als Investitionshemmnis oder als nicht den Regeln des freien Marktes konform zur Disposition. Das Wirksamwerden der TTIP-Regeln bedeutete einen doppelten Eingriff in die Grundarchitektur des demokratischen Verfassungsstaates: Seine verfassungsgebundene Rechtssetzungs-Souveränität würde zugunsten der nun vorrangigen Handelsabkommen und Investorenprojekte eingeschränkt. Damit wäre dem Rechtsstaat – neben den Grundrechten – ein weiterer, nun privater, geheim arbeitender und demokratisch nicht legitimierter Rechtssetzungskonkurrent zur Seite gestellt. Diese Instanz könnte nur von privilegierten Bürgern angerufen werden und spräche – parallel zum staatlichen Justizsystem – rechtsverbindliche und unwiderrufliche Urteile mit weitreichenden Rechtsfolgen für die Allgemeinheit. Es ist ein Szenario, das Heribert Prantl in der Süddeutschen Zeitung einen „der gefährlichsten Angriffe auf die demokratischen Rechts- und Sozialstaaten“ nennt, die es je gegeben hat.[519] Und es dürfte, nebenbei gesagt, interessant werden, zu verfolgen, wie sich im Falle der Verabschiedung der TTIP die globalen Investoren zu politischen Wirtschaftssanktionen verhalten, wie sie etwa die EU im Sommer 2014 im Zuge der Ukraine-Krise gegen Russland verhängt hat. Schließlich gehen derartige Sanktionen mit dem Verlust geplanter Gewinne und getätigter Investitionen einher.

Bürgerloyalität und politische Legitimation

So weit zu einigen Aspekten systemischer Gefährdungen der sozialen und rechtsstaatlichen Demokratien durch neoliberale Funktions- und Machteliten und durch neue supranationale nichtstaatliche Rechtsetzungs- und Entscheidungsinstanzen. Die Frage ist nun, wie sich der schleichende Verlust der sozialen Balance in Verbindung mit einem allgemeinen transatlantischen Paradigmenwechsel hin zu einer „offensichtlichen Hegemonie des Privaten und des Privateigentums“[520] und damit hin zu Formen autokratisch-elitärer Herrschaftsmuster in den

ein Schiedsgerichtsverfahren verloren.“ Fritz Glunck, a.a.O.

519 Vgl. insgesamt Heribert Prantl: Ein heimlicher Staatsstreich. In: „SZ“ vom 10./11. 2014, S. 23. Vgl. auch: Lori Wallach: TAFTA / TTIP – die große Unterwerfung. In: „Le Monde Diplomatique“ vom 8.11.2013 (online). URL: s. Lit.-Verz.

politischen Landschaften, im zivilgesellschaftlichen Diskurs und in den politischen Mentalitäten der Bevölkerung niederschlugen.

Auf dem Höhepunkt der Finanzkrise wurde in den Feuilletonbeiträgen diesseits und jenseits des Atlantiks auffällig häufig das Fortbestehen jener demokratischen Legitimation bezweifelt, die auf der freiwilligen Loyalität, der Akzeptanz und des Vertrauens der Bürger, insbesondere der Mittelschicht[521], in die demokratischen Systeme und ihre Eliten beruht. So konstatierte Christian Wernicke in der SZ, dass der ungeschriebene Kontrakt des „fair deal", der Amerikas Arbeitnehmer nach dem Zweiten Weltkrieg am Wohlstandzuwachs teilhaben ließ, in den 1980er Jahren gebrochen worden sei. In der Folge habe sich eine neue Ordnung entwickelt, die bereits ein Etikett verpasst bekam: In der „Plutonomy" verdient das reichste Hundertstel jedes Jahr so viel wie die unteren 60% der Gesellschaft. [522] Auf den Bruch dieses „fair deal" rekurrierte auch Stefan Kornelius:

> „Der alte Gesellschaftsvertrag wird auf einmal nicht mehr eingelöst. Er sah vor, dass die weniger Privilegierten wenigstens ein Stück weit mitgenommen würden auf dem Weg Richtung Wohlstand und besseres Leben: mit Arbeitsprogrammen, mit Steuernachlässen. Dieses stille Versprechen gibt es nicht mehr, und damit bricht ein wichtiger Teil des Gesellschaftsvertrags weg. Plötzlich kann es eben nicht mehr jeder schaffen."[523]

Das bedeutet unausgesprochen, dass es Verlierer gibt, und die, schrieb Constantin Seibt, waren schon immer das Dynamit demokratischer Systeme: „Die Antworten auf die Frage, wer die Schuld an der Finanzkrise trägt, werden schon bald über den sozialen Frieden in den westlichen Gesellschaften entscheiden – und über Zusammenhalt oder Zerfall der EU."[524] Dies wurde offensichtlich auch von Finanzminister Wolfgang

520 Vgl. Rainer Rilling: Virale Eigentumsmuster. In: Ingrid Lohmann, Rainer Rilling (Hrsg..): Die verkaufte Bildung. Kritik und Kontroversen zur Kommerzialisierung von Schule, Weiterbildung, Erziehung und Wissenschaft, Opladen 2001 (online), S. 303-313. URL: s. Lit.-Verz.

521 Zur Lage der Mittelschichten in der Krise siehe: Mark Böschen u.a.: Die Enteignung der Mittelschicht. In: „Wirtschaftswoche" vom 9.4.2009 (online). URL: s. Lit.-Verz.

522 Vgl. Christian Wernicke: USA in der Krise. Amerikas Reiche – und der große Rest. In: „SZ" vom 09.10.2011 (online). URL: s. Lit.-Verz.

523 Stefan Kornelius: Gerechtigkeit als Wahlkampfthema. Obama will gegen das große Geld angehen – aber behutsam. In: „SZ" vom 10.1.2012 (online). URL: s. Lit.-Verz.

524 Vgl. Seibt, a.a.O.

Schäuble, einem der zentralen Protagonisten des europäischen Krisenmanagements, so wahrgenommen:

> „Ich denke, dass die Soziale Marktwirtschaft, mit der ihr immanenten Umverteilung und ihrem Anspruch der Chancengerechtigkeit trotz aller Fehlanreize dem amerikanischen Modell überlegen ist, das die Geld- und Kreditpolitik für sozial- und arbeitsmarktpolitische Zwecke instrumentalisiert. Die Menschen zweifeln nicht an der Marktwirtschaft. Sie zweifeln, ob es noch ein Band gibt zwischen Oben und Unten. Das ist eine gefährliche Entwicklung, deren Sprengkraft gar nicht überschätzt werden kann – und zwar für die Legitimation unserer Wirtschaftsordnung wie unserer politischen Ordnung insgesamt und damit für den gesellschaftlichen Zusammenhalt, auf dem auch die Zukunft des Bankgewerbes selbst beruht. Es ist außerordentlich gefährlich, wenn die Eliten, die Vorbilder, das in sie gesetzte Vertrauen missbrauchen und die Prinzipien der Sozialen Marktwirtschaft nicht mehr leben."[525]

Diese Überlegungen sind, so sehr sie den Kern des Problems treffen, wohl eher dem Instinkt des gewählten Politikers Schäuble geschuldet als der inneren Überzeugung des Ordnungspolitikers Schäuble. Schließlich gehört er dem inneren Zirkel der Troika an, in dem die wesentlichen Linien der gläubigerorientierten Bewältigung der Finanzkrise und der Memorandenpolitik festgelegt wurden. Seine Berufung auf die legitimatorische Kraft der „Sozialen Marktwirtschaft" mit der ihr „immanenten Umverteilung" ist anachronistisch, denn von dieser Legitimationsgrundlage entfernte sich das Europa der EU in den letzten Jahrzehnten ebenso wie die USA von jenen des „fair deal": Es sei nochmals an die Einschätzung von Lierse und Heise erinnert, nach der das positiv besetzte Europäische Sozialmodell der Nachkriegszeit zunächst dazu benutzt wurde, um die europäische Einigung zu legitimieren, ab den 1980er Jahren aber den Paradigmenwechsel von „Welfare zu Workfare " und „die Ökonomisierung des Sozialen hinter scheinbar Vertrautem verborgen" voranzutreiben.[526] Otmar Issing, ehemals Chefvolkswirt der EZB, sah diesen Wechsel in der zunehmenden Konzentration der Politik auf wirtschaftliche Sachzwänge begründet, da ihr weitergehende Gestaltungsziele abhanden gekommen waren. Die europäische Integra-

525 Wolfgang Schäuble: Über das Verhältnis von Staat und Finanzmarkt – Lehren aus der Finanzmarktkrise. Rede am 24.2.2011 auf dem CFS-Kolloquium in Frankfurt (online). URL: s. Lit.-Verz.

526 Vgl. Heise, Lierse, S. 8.

tion nach 1945 schrieb er, war noch „vorrangig von dem politischen Willen bestimmt [...], eine Wiederholung der Schrecken zweier Weltkriege für immer auszuschließen", während die Gründe für die Schaffung der einheitlichen Währung im Wirtschaftlichen lagen, „nicht zuletzt in den Währungskrisen 1992/93"[527] – eine schöne Formulierung auch für den Umstand, dass der Neoliberalismus aus Gründen von Marktexpansion und Wachstumszwängen eine geschichtsvergessene Veranstaltung ist.

Im Zusammenhang mit dem Paradigmenwechsel von „Welfare zu Workfare" ist der beruflich-politische Hintergrund einiger seiner europäischen Protagonisten aufschlussreich. Jean-Claude Juncker, luxemburgischer Ministerpräsident und langjähriger Vorsitzender der formal machtlosen, aber informell ungemein wichtigen Euro-Gruppe, war ohne Zweifel eine der entscheidenden grauen Eminenzen des Wechsels. Er hatte vor Einführung des Euro beteuert, dass in der Währungsunion Transferleistungen an notleidende Eurostaaten so absurd seien „wie eine Hungersnot in Bayern".[528] Während seiner Regierungszeit wurde der Zwergstaat Luxemburg zu einem steuerbegünstigten Refugium für Investoren, das inzwischen nach Nordamerika weltweit die meisten Hedgefonds beherbergt. Kritiker gaben ihm den zweifelhaften Titel eines „Schutzpatrons der Steuerhinterzieher"[529], und die Süddeutsche Zeitung nannte ihn einen Freund der Finanzwirtschaft.[530] Der Italiener Mario Monti und der Grieche Lukas Papademos wiederum, die man auf dem Höhepunkt der Krise an die Spitze der Regierungen ihres Landes gesetzt hatte, waren ebenso wie der jetzige EZB-Präsident Draghi[531]

527 Vgl. Otmar Issing: Politischer Wille oder ökonomisches Gesetz? Einige Anmerkungen zu einem großen Thema. In: Center for Financial Studies (Hrsg.): CFS Working Paper Series, Frankfurt, Nr 24, 2009 (online), S. 18. URL: s. Lit.-Verz.

528 Vgl. Dorothea Siems: Dem Euro-Abenteuer...a.a.O.

529 Zu Luxemburgs Rolle im globalen Finanzmarktsystem und Junckers Anteil daran siehe: Bastian Brinkmann, Christoph Giesen, Frederik Obermaier, Bastian Obermaier, Klaus Ott: Luxemburg Leaks. Geheime Dokumente zeigen, wie Konzerne Milliarden an Steuern vermeiden. In: „SZ" vom 6.11.2014, S. 9 und 10. URL: s. Lit.-Verz.

530 „Hier verwalten und vermehren Manager von 3500 Fonds die Vermögen von Diktatoren, Industriellen, Rennstallbesitzern, Regierungschefs, Oligarchen und Magnaten.[...] Wer irgendwo in Europa eine Wohnung mietet, findet am Ende der Vermieterkette oft eine Firma aus Luxemburg. Vieles davon ist unter Junckers Amtszeit seit 1995 entstanden.Wenn er gehen muß, geht auch ein Vertrauter der Finanzwirtschaft." Cerstin Gammelin: Schlag ein. In: „SZ" vom 23.10.2013, S. 3.

531 Vgl. Ralf Streck: Regiert Goldman Sachs nun in Italien? In: „Telepolis" vom 16.11.2011 (online). URL: s. Lit.-Verz. Siehe auch: Werner A. Perger: Expertokratie als neue Herrschaftsform. In: „Die Zeit" vom 30.12.2011 (online). URL: s. Lit.-

Berater und Manager der US-Bank Goldmann Sachs.[532] Wie und auf welchen verschlungenen Pfaden diese Männer als Angehörige der neoliberalen Funktionselite auf ihre Posten gewählt wurden, wer sie protegierte und vorschlug, das würde ein eigenes Buch zum Thema Netzwerke füllen.

Wie auch immer: Diese Männer haben eine ganz andere Sichtweise auf die Dinge als die Europapolitiker der ersten Stunde. Wohl war auch von diesen die notwendige politische Einigung zugunsten einer ökonomischen Kooperation hintangestellt worden[533], doch bedeutete das Projekt Europa seinerzeit unverkennbar noch eine gesamtgesellschaftliche Verpflichtung mit den verschränkten Elementen von Demokratie und sozialer Gerechtigkeit.[534] In diesem Konzept hätte eine als alternativlos propagierte kalte betriebswirtschaftliche Bilanzierung des öffentlichen Wohls mit Sicherheit nicht im Vordergrund gestanden, wie sie etwa in Griechenland so gnadenlos exekutiert wurde. Über die dortigen Folgen der Memorandenpolitik der Troika schrieb die SZ, dass das, „was in Brüssel und in den reichen Euro-Ländern als Erfolg gefeiert wird, [...] auch eine grauenvolle Kehrseite" habe: In unmittelbarer Konsequenz der Sparpolitik breiteten sich inzwischen wieder Infektionskrankheiten aus und Menschen müssten sterben.[535] Aus Brüssel gab es dazu nie eine offizielle Stellungnahme, obwohl die EU-Kommission vertraglich zur Überprüfung der Folgen ihrer jeweiligen Maßnahmen verpflichtet ist.[536]

Verz.

532 Eine Skizze zur Vernetzung von Goldmann-Sachs in Regierungen und Notenbanken findet sich bei Hermann Sussitz: Der talentierte Mr. Goldman Sachs. In: „Der Standard" vom 3.9.2012 (online). URL: s. Lit.-Verz.

533 „Der Versuch, europäische Politik durch die Hintertür der Wirtschaft zu machen, war zugleich für Erfolg und Misserfolg der Integration verantwortlich. [....] Der Mangel an demokratischer Kontrolle und Mitwirkung, das Unbehagen und Misstrauen gegenüber der Brüsseler Eurokratie sind ebenfalls Folge der Methode Monnet, mit der die Politik aus dem Prozess der Einigung ausgeklammert werden sollte." Michael Schmidt-Klingenberg: Europas Erbe: So fern, so nah. In: „Spiegel Special" 1/2002 (online). URL: s. Lit.-Verz.

534 „Diese Westbindung wurde ausdrücklich auch als Wertbindung verstanden, als Verpflichtung auf das westliche Wertesystem, das der freiheitlichen Demokratie, der Rechtsstaatlichkeit und der sozialen Gerechtigkeit zugrunde liegt." Hans-Otto Kleinmann: 1950-1966: Richtungsentscheidungen – Konrad Adenauer. In: Geschichte der CDU (online), o. S., o. J. URL: s. Lit.-Verz.

535 Vgl. Christina Berndt: Erbarmungslose Krankmacher. In: „SZ" vom 28./29.März 2013, S. 2.

536 „Auf den Vorwurf, die EU-Kommission vernachlässige ihre Pflichten in der Gesundheitspolitik, ging Brüssel nicht ein. Dabei sprechen die Zahlen des *Lancet* eine deutliche Sprache. In Griechenland habe die Zahl der Selbstmorde 2011 gegenüber

Politische Mentalitätswechsel

Der skizzierten Ablösung gesellschaftlicher Übereinkünfte durch die beklagte „Ökonomisierung des Sozialen" entsprechen tiefgreifende und langfristige Veränderungen der politischen Mentalitäten: In Deutschland in Form sinkenden Vertrauens in die derzeitige Interpretation der Sozialen Marktwirtschaft[537] und in Form tiefgreifender Veränderung des sozialen Klimas[538] und der politischen Einstellungen[539]. Im europäischen Rahmen drückt sich dies als zunehmende grundsätzliche Ablehnung der Politik der Eliten aus, in deren Folge die ILO wiederholt vor sozialen Unruhen, darunter in Mittel- und Osteuropa[540], in den GIPS-Staaten und auf Zypern warnte[541] – wobei diese Erosionsprozesse in Frankreich und in Ungarn am weitesten fortgeschritten zu sein scheinen.

Die Ausweitung der EU innerhalb von 20 Jahren von 12 auf 27 Staaten, die neoliberal grundierte Geschäftsgrundlage der Verträge von Maastricht und Lissabon und die damit einhergehenden dramatischen Veränderungen der Lebens- und Arbeitswirklichkeit, die Diskussionen um die scheinbar unaufhaltsamen Souveränitätsverlagerungen der Mitgliedsstaaten auf die EU-Ebene, die zunehmenden Diskussionen um die soziale Sicherheit und schließlich die seit einem halben Jahrzehnt ablaufende Krise, die als Konstruktionsfehler der Währungsunion und als Versagen der Politik wahrgenommen wird: All das machte die politischen Verhältnisse und Konstellationen in Europa unübersichtlich und führten zu Modifikationen bisheriger demokratischer Stabilität in vielen

---

dem Vorjahr um 40 Prozent zugenommen, so die Studie. Im vergangenen Jahr habe es zudem eine exponentielle Zunahme von HIV-Erkrankungen gegeben – unter anderem, weil Drogensüchtige nach der Streichung von Hilfsprogrammen wieder öfter kontaminierte Spritzen untereinander teilen. Zudem habe Athen Ausbrüche von Malaria, Denguefieber und dem West-Nil-Fieber gemeldet." Eric Bonse: Selbstmorde und mehr Aids. In: „taz" vom 28.3.2013 (online). URL: s. Lit.-Verz.

537 Vgl. Bertelsmann-Stiftung: Zusammenfassung der Studie „Vertrauen in Deutschland" 2009 (online), S. 11. URL: s. Lit.-Verz.

538 Vgl. Jürgen Mansel, Kirsten Endrikat: Die Abwertung von „Überflüssigen" und „Nutzlosen" als Folge der Ökonomisierung der Lebenswelt. In: „Soziale Probleme. Zeitschrift für soziale Probleme und soziale Kontrolle", 18. Jahrgang, 2007, Heft 2, S.163-185 (online). URL: s. Lit.-Verz.

539 Vgl. epd/abendblatt.de: Studie: Rechtsextremismus nimmt in Deutschland wieder zu. In: „Abendblatt" vom 13.10.2010 (online). URL: s. Lit.-Verz.

540 Vgl. Süddeutsche.de/AFP/jab/bbr: Internationale Arbeitsorganisation attackiert Sparkurs der Regierungen. In: „SZ" vom 30.4.2012 (online). URL: s. Lit.-Verz.

541 Vgl. Reuters: Wegen hoher Arbeitslosigkeit: Uno warnt vor sozialen Unruhen in Europa. In: „faz.net" vom 7.4.2013 (online). URL: s. Lit.-Verz.

Mitgliedsstaaten. Es gab nicht nur eine Reihe von Regierungskrisen, fliegenden Regierungswechseln, Streiks, Demonstrationen und sozialen Unruhen im Zuge der Krisenbewältigung, es beschleunigte sich europaweit auch der Zulauf zu rechten, fremdenfeindlichen, rassistischen, antisemitischen, nationalistischen und antieuropäischen Bewegungen, aber auch zu linken Strömungen und Parteien, die eine Anti-Troika-Politik verfolgen. Bisher richtete sich die Kritik in der Regel gegen Kriminalität, soziale Ungerechtigkeit, Arbeitslosigkeit etc., nun aber werden die Argumente zunehmend und mit erheblicher Resonanz durch Kritik an der Politik der Euro-Rettung und am Projekt Europa insgesamt ergänzt.[542]

Bemerkenswert ist, dass gerade auch die rechten Bewegungen inzwischen die Räume besetzen, die die bürgerlichen Parteien bei der Revision sozialstaatlicher Positionen aufgaben. Im Europa der müde gewordenen parlamentarischen Demokratien, schreibt Ian Buruma in der Neuen Züricher Zeitung, seien Rassisten im Kommen, und die herkömmlichen Politiker weckten kaum mehr Inspiration und Vertrauen:

> „Gemeinsam ist diesen neuen Volkstribunen, von Rumänien bis Holland und Dänemark, von Andalusien bis Kärnten und Brandenburg, eine extreme Ausländerfeindlichkeit und ein rassistisches Weltbild, mit dem sie die Volksparteien der Mitte in Bedrängnis bringen. [...] Die Rechtspopulisten entfalten auch Wirkung in der Sozialpolitik, wo sie den Reformparteien in den Arm fallen, besonders deutlich die dänische Rechtspopulistin Pia Kjærsgaard. Insgesamt sind Europas Rechtspopulisten sozialpolitisch ‚links' so wie die ex-kommunistischen Linkspopulisten. Gern nennen sie sich ‚neue Arbeiterparteien', was die sozialdemokratischen Originale natürlich quält. So gerieten Europas Modernisierungsparteien in eine Zwickmühle: Den Neoliberalen und Konservativen veränderten sie zu wenig, den Linkspopulisten zu viel, und den Rechtspopulisten waren sie zu großzügig bei Leistungen an Zuwanderer und ‚Asylanten'. Auf diese Weise verloren die Sozialdemokraten eine europäische Bastion nach der anderen."

Die Verwendung sozialistischer Mimikry in rechten Wählerkampagnen erinnert an altbekannten Wählermobilisierungsstrategien der NS-Arbeiterpartei in Weimar. Immerhin sind die Erfolge so spürbar, dass sie in den etablierten Parteien ähnliche Reaktionen auslösen wie die Erfolge

542 Vgl. Michael Kaeding: „Alternative für Deutschland" und „Plan B": Die Europäisierung der Protestwähler. In: „SZ" vom 29.4.2013, S. 2.

rechter Demagogen in der Weimarer Republik: Die bürgerlichen Parteien rückten ebenfalls nach rechts. Dafür steht das böse Spiel des vormaligen französischen Präsidenten Sarkozy, das Aufenthaltsrecht der Roma und Grenzkontrollen wieder einzuführen[543] – was zweifellos damit zu tun hat, dass der antieuropäische und rassistische Front National inzwischen einen stabilen Wählerkern von 20% mit einem steigenden Anteil jüngerer Arbeiter, aber auch Führungskräfte und Freiberufler an sich bindet und damit eine ernsthafte Konkurrenz für die bürgerliche Mitte darstellt.[544] Ähnliches vollzog sich in Ungarn, Belgien, in Dänemark, in Holland und Italien.[545] Negatives Paradebeispiel ist die ungarische Regierungskoalition aus Fidesz und KDNP. Sie verbindet den Begriff des Neoliberalismus erfolgreich mit antisemitischen, antisozialdemokratischen und antieuropäischen Ressentiments, knüpft direkt an den alten Topos vom „jüdischen Bolschewismus" an und instrumentalisiert diese Linie für eine autoritäre Politik und einen radikalen Umbau der Verfassung.[546] In Deutschland sind die Kampagnen rechter Bewegungen, historisch bedingt, anders angelegt. Die aktuellen Proteste der von der rechtsbürgerlichen „Alternative für Deutschland" (AfD) unterstützten „Patriotischen Bürger gegen die Islamisierung des Abendlandes" (Pegida) richten sich zwar vordergründig gegen „radikalreligiöse Gruppierungen" und „straffällig gewordenen Zuwanderer", doch lassen sich die Motive mit einiger Plausiblität als tiefer liegend interpretieren: So stellte der Vorsitzende des Zentralrats der Muslime in Deutschland, Aiman Mazyek die antisliamischen Ressentiments in den Zusammenhang mit zunehmenden sozialer Verwerfungen und Existenzängsten.[547] Ungewöhnlich ernst auch der „SZ"-Kommentar über zuneh-

---

543 Vgl. Andrea Maurer: Neues altes Feindbild. In Europa wächst der Hass gegen Sinti und Roma. In: „3sat Kulturzeit" vom 7.9.2010 (online). URL: s. Lit.-Verz.

544 Vgl. insgesamt Peter Gey: Marine Le Pen und das Comeback der rechtsradikalen Front National vor den Präsidentschaftswahlen 2012. In: „Perspektive." Veröffentlichung der Friedrich-Ebert-Stiftung, 8/2011 (online). URL: s. Lit.-Verz.

545 Vgl. Carsten Hübner: Europas Rechtspopulisten auf dem Vormarsch. Beitrag zum bpb-Dossier „Rechtsextremismus" vom 9.6.2013 (online). URL: s. Lit.-Verz.

546 Tomasz Konicz: Kultur des Faschismus. In: „Telepolis" vom 3.5.2011 (online). URL: s. Lit.-Verz.

547 „Deshalb appelliere ich auch an die Medien und Politik, nicht soziale Probleme ständig und unnötig zu islamisieren und die Religion so oft im Kontext von Bedrohung und fehlender Sicherheit zu stellen. Die Geister, die wir da riefen [...] kompensieren die Ängste wie die immer grösser werdenden Schere von Arm und Reich, den Arbeitsplatz zu verlieren oder gar keine oder eine geringe Rente zu beziehen, mit der diffusen Angst vor dem Islam [...]." Aiman Mazyek: Deutschland kann anders, Deutschland ist anders. Rede am 15.12.2012 in Dresden. In: islam.de

mende gemeinsame Schnittmengen von bürgerlicher Mitte und rechten Bewegungen:

> „Was Teile der AfD-Basis mit den gewaltbereiten Hooligans, den fremdenfeindlichen Pegida-Spaziergängern und den Verschwörungstheoretikern der Montagsmahnwachen gemeinsam haben, ist Wut. Eine Wut, die sich gegen die etablierten Parteien, ‚die Politiker' und die ‚Mainstreammedien' richtet: Wir sind das Volk und werden verarscht, von der Lügenpresse, der alternativlosen Kanzlerin Merkel, gesteuert vom großen Bruder Amerika.[...] Dieses Gefühl der Wut hat längst schon Teile der Gesellschaft erfasst, die sich nie gemeinsam mit Neonazis auf die Straße stellen würden." [548]

Die Wahlen zum Europaparlament 2014 bestätigten den Trend zur Veränderung der politischen Landschaften auf breiter Front: Christ- und sozialdemokratische Parteien erhielten zusammen nur noch knapp 54 Prozent der Stimmen – aber auch nur, wenn man solche Bewegungen wie Silvio Berlusconis Forza Italia, die ungarische Fidesz oder Rumäniens Sozialdemokraten dazu rechnet.[549] Rechtspopulistische, rechtsradikale, europafeindliche und europakritische Parteien legten insbesondere in Frankreich, Dänemark, Griechenland, Großbritannien, Spanien und in den Niederlanden zu. Allerdings konnten auch die linksorientierten Bewegungen beachtliche Zugewinne verbuchen; die meisten Stimmen etwa in Griechenland gewann die Linkspartei Syriza. Die bürgerliche Mitte, die jahrzehntelang die ordnungspolitische Entwicklung der EU gestaltete, verlor im EU-Parlament ihre dominante Stellung.

Nun muss man nicht gleich die politischen Verfallserscheinungen der Weimarer Republik im Zusammenhang mit der Weltwirtschaftskrise vor Augen haben, obwohl die Tendenzen eine Reihe von Analogien evozieren. Der ökonomische und ordnungspolitische Unterschied zwischen damals und der Finanzkrise 2007 ff. besteht darin, dass a) der Einbruch der Produktion bisher bei weitem nicht so dramatisch ausfiel wie 1929 ff., b) das Ausmaß der existenziellen Not der Bevölkerung seinerzeit wesentlich größer war, c) die liberale Marktordnung des Kapitalismus sozial noch nicht so eingehegt war, wie es heute in Europa trotz eines

---

(online). URL: s. Lit.-Verz.

548 Hannah Beitzer: Pegida, Hogesa, AfD und Montagsmahnwachen Das Jahr der großen Wut. In: „SZ" vom 26.12,2014 (online). URL: s. Lit.-Verz.

549 Vgl. Matthias Krupka, Khue Pham: Wie in einer Salatschleuder. In: „Die Zeit" vom 26.5.2014 (online). URL: s. Lit.-Verz.

Vierteljahrhunderts neoliberaler Politik der Fall ist und d) die Maßnahmen der transatlantischen Staaten zur Entschärfung der Krise bisher konsequenter und effektiver waren als damals. Allerdings konnten damals, schreibt Christoph Scherrer, die bestehenden Interessenorganisationen für Lohnabhängige (Sozialdemokraten, Gewerkschaften, Kommunisten) mit Hilfe ihrer Diskursmacht wirksame Gegenentwürfe zu jener damaligen Politik artikulieren. Obwohl die jetzige Krise das Finanzkapital und dessen wirtschaftspolitisches Credo, den Neoliberalismus, desavouiert hat und Raum für Alternativen öffnet, ist diese Diskursmacht heute so nicht mehr gegeben, .[550] Der Realsozialismus versank im Orkus der Geschichte, mit ihm schwand der Einfluss der linken Parteien Westeuropas und mit beiden zusammen der soziale Konkurrenzdruck auf die neoliberalen Kräfte der transatlantischen Industriestaaten. Die europäischen sozialdemokratischen Parteien, die letzten und übriggebliebenen linken Akteure aus der Zeit vor dem Zweiten Weltkrieg haben zur Zeit keine eigenen zukunftsweisenden, den wirtschaftsliberalen Kräften konträre Positionen anzubieten, die sie nach innen und außen glaubwürdig vertreten könnten. Und die europäischen Gewerkschaften hatten in den letzten Jahrzehnten einen starken Verlust an Mitgliedern und damit an Einfluss zu verzeichnen, teils, weil sie sich zu stark an sozialdemokratischen Positionen orientierten, teils deswegen, weil sie im Zuge der Globalisierung und der Krise stark in die Defensive gerieten[551] und die Internationalisierung oder auch nur Europäisierung gewerkschaftlicher Organisation lange zugunsten eigener partieller Interessen versäumten.[552]

550 Zum Vergleich der politischen Verhältnisse zur Zeit der WWK 1929 ff. und der Krise heute siehe: Christoph Scherrer: In der Krise wächst die Macht des Finanzkapitals. In: „polis", Heft 1/2010 , S. 12-15 (online), hier: S. 15. URL: s. Lit.-Verz.

551 „Welches Europa die Gewerkschaften wollen, interessiert die Berliner und Brüsseler Politik herzlich wenig. Lediglich als nationaler Krisenmanager sind die Interessenvertretungen der abhängig Beschäftigten hin und wieder gefragt. Das wird sich so lange nicht ändern, bis die Gewerkschaften für ein ‚soziales Europa' mobilisierungsfähig sind. Davon sind wir heute meilenweit entfernt. Den nationalen Gewerkschaften gelingt es nicht, ihren Protest zu europäisieren." Dirk Hirschel: Gewerkschaften stehen vor Strategiewechsel. Merkels Europa ist falsch. In: „taz" vom 13.2.2013 (online). URL: s. Lit.-Verz.

552 „In der Krise der EU, deren Ursache in den enormen Handelsungleichgewichten zu finden ist, wurden die Gewerkschaften de facto durch ihre Politik der Lohnzurückhaltung und Korporation und der Konzentration auf das ‚Kerngeschäft' zum ‚Juniorpartner' der deutschen Hegemonialpolitik in der EU." Frank Deppe: Gewerkschaften in der Großen Transformation. Von den 1970er Jahren bis heute. Eine Einführung. Neue Kleine Bibliothek 184, PapyRossa-Verlag, Köln 2012, S. 94.

Transatlantische Zukunftslinien

Zwar gibt es in Europa und in den USA weit verbreitete Antipathien gegen Banker und die Höhe ihrer Gehälter und Boni, gegen die als ungerecht empfundene Verteilung der Krisenlasten und gegen das Schwinden sozialstaatlich-demokratischer Souveränität, aber die Proteste haben sich für Parteien links der Sozialdemokratie – resp. in den USA links der etablierten beiden Großparteien – bisher nirgendwo in Regierungsverantwortung umgemünzt, zumal eine klare politische und ökonomische, von nennenswerten Teilen der Bevölkerung akzeptierte Alternative fehlt. Und es ist unübersehbar, dass die europäische Linke – bei aller analytischen Schärfe – angesichts der Größe der ökonomischen Probleme vor immensen Herausforderungen steht. Die pandemische Staatsverschuldung und die damit einhergehende Intensivierung der globalen Liberalisierungspolitik erlauben keine einfachen und nationalstaatlichen Lösungen, und eine Formierung global kooperierender Akteure, die ein wirksames politisches Gegengewicht mit einem klaren Alternativprogramm bilden könnten, zeichnet sich zur Zeit erst in Anfängen ab. Die Regierungsbildung durch Linke und SPD im November 2014 in Thüringen, vor allem aber der erdrutschartige Wahlsieg der griechischen Syriza im Januar 2015 mit ihrem deutlichen Alternativprogramm[553] sind Indizien für einen gewissen Stimmungswechsel. Gerade die Wahlergebnisse in Griechenland werden als Startzeichen für eine weitreichende ordnungspolitische Trendwende gedeutet.[554] Auf Europa gesehen aber sind Parteien mit einem wie auch immer gearteten „unmittelbar transformatorischen Programm“, wie der Wirtschaftshistoriker Jörg Roesler schreibt, (will heißen: mit Systemwechsel zum Sozialismus) für die Mehrheit der Bevölkerung offensichtlich nicht wählbar.

553 Eine (ungeprüfte) Übersetzung des Programms findet sich unter: Uwe-Jürgen Ness: Der Ausstieg aus der Krise ist links. Das 10-Punkte Grundsatzprogramm von SYRIZA. In: Uwe-Jürgen Ness: Texte zu Politik, Geschichte & Literatur (online). URL: s. Lit.-Verz.

554 „Auf dem [Athener] Klage-Platz glauben viele, dass dieses Signal weit über Griechenland hinausreicht. Junge italienische Kommunisten schwenken hier ihre Fahnen und singen die Internationale. ‚Das andere Europa mit Tsipras‘, steht auf Ansteckern. Dieses Europa mobilisiert auch in anderen Krisenländern gegen jenen strikten Sparkurs, für den vor allem die Bundesregierung steht. In Spanien etwa könnte in Kürze die linke Podemos-Bewegung ihre ersten Wahlerfolge einfahren.“ David Böcking, Giorgos Christides: Syriza-Sieg: Europas Linke feiert Triumph in Griechenland. In: „Spiegel“ vom 25.1. 2015 (online). URL: s. Lit.-Verz.

Im Angebot befindet sich zur Zeit lediglich ein „Sozialismus des 21. Jahrhunderts“, der die Wahl bietet zwischen Beibehaltung der Wachstumspolitik inklusive steigendem Lebensstandard einerseits und Abkehr davon mit kürzeren Arbeitszeiten einschließlich einer Stagnation des Lebensstandards andererseits.[555] Aber selbst letzteres wäre angesichts der neoliberalen Wachstumsphilosophie per se schon transformatorisch. Zudem löste ein solcher Weg lediglich einige Probleme des Arbeitsmarktes, keineswegs aber die gigantischen politökonomischen Verzerrungen, die sich aus der Entwicklung der Finanzmärkte und der Abhängigkeit der transatlantischen Staaten von ihnen ergaben, zumal im Moment noch niemand die konkreten Voraussetzungen einer Gesellschaft ohne Wachstum benennen kann. Das Problem wird Europa und die USA noch lange begleiten – selbst wenn man auf radikale Veränderungen wie etwa auf einen vom kleinen Island vorexerzierten Schuldenboykott, auf einen radikalen Schuldenschnitt, wie in Griechenland nun geplant, oder gar auf eine Währungsreform setzt.

Angesichts der Dynamik der Entwicklung schadet es allerdings nicht, sich einige Varianten der politisch-ökonomischen Krisenbekämpfungsstrategien der Jahre 1929 ff. in Erinnerung zu rufen: Variante a) war, etwa bei bei den Regierungen Schleicher und von Papen in Deutschland, eine staatsinterventionistisch-progressive Linie, die den sozialen Auswirkungen der Krise von Fall zu Fall durch Arbeitsbeschaffung über ‚deficit spending‘ unter Fortführung neoliberaler Wirtschaftspolitik, aber auch unter Beibehaltung des demokratischen Systems begegnen wollte. Variante b) bestand aus einer autoritären Regierungsführung mit krisenverschärfender deflationärer Geld- und rigider Austeritätspolitik wie bei Reichskanzler Brüning. Variante c) war eine staatsinterventionistisch antidemokratische, die die Arbeitsbeschaffung über ‚deficit spending‘ schließlich mit staatlicher Planwirtschaft und Rüstungsprojekten zur Kriegsvorbereitung und zur außenpolitischen Expansion verband (nationalsozialistische Variante), und eine vierte, während der Präsidentschaft F.D. Roosevelts praktizierte Variante d) schließlich wollte im Rahmen des „New Deal“ als Alternative zum Marktradikalismus Ökonomie und Gesellschaft unter demokratischen Bedingungen durch dauerhafte staatliche Wirtschaftslenkung und -regulierung und durch Ausbau des Sozialsystems krisenresistent machen.[556]

555 Vgl. Jörg Roesler: Der schwierige Weg...a.a.O.
556 Vgl. ebda., S. 16-19.

Das waren im großen und ganzen die erkennbaren Optionen damals, wenn man von den sozialistischen Alternativentwürfen mit Systemwechsel absieht. Ordnungspolitisch kamen in der Krisenbewältigung 2007 ff. – quasi doppelgleisig – sowohl staatliches ‚deficit spending' (zugunsten der Stabilisierung der Finanzmärkte) als auch Elemente der Austeritätspolitik zur Anwendung. Politisch sind parallele Tendenzen zu 1929 ff. nicht so leicht zu identifizieren. Zwei der Varianten (Brüning, Hitler) waren autoritär resp. antidemokratisch-diktatorisch. Doch ganz abgesehen davon, dass sich Züge des damaligen Durchregierens über Notverordnungen bereits in der Politik der Troika finden: Dispositionen dazu wären angesichts der dargestellten Legitimations- und Souveränitätsveränderungen in den transatlantischen Staaten und angesichts eines bestimmten Wählerpotentials und der Wirtschaftsphilosophie mancher neoliberaler Elitefraktionen[557] durchaus vorhanden.

Denkbar ist ein politischer Systemwechsel auf breiter Front zugunsten eines verfestigten neoliberalen Autoritarismus, der sich aus zwei Prozessen speist: a) Aus der Verwicklung der transatlantischen Staaten in globale kriegerische Auseinandersetzungen mit fundamental-islamischen Kräften, die zu einer festen Etablierung permantener unerklärter Ausnahmezustände als Mittel der Politik und zum weiteren Ausbau der Sicherheitsapparate führen und b) aus der von vielen Autoren als systemimmanent betrachtete Rückkehr des autoritären Liberalismus zur Beherrschung sozialer Ungleichheit. Autoren wie Christoph Butterwegge oder Lukas Oberdorfer sehen, wie schon erwähnt, den funktionalen Zusammenhang zwischen der allgemeinen Reduktion der Wohlfahrt und dem Zwang zum Ausbau des staatlichen Sicherheits- und Gewaltapparats als zwingend an.[558] Offensichtlich bedingen Zunahme ökonomischer Krisenerscheinungen und Verlagerung von bislang demokrati-

557 „Bei der sogenannten gesellschaftlichen Elite aus Wirtschaft, Politik, Wissenschaft und Medien ist dagegen häufig eine von Distinktionsbedürfnis und Zynismus getragene negative ‚Erzählung' über das demokratische Gemeinwesen zu vernehmen. Heute lässt sich mit einigem Recht von einem Prozess der Entsolidarisierung der Gesellschaft sprechen, der etwa zur Folge hat, dass die ‚Eliten' sich mit den Ausgegrenzten und Benachteiligten nicht mehr im selben Boot eines als Ganzes gedachten Gemeinwesens sehen, sondern vielmehr danach trachten, ihre eigene gesellschaftliche Position durch eine forcierte Leistungsideologie zu legitimieren." Serge Embacher: Einstellungen zur Demokratie. Demokratie in Deutschland 2011 – Ein Report der Friedrich-Ebert-Stiftung , o.J. (online), S. 19 f. URL: s. Lit.-Verz.

558 Vgl. Christoph Butterwegge: Mehr Freiheit durch weniger Sicherheit, Gleichheit und Gerechtigkeit? Thesen zur Wohlfahrtsstaatsentwicklung und zur Sozialpolitik der Großen Koalition, 10.11.2006 (online), Punkt 4. URL: s. Lit.-Verz.

schen Entscheidungsverfahren auf die Ebene von Eliten resp. „Experten“ mit zunehmender Neigung zum machtpolitisch legitimierten Durchgriff über die instrumentelle Inszenierung von Bedrohungs- und Ausnahmezuständen einander funktional.

Vor einer solchen Entwicklung hatte bereits 1933 der Staatsrechtslehrer Hermann Heller gewarnt.[559] Tatsächlich gibt es konkrete, auf die aktuelle Wirtschaftspolitik und ihre Krisenerscheinungen bezogene Diskussionen darüber, ob autoritäre Staaten für ökonomische Wettbewerbsfähigkeit besser geeignet sind als demokratische und ob Wohlstand ohne politische Mitsprache ein praktikables Gesellschaftsmodell w

> „Der Verlockung der ‚autoritären Technokratie‘, wie sie Ian Buruma nannte, erliegen weniger Intellektuelle als vielmehr Unternehmer und Politiker, die Sympathie für die vermeintliche Stabilität dieses Ordnungsmodells erkennen lassen, nicht nur in Ländern wie Singapur oder früher Chile, Südkorea und Taiwan, sondern neuerdings nicht zuletzt in der Volksrepublik China.“[560]

Es bleibt der Interpretation des Betrachters überlassen, inwieweit er diesem Szenario eine Einlassung des EZB-Präsidenten Draghi über die Zukunft Europas zurechnen will: „Früher wollten die Menschen Frieden, Demokratie und Freiheit. Nun fordern die Bürger andere Dinge.

---

559 „[D]er ungefähre Inhalt des autoritären Liberalismus [kennzeichnet sich durch]: Rückzug des autoritären Staates aus der Sozialpolitik [und] Entstaatlichung der Wirtschaft. […]. Autoritär und stark muß solcher Staat sein, weil, nach Schmitts durchaus glaubwürdiger Versicherung, nur er die übertriebenen Verbindungen zwischen Staat und Wirtschaft zu lösen vermag. Sicherlich! Denn in demokratischen Formen würde das deutsche Volk diesen neoliberalen Staat nicht lange ertragen.“ Hermann Heller(1933/1971): Autoritärer Liberalismus. In: Ders.: Gesammelte Schriften, Bd. II, Leiden, S. 652 f. Zit. n.: Lukas Oberndorfer: Die Renaissance des autoritären Liberalismus? Carl Schmitt und der deutsche Neoliberalismus vor dem Hintergrund des Eintritts der „Massen“ in die europäische Politik. In: PROKLA.-Zeitschrift für kritische Sozialwissenschaft, 42. Jg., Heft 3, 2012, S. 413-431 (online), hier: S. 413. URL: s. Lit.-Verz.

560 Gerhard Schwarz: Schleichende Gefährdungen der Freiheit. In: „NZZ“ vom 10.9.2012 (online). URL: s. Lit.-Verz. Vgl. dazu auch John Naisbitt: Chinas Megatrends. Hanser-Verlag, München 2009, S. 11. zit. n. Fred Schmitt: China: Krise als Chance? Aufstieg zur ökonomischen Weltmacht. In: „isw-report“ 83/84, Dezember 2010, Textauszug (online), o. S. URL: s. Lit.-Verz. Unverblümte Gedankenspiele zu einer diktatorischen Lösung der Finanzkrise, zu „harten und schweren Entscheidungen“ etwa nach dem Modell einer chinesischen Politökonmie, stellt auch Dambisa Moyo, Analystin von Goldmann Sachs, in ihrem Buch „Der Untergang des Westens“ an. Siehe dazu Werner Bührer: Originelle Fehleranalyse. Buchbesprechung in der „SZ“ vom 11.2.2012, S. 34.

Es geht um Wohlstand, Jobs und Wachstum."[561] Ein interessanter Satz, der jene alten Diskussionen über die Wahl zwischen Brot und Freiheit wiederbelebt, die in den Systemdebatten zu den Hochzeiten des Kalten Krieges geführt worden waren. Damals hatte der Westen beides für sich reklamiert. Das scheint heute vorbei zu sein: Es ist nicht zu übersehen, dass in den transatlantischen Staaten die Bereitschaft und das Interesse eines Teils der politischen und ökonomischen Eliten abgenommen hat, den offenen Ausgleich der unterschiedlichen Interessen und die angemessene Verteilung der gesellschaftlichen Wertschöpfung und der Krisenfolgen zu praktizieren und die Folgen der Krise sozial verträglich und hinreichend gerecht auf alle Schultern der Gesellschaft zu verteilen. Der Grund läge in der neoliberalen Zielsetzung, die bestehenden und mühselig erreichten Standards zulasten derjenigen zu senken, die außer ihrer Arbeitskraft keine weiteren Mittel zu Existenzsicherung, Lebensunterhalt und -vorsorge haben.

Die Phase der westlichen Wohlfahrtsstaaten nach dem Zweiten Weltkrieg war, was politische und materielle Partizipation, Interessenausgleich, Wohlstand, Existenzsicherheit und Daseinsvorsorge betrifft, ein Fortschritt, eine Zeit des Aufbruchs und der Stabilität – auf welchen dubiosen und fragilen Grundlagen und welchen dunklen kolonialen Erbstücken die Politik dieser Jahre auch immer fußen mochte. Die Metastasierungen der Finanzmärkte und der immerwährende Zwang zum Verdrängungswettbewerb wurden immerhin abgemildert. Ordnungs-, sozial- und verteilungspolitisch aber wurde die Uhr in den letzten dreißig Jahren bis in die Zeit vor der Weltwirtschaftskrise zurückgestellt – und damit geriet das fragile politische Gleichgewicht zwischen Marktwirtschaft und Demokratie, Wohlstand und Interessenausgleich, individuellem Eigennutz und gesellschaftlicher Solidarität, Freiheit und Chancengerechtigkeit, zwischen privater Verfügung über Eigentum und sozialer Verantwortung, zwischen Staat, Zivilgesellschaft und Wirtschaft ein Stück weit in eine Schieflage, von der wir heute nicht wissen, inwieweit sie zu uneindämmbaren politischen Verwerfungen wie in den 1930er Jahren führen. Timothy Snyder schrieb, dass wir uns als Lehre aus der Vergangenheit vor staatlichen Versuchen hüten müssen, „eine Methode wirtschaftlicher Expansion zu betreiben, die andere zum Status von Opfern verurteilt und Wohlstand durch Tod erkauft".[562] Diese

561 Zit. n.: Andrea Rexer, Markus Zydra: Der Inflationsmacher. In: „SZ" vom 5.6.2014, S. 2.

562 Vgl. Timothy Snyder: Der Holocaust: die ausgeblendete Realität. In: „Eurozine", Netzwerk europäischer Kulturjournale, (online), o. S. URL: s. Lit.-Verz.

Argumentationslinie ist erkennbar nicht nur auf die innere Logik des Nationalsozialismus gemünzt. Sie evoziert, vermutlich nicht ohne Absicht, den Gedanken, dass es Expansionen, die Opfer hervorbringen, ebenso in binnenökonomischen Beziehungen geben kann, ohne dass dafür erst militärische Kolonnen in Gang gesetzt werden müssen. Auch diesseits von Raub-, Eroberungs- und Vernichtungszügen gibt es Methoden wirtschaftlicher Expansion in tausend Abstufungen und Varianten, deren Folgen sich in Form wachsender und verstetigter Perspektivlosigkeit, Verarmung, Prekarisierung und Marginalisierung bemerkbar machen.

Was aber auch immer an Diskussionen und Planungen zur Steuerung und Bewältigung dieser ungeheuer komplexen politökonomischen Prozesse stattfinden mag: Die eigentliche und zentrale Frage dahinter ist, wie Menschen reagieren, wenn sich allgemein Angst, Unsicherheit und das Gefühl existentieller Bedrohung verbreiten, wenn sie auf Dauer ungerecht behandelt werden, sich ungerecht behandelt fühlen? Was kann man dem einzelnen Menschen an Lebensverhältnissen noch zumuten, ohne dass er sich in seiner Menschenwürde verletzt fühlt und ohne dass damit der Kern der Demokratie und die Stabilität der Gesellschaft angegriffen werden? Die Frage ist, unter welchen konkreten Umständen dieser Fall eintritt und wie diese Umstände zustande kommen und bewertet werden. Wie beantwortet man die Frage nach der Schuld der Hilfsbedürftigen und Ausgesonderten? Sind sie faul oder kriminell oder unfähig? Oder sind sie Opfer des Systems? Und wie beantwortet man die Frage nach ihrem Verbleib? Was soll mit der zunehmenden Zahl Marginalisierter innerhalb der westlichen Staaten geschehen? Die Krise hat 30 Millionen Arbeitsplätze gekostet, von denen ein Teil nicht wiederkommt.[563] In den USA leben 50 Millionen Menschen von Lebensmittelkarten. Allein in Europa gibt es zur Zeit knapp 19 Millionen Arbeitslose, davon ein Viertel unter 25 Jahren.[564] Soll es so sein, wie der letzte republikanische Präsidentschaftskandidat Mitt Romney argumentierte – dass man sich um die Armen keine Sorgen machen muss, da sie doch Sozialhilfe bekommen?[565] Soll man auf die Ausbreitung eines religiös und traditionell begründeten Fatalismus wie in Indien hoffen? Das

563 Vgl. Süddeutsche.de/AFP/bero/bbr: 30 Millionen mehr Arbeitslose seit Finanzkrise. In: „SZ“ vom 12.10.2012 (online). URL: s. Lit.-Verz.

564 Vgl. dpa: Arbeitslosigkeit in Europa bleibt auf Rekordniveau. In: „fnp“ vom 28.3.2013 (online). URL: s. Lit.-Verz.

565 Vgl. Sebastian Gierke: Mitt Romney patzt in Interview. „Um die Armen mache ich mir keine Sorgen.“ In: „SZ“ vom 2.2.2012 (online). URL: s. Lit.-Verz.

ist in den USA, in denen die Überzeugung, dass jeder seines Glückes Schmied und daher für sein Lebensschicksal ganz allein verantwortlich ist, kulturell und massenpsychologisch eher möglich. Aber selbst dort wird es schwieriger – ganz zu schweigen von Europa mit seiner ausgeprägten Sozialstaatskultur. Ob und wann sich jemand als Opfer oder Verlierer in einem als unfair und aussichtslos empfundenen Kampf wahrnimmt, und unter welchen Bedingungen er dann seine Loyalität aufkündigt und zweifelhaften politischen Versprechungen sein Vertrauen schenkt, lässt sich nicht mit Sicherheit genau vorhersagen. Aber es lässt sich mit Sicherheit sagen, dass unter den gegebenen Umständen die Wahrscheinlichkeit für den massenhaften Loyalitätsbruch steigt[566] und zudem die Schwächung einer ohnehin immer fragilen politischen und sozialen Stabilität die Gefahr einer unkontrollierten Entwicklung mit emergenten Prozessen in sich birgt.[567] Das zumindest hätte man auch ohne großen wissenschaftlichen Aufwand aus den letzten Jahren der Weimarer Republik lernen können.

566 Vgl. zum Zusammenhang von Wirtschaftskrisen und politischen Krisen: Thomas Groß: Soziale Frage revisited!? – Die Gefahr sozialer Unruhen bei anhaltender Wirtschaftskrise. Begleittext zur thematischen Literaturübersicht des Leibniz-Informationszentrums 05/2009 (online), o. S. URL: s. Lit.-Verz.

567 Insofern ist Wolfgang Merkels Befund zu hinterfragen, nach dem die Länder der OECD (mit Ausnahme Mexikos und der Türkei) „vor der Gefahr, ins Lager hybrider oder gar autokratischer Regimes abzugleiten“, relativ sicher sind. Vgl. Wolfgang Merkel: Das Ende...a.a.O., S. 20.

VII. Eine Bilanz

Die Metapher der gesellschaftlichen ‚Stabilität' resp. ihrer Gefährdung ist der Kern der anfangs zitierten Dohnanyischen Problemstellung, ob uns die Erinnerung angesichts von „Zeiten, die gefährlicher werden" das Richtige gelehrt hat. Sie führt uns zurück zum Ausgangspunkt der vorliegenden Arbeit und zu den Fragen, welcher Umfang an Vergangenheitsbewältigung vom Beginn des 20. Jahrhunderts an bis heute erkennbar wurde.

Als Resümee für die gesellschaftlich-historische Praxis der transatlantischen Vergangenheitsbewältigung seit dem Ersten Weltkrieg, für ihre Entwicklung und ihre partielle Revision sei festgehalten:

1. Der Übergang vom 19. zum 20. Jahrhundert markiert eine Zäsur in der historischen Praxis der Bewältigung gewaltbesetzter Konflikte und Kriege. Erstmals wurden, neben Forderungen nach Bestrafung belasteter resp. verantwortlicher Personen auch Überlegungen zur Verbesserung der allgemeinen Lebensbedingungen und der sozialen Standards unter Gerechtigkeitserwägungen Gegenstand der Überlegungen.

2. Während des Zweiten Weltkriegs und danach wurden diese Handlungsfelder mit größerer Konsequenz weiterentwickelt. Die Überlegungen führten unter dem Leitziel, die Katastrophen der Vergangenheit nach den Erfahrungen von Weltwirtschaftskrise und Weltkriegen unwiederholbar zu machen, zu einem neuen System internationaler rechts-, ordnungs- und währungspolitischer Regelwerke und sozialethischer Leitziele. Neben die allgemeinen Menschenrechte, das Recht auf Freiheit vom Staat und die bürgerlichen Mitwirkungsrechte traten zunehmend die sozialen Grundrechte. Die Sozialstaatlichkeit begann vor allem in West- und Mitteleuropa Teil der Legitimationsbegründungen politischer Macht zu werden. Über eine keynesianisch orientierte staatliche Wirtschafts- und Ordnungspolitik, über die Herausbildung eines internationalen ökonomischen Kooperationsregimes zwischen den entwickelten kapitalistischen Ländern, über die Schaffung einer neuen internationalen Währungsordnung und über die Fortschreibung der Finanzmarktbeschränkungen aus der Weltwirtschaftskrise 1929 ff. versuchten die industrialisierten Staaten, die Krisenanfälligkeit des Wirtschaftssystems und damit die Gefährdungen der politi-

schen Stabilität zu reduzieren. Stationen zur Entwicklung dieser politischen, sozial- und ordnungspolitischen Neuorientierung waren u.a. die Atlantik-Charta von 1941, die Deklaration der Vereinten Nationen von 1942, die Londoner Erklärung von 1943, die Charta der Vereinten Nationen 1945, die Erklärung der Menschenrechte von 1948 und die Beschlüsse der Konferenz von Bretton Woods 1944.

3. Von diesen internationalen Entwicklungen ist die Neuordnung im Deutschland der Nachkriegszeit nicht zu trennen. Die im Potsdamer Abkommen vorgesehene operative Umsetzung der alliierten Pläne bestand a) aus der juristischen Aufarbeitung des Geschehens und der Bestrafung der Schuldigen, aus dem Verbot der an Diktatur und Verbrechen beteiligter Organisationen, der Auflösung demokratiegefährdender und diktaturbegünstigender Machtstrukturen auch in der Sphäre von Ökonomie und Finanzwirtschaft, b) aus der Neubildung und Festigung demokratischer rechtsstaatlicher Institutionen, c) aus den Weichenstellungen zur Entwicklung einer demokratischen Kultur des zivilgesellschaftlichen Umgangs und der Diskussion und d) schließlich aus Anstößen zur deutschen Auseinandersetzung um moralische und politische Schuld und Verantwortung.

4. In den Debatten der unbelasteten politischen Kräfte in den vier Besatzungszonen standen zunächst die Fragen der politischen Verfassung und der ordnungspolitischen Neuorientierung im Vordergrund. Zentraler Gegenstand der Auseinandersetzungen war die Rolle der Industrie und der politisch-ökonomischen Machtagglomerationen beim Scheitern der Weimarer Republik und ihr Anteil bei der Errichtung und Expansion der NS-Diktatur. Am Ende stand in der neuen BRD als Kompromiss die Herausbildung einer sozialen und sozialpartnerschaftlichen Demokratie, ohne dass die alten Machteliten ihren gesellschaftlich-politischen Einfluss eingebüßt hätten. Die sozial- und ordnungspolitischen Übereinkünfte der Parteien und Gewerkschaften in den Westzonen bestanden a) in einer Politik des sozialer Ausgleichs, b) im Ausbau der betrieblichen Mitbestimmung, c) in überproportionalen Lohnzuwächsen und d) im Ausbau der Systeme der Lebensvorsorge. Diese Übereinkünfte waren stark dadurch geprägt, dass „der politischen Klasse der Nachkriegsjahre [...] noch durch eigenes Erleben die fata-

len politischen Folgen der Krisenpolitik der späten Weimarer Regierungen bewusst [waren], die letztlich zum Niedergang des politischen Systems beigetragen haben".[568] Die Erfahrungen der Kriegsgenerationen prägten in starkem Maße auch die Initiativen zur Gründung der Montanunion und der Europäischen Gemeinschaft.

5. Als Gegenstände, anhand derer die vergangenheitspolitischen Imperative zur Gestaltung der Zukunft entwickelt wurden, sind erkennbar (ohne nach nationaler, europäischer oder transatlantischer Ebene zu unterscheiden) :

a) die Schwächen der Weimarer Verfassung, insbesondere hinsichtlich der Handlungskompetenzen des Staatspräsidenten und der sozialstaatlichen Konstruktion der Verfassung;

b) die Umstände, unter denen die „Idee von Weimar", also des verteilungspolitischen Kompromisses zwischen Unternehmern und Beschäftigten, scheiterte;

c) die ordnungspolitischen Voraussetzungen und Bedingungen der Weltwirtschaftskrise und deren Folgen für die sozialen und politischen Entwicklungen;

d) die Gewaltexzesse der nationalsozialistischen Herrschaft;

e) die jahrhundertealte blutige Konflikt- und Konkurrenzgeschichte der europäischen Mächte, die sich bis zu den Weltkriegsexzessen des 20. Jahrhunderts steigerte, und schließlich

f) die politischen Folgen antisozialer Einstellungen und Haltungen wie Antisemitismus, Rassismus und nationalistischen Ressentiments, Duldung und Praktizierung von Diskriminierung, Ausgrenzung jeder Art und Propagierung antidemokratischer obrigkeitsstaatlicher Problemlösungen.[569]

Dies wurde von vielen Politikern der ersten Stunde als notwendiges Gesamt vergangenheitspolitischer Aufgaben wahrgenommen und in verbindliche Politik umgesetzt, die weitreichende Folgen für die materiellen und kulturellen Lebensumstände des Einzelnen hatten. Klaus von Dohnanyi schrieb über „unsere Vergangenheitspolitik", dass man „nicht ohne Erfolg aus den

568 Dieter Döring: Krisen und Wohlfahrtsstaat...a.a.O.
569 Vgl. von Dohnanyi.

makropolitischen Ursachen der deutschen und europäischen Katastrophe nach 1918 zu lernen"[570] bemüht war und als Konsequenzen daraus „festere Verfassungsstrukturen, gesicherte Grundrechte, Instrumente nationaler und internationaler wirtschaftlicher Stabilisierung, weltweite Integrationsbestrebungen für den Ausgleich gegensätzlicher nationaler Interessen in den Vereinten Nationen" ableitete.[571]

6. Unter dem Eindruck sinkender Zuwachsraten und ökonomischer Krisen zeichnete sich ab den 1970er Jahren in den transatlantischen Staaten das Ende der international eingespielten kooperativen Politökonomie der Nachkriegszeit ab. An die Stelle der alten, fast universell akzeptierten ordnungs-, sozial- und verteilungspolitischen Übereinkünfte trat, initiiert von den USA und Großbritannien, eine operative Politik des Rückzugs aus den staatlichen Marktregulierungen. Die Agenden der Liberalisierung betrafen alle währungs-, finanz-, fiskal-, regulierungs- , sozial- und ordnungspolitischen Sicherungen, die man ausgehend von den Erfahrungen der Weltwirtschaftskrise und der beiden Weltkriege zwischen den 1930er und den 1970er Jahren im transatlantischen Rahmen eingezogen hatte. Diese Kehrtwende war von den Wirtschaftstheoretikern des 20. Jahrhunderts, die einen andauernden evolutionären Trend zur Marktbeseitigung ausgemacht hatten, nicht erwartet worden. Mit dieser politisch gewollten Umkehr war ein wesentliches Element der Vergangenheitspolitik, das für lange Zeit hohe Priorität genoss, an ein Ende gekommen. In Bezug auf die sozial- und verteilungspolitischen Übereinkünfte aus den Gründerjahren der BRD kann das Ende der Nachkriegszeit in Deutschland bereits auf den Beginn der 1980er Jahre datiert werden.

7. Als Stationen dieser ordnungspolitischen Kehrtwende können im globalen Rahmen der Washingtoner Konsens von 1990, das Vertragswerk der WTO im Zuge der Gründung 1994 und die Konzepte zur Schaffung der TTIP 2013 ff. gelten. In Deutschland waren dies die Entwürfe und Denkschriften Lambsdorffs 1982 und Lahnsteins, die Schrödersche „Agenda 2010" von 2002, in Europa der Maastrichter Vertrag von 1992.

570 Vgl. ebda.
571 Vgl. ebda.

Die programmatischen Übereinstimmungen dieser Vertragswerke und Denkschriften mit der Denkschrift des Reichsverbandes der Deutschen Industrie von 1929 und dem Beschluss von Zentralvorstand, Reichsausschuss und Reichstagsfraktion der DVP von 1930 sind evident. Sie verweisen darauf, dass die propagierte „Modernisierung“ der Volkswirtschaften letztlich zu den ordnungspolitischen Bedingungen der Zeit nach dem Ersten Weltkrieg zurückführte.

8. Die strategischen Ziele dieser neoliberalen Agenden bestehen in der Durchsetzung

a) des Prinzips der Eigenverantwortlichkeit betroffener Wirtschaftseinheiten über den Abbau staatlich administrierter und auf Dauer gestellter Quersubventionierung;

b) des Rechts auf autonome Entscheidungen der betroffenen Einheiten hinsichtlich der Ressourcenverwendung einschließlich des Prinzips dezentraler Entscheidungsfindung über die Stärkung des Privateigentums und der mit ihm einhergehenden Freiheiten;

c) des Prinzips von Konkurrenz und Wettbewerbspolitik mit Hilfe staatlicher Interventionsinstrumente, die der Vermeidung von Monopolbildung und anderer Wettbewerbsbeschränkungen und -verzerrungen dienen.

9. Zentraler Punkt neoliberaler Agenden ist die Rekommodifizierung des Privateigentums. Im Kern geht es um die Befreiung aller denkbaren Eigentumsgegenstände (natürliche Ressourcen, Geldvermögen, Grund und Boden, Immobilien, Sachwerte, geldwerte Rechte, Arbeitsleistungen und deren Erträge) von gesetzlichen oder tariflichen Auflagen, welche die freie Verfügung einschränken – etwa Haftungs- und Umweltauflagen, umlagefinanzierte Vorsorgesysteme, Mieter- oder Arbeitsschutzbestimmungen, Preisobergrenzen für bestimmte Produkte etcetera. Sie greifen nach neoliberalem Verständnis in die freie Preisgestaltung der Märkte ein und haben demzufolge dort nichts zu suchen. Die operativen Ziele dieser strategischen Vorgaben sind:

a) Liberalisierung in den staatsnahen Sektoren öffentlicher Daseinsvorsorge;

b) Subventionsabbau, Verbot von Quersubventionierungen und Förderung der Privatisierung öffentlichen Eigentums;

c) Liberalisierung der Arbeitsmärkte (Kommodifizierung);

d) Liberalisierung im Renten- und Gesundheitssektor;

e) Liberalisierung und Marktschaffung im Bereich der Kapitalbeziehungen;

f) Förderung des internationalen Steuer- und Standortwettbewerbs und

g) Rückführung staatlicher Verschuldung.

10. Mit dem Maastrichter Vertrag von 1992 wurde die neoliberale Agenda zur Geschäftsgrundlage der im Wirtschaftsraum der EU zusammengeschlossenen Staaten (einschließlich der neu hinzugekommenen Staaten aus dem ehemaligen Ostblock). In der EU-Kommission setzten sich jene Kräfte durch, die den Paradigmenwechsel von „Welfare zu Workfare" vorantrieben und dabei das in der Öffentlichkeit positiv besetzte Europäische Sozialmodell dazu nutzten, um „sowohl die Legitimation und Akzeptanz der vornehmlich ökonomischen Integration zu erhöhen als auch die Ökonomisierung des Sozialen hinter scheinbar Vertrautem verborgen voranzutreiben".[572] Damit wurde das vergangenheitspolitische Projekt eines friedens- und sozialpolitisch begründeten wirtschaftlichen Kooperationsverbundes europäischer Staaten bis zur Unkenntlichkeit verändert.

11. Die Liberalisierung der Arbeits-, Industrie- und Finanzmärkte führte, gemeinsam mit der Ausweitung staatlicher Ausgabenverpflichtungen und einem exzessiven internationalen Steuerwettbewerb „down to the bottom", zur Beschleunigung privater und staatlicher Verschuldung einerseits und zur Entstehung riesiger Finanzvolumina und privater Vermögen andererseits. In der Folge dieser Prozesse kam es zu sukzessiven Gewichtsverschiebungen im Verhältnis zwischen demokratischem Staat und Finanzmärkten und schließlich zur größten Finanz- und Wirtschaftskrise seit den 1930er Jahren. Ausgelöst wurde diese letztlich durch die übermäßige Ausgabe von Hypotheken an finanzschwache Kunden, um in Zeiten sinkender Löhne eine

572 Vgl. Heise, Lierse, a.a.O., S. 8.

schuldenfinanzierte Belebung der Konjunktur zu erreichen und Wertschöpfung durch Kreditgewährung zu generieren und vorwegzunehmen. Der drohende Zusammenbruch des Weltfinanzsystems zwangen die USA und die EWWU zu massiven finanziellen Interventionen und damit zu weiterer staatlicher Verschuldung.

12. In Europa verschärften die Konstruktionsfehler der EWWU, nämlich unterschiedlich leistungsfähige Staaten auf Gedeih und Verderb an eine gemeinsame Währung zu binden, die finanziellen und politischen Folgen der Finanzkrise erheblich. Um den drohenden Zusammenbruch der Finanzmärkte und das Auseinanderbrechen der Währungszone zu verhindern, entschieden sich die solventen Staaten, vertreten durch die Troika, das Bail-Out Verbot des EG-Vertrages zu brechen, die Kreditausfälle privater Banken, die Deckungslöcher der notleidenden öffentlichen Haushalte und damit die Forderungen privater Anleger zu übernehmen resp. auszugleichen, als Gegenleistung dafür aber den Vollzug drakonischer Spar-, Privatisierungs- und Rekommodifizierungsauflagen im Sinne der neoliberalen Agenda zu verlangen. Hier zeigt sich, dass das neoliberale Wirtschaftsmodell – entgegen allen Regelforderungen seiner Theoretiker – ohne staatliche Intervention, ohne Eingriff in die Märkte und ohne Quersubventionierung durch die öffentliche Hand nicht überlebensfähig ist. Das gilt sowohl für die öffentliche Übernahme der Schulden privater Banken als auch für die Subventionierung globaler Konzerne über die Gewährung von Steuervorteilen.

13. Die Finanz- und Staatsschuldenkrise und vor allem die Art der Krisenbewältigung in Europa waren Katalysatoren zur Beschleunigung jener transatlantischen Liberalisierungsprogramme, die wiederum den Boden der Finanzkrise 2007 ff. gebildet hatten: Die Interventionen der EWWU führten zu einem dramatischen Anstieg der öffentlichen Verschuldung zugunsten privater Gläubiger, zu einem Rückbau sozialstaatlicher Elemente und zur faktischen Stärkung des politischen Gewichts institutioneller Anleger.

14. Zugleich übertrug der Europäische Rat im Zuge der Kriseninterventionen sukzessive politische Entscheidungs-

kompetenzen an zweifelhaft legitimierte supranationale Instanzen wie die EZB und die EU-Kommission. Die Krise bot die Chance, einen „neoliberalen Autoritarismus“ zu praktizieren und die Länder, die den Auflagen nicht folgen wollten, bei Strafe der Staatsinsolvenz mit Sanktionen zu belegen. Sowohl durch das neue politische Gewicht der Finanzmärkte als auch durch das krisenbedingte Abfließen nationalstaatlicher Handlungskompetenzen hin zu supranationalen EU-Instanzen droht die demokratische Souveränität und Legitimation in einer Reihe von Staaten zugunsten eines globalen neoliberalen Regimes dauerhaft eingeschränkt zu werden.

15. Durch die Schaffung einer transatlantischen Freihandelszone TTIP, die zur Zeit verhandelt wird, könnte sich das Gewicht zwischen Märkten und Staat, zwischen Privateigentümern und liberalen Demokratien weiter verschieben und damit die Frage demokratischer Souveränität und Legitimation zu einem Grundproblem der Kernstaaten des Westens werden. Das Verfahrensmuster ist das gleiche wie im europäischen Einigungs- und Krisenbewältigungsprozess, nämlich über zweifelhaft legitimierte und nur schwer kontrollierbare exklusive supranationale Gremien die bestehenden demokratisch legitimierten nationalstaatlichen Gestaltungskompetenzen zu umgehen, die gegebenen sozialen, technischen und Umwelt-Standards neu auszuhandeln und die Ergebnisse den nationalen Parlamenten als fertige internationale Entscheidung zu präsentieren, die kaum noch zu revidieren ist.

16. Von den inhaltlichen Zielsetzungen her steht die Rechtsfigur der „indirekten Enteignung“ im Fokus der strategischen Ziele der TTIP. Falls das Prinzip in vollem Umfang zur Anwendung käme, wäre nicht ausgeschlossen, dass das gesamte System steuer- oder umlagefinanzierter staatlicher Aufgabenbereiche, Quersubventionierungen und zukünftiger gesetzlicher Auflagen wie Verbraucherschutz, Baurechts- und Umweltschutzbestimmungen uvm. als Investitionshemmnis, als Hindernis zur Realisierung geplanter Gewinne oder als nicht den Regeln des freien Marktes konform zur Disposition stünde und Schadensersatzklagen in unbekannter Höhe zur Folge hätte. Das Wirksamwerden solcher Regeln bedeutete einen doppelten Eingriff in die Grundarchitektur des demokratischen Verfas-

sungsstaates: Zum einen eine Einschränkung seiner Rechtssetzungssouveränität und -legitimation einschließlich der Einschränkung der Bindung an Verfassungsnormen, zum anderen ein Umbau des Rechtsstaates, dem nunmehr private, geheim arbeitende und demokratisch nicht legitimierte Rechtssetzungskonkurrenten in Gestalt privater Vertragspartner oder Schiedsgerichte erwüchsen, die – parallel zum rechtsstaatlichen Justizsystem – rechtsverbindliche und unwiderrufliche Urteile mit Folgen für die Allgemeinheit fällen könnten. Angesichts der bisherigen Liberalisierungslinie von EU-Kommission, Europäischem Rat und EuGH darf man davon ausgehen, dass das Projekt der TTIP von den transatlantischen Funktions- und Machteliten gemeinsam gewollt ist.

17. Gesehen auf den gesamten Zeitraum seit Ende des Zweiten Weltkrieges hat die Bereitschaft und das Interesse eines Teils der politischen und ökonomischen Eliten in den transatlantischen Staaten merklich abgenommen, den offenen Ausgleich der unterschiedlichen Interessen und die angemessene Verteilung der gesellschaftlichen Wertschöpfung und der Lasten der Krisenfolgen zu praktizieren. Diese allmähliche Transformation der gesellschaftlichen Übereinkünfte der Nachkriegszeit bildete den Nährboden für massive Verluste des Vertrauens und der Loyalität der Bürger gegenüber den politischen Eliten und den staatlichen Institutionen insgesamt und für die Minderung der auf der Zustimmung der Bürger beruhenden demokratischen Legitimation. Gerade in Europa führte das neoliberale Krisenmanagement der Troika zu einer nunmehr seit einem halben Jahrzehnt anhaltenden Rezession in den GIPS-Staaten, zu tiefgreifenden sozialen Verwerfungen, zum Entstehen neuer rechter, fremdenfeindlicher, rassistischer, auch antisemitischer, nationalistischer und antieuropäischer Strömungen und Parteien und damit zu einer bis dahin nicht gekannten politischen Unübersichtlichkeit und Instabilität.

18. Eine Formierung global kooperierender Akteure, die ein wirksames politisches Gegengewicht mit einem klaren sozialstaatlichen und demokratischen Alternativprogramm bilden könnten, zeichnet sich zur Zeit erst in Anfängen ab. Gleichwohl wird sich in den nächsten Jahren in den transatlantischen Kernstaaten das zentrale Grundproblem der jetzigen Auseinander-

setzungen in voller Schärfe zeigen: nämlich die Frage, ob demokratische Herrschaftssysteme als neoliberale Minimal- oder sozialstaatliche Maximaldemokratien zu gestalten sind. Wenn, wie im Modell der minimalen Demokratie, billigend in Kauf genommen wird, dass die Bedingungen zur wirksamen Beteiligung der Bürger/innen an den politischen Entscheidungen ungleich verteilt sind und das System damit zur bloß delegativen Demokratie mit ohnmächtiger Passivbürgerschaft für die Vielen wird, führt dies besonders in Europa zu gravierenden Verlusten der Durchsetzungskraft und Legitimität demokratischer Gemeinwesen. Gerade angesichts zunehmender Einkommens- und Besitzunterschiede unter den Bedingungen neoliberaler Transformation könnte sich dieser Legitimations- und Souveränitätsabflüsse zu einem schleichenden Systemwechsel hin zu Herrschaftsstrukturen mit autoritär-elitären und oligarchischen Elementen ausweiten. In den supranationalen Entscheidungsebenen der EU im Rahmen des Maastrichter Vertrages, in der Art und Weise der Krisenbewältigung und in den TTIP-Verhandlungsrunden werden diese Strukturen in gewisser Weise bereits sichtbar.

Schluss

All dies gilt unter je unterschiedlichen Bedingungen für die politisch-ökonomischen Entwicklungen diesseits und jenseits des Atlantik. Trotz des stärker werdenden Gegenwinds gegen die neoliberalen Agenden ist anzunehmen, dass gerade die Finanzkrise und die außerordentlich hohe staatliche Verschuldung die künftigen Sparzwänge verstärken, zu weiteren Privatisierungsschüben, zu Subventionsabbau und zu erhöhtem Druck der Finanzmärkte auf die sozialen Sicherungssysteme und zugleich auf die eingespielten demokratischen Entscheidungsverfahren sozialer Massendemokratien führen wird. So gesehen sollte die eingangs erwähnte Demokratiebewegung der Ukraine – bei allen rechtsstaatlichen Verbesserungen, die der Beitritt zur EU möglicherweise mit sich brächte – ihre Erwartungen nicht zu hoch schrauben. Bei dem derzeitigen Schuldenstand und bei der geringen Wirtschaftsleistung dürfte dem Land zunächst einmal ein Memorandenregime wie in Griechenland bevorstehen – es sei denn, und hier kommt nochmals Michael Hudson zu Worte, es setzte sich auf breiter Front die Einsicht durch, dass die

Staatsverschuldung, da die Wünsche der Wähler nicht berücksichtigt wurden, politisch und rechtlich auf schwankendem Boden steht:

> „Schulden, die auf bloßen Beschluss durch Regierungen oder ausländische Finanzinstitutionen gegen starken Widerstand im Volk gemacht wurden, sind möglicherweise ebenso unsicher wie die der Habsburger und anderer Despoten vergangener Zeiten. Ohne Billigung durch das Volk gehen solche Schulden möglicherweise gemeinsam mit dem Regime unter, das sie gemacht hat. Neue Regierungen werden vielleicht auf demokratischem Wege dafür sorgen, dass Banken und Finanzsektor wieder der Wirtschaft dienen statt umgekehrt."[573]

Hudsons Überlegungen lassen sich mit guten Gründen auch auf andere strukturelle Veränderungen im Zuge der neoliberalen Transformation übertragen, etwa auf die Transformationen der bisherigen rechtsstaatlichen Systeme durch die zukünftige transatlantische Freihandelszone. Außer Frage steht, dass ein globales Rechtssystem ebenso notwendig und wünschenswert ist wie die Herausbildung supranationaler Instanzen und ein weiteres Zusammenwachsen Europas. Insofern kann man selbst dem Umstand, dass sich die schleichende Verlagerung nationalstaatlicher Souveränität, die politische Zentralisierung der EU und die Schaffung einer transatlantischen Freihandelszone zur Zeit unter dem Dogma der Marktliberalisierung vollzieht, positive Seiten für eine zukünftige, nunmehr kooperative, nachhaltige, sozialstaatliche und demokratisch legitimierte Entwicklung abgewinnen. Nirgendwo steht geschrieben, dass diese Prozesse zwangsläufig und auf Dauer als neoliberales Regime angelegt sein müssen, welches den Schutz des Privateigentums und privater Investoren und den Vorrang von Expansion, Wachstum und Akkumulation zur obersten Maxime politischer Entscheidungen von globaler Reichweite macht.[574] Immerhin hat der Souverän in den demokratischen Kernstaaten des Westens durchaus die Möglichkeit, den abschüssigen Pfad der derzeitigen globalen Ordnungspolitik zu verlassen und zu den Normen und Verpflichtungen der sozialen Massendemokratien zurückzukehren. Und mehr noch: Angesichts der Größe der Probleme und der Tragweite der derzeitigen Weichenstellungen führt kein Weg daran vorbei, alle ethischen Vorstellungen und rechtsphilosophischen Grundsätze über das Verhältnis von Wirtschaft und Politik, Eigennutz und Gemeinwohl, Privateigentum und Kollektivgütern, Einzel-

573 Michael Hudson, a.a.O.

574 Vgl. dazu Werner Abelshauser: Kurzstatement. In: „Denkwerkzukunft." Stiftung kulturelle Erneuerung (online). URL: s. Lit.-Verz.

und Gesamtverantwortung, Chrematistik und Ökonomik, die seit Platons und Aristoteles' Zeiten die Auseinandersetzungen über die je vorhandenen Wirtschaftsordnungen prägen[575], von Grund auf neu zu denken. Dass wir an einer Wegscheide angelangt sind, ist überall zu spüren. Die Unruhe lässt sich selbst in denjenigen Staaten mit Händen greifen, die nicht von kriegerischen Auseinandersetzungen betroffen sind und als politisch und sozial stabil gelten. Immerhin: Nach Ausbruch der Krise hat der wissenschaftliche und zivilgesellschaftliche Diskurs über die Gestaltung unsere ökonomisch-politischen Zukunft und über Alternativen zu den strategischen Zielen des globalen Neoliberalismus merklich zugenommen. Die dramatischen Ereignisse ab 2007 ff. haben bewirkt, dass sich inzwischen sehr viel mehr Menschen mit derartigen Fragen beschäftigen als vorher – ganz im Sinne des französischen Soziologen Pierre Bourdieu, der als scharfsinniger Kritiker der derzeitigen Elitenpolitik nachdrücklich für eine „ökonomische Alphabetisierung der Massen" plädierte. Allerdings: Die Abkehr von einem globalen finanzmarktgetriebenen Akkumulationsregime mitsamt seinen Zwängen zum Wachstum, zu immer neuen Produktions- und Konsumtionssteigerungen trotz übersättigter Märkte, seinem Ressourcenverschleiss, seinen Wettbewerbs-, Verdrängungs und Beherrschungsmechanismen ist eine Herkulesaufgabe. Sie gleicht dem Versuch, ein Flugzeug mit defekter Steuerung zu reparieren, quasi on the fly umzubauen, ohne die Motoren abzustellen oder anderweitig den Totalabsturz zu riskieren. Und dabei sind sich, um im Bild zu bleiben, weder Kapitän noch Mannschaft, weder Techniker noch Passagiere einig darüber, wie das im einzelnen zu bewerkstelligen wäre. Aber es ist evident, dass die Operation gelingen muss, bevor die Steuerung endgültig defekt oder der Treibstoff verbraucht ist.[576] Der Weg zu einem neuen Gesellschaftvertrag ist lang und steinig, und es lässt sich leicht ausmalen, welche politischen Verwerfungen nicht nur in der transatlantischen Gemeinschaft damit verbunden sein werden.

---

575 Vgl. Joachim Starbatty: Zum Zusammenhang von Politik, Ethik und Ökonomik bei Aristoteles. Tübinger Diskussionsbeitrag, No. 298, 2005 (online). URL: s. Lit.-Verz.

576 „Jedenfalls erscheint es als offensichtlich, dass heute die Entwicklungserfolge, die in Globalisierungsprozessen stattfinden, zu teuer erkauft werden, nämlich zum einen mit einer massiven Zerstörung der Umwelt weltweit, vor allem auch im Bereich der Klimaproblematik, und zum anderen mit einer zunehmenden sozialen Spaltung sowohl im Norden, als auch im Süden dieses Globus. Das ist nicht friedensfähig. Das ist keine zukunftsfähige Entwicklung." Franz-Josef Rademacher: Balance oder Zerstörung – Ökosziale Marktwirtschaft als Schlüssel zu einer weltweiten nachhaltigen Entwicklung. Ökosoziales Forum Europa, Wien/Österreich, 2002 (online), S. 219. URL: s. Lit.-Verz.

Anhang: Dokumente und Materialien.

Anhang 1: Nachkriegsregelungen im Vergleich. Frankfurter Friedensvertrages von 1871[577], Versailler Vertrag 1919 und Potsdamer Abkommen (einschl. der Atlantik Charta und der Londoner Verträge).

Regelungsbereiche und Handlungsfelder	1871	1919	1944 f.
a) Grundrechtsgarantien	-	-	ja
b) Neue Verfassungsordnung	-	-	ja
c) Verbot/Auflösung/Neuordnung militärischer,	-	ja	ja
politischer,	.	-	ja
ökonomischer Machtagglomerationen und Organisationen	.	-	ja
d) Strafrechtliche Aufarbeitung begangener Verbrechen	.	ja	ja
e) Regelung vermögens – und zivilrechtlicher Ansprüche incl. Reparationen und Besatzungskosten	ja	ja	ja
f) Geopolitische Neuordnung	ja	ja	ja
g) Neuordnung der internationalen Beziehungen und des internationalen Rechts incl. der Menschenrechtsdeklaration und Gründung der Vereinten Nationen	-	ja	ja
h) Fragen der Ordnungspolitik	-	-	ja
i) Fragen der Sozialpolitik	-	ja	ja
j) Kulturelle und geistige Neuorientierung	-	-	ja
k)Explizites Ziel: Unwiederholbarkeit des Geschehens	-	-	ja

577 Friedens-Vertrag zwischen dem Deutschen Reich und Frankreich [„Frankfurter Friedensvertrag"] (10.05.1871).

Anhang 2: Charta der Vereinten Nationen vom 26. Juni 1945. (Auszug).

„A r t i k e l 55: Um jenen Zustand der Stabilität und Wohlfahrt herbeizuführen, der erforderlich ist, damit zwischen den Nationen friedliche und freundschaftliche, auf der Achtung vor dem Grundsatz der Gleichberechtigung und Selbstbestimmung der Völker beruhende Beziehungen herrschen, fördern die Vereinten Nationen a) die Verbesserung des Lebensstandards, die Vollbeschäftigung und die Voraussetzungen für wirtschaftlichen und sozialen Fortschritt und Aufstieg; b) die Lösung internationaler Probleme wirtschaftlicher, sozialer, gesundheitlicher und verwandter Art sowie die internationale Zusammenarbeit auf den Gebieten der Kultur und der Erziehung; c) die allgemeine Achtung und Verwirklichung der Menschenrechte und Grundfreiheiten für alle ohne Unterschied der Rasse, des Geschlechts, der Sprache oder der Religion.“[578]

Anhang 3: Enzyklika QUADRAGESIMO ANNO vom 15. Mai 1931. (Auszüge)

„22. [...]als nach dem Weltkriege die Staatsmänner der führenden Mächte den Frieden auf eine grundlegende Neuschaffung der gesellschaftlichen Verhältnisse gründen wollten, erwiesen sich mehrere der zu einer gerechten und billigen Regelung des Arbeitsverhältnisses aufgestellten Leitsätze so auffallend mit den Lehren und Weisungen Leos XIII. in Übereinstimmung, daß sie gerade mit bewußter Absicht aus diesen als ihrer Quelle abgeleitet erscheinen möchten. Fürwahr, das Rundschreiben Rerum novarum ist eine Urkunde, denkwürdig für alle Zeiten, wirklich nach dem Worte des Isaias ein ‚ragendes Wahrzeichen für die Völker‘. [...]

103. Gerade im Gefolge der reißend schnellen Ausbreitung des Industrialismus hat aber die kapitalistische Wirtschaftsweise seit dem Erscheinen des Rundschreibens Leos XIII. eine ungeheure Ausweitung erfahren, so daß sie tatsächlich auch den wirtschaftlichen und sozialen Verhältnissen des außerkapitalistischen Raumes ihr Gepräge aufdrückt, sie mit ihren Vorzügen, nicht minder aber mit ihren Nachteilen und Schäden maßgebend beeinflußt.

104. Es geht darum nicht nur um die besonderen Belange der hochkapitalistischen Länder oder der Industriewirtschaft allein, sondern um die Belange der Gesamtmenschheit, wenn Wir hier die Wandlungen der kapitalistischen Wirtschaftsweise, wie sie seit den Tagen Leos XIII. sich ereignet haben, näher ins Auge fassen.

Vermachtung als Ergebnis der Wettbewerbsfreiheit

105. Am auffallendsten ist heute die geradezu ungeheure Zusammenballung nicht nur an Kapital, sondern an Macht und wirtschaftlicher Herrschgewalt in

578 Charta der Vereinten Nationen (26.06.1945).

den Händen einzelner, die sehr oft gar nicht Eigentümer, sondern Treuhänder oder Verwalter anvertrauten Gutes sind, über das sie mit geradezu unumschränkter Machtvollkommenheit verfügen.

106. Zur Ungeheuerlichkeit wächst diese Vermachtung der Wirtschaft sich aus bei denjenigen, die als Beherrscher und Lenker des Finanzkapitals unbeschränkte Verfügung haben über den Kredit und seine Verteilung nach ihrem Willen bestimmen. Mit dem Kredit beherrschen sie den Blutkreislauf des ganzen Wirtschaftskörpers; das Lebenselement der Wirtschaft ist derart unter ihrer Faust, daß niemand gegen ihr Geheiß auch nur zu atmen wagen kann.

107. Diese Zusammenballung von Macht, das natürliche Ergebnis einer grundsätzlich zügellosen Konkurrenzfreiheit, die nicht anders als mit dem Überleben des Stärkeren, d. i. allzu oft des Gewalttätigeren und Gewissenloseren, enden kann, ist das Eigentümliche der jüngsten wirtschaftlichen Entwicklung.

108. Solch gehäufte Macht führt ihrerseits wieder zum Kampf, zu einem dreifachen Kampf: zum Kampf um die Macht innerhalb der Wirtschaft selbst; zum Kampf sodann um die Macht über den Staat, der selbst als Machtfaktor in den wirtschaftlichen Interessenkämpfen eingesetzt werden soll; zum Machtkampf endlich der Staaten untereinander, die mit Mitteln staatlicher Macht wirtschaftliche Interessen ihrer Angehörigen durchzusetzen suchen und wieder umgekehrt zum Austrag zwischenstaatlicher Streithändel wirtschaftliche Macht als Kampfmittel einsetzen."[579]

Anhang 4: Vertrag über die Gründung der Europäischen Gemeinschaft für Kohle und Stahl vom 18. April 1951 (Auszüge):

„[Die Unterzeichner...], *in der Erwägung*, daß der Weltfriede nur durch schöpferische, den drohenden Gefahren angemessene Anstrengungen gesichert werden kann, *in der Überzeugung*, daß der Beitrag, den ein organisiertes und lebendiges Europa für die Zivilisation leisten kann, zur Aufrechterhaltung friedlicher Beziehungen unerläßlich ist, *in dem Bewusstsein*, daß Europa nur durch Leistungen, die zunächst eine tatsächliche Verbundenheit schaffen, und durch die Errichtung gemeinsamer Grundlagen für die wirtschaftliche Entwicklung aufgebaut werden kann, *in dem Bemühen*, durch die Ausweitung ihrer Grundproduktion zur Hebung des Lebensstandards und zum Fortschritt der Werke des Friedens beizutragen, *entschlossen*, an die Stelle der jahrhundertealten Rivalitäten einen Zusammenschluß ihrer wesentlichen Interessen zu setzen, durch die Errichtung einer wirtschaftlichen Gemeinschaft den ersten Grundstein für eine weitere und vertiefte Gemeinschaft unter Völkern zu legen, die lange Zeit durch blutige Auseinandersetzungen entzweit waren, und die institutionellen Grundlagen zu schaffen, die einem nunmehr allen gemeinsamen Schicksal die Richtung weisen können, *haben*

579 Enzyklika QUADRAGESIMO ANNO vom 15.5.1931 (online). URL: s. Lit.-Verz.

beschlossen, eine Europäische Gemeinschaft für Kohle und Stahl zu gründen[...].“[580]

Anhang 5: Begründung von sechs Anträgen der CDU-Fraktion zur Neuordnung der Mitbestimmung in der Sitzung des Landtags von Nordrhein-Westfalen vom 4. bis 6. März 1947 durch Konrad Adenauer. (Auszug):

„Das kapitalistische Wirtschaftssystem ist den staatlichen und sozialen Lebensinteressen des deutschen Volkes nicht gerecht geworden. Nach dem furchtbaren politischen, wirtschaftlichen und sozialen Zusammenbruch als Folge einer verbrecherischen Machtpolitik kann nur eine Neuordnung von Grund aus erfolgen. Inhalt und Ziel dieser sozialen und wirtschaftlichen Neuordnung kann nicht mehr das kapitalistische Gewinn- und Machtstreben, sondern nur das Wohlergehen unseres Volkes sein. Durch eine gemeinwirtschaftliche Ordnung soll das deutsche Volk eine Wirtschafts-und Sozialverfassung erhalten, die dem Recht und der Würde des Menschen entspricht, dem geistigen und materiellen Aufbau unseres Volkes dient und den inneren und äußeren Frieden sichert [...]“ [581]

Anhang 6: Denkschrift des Reichsverbandes der Deutschen Industrie vom 2. Dezember 1929. (Auszug)

„11. Leitsätze für die Umstellung der deutschen Wirtschaftspolitik. A. Kapitalbildung.

1. Ausgangspunkt für alle Maßnahmen der Wirtschafts-, Finanz- und Sozialpolitik ist unter den für die deutsche Wirtschaft gegebenen Umständen die Förderung der Kapitalbildung. Sie ist die Voraussetzung für die Steigerung der Produktion und liegt daher im Interesse aller Schichten des deutschen Volkes.

2. Die verschiedenen Möglichkeiten der Kapitalbildung müssen nach ihrem volkswirtschaftlichen Nutzen abgewogen werden. Die Beantwortung der Frage, wo am zweckmäßigsten Kapital zu bilden und wie es zu verwenden ist, hat auf Jahre hinaus entscheidende Bedeutung.

3. Um größtmögliche Wirtschaftlichkeit zu erzielen, neue Arbeitsplätze zu schaffen und den Lebensbedarf der breiten Massen zu befriedigen, muss vor allem die Kapitalbildung gefördert werden, die auf

580 Vertrag über die Gründung der Europäischen Gemeinschaft für Kohle und Stahl vom 18. April 1951, S. 11 f (online). (Herv. i.Orig.) URL: s. Lit.-Verz.

581 Zit. n. Erich Potthoff: Zusammenbruch und Wiederaufbau Ein Beitrag zur Geschichte der betrieblichen Mitbestimmung an der Ruhr 1945 bis 1947. In: GMH, 6. Jg., März 1955, S. 129-137 (online). URL: s. Lit.-Verz.

kürzestem und sicherstem Wege das neu gebildete Kapital der Produktion zuführt.

4. Die Unternehmungen müssen über die Sicherung der Rentabilität hinaus Eigenkapital bilden können

5. Die deutsche Wirtschaft muss von allen unwirtschaftlichen Hemmungen befreit werden. Die Vorbelastung der Produktion durch Steuern ist auf das unumgänglich notwendige Maß zurückzudämmen.

B. Staat und Wirtschaft.

1. Die Eingriffe des Staates in die Wirtschaft finden ihre Grenze in der grundsätzlichen Anerkennung der Gewerbefreiheit.

2. Die Betätigung der öffentlichen Körperschaften im Wirtschaftsleben muss sich auf die Aufgaben beschränken, die von der Individualwirtschaft nicht erfüllt werden können und sollen

3. Soweit Unternehmungen der öffentlichen Hand überhaupt berechtigt sind, müssen sie grundsätzlich in privatwirtschaftlicher Form betrieben werden. Sie dürfen bei der Finanzierung und Besteuerung nicht bevorzugt werden. Sie haben unter den gleichen Bedingungen zu arbeiten wie die Privatwirtschaft.

4. Die Zwangsbewirtschaftung der Wohnungen und gewerblichen Räume durch die Wohnungsämter, die einen wesentlichen Teil der unproduktiven Ausgaben beansprucht, ist beschleunigt abzubauen....

5. Die Kartelle sind notwendige und volkswirtschaftlich anerkannte Organisationsmittel der heutigen Wirtschaftsordnung. Zu fordern ist:

   a) die Abgrenzung der privatrechtlichen von der öffentlich-rechtlichen Seite der Kartellaufsicht und ihre Handhabung nach rein wirtschaftlichen, nicht politischen Gesichtspunkten;
   b), die Beschränkung der öffentlichen Eingriffe auf dringende Fälle von gesamtwirtschaftlicher Bedeutung;

   c) die Gewährleistung der notwendigen Bewegungsfreiheit und die Wahrung der Vertragstreue und Rechtssicherheit;
   d) die Schaffung einer Berufungsinstanz für Urteile des Kartellgerichts.

C. Sozialpolitik.

Die materiellen Ansprüche der Sozialpolitik an die Wirtschaft müssen sich in den Grenzen der Leistungsfähigkeit und Entwicklungsmöglichkeit der Wirtschaft halten. Nur dann ist die Erfüllung der sozialen Aufgaben für die Dauer gesichert; die wirtschaftliche Produktivität ist die Quelle sozialer Leistungen.

Aus dieser Erkenntnis fordern wir in Übereinstimmung mit der Vereinigung der Deutschen Arbeitgeberverbände eine Reform:

1. der Sozialversicherungsgesetze. Ihre bisherigen Grundlagen sollen erhalten bleiben, aber Ausgaben und Leistungen müssen im Gegensatz zum jetzigen Zustand den Grenzen wirtschaftlicher Tragfähigkeit angepasst werden.

2. der Arbeitslosenversicherung. Die Teilreform vom 3. Oktober 1929 ist nicht ausreichend. Über sie hinaus muss das Arbeitslosenversicherungsgesetz sofort umgestaltet werden. Ziel der Reform muss sein, den Haushalt der Reichsanstalt durch weitere Ersparnisse ohne Erhöhung der Beiträge und ohne Inanspruchnahme öffentlicher Mittel in ein dauerhaftes Gleichgewicht zu bringen.

3. der Schlichtungsordnung und des Zwangslohnsystems. Die staatliche Zwangseinwirkung auf die Gestaltung der Lohn- und Arbeitsbedingungen ist zu beseitigen. Die Verbindlichkeitserklärung von Schiedssprüchen ist auf Gesamtstreitigkeiten in lebenswichtigen Betrieben und solche Gesamtstreitigkeiten zu beschränken, welche die deutsche Volkswirtschaft so stark treffen, dass die Lebensmöglichkeiten der Gesamtbevölkerung gefährdet ist.

. . .

D. Finanz- und Steuerpolitik.

1. Der Steuerbedarf ist in den letzten Jahren so unerträglich gesteigert worden, dass die Rente der Erwerbswirtschaft weit unter den landesüblichen Zinsfuß herabgedrückt worden ist. Das Interesse des Kapitals an verantwortlicher Betätigung in der Produktion muss unter diesem Steuerdruck auf die Dauer schwinden. Die öffentliche Finanzwirtschaft ist daher so zu gestalten, dass die Ansprüche der öffentlichen Hand sich nach den wirtschaftlichen Lebensnotwendigkeiten richten.

Der Umbau der Finanzwirtschaft hat nach zwei Gesichtspunkten zu erfolgen:

a) wesentliche Senkung der öffentlichen Ausgaben und Steuern,

1. b) Beschaffung der Mittel, stärker als bisher, durch indirekte Besteuerung.

2. Forderungen auf dem Gebiet der Ausgabengestaltung:

a) Energische Senkung der Ausgaben aller öffentlichen Körperschaften,
b) beschleunigte Durchführung einer umfassenden Verwaltungsre-

form, mit dem Ziel einer Verminderung und Abgrenzung der Aufgaben von Reich, Ländern und Gemeinden.

3. Beschleunigte Reform des Haushaltsrechts von Reich, Ländern und Gemeinden.
4. Forderungen auf dem Gebiet der Steuerpolitik: Fühlbare Entlastung von denjenigen Steuern, die die Kapitalbildung hindern oder kapitalzerstörend wirken.

a) Sofortige und vollständige Aufhebung der Zahlungen nach dem Aufbringungsgesetz der Industriebe-lastung sowie der Verzinsung der Rentenbankgrundschulden.

b) Sofortige Herabsetzung der Gewerbesteuer auf mindestens die Hälfte, gänzlicher Fortfall nach einer kurzen Übergangszeit.

c) Ermäßigung der Grundvermögensteuer, und zwar für landwirtschaftlich genutzte Grundstücke auf die Hälfte.

d) Herabsetzung der Einkommensteuer durch Senkung des Tarifs, vor allem In den mittleren und höheren Stufen, in Verbindung mit einer den wirtschaftlichen Erfordernissen gerechter werdenden Änderung der Gewinnermittlungs- und Bewertungsvorschriften und einer Beseitigung der Kapitalertragsteuer.

e) Allmählicher Abbau der Hauszinssteuer mit dem Ziel ihrer gänzlichen Beseitigung in Verbindung mit der Abschaffung der Wohnungszwangswirtschaft (vgl. auch 5 c).

f) Herabsetzung der Kapitalverkehrsteuern und der Grunderwerbsteuern sowie Beseitigung der Wertzuwachssteuern." [582]

Anhang 7: Einstimmiger Beschluss des Zentralvorstandes, des Reichsausschusses und der Reichstagsfraktion der Deutschen Volkspartei vom 2. März 1930.

„Die Deutsche Volkspartei ist der Auffassung, dass das Kernstück jeder Finanzreform eine Entlastung der Wirtschaft, die Wiederherstellung der Rentabilität in Landwirtschaft, Handel, Handwerk und Industrie sowie die Förderung der Kapitalsbildung sein muss. Nur auf diesem Wege ist es möglich, das größte der sozialen Übel, die Arbeitslosigkeit, wirksam zu bekämpfen und aus dem Dreimillionenheer der Erwerbslosen einen möglichst großen Teil wieder in die Wirtschaft einzugliedern.

Nachdem die Entwicklung der Finanz- und Kassenlage des Reiches die von allen Seiten als notwendig erkannte Senkung der direkten Steuern für das Jahr

582 Zit. n. Gotthard Jasper: Die große Koalition... Dokument 7.

1930 unmöglich gemacht hat, muss die gesetzliche Festlegung einer solchen Senkung für das Jahr 1931 gefordert werden.

Unvereinbar hiermit wäre eine neue Erhöhung der direkten Steuern, gleichviel unter welcher Bezeichnung sie erfolgt. Das sogenannte Notopfer würde außerdem den Willen zur Reform auf der Ausgabenseite des Reichshaushaltes im Keime ersticken. Im Zusammenhang mit dem Reichshaushalt für 1930 müssen daher folgende Maßnahmen getroffen werden: Gesetzliche Sicherung der Ausgabensenkung in Reich, Ländern und Gemeinden, insbesondere auch durch Sanierung der Arbeitslosenversicherung. Unter Vermeidung jeder weiteren Erhöhung von direkten Steuern gesetzliche Festlegung einer Senkung dieser Steuern vom Beginn des nächsten Haushaltsjahres ab.“ [583]

Anhang 8: Der sog. Washingtoner Konsens.

„1. Konsolidierung des Staatshaushaltes.

– Fiskalische Disziplin: Staatliche Budgetdefizite sollten so klein sein, dass sie ohne Hilfe der Inflationssteuer, d.h. der Notenpresse, finanziert werden können. Dies bedeutet in der Regel einen Budgetüberschuss vor Bedienung der Schulden, der vom jeweiligen Schuldenstand abhängt. Das Defizit nach Schuldenbedienung sollte dabei 2 Prozent nicht übersteigen.

– Prioritäten setzen bei den Staatsausgaben: Staatsausgaben sollten zugunsten von Ausgaben mit hohem ökonomischen und sozialen Nutzen umstrukturiert werden. Dies bedeutet in der Regel weniger Mittel für Verwaltung, Verteidigung, Subventionen und Staatsunternehmen und mehr Mittel für Armutsbekämpfung, Gesundheit, Bildung und Infrastruktur.

– Steuerreform: Steuern sollten auf breiterer Basis und dafür mit niedrigeren Steuersätzen erhoben werden. Dies bedeutet in der Regel eine deutliche Erleichterung der Steuererhebung.

2. Marktöffnung

– Handelsliberalisierung: Mengenmäßige Beschränkungen des Handels sollten durch Zölle ersetzt und diese sollten auf einen einheitlichen Zollsatz zwischen 10 und 20 Prozent reduziert werden. Dies erfordert einen Anpassungsprozess über drei bis zehn Jahre, der aufgrund schwieriger makroökonomischer Bedingungen unterbrochen werden kann.

- Wechselkursanpassung: Multiple Wechselkurse sollten zumindest für Handelstransaktionen aufgegeben werden, wobei sich der einheitliche Wechselkurs auf einem Niveau bewegen sollte, das das Wachstum nichttraditioneller Exporte ermöglicht und das auch durchgehalten werden kann.

583 Zit. n. Gotthard Jasper, ebda., Dokument 8.

– Direktinvestitionen: Ausländische Direktinvestitionen sollten uneingeschränkt zugelassen werden, d.h., sie sollten wie inländische Investitionen behandelt werden.

3. Liberalisierung.

– Finanzmarktliberalisierung: Ziel ist es, dass die Zinssätze durch den Markt bestimmt werden. Voraussetzung ist jedoch ein hohes Vertrauen in den heimischen Kapitalmarkt. Ist dies zunächst nicht gegeben, so sind zumindest positive Realzinsen und gleiche Zinssätze für alle Schuldner mit gleichen Risiken sicherzustellen.

– Privatisierung: Staatsunternehmen sollten privatisiert werden.

– Deregulierung: Der Staat sollte sicherstellen, dass alle Regulierungen, die den Markteintritt neuer Unternehmen und den Wettbewerb behindern, abgebaut werden. Verbleibende Regulierungen seien zu rechtfertigen durch die Gewährleistung der Sicherheit, des Umweltschutzes und der Stabilität des Finanzsektors.

– Eigentumsrechte: Das Rechtssystem sollte sichere Eigentumsrechte zu moderaten Kosten bereitstellen und auch für den informellen Sektor zugänglich machen."[584]

584 Rainer Schweickert, Rainer Thiele: Makroökonomische Stabilisierung und Wirtschaftswachstum in Lateinamerika: Was bringt die Debatte über den Washington-Konsens? Kieler Arbeitspapier des Instituts für Weltwirtschaft, Nr. 1202 vom Febr. 2004 (online), S. 6. URL: s. Lit.-Verz.

Anhang 9: Chronologie der (De-)Regulierungen im Finanzsektor.[585]

Nach dem Welt-Finanzcrash 2007:

Jahr	International/ EU	Deutschland
2009		Bis September 10 Gesetze und Verordnungen
2008		Insgesamt 8 Gesetze und Verordnungen. Darunter Gesetz zur Modernisierung der Rahmenbedingungen für Kapitalbeteiligungen (MoRaKG): weitere steuerliche Begünstigungen für Finanzinvestoren.17. Oktober: Finanzmarktstabilisierungsgesetz (FMStFV) / Rettungsschirm für deutsche Banken nach der Hypo Real Estate Pleite.
2007		Gesetzliche Zulassung von Real-Estate-Investment Trusts (REITs) verbunden mit steuerlichen Begünstigungen, Steuererleichterungen für Immobilienverkäufe an REIT-Aktiengesellschaften und Sales-lease-back-Verträge; Förderung von Private-Equity-Fonds durch das Wagniskapitalbeteiligungsgesetz.

Vor dem Welt-Finanzcrash 2007:

Jahr	International/ EU	Deutschland
2006	Basel II tritt in Kraft: Die grobe Risikobewertung aus Basel I wird über die Berücksichtigung von Ratings ausdifferenziert. Zudem werden die Kreditkonditionen an die Bonität des Unternehmens gekoppelt.	

585 LobbyControl – Initiative für Transparenz und Demokratie e.V.: Chronologie der (De-)Regulierungen im Finanzsektor (online). URL: s. Lit.-Verz.

Jahr	International/ EU	Deutschland
2004	USA: Die Börsenaufsicht SEC lockert ihre Eigenkapital-Vorschriften für Investment-Banken von 1975, die bisher auf 1-zu-15 lauteten. Die Investment-Bank Bear Stearns erreicht zum Zeitpunkt ihrer Pleite 2008 eine Eigenkapitalquotevon 1-zu-33.	Zulassung von Hedgefonds durch Investmentmodernisierungsgesetz; steuerliche Vorteile für Private-Equity-Fonds
2003		– Zweckgesellschaften der Banken werden von Gewerbesteuern befreit, womit durch steuerliche Vergünstigungen die Verbriefung von Krediten zu Wertpapieren befördert wird -Förderung von True-Sales-Initiativen (TSI) der Banken durch die Bundesregierung (Zulassung der Verbriefung von Krediten, der Zusammenfassung in Portfolios und Aufgliederung in Tranchen) -Steuerliche Besserstellung von förderungsbesicherten Wertpapieren (Asset Backed Securities) durch Kleinunternehmerförderungsgesetz
2002		Viertes Finanzmarktförderungsgesetz]]: Veräußungsgewinne werden von Steuern befreit, Anlagebeschränkungen für Fonds gelockert und Zulassung des Derivatenhandels im Immobiliengeschäft.
2001		„Riester-Rente“: durch die teilweise Einführung einer kapitalgedeckten Altersvorsorge wird der Finanzmarkt weiter aufgebläht.
2000		Herabsetzung der Unternehmenssteuer.

Jahr	International/ EU	Deutschland
1999	Unterzeichnung des „Gramm-Leach-Bliley-Act“: Die Trennung zwischen Investment- und Handelsbanken sowie Versicherungen wird aufgehoben. Dadurch wird der „Glass-Steagall-Act“ von 1933 außer Kraft gesetzt.	
1990-1998		Ermöglichung reiner Geldfonds; Investmentgesellschaften wird die Spekulation mit Termingeschäften erlaubt.
1994		– Umwandlungsgesetz: Schaffung der Möglichkeit, Schulden auf ein übernommenes Unternehmen zu übertragen – August: Gesetz für kleine Aktiengesellschaften und zur Deregulierung des Aktienrechts.
		– Juli: Gesetz über den Wertpapierhandel und zur Änderung börsenrechtlicher und wertpapierrechtlicher Vorschriften (Zweites Finanzmarktförderungsgesetz)
1993		Gesetz zur Verbesserung der steuerlichen Bedingungen zur Sicherung des Wirtschaftsstandorts Deutschland im Europäischen Binnenmarkt (Standortsicherungsgesetz – StandOG)
1992	Basel I tritt in Kraft: Die G10-Staaten verankern die Regelung zur Risikoreduzierung bei Kreditgeschäften im Gesetz. Von nun an ist für Kreditgeber eine risikoabhängige Eigenkapitalunterlegung des Kredits verpflichtend.	Gesetz zur Änderung des Gesetzes über das Kreditwesen und anderer Vorschriften über Kreditinstitute (4. KWG-Novelle).

Jahr	International/ EU	Deutschland
1990		Erstes Finanzmarktförderungsgesetz: Streichung der Börsenumsatzsteuer
1989		Börsengesetznovelle: Vereinfachung der Spekulation mit Wertpapieren und Edelmetallen und Zulassung von Terminhandel
1981		Abschaffung der Kapitalverkehrskontrollen
1976		KWG-Novelle: Von Banken vergebene Großkredite dürfen 75% des Eigenkapitals nicht überschreiten.
1973	Endgültiges Ende des Bretton-Woods-Abkommens von 1944.	
1971	– Die USA wird in Folge des Vietnamkrieges international zahlungsunfähig. Sie kann den Goldstandard von 1944 nicht mehr aufrecht erhalten. Präsident Nixon löst die Goldbindung des US-Dollars. – Start der NASDAQ, die dazu beitragen sollte, Nachfrage- und Angebotspreis bei OTC-Geschäften zu synchronisieren.	
1970	Gründung des Anlegerschutzfonds Securities Investor Protection Corporation (SIPC), finanziert durch Abgaben der Broker.	
1968	SEC v. Texas Gulf Sulphur: Auch Mitwisser, die von Insidergeschäften profitieren, machen sich strafbar.	

Jahr	International/ EU	Deutschland
1967		Ende der fehlgeschlagenen Zinsregulierung: An die Stelle gesetzlicher Zinsvorgaben treten Zinsempfehlungen der Bankenverbände
1962	Die New Yorker Börse (American Stock Exchange) verstärkt ihre Kontrollmechanismen drastisch.	
1956	– Der „Bank Holding Company Act" tritt in Kraft: Bankholdinggesellschaften wird nur die Tätigkeit im commercial banking und damit „eng verbundenen" Bereichen gestattet, vorhandene Beteiligungen sind zu entflechten. Das Wertpapiergeschäft wird mit dem Bankgeschäft als **nicht eng verbunden** angesehen. Der Erwerb von Beteiligungen an Investmentbanken wird einer Bankholdinggesellschaft deshalb verwehrt. Versicherungstätigkeiten, die nicht in unmittelbarem Zusammenhang mit Kreditgeschäften standen, sind nicht zulässig. Umgekehrt wird auch „normalen" Unternehmen der Besitz von Banken untersagt. Holdinggesellschaften in einem Staat wird die Übernahme von Banken in anderen Bundesstaaten verboten. – Der „Uniform Security Act" ermöglicht, auf bundesstaatlicher Ebene Investmentbetrug nachzugehen. – Die SEC in der Kritik, weil sie stark unter dem Einfluss der Finanzlobby stehe.	
1955	Budgetkürzungen bei der SEC bis 1955 führen zu Mitarbeiterentlassungen und mangelnder Effizienz. Die SEC muss bis in die frühen Sechziger immer häufiger auf andere Staatsangestellte zurückgreifen.	

Jahr	International/ EU	Deutschland
1948		– 23. Juni: Währungsreform in der Sowjetischen Besatzungszone – Einführung der Deutsche Mark der Deutschen Notenbank. – 20. Juni: Erstes Gesetz zur Neuordnung des Geldwesens – Währungsreform in Westdeutschland. Einführung der D-Mark.
1944	Mit dem Bretton-Woods-Abkommen wird ein internationales Währungssystem geschaffen, das den US-Dollar als Leitwährung vorsieht. Die US-Zentralbank verpflichtet sich, Dollarreserven jedes Mitgliesstaates des Währungssystems zum Kurs von 35 Dollar je Feinzunze in Gold umzutauschen (Goldstandard).	
1942	„Rule 10b-5" tritt in Kraft. Sowohl Insiderhandel als auch Verbreitung von Fehlinformationen sollen damit unterbunden werden.	
1940	Der „Investment Company Act" und der „Investment Advisers Act" verpflichten Investmentunternehmen und -berater zu finanzieller Transparenz.	
1937		Dresdner Bankvollständig an der Börse reprivatisiert.
1934	USA: Gründung der United States Securitiy Exchange Commission (SEC), der amerikanischen Börsenaufsichtsbehörde als Reaktion auf den Börsencrash 1929. Erster Vorsitzender wird Joseph Kennedy, selber ehemaliger Händler an der Wall Street und enger Freund Roosevelts.	

Jahr	International/ EU	Deutschland
1934	Der „Gold Reserve Act" verleiht der US-Regierung das alleinige Recht auf Goldbesitz und das Prägen von Goldmünzen. Gold-Zertifikate dürfen nur von der Federal Reserve Bank ausgegeben werden, Einführung eines begrenzten Goldbarrenstandards (Gold Bullion Standard), Abwertung des US-Dollars auf 35 $ per Feinunze-Gold. Dieser Goldstandard wird erst 1971 wieder verlassen (!).	
1933	Der „Glass-Steagall-Act" schreibt ein striktes Trennbanksystem vor: Banken müssen sich entscheiden, entweder als Geschäftsbanken für das klassische Einlagen- und Kreditgeschäft oder als Investmentbanken zu fungieren. Der Eigenhandel der Banken wird somit praktisch unterbunden. Der lokale Markteintritt einer Bank ist nur dann zulässig, wenn die bereits bestehenden Banken die „Bedürfnisse der Gemeinde" nicht erfüllen.	
1933	USA: Franklin D. Roosevelt erklärt 1933 privaten Goldbesitz im Wert von mehr als 100 US-Dollar als illegal. Gold, welches von Bürgern der Vereinigten Staaten nicht freiwillig zu einem gesetzlich festgelegten Preis von 20,67 $ pro Feinunze an die Federal Reserve Bank verkauft wird, wird beschlagnahmt, die Besitzer können mit bis zu zehn Jahren Haft bestraft werden.	
1931	-Großbritannien: Aufgabe des Gold Bullion Standard (Goldbarren-standard). Ende des britischen Pfunds als Leitwährung der Weltwirtschaft. Erst 1944 wird der US-Dollar diese Rolle übernehmen. -Der „Young-Plan" zur Regelung deutscher Reparationszahlungen wird durch das Hoover-Moratorium ausgesetzt und auf der Konferenz von Lausanne im Juli 1932 aufgehoben.	Rettung der insolventen Dresdner Bank, Commerzbank und Danat Bank durch die staatseigene Deutsche Golddiskont-bank.

Jahr	International/ EU	Deutschland
1930	3. - 20. Januar: Gründung der Bank für Internationalen Zahlungsausgleich auf der zweiten Haager Konferenz zur Abwicklung deutscher Reparationszahlungen. Sie ersetzt den Reparationsagenten Parker Gilbert.	
1929	– 24. Oktober: Schwarzer Freitag – Zusammenbruch der New Yorker Börse (Wall Street Crash). – Von Februar bis Juni wird in Paris der Young-Plan verhandelt, der die Reparationszahlungen Deutschlands neu regeln soll. Die Reparationssumme soll 112 Millarden Reichsmark betragen und verzinst bis 1988 (!) gezahlt werden.	Die Deutsche Reichsbank steht aufgrund des Young-Plans nicht mehr unter ausländischer Kontrolle.

Anhang 10: Wirtschaftsentwicklung Deutschlands vor und nach der Agenda 2010.

Indikatoren	Dimension	Vor Reform 1995 - 2003	Nach Reform 2003 - 2011
Wachstum (nominal)	Durchschnittliche jährliche Wachstumsrate	1,95 %	2,34 %
Investitionsquote (in % des BIP)	Durchschnittliche Rate	*21 %*	18 %
Produktivität	Durchschnittliche jährliche Wachstumsrate	*0,97 %*	0,72 %
Reallohnwachstum	Durchschnittliche jährliche Wachstumsrate	*Positiv a*	-0,8 % b
Lohnstückkosten	Durchschnittliche jährliche Wachstumsrate	*0,29 %*	0,45 %
Arbeitslosigkeit	Durchschnittliche Rate	10,3 %	*9,1 %*
Lohnquote	Durchschnittliche Rate	*54 %*	51% c
Flexibilität	Durchschnittliche Rate der Zu- und Abgänge	36,4 % d	*40,6 % e*
Verteilung	Gini-Koeffizient (Armutsindikator)	*0,27 (1998)*	0,31 (2005)
Beschäftigung (Personen)	Zugang an Erwerbstätigen	*1.754.000*	831.000
Arbeitsstunden (Mrd. Stunden)	Durchschnittliche jährliche Menge	*57,1*	56,6
Exportwachstum (nominal)	Durchschnittliche jährliche Wachstumsrate	*9 %*	7 %

Indikatoren	Dimension	Vor Reform 1995 - 2003	Nach Reform 2003 - 2011
Exportüberschuss (Leistungsbilanz in % des BIP)	Durchschnittliche Rate	-1%	*5 % c*
Haushaltsdefizit (in % des BIP)	Durchschnittliche Rate	2,1 %	*1,9 %*
Staatsverschuldung (in % des BIP)	Durchschnittliche Rate	*59 %*	69

Kursive Zahlen zeigen wirtschafts- und sozialpolitisch positiv zu wertende Entwicklungen an.
Eigene Berechnungen der Autoren.
Quelle: SVR; a Quelle DIW 1991 - 2000: +O,9 %; 2000 - 2008: 0,0 %; b 2004 - 2008; c 2003-2010; d Quelle: BA (2000 - 2003); e Quelle: BA (2004 – 2009).[586]

Anhang 11: Auflagen der „Troika“ für Griechenland:

„Sparen an allen Ecken und Enden.

Das von der Staatspleite bedrohte Griechenland muss sich im Gegenzug für Milliardenhilfen des zweiten Hilfspakets in Höhe von 130 Milliarden Euro zu erheblichen Einschnitten und Reformen verpflichten. Die dort festgeschriebenen Reformen bedeuten enorme Einschnitte:

Sofortige Kürzungen: Noch vor der ersten Auszahlung aus dem neuen Hilfspaket muss die griechische Regierung per Nachtragsetat und mit anderen Beschlüssen kurzfristig 3,3 Milliarden einsparen. Unter anderem sollen die Ausgaben für Medikamente um gut eine Milliarde Euro sinken. Militärausgaben sollen um 300 Millionen Euro gekürzt werden. Weniger Investitionen, Subventionen und Ausgaben der Zentralregierung sollen 860 Millionen bringen. Eine Lücke von 325 Millionen Euro soll mit weiteren Kürzungen im Verteidigungshaushalt, bei Verwaltungskosten der Ministerien und durch Lohnsenkungen im öffentlichen Dienst geschlossen werden.

Renten: Das Rentensystem wird radikal reformiert. Rentenkassen werden zwangsvereinigt, Kostenobergrenzen eingeführt. Rückwirkend zum 1. Januar 2012 werden Zusatzrenten gekürzt. Die neue Rentenkasse darf keine Defizite machen. Bis Ende September 2012 sollen die Renten „angepasst“ werden. Dabei sollen Bezieher geringer Renten geschützt werden: Die Kürzungen sollen nur Pensionen von mehr als 1300 Euro im Monat betreffen.

586 Entnommen bei Dauderstädt, Dederke: Reformen und Wachstum. Die deutsche Agenda 2010...a.a.O.

Öffentlicher Sektor: Die Beschäftigung im öffentlichen Sektor soll bis Ende 2015 um 150.000 Stellen reduziert werden. Notfalls werden vorübergehende Einstellungsstopps verhängt.

Privatisierungen: Bis Ende 2015 soll Griechenland 15 Milliarden Euro durch Privatisierungen einnehmen. Mittelfristig sollen mit dem Verkauf von Staatsvermögen 50 Milliarden Euro erlöst werden. Die Regierung soll restliche Anteile an staatseigenen Unternehmen veräußern. Angegangen werden außerdem Fusionen und Privatisierungen regionaler Flughäfen. Auf dem Strommarkt sollen Netze und Versorgung getrennt werden. Der staatliche Stromanbieter PPC und der Gasversorger DEPA werden privatisiert. Wettbewerber erhalten Zugang zur Braunkohle-Verstromung. Unter öffentlicher Kontrolle bleiben lediglich kritische Netzinfrastruktureinrichtungen.

Preiserhöhung: Die Preise im Personennahverkehr, bei der griechischen Eisenbahn (OSE) und Trainose, sollen um mindestens 25 Prozent erhöht werden.

Steuern: Bereits bis Juni 2012 soll das Steuersystem vereinfacht werden. Steuerbefreiungen sollen dann aufgehoben und die Bemessungsgrundlagen verbreitert werden. So können Steuersätze "behutsam gesenkt" und Einnahmen erhöht werden. Außerdem sollen vermehrt große Steuerzahler, Vermögende und Selbstständige geprüft werden. Steuerrückstände sollen schneller behoben und Instrumente der Geldwäschebekämpfung besser einbezogen werden. Das Personal in der Verwaltung soll aufgestockt, Steuerbehörden fusioniert und 200 lokale, ineffiziente Finanzämter bis Ende 2012 geschlossen werden.

Gesundheit: Öffentliche Gesundheitsausgaben sollen bei maximal sechs Prozent des Bruttoinlandsproduktes (BIP) liegen. Bei Arzneimitteln soll 2012 eine Milliarde Euro gegenüber 2011 gespart werden. Die durchschnittlichen öffentlichen Ausgaben für Arzneimittel im ambulanten Bereich sollen dann bis Ende 2014 bei etwa ein Prozent des BIP liegen und damit EU-Durchschnitt erreichen.

Arbeitsmarkt: Vor Auszahlung der Hilfen werden die Mindestlöhne um 22 Prozent gegenüber dem am 1. Januar 2012 geltenden Niveau von 750 Euro gesenkt. Für junge Menschen unter 25 Jahren werden sie ohne Ausnahmen um 32 Prozent reduziert. Regelungen über automatische Lohnzuwächse werden ausgesetzt. Die Arbeitsstückkosten in der gewerblichen Wirtschaft sollen von 2012 bis 2014 um 15 Prozent sinken.

Banken: Banken müssen sich einem Stresstest unterziehen und bis zum dritten Quartal 2012 eine ‚harte Kernkapitalquote' von neun Prozent erfüllen. Ab dem zweiten Quartal 2013 sind es zehn Prozent.

Liberalisierung: Vor den Hilfszahlungen soll die Liberalisierung etwa bei Kliniken, Apothekern, Optikern, Buchhaltern, Maklern und anderen, bislang vor Konkurrenz geschützten, Berufen auf den Weg gebracht werden. In überteuerten Wirtschaftsbereichen muss ausländische Konkurrenz zugelassen werden. EU-Bürger und -Firmen erhalten so zum Beispiel das Recht, in Griechenland eine Tankstelle, ein Transport- oder ein Bahn-Unternehmen zu betreiben. Der Linienbusverkehr soll liberalisiert, Zugangsschranken zum Taximarkt sollen beseitigt werden.

Wirtschaft: Die Regierung legt einen Plan vor, wie das Land ein attraktiver Standort wird. Dazu werden ein Handelsregister eingerichtet sowie Umwelt-, Bau- und Betriebs-Genehmigungen vereinfacht. Bis 2020 steht ein flächendeckendes Grundbuch."[587]

Anhang 12: Mittelfristige Krisenbewältigung der EU: Strukturprogramme.

Zu diesem präventiven Maßnahmenpaket zählen unter dem Leitziel stabiler Haushalte durch „neue haushaltspolitische Überwachung" folgende Strukturprogramme:

1. Der **„Vertrag über Stabilität, Koordinierung und Steuerung in der Wirtschafts- und Währungsunion" (SKS-Vertrag, Fiskalvertrag)** von 2012 wurde von allen EU-Staaten außer dem Vereinigten Königreich und Tschechien unterzeichnet . Die Ziele des Fiskalvertrags sind: Verpflichtung aller Vertragspartner zur Aufnahme einheitlicher und dauerhaft verbindlicher Haushaltsregeln in die nationalen Rechtsordnungen, vorzugsweise auf Verfassungsebene. Als mittelfristiges Haushaltsziel jedes Mitglieds wurde, sofern die Schuldenquote nicht deutlich unter 60 % liegt, ein gesamtstaatliches strukturelles Defizit von höchstens 0,5 % des nominalen Bruttoinlandsprodukts (BIP) vereinbart. Es gibt eine Pflicht zur Erstellung von Haushalts- und Wirtschaftspartnerschaftsprogrammen für defizitäre Mitglieder und das Recht zur Überwachung und Genehmigung durch den Rat der Europäischen Union und die Europäische Kommission.[588]

2. Das sog. **„Europäische Semester"** von 2010 wurde von allen EU-Staaten unterzeichnet. Der Vertrag soll von vornherein drohende Verstöße gegen den Stabilitäts- und Wachstumspakt und gegen die Grundzüge der Wirtschaftspolitik durch vorbeugende Überwachung und Vorlage der Pläne der nationalen Haushalte bei der EU-Kommission verhindern:[589]

Unter das Leitziel einer gesunden Wirtschaft durch „neue wirtschaftspolitische Steuerung" fallen folgende Programme:

587 N.N. Auflagen für Griechenland Sparen an allen Ecken und Enden. In: „tagesschau-Hintergrund" vom 20.2.2012. URL: s. Lit.-Verz.

588 Vgl. Vertrag über Stabilität, Koordinierung und Steuerung in der Wirtschafts- und Währungsunion (Fiskal- oder SKS-Vertrag) vom 2.3.2012. URL: s. Lit.-Verz.

589 Vgl. EU-Rat für Wirtschaft und Finanzen: Europäisches Semester. Beschluss vom 7.9. 2010. URL: s. Lit.-Verz.

3. Dem Konzept **„Europa 2020"** schlossen sich alle EU-Staaten an. Hauptziel ist die Beseitigung von Mängeln des europäischen Wachstumsmodells über die Bewältigung der Krise hinaus, dazu Reformverpflichtungen der EU-Länder und Genehmigung durch die nationalen Staats- und Regierungschefs im Europäischen Rat. Verabschiedet wurden konkrete Ziele bei der Beschäftigtenzahl, bei Aufwendungen für Forschung und Entwicklung, bei Umwelt- und Energiezielen, bei Bildung und der Bekämpfung von Armut und soziale Ausgrenzung;

4. Der **„Euro-Plus-Pakt"** wurde 2011 von den Staats- und Regierungschefs der Eurostaaten beschlossen. Ziel soll sein, angesichts der Krise die Zukunft des Euro zu sichern und das Vertrauen der Anleger in die langfristige Wachstumskraft und die internationaler Wettbewerbsfähigkeit der Euro- Länder durch verbesserte wirtschaftspolitische Koordination wiederherzustellen. Dies wird durch jährliche Selbstverpflichtungen der Staats- und Regierungschefs der teilnehmenden Staaten zu konkreten nationalen Ziele und Maßnahmen in folgenden Bereichen durchgesetzt: a) Förderung der Wettbewerbsfähigkeit, b) Förderung der Beschäftigung, c) Verbesserung der langfristigen Tragfähigkeit der öffentlichen Finanzen und Stärkung der Finanzstabilität, d) pragmatische Abstimmung der Steuerpolitik in Form einer Übernahme bewährter Praktiken und e) Vermeidung schädlicher Maßnahmen und Vorschläge zur Bekämpfung von Steuerbetrug und Steuerhinterziehung;

5. Der **„Vertrag über gesamtwirtschaftliche Überwachungsverfahren"** wurde 2011 von allen 27 EU-Staaten unterzeichnet. Grundüberlegung: In der Krise erwies sich das bisherige Regelwerk zur finanz- und wirtschaftspolitischen Überwachung als unzureichend. In einigen Ländern entstanden daher erhebliche gesamtwirtschaftliche Spannungen und Ungleichgewichte, die mit Risiken für die makroökonomische Stabilität der Eurozone und der EU verbunden sind und Verfahren zur Vermeidung und Korrektur makroökonomischer Ungleichgewichte und Verbesserungen der bisherigen Mechanismen nötig machen. Daher sieht der Vertrag bei Feststellung besonders schwerer Ungleichgewichte eines Mitgliedsstaates mit negativen Auswirkungen auf andere Länder und die EU als Ganzes die Verpflichtung des Landes zu Korrekturen vor. Dazu gehören Sanktionsmöglichkeiten, vergleichbar dem Verfahren bei einem übermäßigen Defizit in der haushaltspolitischen Überwachung.

Unter dem Leitziel stabiler Finanzmärkte durch „Finanzmarktregulierung" wurden zeitgleich Beratungen zwischen den EU-Staaten geführt. Zu deren Themen gehören: a) die Haftung der Banken bei finanzieller Schieflage, b) die Sicherung der Systemstabilität, c) die Herstellung von Transparenz und d) die Herstellung von Gerechtigkeit, e) die Errichtung einer nationalen und europäischen Finanz- und Bankaufsicht im Rahmen einer europäischen Bankenunion.[590]

---

590 Vgl. auch: Europäische Kommission: Finanzaufsicht (online). URL: s. Lit.-Verz.

Anhang 13: UNCTAD Report 2009: Globales Wirtschaftsversagen und multilaterale Gegenmaßnahmen (Auszüge):

„Key messages: UNCTAD's longstanding call for stronger international monetary and financial governance rings true in today's crisis, which is global and systemic in nature. The crisis dynamics reflect failures in national and international financial deregulation, persistent global imbalances, absence of an international monetary system and deep inconsistencies among global trading, financial and monetary policies.

National and multilateral remedies:

• Market fundamentalist laissez-faire of the last 20 years has dramatically failed the test. Financial deregulation created the build-up of huge risky positions whose unwinding has pushed the global economy into a debt deflation that can only be countered by government debt inflation:

– The most important task is to break the spiral of falling asset prices and falling demand and to revive the financial sector's ability to provide credit for productive investment, to stimulate economic growth and to avoid deflation of prices. The key objective of regulatory reform has to be the systematic weeding out of financial sophistication with no social return.

• Blind faith in the efficiency of deregulated financial markets and the absence of a cooperative financial and monetary system created an illusion of risk-free profits and licensed profligacy through speculative finance in many areas:

– This systemic failure can only be remedied through comprehensive reform and re-regulation with a vigorous role by Governments working in unison. Contrary to traditional views, Governments are well positioned to judge price movements in those markets that are driven by financial speculation and should not hesitate to intervene whenever major disequilibria loom.

• The growing role and weight of large-scale financial investors on commodities futures markets have affected commodity prices and their volatility. Speculative bubbles have emerged for some commodities during the boom and have burst after the sub-prime shock:

– Regulators need access to more comprehensive trading data in order to be able to understand what is moving prices and intervene if certain trades look problematic, while key loopholes in regulation need to be closed to ensure that positions on currently unregulated over-the-counter markets do not lead to „excessive speculation".

• The absence of a cooperative international system to manage exchange rate fluctuations has facilitated rampant currency speculation and increased the global imbalances. As in Asia 10 years ago, currency speculation and currency crisis has brought a number of countries to the verge of default and dramatically fuelled the crisis:

– Developing countries should not be subject to a „crisis rating" by the same financial markets which have created their trouble. Multilateral or even global exchange rate arrangements are urgently needed to maintain global stability, to avoid the collapse of the international trading system and to pre-empt procyclical policies by crisis-The Global Economic Crisis: Systemic Failures and Multilateral Remedies

Global economic decision-making

• The crisis has made it all too clear that globalization of trade and finance calls for global cooperation and global regulation. But resolving this crisis and avoiding its recurrence has implications beyond the realm of banking and financial regulation, going to the heart of the question of how to revive and extend multilateralism in a globalizing world.

• The United Nations must play a central role in guiding this reform process. It is the only institution which has the universality of membership and credibility to ensure the legitimacy and viability of a reformed governance system. It has proven capacity to provide impartial analysis and pragmatic policy recommendations in this area." [591]

Anhang 14: Leitlinien der EU für die Verhandlungen über die TTIP vom Juni 2013.

„RAT DER
EUROPÄISCHEN UNION
Brüssel, den 17. Juni 2013 (25.06)
(OR. en)
11103/13
RESTREINT UE/EU RESTRICTED
WTO 139
SERVICES 26
FDI 17 USA 18
VERMERK des Generalsekretariats des Rates für die Delegationen

Betrifft: Leitlinien für die Verhandlungen über die transatlantische Handels- und Investitionspartnerschaft zwischen der Europäischen Union und den Vereinigten Staaten von Amerika

---

591 United Nations Conference on Trade and Development: The Gobal Economic Crisis: Systemic Failures and Multilateral Remedies. Report by the UNCTAD Secretariat Task Force on Systemic Issues and Economic Cooperation. Hrsgg. von den Vereinten Nationen. New York und Genf, 2009 (online), S. Iii (online). URL: s. Lit.-Verz.

Die Delegationen erhalten anbei die Leitlinien für die Verhandlungen über die transatlantische Handels- und Investitionspartnerschaft zwischen der Europäischen Union und den Vereinigten Staaten von Amerika, wie sie der Rat (Auswärtige Angelegenheiten/Handel) am 14. Juni 2013 angenommen hat.

NB: Dieses Dokument enthält als RESTREINT EU/EU RESTRICTED eingestufte Informationen, deren unbefugte Weitergabe für die Interessen der Europäischen Union oder eines oder mehrerer ihrer Mitgliedstaaten nachteilig sein könnte. Alle Adressaten werden daher ersucht, dieses Dokument mit der besonderen Sorgfalt zu behandeln, die gemäß den Sicherheitsvorschriften des Rates für als RESTREINT UE/EU RESTRICTED eingestufte Dokumente erforderlich ist.

LEITLINIEN FÜR DIE VERHANDLUNGEN ÜBER EIN UMFASSENDES HANDELS- UND INVESTITIONSABKOMMEN – BEZEICHNET ALS TRANSATLANTISCHE HANDELS- UND INVESTITIONSPARTNERSCHAFT – ZWISCHEN DER EUROPÄISCHEN UNION UND DEN VEREINIGTEN STAATEN VON AMERIKA

Art und Geltungsbereich des Abkommens

1. Das Abkommen wird ausschließlich Bestimmungen über den Handel und handelsrelevante Bereiche enthalten, die zwischen den Vertragsparteien Anwendung finden. Mit dem Abkommen sollte bestätigt werden, dass sich die transatlantische Handels- und Investitionspartnerschaft auf gemeinsame Werte einschließlich des Schutzes und der Förderung der Menschenrechte und der internationalen Sicherheit stützt.

2. Das Abkommen wird ehrgeizig, umfassend, ausgewogen und in jeder Hinsicht mit den im Rahmen der Welthandelsorganisation (WTO) bestehenden Regeln und Pflichten vereinbar sein.

3. Das Abkommen wird die beiderseitige Liberalisierung des Handels mit Waren und Dienstleistungen sowie Regeln zu handelsbezogenen Fragen vorsehen, wobei es ehrgeizige Ziele verfolgt, die über die bestehenden WTO-Verpflichtungen hinausgehen.

4. Die sich aus dem Abkommen ergebenden Pflichten werden auf allen staatlichen Ebenen bindend sein.

5. Das Abkommen wird sich aus drei Hauptkomponenten zusammensetzen: a) Marktzugang, b) Regulierungsfragen und nichttarifäre Hemmnisse sowie c) Regeln. Alle drei Komponenten werden parallel ausgehandelt und werden Teil eines Gesamtpakets sein, so dass zwischen der Beseitigung der Zölle und der Beseitigung unnötiger regulatorischer Handelshemmnisse ein ausgewogenes Verhältnis gewährleistet ist und für bessere Regeln gesorgt wird und somit zu jeder dieser Komponenten ein substanzielles Ergebnis erzielt und eine tatsächliche Öffnung der Märkte der beiden Vertragsparteien herbeigeführt wird.

Präambel und allgemeine Grundsätze

6. In der Präambel wird daran erinnert werden, dass die Partnerschaft mit den Vereinigten Staaten auf gemeinsamen Grundsätzen und Werten beruht, die mit den Grundsätzen und Zielen des auswärtigen Handelns der Union in Einklang stehen. Es wird darin unter anderem Bezug genommen auf

– gemeinsame Werte in Bereichen wie Menschenrechte, Grundfreiheiten, Demokratie und Rechtsstaatlichkeit,

– das Engagement der Vertragsparteien für eine nachhaltige Entwicklung und den Beitrag des internationalen Handels zu einer nachhaltigen Entwicklung in ihrer wirtschaftlichen, sozialen und ökologischen Dimension, einschließlich der wirtschaftlichen Entwicklung, der produktiven Vollbeschäftigung und menschenwürdiger Arbeit für alle sowie des Schutzes und der Erhaltung der Umwelt und der natürlichen Ressourcen,

– das Eintreten der Vertragsparteien für ein Abkommen, das im vollen Einklang mit den sich aus ihrer WTO-Mitgliedschaft ergebenden Rechten und Pflichten steht und das das multilaterale Handelssystem unterstützt,

– das Recht der Vertragsparteien, die für die Verwirklichung legitimer Gemeinwohlziele erforderlichen Maßnahmen auf dem ihnen zweckmäßig erscheinenden Schutzniveau in den Bereichen Gesundheit, Sicherheit, Arbeit, Verbraucher, Umwelt und Förderung der kulturellen Vielfalt, wie in dem Übereinkommen der UNESCO zum Schutz und zur Förderung der Vielfalt kultureller Ausdrucksformen festgelegt, zu treffen,

– das gemeinsame Ziel der Vertragsparteien, den besonderen Schwierigkeiten Rechnung zu tragen, vor denen kleine und mittlere Unternehmen stehen, die einen Beitrag zur Entwicklung von Handel und Investitionen leisten wollen,

– die Zusage der Vertragsparteien, mit allen relevanten interessierten Akteuren einschließlich der Privatwirtschaft und zivilgesellschaftlicher Organisationen zu kommunizieren.

Ziele

7. Mit dem Abkommen wird das Ziel verfolgt, Handel und Investitionen zwischen der EU und den Vereinigten Staaten auszuweiten, indem das bislang nicht ausgeschöpfte Potenzial eines echten transatlantischen Marktes genutzt wird, durch einen besseren Marktzugang und eine größere regulatorische Kompatibilität neue wirtschaftliche Möglichkeiten für die Schaffung von Arbeitsplätzen und Wachstum eröffnet werden und der Weg für weltweite Standards geebnet wird.

8. In dem Abkommen sollte anerkannt werden, dass die nachhaltige Entwicklung ein vorrangiges Ziel der Vertragsparteien ist und dass sie anstreben, die Einhaltung internationaler Übereinkünfte und Normen in den Bereichen

Umwelt und Arbeit zu gewährleisten und zu erleichtern, wobei ein hohes Umwelt-, Arbeits- und Verbraucherschutzniveau im Einklang mit dem Besitzstand der EU und den Rechtsvorschriften der Mitgliedstaaten gefördert werden soll. In dem Abkommen sollte anerkannt werden, dass die Vertragsparteien den Handel oder ausländische Direktinvestitionen nicht dadurch fördern werden, dass sie das Niveau der internen Rechtsvorschriften und Normen in den Bereichen Umweltschutz, Arbeitsrecht oder Gesundheitsschutz und Sicherheit am Arbeitsplatz senken oder die Kern-arbeitsnormen oder die Politik und die Rechtsvorschriften zum Schutz und zur Förderung der kulturellen Vielfalt lockern.

9. Das Abkommen darf keine Bestimmungen enthalten, die die kulturelle und sprachliche Vielfalt in der Union oder ihren Mitgliedstaaten – insbesondere im kulturellen Bereich – beeinträchtigen würden, wobei es die Union und ihre Mitgliedstaaten auch nicht an der Weiterführung bestehender Politiken und Maßnahmen zur Unterstützung des kulturellen Sektors in Anbetracht des Sonderstatus dieses Sektors in der EU und in den Mitgliedstaaten hindern darf. Das Abkommen wird nicht die Fähigkeit der Union und ihrer Mitgliedstaaten zur Umsetzung von Politiken und Maßnahmen in diesem Sektor zur Berücksichtigung der Entwicklungen insbesondere im digitalen Umfeld beeinträchtigen.

MARKTZUGANG

Warenhandel

10. Zölle und andere Anforderungen in Hinblick auf Ein- und Ausfuhren
Angestrebt wird die Beseitigung sämtlicher Zölle im bilateralen Handel, wobei das gemeinsame Ziel verfolgt wird, mit dem Inkrafttreten eine weitgehende Beseitigung der Zölle zu erreichen und anschließend einen schrittweisen zügigen Abbau aller Zölle mit Ausnahme der sensibelsten. Im Laufe der Verhandlungen werden beide Vertragsparteien Optionen für die Behandlung der sensibelsten Waren einschließlich Zollkontingenten prüfen. Alle Zölle, Steuern, Gebühren und sonstigen Abgaben auf Ausfuhren und alle mengenmäßigen Beschränkungen oder Genehmigungsanforderungen für Ausfuhren in die andere Vertragspartei, die nicht durch im Abkommen festgelegte Ausnahmen gerechtfertigt sind, werden mit Beginn der Anwendung des Abkommens beseitigt. Bei den Verhandlungen werden Anliegen hinsichtlich der verbleibenden Handelsbeschränkungen für Güter mit doppeltem Verwendungszweck, die die Integrität des Binnenmarktes beeinträchtigen, behandelt.

11. Ursprungsregeln

Die Verhandlungen zielen darauf ab, die Konzepte der Ursprungsregeln der EU und der USA so aneinander anzunähern, dass der Handel zwischen den beiden Seiten erleichtert und den Ursprungsregeln der EU und den Interessen der Hersteller in der EU Rechnung getragen wird. Des Weiteren sollte nach

Möglichkeit gewährleistet werden, dass in angemessener Weise mit Fehlern der Verwaltung umgegangen wird. Im Anschluss an die Vorstellung einer Analyse der Kommission über mögliche wirtschaftliche Konsequenzen einer Kumulierung mit Nachbarländern, die Freihandelsabkommen sowohl mit der EU als auch mit den USA geschlossen haben, wird der Spielraum für eine solche Kumulierung nach vorheriger Konsultation des Ausschusses für Handelspolitik geprüft werden.

12. Allgemeine Ausnahmen

Das Abkommen wird eine allgemeine Ausnahmeklausel auf der Grundlage der Artikel XX und XXI GATT enthalten.

13. Antidumping und Ausgleichsmaßnahmen

Das Abkommen sollte eine Klausel über Antidumping- und Ausgleichsmaßnahmen enthalten, mit der anerkannt wird, dass jede Vertragspartei geeignete Maßnahmen gegen Dumping- und/oder Ausgleichssubventionen gemäß dem WTO-Übereinkommen zur Durchführung des Artikels VI des allgemeinen Zoll- und Handelsabkommens 1994 oder dem WTO-Übereinkommens über Subventionen und Ausgleichsmaßnahmen ergreifen darf. Mit dem Abkommen sollte ein regelmäßiger Dialog über Handelsschutzangelegenheiten eingeführt werden.

14. Schutzmaßnahmen

Damit möglichst weitgehende Liberalisierungsverpflichtungen erzielt werden, sollte das Abkommen eine bilaterale Schutzklausel enthalten, nach der eine Vertragspartei Präferenzen ganz oder teilweise entziehen kann, wenn einem heimischen Wirtschaftszweig durch den Anstieg der Einfuhren einer Ware aus der anderen Vertragspartei ein erheblicher Schaden verursacht wird oder droht.

Dienstleistungshandel und Niederlassung

15. Bei den Verhandlungen im Bereich des Dienstleistungshandels wird das Ziel verfolgt werden, die in den beiden Vertragsparteien bestehende autonome Liberalisierung auf dem höchsten Liberalisierungsniveau, das in bestehenden Freihandelsabkommen erfasst wurde, im Einklang mit Artikel V des GATS zu binden, wobei im Wesentlichen alle Sektoren und Erbringungsarten erfasst werden, und dabei gleichzeitig neue Marktzugangsmöglichkeiten zu erzielen, indem noch vorhandene, seit langem bestehende Hemmnisse für den Marktzugang angegangen werden, wobei die Empfindlichkeit bestimmter Wirtschaftszweige anerkannt wird. Darüber hinaus werden die USA und die EU bindende Verpflichtungen aufnehmen, um bei Zulassungs- und Qualifikationserfordernissen und -verfahren für Transparenz, Unparteilichkeit und ordnungsgemäße Verfahren zu sorgen und um die in den bestehenden Freihandelsabkommen der USA und der EU enthaltenen Regulierungsdisziplinen zu erweitern.

16. Die Vertragsparteien sollten übereinkommen, Gesellschaften, Tochtergesellschaften und Zweigniederlassungen der anderen Vertragspartei für die Niederlassung in ihrem jeweiligen Hoheitsgebiet eine Behandlung zu gewähren, die nicht weniger günstig ist als die ihren eigenen Gesellschaften, Tochtergesellschaften und Zweigniederlassungen gewährte Behandlung, wobei der Sensibilität bestimmter Sektoren Rechnung zu tragen ist.

17. Das Abkommen sollte einen Rahmen zur Erleichterung der gegenseitigen Anerkennung von Berufsqualifikationen enthalten.

18. Das Abkommen wird der Durchsetzung von Ausnahmen für die Erbringung von Dienstleistungen nicht entgegenstehen, die nach den einschlägigen WTO-Regeln (Artikel XIV und XIVbis GATS) zu rechtfertigen sind. Die Kommission sollte außerdem dafür sorgen, dass das Abkommen die Parteien nicht daran hindert, ihre nationalen Rechts- und Verwaltungsvorschriften und sonstigen Anforderungen im Hinblick auf Einreise und Aufenthalt anzuwenden, sofern die aus dem Abkommen erwachsenden Vorteile dadurch nicht zunichte gemacht oder beeinträchtigt werden. Die Rechts- und Verwaltungsvorschriften und sonstigen Anforderungen der EU und der Mitgliedstaaten betreffend Beschäftigung und Arbeitsbedingungen gelten weiterhin.

19. Die hohe Qualität der öffentlichen Versorgung in der EU sollte im Einklang mit dem AEUV, insbesondere dem Protokoll Nr. 26 über Dienste von allgemeinem Interesse, und unter Berücksichtigung der Verpflichtungen der EU in diesem Bereich, einschließlich des GATS-Abkommens, gewahrt werden.

20. Dienstleistungen gemäß Artikel I Absatz 3 des GATS-Abkommens, die in Ausübung hoheitlicher Gewalt erbracht werden, sind von den Verhandlungen ausgeschlossen.

21. Audiovisuelle Dienste werden von diesem Kapital nicht erfasst.

22. Bei den Verhandlungen im Bereich der Investitionen wird das Ziel darin bestehen, auf der Grundlage des höchsten Liberalisierungsniveaus und der höchsten Schutzstandards, die die beiden Vertragsparteien bis dato ausgehandelt haben, Bestimmungen über die Liberalisierung und den Schutz von Investitionen einschließlich in Bereichen gemischter Zustän-digkeit wie Portfolioverwaltung, Eigentums- und Enteignungsaspekte auszuhandeln. Nach vorheriger Konsultation der Mitgliedstaaten und gemäß den EU-Verträgen wird die Einbeziehung des Investitionsschutzes und der Streitbeilegung zwischen Investor und Staat davon abhängen, ob eine zufriedenstellende Lösung, mit der die Interessen der EU in Bezug auf die Fragen nach Nummer 23 berücksichtigt werden, erzielt wird. Die Frage wird auch im Hinblick auf die endgültige Ausgewogenheit des Abkommens geprüft.

23. Was den Investitionsschutz anbelangt, so sollte mit den diesbezüglichen Bestimmungen des Abkommens das Ziel verfolgt werden,

– das höchstmögliche Maß an Rechtsschutz und -sicherheit für europäische Investoren in den USA vorzusehen,

– die Förderung der europäischen Schutzstandards vorzusehen, was Europa für ausländische Investitionen attraktiver machen dürfte,

– gleiche Ausgangsbedingungen für Investoren in den USA und in der EU vorzusehen,

– auf der Erfahrung und der bewährten Praxis der Mitgliedstaaten mit bilateralen Investitionsabkommen mit Drittländern aufzubauen,

– das Recht der EU und der Mitgliedstaaten unberührt zu lassen, im Rahmen ihrer jeweiligen Zuständigkeiten die Maßnahmen zu ergreifen und durchzusetzen, die erforderlich sind, um legitime Gemeinwohlziele wie soziale, umwelt- und sicherheitspolitische Ziele, das Ziel der Stabilität des Finanzsystems sowie das Ziel der öffentlichen Gesundheit und Sicherheit in nichtdiskriminierender Weise zu verfolgen. Das Abkommen sollte der Politik der EU und ihrer Mitgliedstaaten zur Förderung und zum Schutz der kulturellen Vielfalt Rechnung tragen.

Geltungsbereich: Das Investitionsschutzkapitel des Abkommens sollte, unter Einschluss der Rechte des geistigen Eigentums, ein breites Spektrum von Investoren und ihre Investitionen abdecken, und zwar unabhängig davon, ob die Investitionen vor oder nach dem Inkrafttreten des Abkommens getätigt werden.

Behandlungsstandards: In den Verhandlungen sollte angestrebt werden, insbesondere – aber nicht ausschließlich – die folgenden Behandlungsstandards und Regeln in das Abkommen einzubeziehen:

a) gerechte und billige Behandlung einschließlich eines Verbots unverhältnismäßiger, willkürlicher oder diskriminierender Maßnahmen,

b) Inländerbehandlung,

c) Meistbegünstigung,

d) Schutz vor direkter und indirekter Enteignung, einschließlich des Rechts auf unverzügliche, angemessene und effektive Entschädigung,

e) voller Schutz und umfassende Sicherheit der Investoren und Investitionen,

f) andere wirksame Schutzbestimmungen, zum Beispiel eine „Schirmklausel" („umbrella clause"),

g) ungehinderter Transfer von Kapital und Zahlungen durch die Investoren,

h) Regeln über den Forderungsübergang.

Durchsetzung: Das Abkommen sollte einen wirksamen Mechanismus für die Beilegung von Streitigkeiten zwischen Investor und Staat vorsehen, der auf dem neuesten Stand ist und Transparenz, Unabhängigkeit der Schiedsrichter und die Berechenbarkeit des Abkommens gewährleistet, unter anderem durch die Möglichkeit einer verbindlichen Auslegung des Abkommens durch die Vertragsparteien. Die Beilegung von Streitigkeiten zwischen Staaten sollte einbezogen werden, aber nicht in das Recht des Investors eingreifen, den Mechanismus für die Beilegung von Streitigkeiten zwischen Investor und Staat in Anspruch zu nehmen. Es sollte ein so breites Spektrum von Schiedsgremien für Investoren vorgesehen werden, wie es derzeit im Rahmen der bilateralen Investitionsabkommen der Mitgliedstaaten zur Verfügung steht. Der Mechanismus für die Streitbeilegung zwischen Investor und Staat sollte Schutz vor offensichtlich ungerechtfertigten oder leichtfertigen Klagen beinhalten. Die Möglichkeit, im Rahmen des Abkommens einen Berufungsmechanismus für die Streitbeilegung zwischen Investor und Staat zu schaffen, und das geeignete Verhältnis zwischen Streitbeilegung zwischen Investor und Staat und innerstaatlichen Rechtsmitteln sollten geprüft werden.

Verhältnis zu anderen Teilen des Abkommens: Die Investitionsschutzbestimmungen sollten nicht mit den an anderer Stelle im Abkommen übernommenen Marktzugangsverpflichtungen zu Investitionen verknüpft sein. Die Streitbeilegung zwischen Investor und Staat findet auf Marktzugangsbestimmungen keine Anwendung. Diese Marktzugangsverpflichtungen können erforderlichenfalls Regeln umfassen, die Leistungsanforderungen verbieten.

Das Investitionsschutzkapitel des Abkommens sollte von allen Behörden und sonstigen Stellen auf subzentraler Ebene (zum Beispiel Staaten oder Gemeinden) eingehalten werden.

Öffentliches Beschaffungswesen

24. Das Abkommen wird höchst ambitioniert sein, und sein Geltungsbereich (Beschaffungsstellen, Bereiche, Schwellenwerte und Dienstleistungsaufträge einschließlich insbesondere öffentlicher Bauaufträge) wird nach Möglichkeit über das Ergebnis der Verhandlungen über das geänderte Übereinkommen über das öffentliche Beschaffungswesen hinausgehen. Mit dem Abkommen wird das Ziel verfolgt werden, einen verbesserten beiderseitigen Zugang zu den Beschaffungsmärkten auf allen Verwaltungsebenen (national, regional und lokal) und im Versorgungsbereich vorzusehen, wobei die einschlägigen Arbeiten der in diesem Bereich tätigen Unternehmen erfasst werden und eine Behandlung gewährleistet wird, die nicht weniger günstig ist als die den im eigenen Gebiet niedergelassenen Anbietern gewährte Behandlung. Im Hinblick auf die Verbesserung des Marktzugangs und gegebenenfalls die Straffung und Vereinfachung der Verfahren sowie die Verbesserung ihrer Transparenz wird das Abkommen auch Regeln und Disziplinen in Bezug auf Hemmnisse enthalten, die negative Auswirkungen auf die Beschaffungsmärkte der Ver-

tragsparteien haben und unter anderem Auflagen hinsichtlich lokaler Inhalte und lokaler Erzeugung, insbesondere „Buy America(n)"-Vorschriften, Ausschreibungsverfahren, technische Spezifikationen, Rechts-behelfsverfahren und bestehende Ausnahmeregelungen, auch für kleine und mittlere Unternehmen, betreffen.

REGULIERUNGSFRAGEN UND NICHTTARIFÄRE HANDELSHEMMNISSE

25. Ziel des Abkommens wird der Abbau unnötiger Handels- und Investitionshemmnisse, einschließlich bestehender nichttarifärer Hemmnisse, mittels wirksamer und effizienter Mechanismen sein, indem für die regulatorische Kompatibilität im Waren- und Dienstleistungsbereich ein ehrgeiziges Niveau erreicht wird, unter anderem durch gegenseitige Anerkennung, Harmonisierung und bessere Zusammenarbeit zwischen den Regulierungsinstanzen. Die regulatorische Kompatibilität lässt das Recht, Vorschriften nach Maßgabe des von der jeweiligen Seite für angemessen erachteten Schutzniveaus in den Bereichen Gesundheit, Sicherheit, Verbraucher, Arbeit und Umwelt sowie kulturelle Vielfalt zu erlassen oder auf andere Weise legitime Regulierungsziele zu erreichen, unberührt und steht im Einklang mit den unter Nummer 8 dargelegten Zielsetzungen. Zu diesem Zweck wird das Abkommen Bestimmungen zu folgenden Bereichen enthalten:

– Gesundheitspolizeiliche und pflanzenschutzrechtliche Maßnahmen

Für die Verhandlungen im Bereich der gesundheitspolizeilichen und pflanzenschutzrechtlichen Maßnahmen werden die vom Rat am 20. Februar 1995 angenommenen Verhandlungsrichtlinien (Ratsdokument Nr. 4976/95) maßgeblich sein. Die von den Vertragsparteien festzulegenden Bestimmungen werden auf dem WTO-Übereinkommen über die Anwendung gesundheitspolizeilicher und pflanzenschutzrechtlicher Maßnahmen (SPS-Übereinkommen) sowie auf den Bestimmungen des bestehenden Veterinärabkommens aufbauen und neue Disziplinen für den Pflanzenschutz einführen, ferner wird ein bilaterales Forum zur Verbesserung des Dialogs und der Zusammenarbeit in gesundheitspolizeilichen und pflanzenschutzrechtlichen Fragen geschaffen. In den unter das bestehende Veterinärabkommen zwischen der EU und den USA fallenden Bereichen sollten die einschlägigen Bestimmungen als Ausgangspunkt der Verhandlungen betrachtet werden. Die Bestimmungen des Kapitels über gesundheitspolizeiliche und pflanzenschutzrechtliche Maßnahmen werden auf den wesentlichen Grundsätzen des SPS-Übereinkommens der WTO aufbauen, unter anderem auf dem Erfordernis, dass die gesundheitspolizeilichen und pflanzenschutzrechtlichen Maßnahmen beider Seiten auf wissenschaftlichen Grundsätzen und internationalen Normen oder naturwissenschaftlichen Risikobewertungen beruhen müssen, während das Recht der Parteien anerkannt wird, Risiken gemäß dem Schutzniveau, das jede Seite für erforderlich hält, zu bewerten und zu bewältigen, insbesondere wenn die wissenschaftlichen Belege unzureichend sind, aber nur insoweit angewandt werden, wie dies zum Schutz des Lebens oder der Gesundheit von Menschen, Tieren oder Pflanzen notwendig ist, und auf transparente Weise und ohne unnötige Verzögerungen entwickelt werden müssen. Das Abkommen sollte auch darauf abzielen, Mechanismen für die Zusammenarbeit zwischen den Vertragsparteien, mit denen unter anderem Gleichwertigkeit im Bereich des Tierschutzes erörtert wird, einzuführen.

Mit dem Abkommen sollte nach Möglichkeit vollständige Transparenz bei gesundheitspolizeilichen und pflanzenschutzrechtlichen Maßnahmen im Handel erzielt werden, insbesondere hinsichtlich der Festlegung von Bestimmungen über die Anerkennung der Gleichwertigkeit, der Durchführung der Vorabregistrierung lebens-mittelerzeugender Unternehmen, der Vermeidung der Anwendung der Vorabfertigung, der Anerkennung des Status der Parteien als kranheitsfrei und schadorganismenfrei und des Grundsatzes der Regionalisierung in Zusammenhang mit Tierkrankheiten und Schadorganismen von Pflanzen.

– Technische Vorschriften, Normen und Konformitätsbewertungsverfahren

Gestützt auf ihre Verpflichtungen im Rahmen des WTO-Übereinkommens über technische Handelshemmnisse (TBT-Übereinkommen) werden die Vertragsparteien auch Bestimmungen festlegen, die auf diesen Vorschriften aufbauen und sie ergänzen, mit dem Ziel, den Zugang zum Markt der anderen Vertragspartei zu erleichtern, wobei sie auch einen Mechanismus zur Verbesserung des Dialogs und der Zusammenarbeit bei der Erörterung bilateraler Fragen im Zusammenhang mit technischen Handelshemmnissen einführen werden. Diese Bestimmungen werden darauf ausgerichtet sein, mehr Offenheit, Transparenz und Konvergenz bei den regulatorischen Konzepten und Anforderungen sowie bei den damit zusammenhängenden Normentwicklungsverfahren, auch im Hinblick auf die Übernahme einschlägiger internationaler Standards, zu erreichen sowie – unter anderem – überflüssige und aufwendige Prüfungs- und Zertifizierungsauflagen zu verringern, das Vertrauen in unsere jeweiligen Konformitätsbewertungsstellen zu stärken und insgesamt die Zusammenarbeit im Fragen der Konformitätsbewertung und der Normung zu verbessern. Ferner sollten auch Bestimmungen über die Etikettierung und die Mittel zur Vermeidung irreführender Verbraucherinformationen geprüft werden.

– Regulatorische Kohärenz

Das Abkommen wird themenübergreifende Disziplinen zur regulatorischen Kohärenz und Transparenz enthalten, wobei das Ziel verfolgt wird, effiziente, kostenwirksame und besser kompatible Regelungen für den Waren- und Dienstleistungs-bereich zu entwickeln und umzusetzen, einschließlich frühzeitiger Konsultationen zu wichtigen Regelungen, Verwendung von Folgenabschätzungen und Bewertungen, periodischer Überprüfung der bestehenden regulatorischen Maßnahmen und Anwendung bewährter Regulierungsmethoden.

– Sektorspezifische Bestimmungen

Das Abkommen wird Bestimmungen oder Anhänge mit zusätzlichen Verpflichtungen oder Maßnahmen zur Förderung der regulatorischen Kompatibilität in spezifischen, einvernehmlich vereinbarten Waren- und Dienstleistungssektoren enthalten, mit dem Ziel, die durch regulatorische Unterschiede in spezifischen Sektoren bedingten Kosten zu verringern, wobei gegebenenfalls auch Konzepte für regulatorische Harmonisierung, Gleichwertigkeit oder gegenseitige Anerkennung Berücksichtigung finden. Dies sollte spezifische und materiellrechtliche Bestimmungen und Verfahren in Sektoren einschließen, die für die transatlantische Wirtschaft von erheblicher Bedeutung sind, darunter die Automobilindustrie, die chemische und die pharmazeutische Industrie und andere Bereiche des Gesundheitswesens, die Informations- und Kommunikationstechnologien sowie die Finanzdienstleistungen, wobei die Beseitigung bestehender nichttarifärer Hemmnisse sichergestellt wird, die Einführung neuer nichttarifärer Hemmnisse verhindert wird und umfassendere Marktzugangsmöglichkeiten zugelassen werden, als sie durch horizontale Regeln des Abkommens eröffnet werden. Im Bereich der Finanzdienstleistungen sollten die Verhandlungen auch auf gemeinsame Rahmenbedingungen für die aufsichtsrechtliche Zusammenarbeit abzielen.

26. Das Abkommen wird auch einen Rahmen für die Ermittlung von Möglichkeiten und für die Orientierung der künftigen Arbeiten im Regulierungsbereich abstecken, der auch Bestimmungen zur Schaffung einer institutionellen Grundlage umfasst, auf der die Ergebnisse anschließender Erörterungen von Regulierungsfragen für das Abkommen insgesamt nutzbar gemacht werden können.

27. Das Abkommen wird für alle Regulierungsinstanzen und sonstigen zuständigen Behörden der beiden Vertragsparteien verbindlich sein.

Rechte des geistigen Eigentums

28. Das Abkommen wird Fragen im Zusammenhang mit Rechten des geistigen Eigentums behandeln. Das Abkommen wird den hohen Wert zum Ausdruck bringen, den beide Vertragsparteien dem Schutz des geistigen Eigentums beimessen, und auf dem bestehenden Dialog zwischen der EU und den USA auf diesem Gebiet aufbauen.

29. In den Verhandlungen sollten insbesondere die Bereiche angesprochen werden, die für die Förderung des Handels mit geistiges Eigentum beinhaltenden Waren und Dienstleistungen am wichtigsten sind, mit dem Ziel, Innovationen zu unterstützen. Die Verhandlungen zielen darauf ab, durch das Abkommen für einen besseren Schutz und eine stärkere Anerkennung der ge-

ografischen Angaben der EU zu sorgen, wobei die TRIPS zu ergänzen wären und auf ihnen aufgebaut werden soll; ferner sollte die Beziehung zu ihrer früheren Verwendung auf dem US-Markt zur Sprache kommen, damit bestehende Konflikte zufriedenstellend gelöst werden können. Nach vorheriger Abstimmung mit dem Ausschuss für Handelspolitik werden zusätzliche Aspekte der Rechte des geistigen Eigentums in den Verhandlungen geprüft werden.

30. Das Abkommen wird keine Bestimmungen über strafrechtliche Sanktionen enthalten.

Handel und nachhaltige Entwicklung

31. Das Abkommen wird Verpflichtungen beider Vertragsparteien zu den arbeits- und umweltrechtlichen Aspekten des Handels und der nachhaltigen Entwicklung umfassen. Dabei werden Maßnahmen zur Erleichterung und Förderung des Handels mit umweltfreundlichen und kohlenstoffarmen Waren, energie- und ressourceneffizienten Waren, Dienstleistungen und Technologien, unter anderem durch ein umweltgerechtes öffentliches Beschaffungswesen, und zur Unterstützung der Fähigkeit der Verbraucher, bewusste Kaufentscheidungen zu treffen, Berücksichtigung finden. Das Abkommen wird ferner Bestimmungen enthalten, welche die Übernahme und die wirksame Anwendung der international vereinbarten Normen und Übereinkünfte im arbeitsrechtlichen Bereich und im Umweltbereich als notwendige Voraussetzung für nachhaltige Entwicklung fördern.

32. Das Abkommen wird auch Mechanismen zur Unterstützung der Förderung menschenwürdiger Arbeit durch wirksame interne Umsetzung der Kernarbeitsnormen der Internationalen Arbeitsorganisation (IAO) im Sinne der IAO-Erklärung von 1998 über die grundlegenden Prinzipien und Rechte bei der Arbeit sowie der einschlägigen multilateralen Umweltübereinkünfte umfassen und eine engere Zusammenarbeit bei handelsbezogenen Aspekten der nachhaltigen Entwicklung vorsehen. Die Bedeutung der Anwendung und Durchsetzung interner Rechtsvorschriften zu Arbeit und Umwelt sollte gleichfalls betont werden. Des Weiteren sollte das Abkommen Bestimmungen zur Unterstützung international anerkannter Standards für die soziale Verantwortung von Unternehmen sowie für die Erhaltung und nachhaltige Bewirtschaftung rechtmäßig erworbener, nachhaltiger natürlicher Ressourcen, wie Holz, wildlebende Pflanzen und Tiere oder Fischbestände, sowie für den Handel mit diesen Ressourcen enthalten. Im Abkommen wird die Überwachung der Umsetzung dieser Bestimmungen mittels eines Mechanismus, in den auch die Zivilgesellschaft eingebunden ist, sowie mittels eines Streitbeilegungsmechanismus vorgesehen sein.

33. Die wirtschaftlichen, sozialen und ökologischen Folgen des Abkommens werden mittels einer unabhängigen Nachhaltigkeitsprüfung unter Einbindung der Zivilgesellschaft untersucht werden, die parallel zu den Verhandlungen er-

folgen und vor der Paraphierung des Abkommens fertiggestellt sein wird. Im Rahmen der Nachhaltigkeitsprüfung werden die voraussichtlichen Auswirkungen des Abkommens auf die nachhaltige Entwicklung präzisiert und Maßnahmen(im Handels- und Nicht-Handelsbereich) vorgeschlagen, die auf eine optimale Nutzung des Abkommens und auf die Verhinderung oder Minimierung potenzieller negativer Auswirkungen abzielen. Die Kommission gewährleistet, dass die Nachhaltigkeitsprüfung im Rahmen eines regelmäßigen Dialogs mit allen einschlägigen Akteuren der Zivilgesellschaft durchgeführt wird. Die Kommission führt außerdem im Laufe der Verhandlungen einen regelmäßigen Dialog mit allen einschlägigen Akteuren der Zivilgesellschaft.

Zoll und Handelserleichterungen

34. Das Abkommen wird Bestimmungen zur Erleichterung des Handels zwischen den Vertragsparteien enthalten, wobei wirksame Kontrollen und Betrugsbekämpfungsmaßnahmen gewährleistet werden. Zu diesem Zweck wird es unter anderem Verpflichtungen in Bezug auf die Regeln, Anforderungen, Formalitäten und Verfahren der Vertragsparteien in den Bereichen Einfuhr, Ausfuhr und Durchfuhr enthalten, die ein ehrgeiziges Niveau aufweisen und über die in der WTO ausgehandelten Verpflichtungen hinausgehen. Diese Bestimmungen sollten die Modernisierung und Vereinfachung von Vorschriften und Verfahren, die Standardisierung der Dokumentation, die Transparenz sowie die gegenseitige Anerkennung von Normen und die Zusammenarbeit zwischen den Zollbehörden fördern.

Sektorbezogene Handelsabkommen

35. Mit dem Abkommen sollten die bestehenden sektorbezogenen Handelsabkommen – wie etwa das Abkommen zwischen der Europäischen Gemeinschaft und den Vereinigten Staaten über den Handel mit Wein, insbesondere hinsichtlich der Aushandlung von Bedingungen im Rahmen des Anhangs II des Abkommens von 2005, das Abkommen über die gegenseitige Anerkennung zwischen der Europäischen Gemeinschaft und den Vereinigten Staaten und das Abkommen zwischen der Europäischen Gemeinschaft und den Vereinigten Staaten von Amerika über Zusammenarbeit und gegenseitige Amtshilfe im Zollbereich – gegebenenfalls einer Überprüfung unterzogen werden; ferner sollte auf diesen Abkommen aufgebaut und sollten diese ergänzt werden.

Handel und Wettbewerb

36. Das Abkommen sollte auf die Aufnahme von Bestimmungen zur Wettbewerbspolitik abzielen, einschließlich Bestimmungen über Kartelle, Zusammenschlüsse und staatliche Beihilfen.

Des Weiteren sollte sich das Abkommen mit staatlichen Monopolen, staatlichen Unternehmen und Unternehmen mit besonderen oder ausschließlichen Rechten befassen.

Handelsbezogene Aspekte von Energie und Rohstoffen

37. Das Abkommen wird Bestimmungen zu den handels- und investitionsbezogenen Aspekten von Energie und Rohstoffen enthalten. Die Verhandlungen sollten darauf abzielen, ein offenes, transparentes und berechenbares Geschäftsumfeld in Energieangelegenheiten und einen unbeschränkten und nachhaltigen Zugang zu Rohstoffen sicherzustellen.

Kleine und mittlere Unternehmen

38. Das Abkommen wird Bestimmungen zu den handelsbezogenen Aspekten kleiner und mittlerer Unternehmen umfassen.

Kapitalverkehr und Zahlungen

39. Das Abkommen wird Bestimmungen über die vollständige Liberalisierung der laufenden Zahlungen und des Kapitalverkehrs einschließlich einer Stillhalteklausel enthalten. Es wird Ausnahmeregelungen umfassen (z. B. im Falle ernster Schwierigkeiten für die Währungs- und Wechselkurspolitik, aus aufsichtsrechtlichen Gründen oder für Steuerzwecke), die mit den Bestimmungen des EU-Vertrags über den freien Kapitalverkehr im Einklang stehen. Bei den Verhandlungen werden Sensibilitäten im Hinblick auf die Liberalisierung des nicht mit Direktinvestitionen zusammenhängenden Kapitalverkehrs berücksichtigt.

Transparenz

40. In dem Abkommen werden Fragen der Transparenz behandelt werden. Zu diesem Zweck wird es Bestimmungen enthalten über

– die Verpflichtung, vor der Einführung von Maßnahmen mit Auswirkungen auf Handel und Investitionen die Interessenträger zu konsultieren,

– die Veröffentlichung allgemeiner Regeln und Maßnahmen mit Auswirkungen auf den internationalen Waren- und Dienstleistungshandel und die Investitionen in diesen Bereichen,

– Transparenz bei der Anwendung von Maßnahmen mit Auswirkungen auf den internationalen Waren- und Dienstleistungshandel und die Investitionen in diesen Bereichen.

41. Dieses Abkommen sollte die Rechtsvorschriften der EU oder der Mitgliedstaaten über den Zugang der Öffentlichkeit zu amtlichen Dokumenten in keiner Weise beeinträchtigen.

Andere Regelungsbereiche

42. Nach Prüfung durch die Kommission und vorheriger Abstimmung mit dem Ausschuss für Handelspolitik können im Einklang mit den EU-Verträgen in das Abkommen Bestimmun-gen zu anderen mit den Handels- und Wirtschaftsbeziehungen zusammenhängenden Bereichen aufgenommen werden, wenn im Verlauf der Verhandlungen ein entsprechendes beiderseitiges Interesse geäußert wurde.“

Institutioneller Rahmen und Schlussbestimmungen

43. Institutioneller Rahmen

Mit dem Abkommen wird ein institutioneller Rahmen geschaffen werden, der eine wirksame Überwachung der Einhaltung der im Rahmen des Abkommens eingegangenen Verpflichtungen gewährleistet und der Förderung der schrittweisen Verwirklichung der Kompatibilität der Regulierungssysteme dient.

44. Die Kommission wird dem Ausschuss für Handelspolitik im Sinne der Transparenz regelmäßig über den Verlauf der Verhandlungen Bericht erstatten. Die Kommission kann dem Rat nach Maßgabe der Verträge Empfehlungen für etwaige zusätzliche Verhandlungsrichtlinien zu jeder Frage vorlegen, und zwar mit den gleichen Verfahren für die Annahme, einschließlich Abstimmungsregeln, wie für dieses Mandat.

45. Streitbeilegung

In dem Abkommen wird ein geeigneter Streitbeilegungsmechanismus vorgesehen sein, der die Einhaltung der von den beiden Vertragsparteien vereinbarten Regeln gewährleistet. Das Abkommen sollte Bestimmungen für die schnelle Lösung von Problemen, z. B. ein flexibles Vermittlungsverfahren, enthalten. Im Rahmen dieses Verfahrens wird der Erleichterung der Streitbeilegung in Fragen der nichttarifären Hemmnisse besondere Aufmerksamkeit geschenkt werden.

46. Verbindliche Sprachfassungen

Das Abkommen, das in allen EU-Amtssprachen gleichermaßen verbindlich sein wird, wird eine Sprachenklausel enthalten.“[592]

592 Rat der Europäischen Union: Leitlinien für die Verhandlung über ein umfassendes Handels- und Investitionsabkommen – bezeichnet als transtlantische Handels- und Investitionspartnerschaft – zwischen der Europäischen Union und den Vereinigten Staaten von Amerika vom 14.6.2013. Zu finden auf dem Server des Bundesministeriums für Wirtschaft und Energie (online). URL: s. Lit.-Verz.

Anhang 15: Das Memorandum PPS 23 von George Kennan, dem einflussreichen Architekten der US-amerikanischen Globalpolitik nach dem Zweiten Weltkrieg.[593] (Auszug)

„Es ist dringend notwendig, dass wir unsere eigenen Grenzen als moralische und ideologische Kraft in Fernost erkennen. Unsere politische Philosophie und unsere Art zu leben lassen sich schlecht auf die Masse der Menschen in Asien übertragen. Sie mögen für uns in Ordnung sein mit unseren seit Jahrhunderten hoch entwickelten politischen Traditionen und mit unserer besonders begünstigten geographischen Lage; aber sie sind heute einfach nicht anwendbar oder hilfreich für die Menschen in Asien. Wir müssen vorsichtig sein, wenn wir von ‚Führung' in Asien sprechen. Wir täuschen uns und andere, wenn wir vorgeben, Antworten auf die Probleme zu haben, die viele der asiatischen Völker umtreiben. Überdies haben wir 50% des weltweiten Wohlstands, aber nur 6,3% der Bevölkerung. Diese Ungleichheit ist besonders groß zwischen uns und den asiatischen Völkern. In dieser Lage können wir gar nicht anders als zum Gegenstand von Neid und Missfallen zu werden. Unsere tatsächliche Aufgabe in der kommenden Zeit ist es, ein Netz von Beziehungen zu entwickeln, das uns die Aufrechterhaltung dieser Ungleichheit ohne merklichen Nachteil für unsere nationale Sicherheit erlaubt. Dazu müssen wir uns von aller Sentimentalität und von allen Tagträumen lösen; und unsere Aufmerksamkeit wird überall auf unsere unmittelbaren nationalen Zielsetzungen gerichtet sein müssen. Wir sollten uns nicht selbst darin täuschen, dass wir uns heute den Luxus von Altruismus und weltweiter Wohltätigkeit leisten können. Angesichts der Lage täten wir besser daran, uns mit Blick auf den Fernen Osten von einer Reihe von bisheriger Konzepte lösen. Wir sollten uns von dem Anspruch lösen, ‚gemocht' oder als Quelle hochherzigen internationalen Altruismus betrachtet zu werden. Wir sollten aufhören, weiterhin die Rolle als Hüter unserer Brüder zu spielen, und wir sollten davon Abstand nehmen, moralische Werte und ideologische Ratschläge anzubieten.Wir sollten Abstand davon nehmen, über unbestimmte – und in Bezug auf den Fernen Osten – unrealistische Zielstellungen wie Menschenrechte, Hebung des Lebensstandards und Demokratisierung zu sprechen. Der Tag ist nicht fern, an dem wir uns mit direkten Machtkonzepten befassen müssen. Je weniger wir durch idealistische Schlagwörter behindert sind, desto besser."[594]

---

593 Siehe zum Einfluss von George F. Kennan: Sarah-Jane Corke: George Kennan and the Inauguration of Political Warfare. In: The Journal of Conflict Studies, Vol. 26, No 1 (2006). URL: s. Lit.-Verz.

594 George Kennan: Review of current Trends. US.Foreign Policy. Report by the Planning Staff vom 24.2.1948, Abschnitt VII. Far East. Anhang zum Memorandum by the Director of the Policy Planning Staff (Kennan) to the Secretary of State and the Under Secretary of State (Lovett) (online). (Übersetzung durch den Verf.). URL: s. Lit.-Verz.

Anhang 16: Wirtschaftsdaten der EU-Staaten in der Eurokrise.[595] Stand: Mai 2013.

a) Haushaltsdefizite/-überschuss der EU-Länder (in % des BIP).

	2010	2011	2012	2013*	2014*
Belgien	-3,8	-3,7	-3,9	-3,1	-3,3
Bulgarien	-3,1	-2,0	-0,8	-1,3	-1,2
Dänemark	-2,5	-1,8	-4,0	-1,9	-2,9
Deutschland	-4,1	-0,8	0,2	-0,2	0,0
Estland	0,2	1,2	-0,3	-0,3	0,2
Finnland	-2,5	-0,8	-1,9	-2,2	-1,9
Frankreich	-7,1	-5,3	-4,8	-4,0	-4,3
Griechenland	-10,7	-9,5	-10,0	-3,8	-2,6
Großbrit.	-10,2	-7,8	-6,3	-6,8	-6,3
Irland	-30,8	-13,4	-7,6	-7,1	-4,2
Italien	-4,5	-3,8	-3,0	-2,7	-2,3
Lettland	-8,1	-3,6	-1,2	-1,2	-0,9
Litauen	-7,2	-5,5	-3,2	-3,0	-2,4
Luxemburg	-0,9	-0,2	-0,8	-0,2	-0,4
Malta	-3,6	-2,8	-3,3	-3,7	-3,6
Niederlande	-5,1	-4,5	-4,1	-3,6	-3,5
Österreich	-4,5	-2,5	-2,5	-2,2	-1,8
Polen	-7,9	-5,0	-3,9	-3,9	-4,1
Portugal	-9,8	-4,4	-6,4	-5,5	-4,0
Rumänien	-6,8	-5,6	-2,9	-2,6	-2,4
Schweden	0,3	0,2	-0,5	-1,2	-0,5
Slowakei	-7,7	-5,1	-4,3	-3,0	-3,1
Slowenien	-5,9	-6,4	-4,0	-5,3	-4,9
Spanien	-9,7	-9,4	-10,6	-6,5	-7,0
Tschechien	-4,8	-3,3	-4,4	-2,9	-3,0
Ungarn	-4,3	4,3	-1,9	-3,1	-3,5
Zypern	-5,3	-6,3	-6,3	-6,5	-8,4

Erlaubte Defizitgrenze im Maastrichter-Vertrag: -3,0%. Quelle: Eurostat; *Schätzung.

595 N.N.: Daten zur Eurokrise . Wie schlecht geht es Europas Staaten? In: ARD-Hintergrund. Stand November 2012 (online). URL: s. Lit.-Verz.

b) Gesamtschulden der EU-Länder (in % des BIP):

	2010	2011	2012	2013*
Belgien	95,5	97,8	99,6	101,4
Bulgarien	16,2	16,3	18,5	17,9
Dänema.	42,7	46,4	45,8	45,0
Deutschl.	82,4	80,4	81,9	81,1
Estland	6,7	6,2	10,1	10,2
Finnland	48,6	49,0	53,0	56,2
Frankr.	82,4	85,8	90,2	94,0
Griechenl.	148,3	170,3	156,9	175,2
Großbrit.	79,4	85,5	90,0	95,5
Irland	92,1	106,4	117,6	123,3
Italien	119,3	120,8	127,0	131,4
Lettland	44,4	41,9	40,7	43,2
Litauen	37,9	38,5	40,7	40,1
Luxemb.	19,2	18,3	20,8	23,4
Malta	67,4	70,3	72,1	73,9
Niederl.	63,1	65,5	71,2	74,6
Österreich	72,0	72,5	73,4	73,8
Polen	54,8	56,2	55,6	57,5
Portugal	94,0	108,3	123,6	123,0
Rumänien	30,5	34,7	37,8	38,6
Schweden	39,4	38,4	38,2	40,7
Slowakei	41,0	43,3	52,1	54,6
Slowenien	38,6	46,9	54,1	61,0
Spanien	61,5	69,3	84,2	91,3
Tschechien	37,8	40,8	45,8	48,3
Ungarn	81,8	81,4	79,2	79,7
Zypern	61,3	71,1	85,8	109,5

Erlaubter Grenzwert der Gesamtschulden im Maastrichter-Vertrag: 60%. Quelle: EU Kommission;*Schätzung.

c) Wirtschaftswachstum der EU-Länder (in % im Vorjahresvergleich):

	2010	2011	2012	2013*	2014*
Belgien	2,4	1,8	-0,3	0,0	1,2
Bulgarien	0,4	1,8	0,8	0,9	1,7
Dänemark	1,6	1,1	-0,5	0,7	1,7
Deutschl.	4,2	3,0	0,7	0,4	1,8
Estland	3,3	8,3	3,2	3,0	4,0
Finnland	3,3	2,8	-0,2	0,3	1,0
Frankreich	1,7	1,7	0,0	-0,1	1,1
Griechenl.	-4,9	-7,1	-6,4	-4,2	0,6
Großbrit.	1,8	1,0	0,3	0,6	1,7
Irland	-0,8	1,4	0,9	1,1	2,2
Italien	1,7	0,4	-2,4	-1,3	0,7
Lettland	-0,9	5,5	5,6	3,8	4,1
Litauen	1,5	5,9	3,7	3,1	3,6
Luxemb.	2,9	1,7	0,3	0,8	1,6
Malta	2,9	1,7	0,8	1,4	1,8
Niederl.	1,6	1,0	-1,0	-0,8	0,9
Österreich	2,1	2,7	0,8	0,6	1,8
Polen	3,9	4,5	1,9	1,1	2,2
Portugal	1,9	-1,6	-3,2	-2,3	0,6
Rumänien	-1,1	2,2	0,7	1,6	2,2
Schweden	6,6	3,7	0,8	1,5	2,5
Slowakei	4,4	3,2	2,0	1,0	2,8
Slowenien	1,2	0,6	-2,3	-2,0	-0,1
Spanien	-0,3	0,4	-1,4	-1,5	0,9
Tschechien	2,5	1,9	-1,3	-0,4	1,6
Ungarn	1,3	1,6	-1,7	0,2	1,4
Zypern	1,3	0,5	-2,4	-8,7	-3,9

Quelle: Eurostat; *Schätzung). Stand: 21.05.2013."

Anhang 17: Arbeitsordnung für Londoner Angestellte aus dem 19. Jahrhundert.

„Privatunterhaltungen während der Dienstzeit sind grundsätzlich unerwünscht.
Die regelmäßige Arbeitszeit beträgt 12 Stunden. Wenn es die Arbeit erfordert, muß jeder Commis ohne Aufforderung Überstunden machen.
Angestellte, die sich politisch betätigen, werden fristlos entlassen.
Es wird erwartet, daß sich der Angestellte übermäßigem Tabak- und Alkoholgenuß enthält.
Ladies und hochgestellten Persönlichkeiten ist anständig zu begegnen.
Als Lektüre wird vor allem die Bibel empfohlen, jedoch sind auch andere Bücher erlaubt, sofern sie sittlich einwandfrei sind.
Jeder Angestellte hat die Pflicht, für die Erhaltung seiner Gesundheit zu sorgen. Kranke Angestellte erhalten keinen Lohn. Deshalb sollte jeder verantwortungsbewußte Commis von seinem Lohn eine gewisse Summe zurücklegen.
Ein Angestellter darf sich nicht irren. Wer es mehrmals tut, wird entlassen.
Wer dem Chef widerspricht, zeigt damit, daß er vor dem Prinzipal keinen Respekt empfindet. Daraus ergeben sich Konsequenzen.
Weibliche Angestellte haben sich eines frommen Lebenswandels zu befleißigen.
Ferien gibt es nur in dringenden, familiären Fällen. Lohn wird während dieser Zeit nicht gezahlt.
Denken Sie immer daran: Tausende wären sofort bereit, Ihren Arbeitsplatz einzunehmen.
Und vergessen Sie nicht, daß Sie Ihrem Prinzipal Dank schulden. Er ernährt Sie schließlich!“[596]

596 Zit. n. Gerd Halberstadt, Ernst Zander: Handbuch zum Betriebsverfassungsrecht, Schmidt-Verlag, Köln 1968 (online), S. 3.. URL: s. Lit

Literaturliste:

(Alle Links waren, wenn nicht anders angegeben, zwischen dem 1. und 10. Dezember 2014 noch aktuell.)

Werner Abelshauser: Deutsche Wirtschaftsgeschichte. Von 1945 bis zur Gegenwart. 2. Auflage, Beck, München 2011.

Werner Abelshauser: Kurzstatement. In: „Denkwerkzukunft." Stiftung kulturelle Erneuerung. URL: http://www.denkwerkzukunft.de/index.php/aktivitaeten/index/abelshauser

Wilhelm Adamy, Johannes Steffen: „Arbeitsmarktpolitik" in der Depression. In: „Mitteilungen aus der Arbeitsmarkt- und Berufsforschung", 15. Jg. 1982, Heft 3, S. 276-291 (online). URL: http://doku.iab.de/mittab/1982/1982_3_MittAB_Adamy_Steffen.pdf

AFP/dpa: Regierung prognostiziert dramatischen Rentenrückgang. In: „Die Zeit" vom 31.08.2011 (online). URL: http://www.zeit.de/wirtschaft/2011-08/rentenniveau-sinkt

AFP/dpa/afis: „Das ist das Ende lokaler Demokratie". In: „SZ" vom 28.12.2010 (online). URL: http://www.sueddeutsche.de/politik/2.220/kommunen-in-finanznoeten-das-ist-das-ende-lokaler-demokratie-1.1040678

AFP/odg: CIA-Chef verteidigt Gefangenen-Outsourcing. In: „SZ" vom 17.Mai 2010 (online). URL: http://www.sueddeutsche.de/politik/verhoere-in-folterstaaten-cia-chef-verteidigt-gefangenen-outsourcing-1.343305

Hedwig Ahrens: Verbessertes Leben für die „Eimermenschen". In: NDR1 Regional vom 18.12.2012 (online). URL: http://www.ndr.de/regional/niedersachsen/emsland/eimermenschen103.html

Ulrich von Alemann: Probleme der Demokratie und der demokratischen Legitimation. (online). URL: http://www.phil-fak.uni-duesseldorf.de/fileadmin/Redaktion/Institute/Sozialwissenschaften/Politikwissenschaft/Dokumente/Alemann/text_prob-demokratie.html

Allgemeine Erklärung der Menschenrechte. Resolution 217 A (III) der Generalversammlung vom 10. Dezember 1948. URL: http://www.ohchr.org/EN/UDHR/Pages/Language.aspx?LangID=ger

APA: Experte sieht größte Revolution in Europa seit 1989. In: „Der Standard" vom 28.2.2014 (online). URL: http://derstandard.at/1392686675975/Experte-sieht-groesste-Revolution-in-Europa-seit-1989

apa, afp/js: ESM-Milliarden für Spaniens Banken. In: „Kurier" vom 28.11.2012 (online). URL: http://kurier.at/wirtschaft/wirtschaftspolitik/esm-milliarden-fuer-spaniens-banken/1.494.713

APA/sho: Selbstmorde: Spanien stoppt Zwangsräumungen. In: „Kurier" vom 13.11.2012 (online). URL: http://kurier.at/wirtschaft/wirtschaftspolitik/selbstmorde-spanien-stoppt-zwangsraeumungen/1.159.531

Arbeitskreis „Erwerbstätigenrechnung des Bundes und der Länder" im Auftrag der Statistischen Ämter des Bundes und der Länder (Hrsg.): Arbeitsvolumen in den Ländern der Bundesrepublik Deutschland 2000 bis 2012. Reihe 1, Band 2, Jan. 2014. URL: http://www.statistikportal.de/Statistik-Portal/ETR_R1B2_2012.pdf

ARD: Von Bear Stearns bis zu den Rettungsschirmen. Die Chronologie der Krise. (online). URL: http://www.tagesschau.de/wirtschaft/chronologiefinanzmarktkrise100.html

Thomas Assheuer: Wer erlöst uns vom Kapital? In: „Die Zeit" vom 11.9.2007 (online). URL: http://www.zeit.de/2007/04/Neoliberalismus/komplettansicht

Franziska Augstein: Die ganze Welt ein Schlachtfeld. Besprechung von Jeremy Scahills Buch „Schmutzige Kriege. Amerikas geheime Kommandoaktionen." (2013) In: „SZ" vom 8.10.2013.

Franziska Augstein, Heribert Prantl: Die fünf Weisen. Interview. In: „SZ-Magazin" 46/2005 (online). URL: http://www.sueddeutsche.de/kultur/sz-magazin-die-fuenf-weisen-1.438688

Stefan Bach: Unternehmensbesteuerung: Hohe Gewinne – mäßige Steuereinnahmen. In: „DIW Wochenbericht" Nr.22 + 23, 2013 (online). URL: www.diw.de/documents/publikationen/73/diw_01.c.421907.de/13-22-1.pdf

Phillip Bagus: Sozialismus für Reiche. In: „Die Welt" vom 6.5.14. URL: http://www.welt.de/print/die_welt/debatte/article127659714/Sozialismus-fuer-Reiche.html

Michael Bauchmüller: Sein oder sein lassen. In: „SZ" vom 30.12.2014.

Hartmut Bauer: Von der Privatisierung zur Rekommunalisierung. Einführende Problemskizze. In: Hartmut Bauer, Christiane Büchner, Lydia Hajasch (Hrsg.): Rekommunalisierung öffentlicher Daseinsvorsorge. Schriftenreihe KWI-Schriften, Universitätsverlag Potsdam 2012 (online). URL: opus.kobv.de/ubp/volltexte/2012/5806/pdf/kwi_schriften06.pdf

Ullrich Bauer: Die sozialen Kosten der Ökonomisierung von Gesundheit. In: „ApuZ" 8-9/2006 vom 17.2.206 (online). URL: http://www.bpb.de/apuz/29905/die-sozialen-kosten-der-oekonomisierung-von-gesundheit?p=all

Gunnar Beck: Draghis Wille geschehe. In: „SZ" vom 2.6.2014.

beck-aktuell-redaktion: EuGH: Konzernverbot für Netz- und Energieunternehmen kann europarechtskonform sein. In: beck-aktuell-nachrichten vom 22.10.2013 (online). URL: http://beck-aktuell.beck.de/news/eugh-konzernverbot-f-r-netz-und-energieunternehmen-kann-europarechtskonform-sei

Marc Beise: Ökonomen streiten über Wege aus der Euro-Krise. In: „SZ" vom 11.6.2012 (online). URL: http://www.sueddeutsche.de/wirtschaft/2.220/sparprogramme-oekonomen-streiten-ueber-wege-aus-der-euro-krise-1.1379223 http://www.aurora-magazin.at/gesellschaft/bello_friedman_frm.htm

Hannah Beitzer: Pegida, Hogesa, AfD und Montagsmahnwachen Das Jahr der großen Wut. In: „SZ" vom 26.12,2014 (online). URL: http://www.sueddeutsche.de/politik/pegida-hogesa-afd-und-montagsmahnwachen-das-jahr-der-grossen-wut-1.2271049

Walden Bello: Das Auge des Hurrikan. Milton Friedman und der globale Süden. In: „Aurora", Ausgabe vom 1.5.2007 (online). URL: http://www.aurora-magazin.at/gesellschaft/bello_friedman_frm.htm

Volker vom Berg: Der Ruhreisenstreit vom November 1928 in Verlauf und Entscheidungen. In: „Gewerkschaftliche Monatshefte" 7/1978, S. 385-396 (online). URL: library.fes.de/gmh/main/pdf-files/gmh/1978/1978-07-a-385.pdf

Timo Berger: Verstaatlichungspolitik in Bolivien. In: Dossier der Bundeszentrale für Politische Bildung vom 19.11.2007 (online). URL: http://www.bpb.de/internationales/amerika/lateinamerika/44650/verstaatlichungspolitik?p=all

Christina Berndt: Erbarmungslose Krankmacher. In: „SZ" vom 28./29.März 2013.

Kerstin Bernoth, Philipp Engler: Konjunkturelle Ausgleichszahlungen als Stabilisierungsinstrument in der Europäischen Währungsunion. In: „DIW Wochenbericht" Nr. 44/2012 vom 31.10. 2012 (online). URL: http://www.diw.de/documents/publikationen/73/diw_01.c.410736.de/12-44-1.pdf

Bertelsmann-Stiftung: Zusammenfassung der Studie „Vertrauen in Deutschland" 2009 (online). URL: http://www.bertelsmann-stiftung.de/bst/de/media/xcms_bst_dms_30530_30531_2.pdf

Bertelsmann-Stiftung: Bertelsmann Transformationsindex BTI 2014: Methode. (online). URL: http://www.bti-project.de/index/methode/

Brian Blackstone, Matthew Karnitschnig, Robert Thomson: Draghi spricht sich für harte Linie bei Sparkurs aus. In: „The Wall Street Journal" vom 23.2.2012 (online). URL: http://www.wallstreetjournal.de/article/SB1000142405297020396080457724107243 7312152.html

Holger Blaul: Vergangenheitspolitik im Rahmen demokratischer Konsolidierung Das ‚unfinished business' des südafrikanischen Systemwechsels. Examensarbeit für das Lehramt an Gymnasien, vorgelegt an der Phil. Fak.der Universität Freiburg, WS 2005/2006 (online). URL: http://www.freidok.uni-freiburg.de/volltexte/2830/pdf/Vergangenheitspolitik_Demokratie_in_Suedafrika.pdf

Reinhard Blomert: Von der Angst vor dem Markt zur Angst vor dem Staat. Besprechung von Walter Euckens „Ordnungspolitik", hrsgg. von Walter Oswalt, Walter Eucken-Archiv Bd. 1, Lit Verlag, Münster 2000. In: „SZ" vom 30.10.2000, S. 26 (online). URL: http://www.eucken.org/deutschsprachig/Ordnung_B.html

David Böcking, Giorgos Christides: Syriza-Sieg: Europas Linke feiert Triumph in Griechenland. In: „Spiegel" vom 25.1. 2015 (online). URL: http://www.spiegel.de/politik/ausland/griechenland-syriza-soll-vorbild-fuer-europas-linke-werden-a-1014940.html#ref=rss

Andrea Böhm: Kongo. Der Mord im Dorf. In: „Die Zeit" vom 25.4.2013 (online). URL: http://www.zeit.de/2013/18/kongo-verbrechen-danzer-verantwortung/komplettansicht

Gerhard Bökenkamp: Der New Deal und seine Überwindung: Roosevelts Desaster. In: „eigentümlich frei" vom 25.10.2012 (online). URL: http://ef-magazin.de/2010/04/25/2038-der-new-deal-und-seine-ueberwindung-roosevelts-desaster

Mark Böschen u.a.: Die Enteignung der Mittelschicht. In: „Wirtschaftswoche" vom 9.4.2009 (online). URL: http://www.wiwo.de/finanzen/vorsorge/finanzkrise-die-enteignung-der-mittelschicht/5144162.html

Claudia Bogedan: Totgesagte leben länger. Zum Verhältnis von Sozialer Demokratie und Sozialstaat . Veröffentlichung der Online-Akademie der Friedrich-Ebert-Stiftung (online). URL: http://library.fes.de/pdf-files/akademie/online/06090.pdf

Guido Bohsem, Claus Hulverscheidt, Markus Zydra: Draghi fordert mehr Kredit. In: „SZ" vom 15.5.2014.

Eric Bonse: Selbstmorde und mehr Aids. In: „taz" vom 28.3.2013 (online). URL: http://www.taz.de/1/archiv/digitaz/artikel/?ressort=sw&dig=2013/03/28/a0122&cHash=d82c8533272844fbcf89f9e9aa2be266

Heinz-J. Bontrup: Zur größten Finanz-und Wirtschaftskrise seit achtzig Jahren. Ein kritischer Rück- und Ausblick mit Alternativen. Hrsgg. vom DGB-Bezirk Niedersachsen-Bremen-Sachsen-Anhalt. Hannover 2011 (online). URL: http://www.nachdenkseiten.de/upload/pdf/110330%20bontrup_finanzkrise1.pdf

Peter Brandt: Die ‚Globalisierung' in historischer Perspektive. Eine essayistische Deutung der Weltgeschichte der Neuzeit. In: Globkult-Magazin vom 31.7.2008 (online). URL: http ://www.globkult.de/peter-brandt/541-die-globalisierung-in-historischer-perspektive-eine-essayistische-deutung-der-weltgeschichte-der-neuzeit?format=pdf

Peter Brandt, Dimitris Th. Tsatsos: Von der Konstitutionalisierung Europas zu einer europäischen Verfassung. In: GlobKult-Magazin vom 27.3.2010 (online). URL. http://www.globkult.de/peter-brandt/529-von-der-konstitutionalisierung-europas-zu-einer-europaeischen-verfassung?format=pdf

Peter Brandt, M. Kirsch, A. Schlegelmilch, W. Daum: Einleitung. In: Peter Brandt, Martin Kirsch, Arthur Schlegelmilch (Hrsg.): Handbuch der europäischen Verfassungsgeschichte im 19. Jahrhundert. Institutionen und Rechtspraxis im gesellschaftlichen Wandel. Band I: Um 1800. Dietz Verlag, Bonn 2006.

Michael Braun: In die Rezession getrieben. In: „taz" vom 25.06.2012 (online). URL: http://www.taz.de/!95987/

Bastian Brinkmann, Christoph Giesen, Frederik Obermaier, Bastian Obermaier, Klaus Ott: Luxemburg Leaks. Geheime Dokumente zeigen, wie Konzerne Milliarden an Steuern vermeiden. In: „SZ" vom 6.11.2014. URL: http://www.sueddeutsche.de/wirtschaft/luxemburg-leaks-aerger-im-steuer-maerchenland-1.2206040

Martin Broszat: Forschungskontroversen zum Nationalsozialismus. In: „ApuZ" 14-15/2007 (online). URL: http://www.bpb.de/apuz/30541/forschungskontroversen-zum-nationalsozialismus

Jannis Brühl: Der Preis der Unabhängigkeit. In: „SZ" vom 26.11.2013 (online). URL: http://www.sueddeutsche.de/wirtschaft/argentiniens-verstaatlichung-von-repsol-der-preis-der-unabhaengigkeit-1.1827856

Heike Buchter, Arne Storn: Der Traum vom Aufräumen. In: „Die Zeit" vom 19.12.2012 (online). URL: http://www.zeit.de/2012/52/Deutsche-Bank-Justiz

Werner Bührer: Originelle Fehleranalyse. Buchbesprechung in der SZ vom 11.2.2012.

Petra Bühring: Privatisierung von Landeskrankenhäusern: Verfassungs-rechtliche Bedenken. In: „Deutsches Ärzteblatt", Ausgabe 10/2005 (online). URL: http://www.aerzteblatt.de/archiv/48634/Privatisierung-von-Landeskrankenhaeusern-Verfassungsrechtliche-Bedenken

Helmut Bünder: Gericht untersagt höhere Renditen für Stromnetzbetreiber. In: „FAZ" vom 24.4.2013 (online). URL: http://www.faz.net/aktuell/wirtschaft/wirtschaftspolitik/energiepolitik/gut-fuer-stromkunden-gericht-untersagt-hoehere-renditen-fuer-stromnetzbetreiber-12160498.html

Bürgerinitiative Pattensen: „Eimermenschen" – Diskriminierung aus Profit-gier? In: Wendepunkt: Newsletter der Bürgerinitiative Pattensen, Nr. 4, Januar 2013 (online). URL: http://www.bi-pattensen.de/wordpress/wp-content/uploads/2013/01/WendePUNKT-Nr.4-web.pdf

Bundesministeriums der Justiz: BGB in der Fassung vom 1.10.2013. Nichtamtliche Veröffentlichung (online). URL: http://www.gesetze-im-internet.de/bgb/__903.html

Bundesministerium der Justiz und für Verbraucherschutz: Gesetz gegen Wettbewerbsbeschränkungen in der Fassung der Bekanntmachung vom 26. Juni 2013 (online). URL: http://www.gesetze-im-internet.de/gwb/__97.html

BverfG: Urteil zur Verfassungsmäßigkeit des Maastrichter Vertrages vom 12. Oktober 1993, 2 BvR 2134, 2159/92 (online). URL: http://sorminiserv.unibe.ch:8080/tools/ainfo.exe?Command=ShowPrintText&Name=bv089155

Peter Burghardt: Südamerikas Erfahrungen mit dem Währungsfonds. Feindbild IWF. In: „SZ" vom 11.06.2012 (online). URL: http://www.sueddeutsche.de/wirtschaft/2.220/suedamerikas-erfahrungen-mit-dem-waehrungsfonds-feindbild-iwf-1.1379208

Klaus Busch, Christoph Hermann, Karl Hinrichs, Thorsten Schulten: Eurokrise, Austeritätspolitik und das Europäische Sozialmodell. Wie die Krisenpolitik in Südeuropa die soziale Dimension der EU bedroht. Publikation der Abt. Internationale Politikanalyse der Friedrich-Ebert-Stiftung im Rahmen der Arbeitslinie „Europäische Wirtschafts- und Sozialpolitik", November 2012 (online). URL: http://library.fes.de/pdf-files/id/ipa/09444.pdf

Christoph Butterwegge: Krise und Zukunft des Sozialstaates. 3. erweiterte Auflage, VS Verlag für Sozialwissenschaften, Wiesbaden 2005.

Christoph Butterwegge: Mehr Freiheit durch weniger Sicherheit, Gleichheit und Gerechtigkeit? Thesen zur Wohlfahrtsstaatsentwicklung und zur Sozialpolitik der Großen Koalition, 10.11.2006 (online). http://www.nachdenkseiten.de/?p=1855

Christoph Butterwegge: Ein neoliberales Drehbuch für den Sozialabbau. 7.9.2007 (online). URL: http://www.nachdenkseiten.de/?p=2625

Christoph Butterwegge: Die Zukunft des Sozialstaates. In: „Ossietzky". Heft 20, 2011 (online). URL: http://www.sopos.org/aufsaetze/4e8d88665384d/1.phtml

Charta der Vereinten Nationen und Statut des Internationalen Gerichtshofs vom 26. Juni 1945 (online). URL: http://www.un.org/depts/german/un_charta/charta.pdf

Sarah-Jane Corke: George Kennan and the Inauguration of Political Warfare. In: The Journal of Conflict Studies, Vol. 26, No 1 (2006). URL: http://journals.hil.unb.ca/index.php/jcs/article/view/2171/2570

Malte Conradi und Christoph Giesen im Gespräch mit Friedhelm Hengsbach: „Erbschaften sind undemokratisch." In: „SZ" vom 12.4.2013.

Colin Crouch: Postdemokratie. Erste Auflage, Suhrkamp Verlag, Frankfurt a.M. 2008.

csf/dpa/dapd: Kampf gegen den Zusammenbruch der Währungsunion: So frisst sich die Schuldenkrise durch Europa . In: „focus" vom 3.12.2012 (online). URL: http://www.focus.de/finanzen/news/staatsverschuldung/kampf-gegen-den-zusammenbruch-der-waehrungsunion-so-frisst-sich-die-schuldenkrise-durch-europa_aid_645382.html cte: Gehältervergleich der Industriestaaten: Deutschland ist Lohnminus-Meister. In: „Spiegel" vom 15.12.2010 (online). URL: http://www.spiegel.de/wirtschaft/service/gehaeltervergleich-der-industriestaaten-deutschland-ist-lohnminus-meister-a-734794.html

cte/Reuters/AFP: Hedgefonds und Co.: Schattenbanken breiten sich im Finanzsystem aus. In: „Spiegel" vom 19.11.2012 (online). .URL: http://www.spiegel.de/wirtschaft/unternehmen/fsb-schattenbanken-gewinnen-an-macht-im-finanzsystem-a-867

Colleen Dardagan: Eine Fußball-WM ist das letzte, was Südafrika braucht. bpd-Dossier über die WM 2010 vom 7.6.2010 (online). URL: http://www.bpb.de/gesellschaft/sport/fussball-wm-2010/64092/suedafrika-braucht-keine-wm

Michael Dauderstädt, Julian Dederke: Reformen und Wachstum. Die deutsche Agenda 2010 als Vorbild für Europa? In: Abteilung Wirtschafts- und Sozialpolitik der Friedrich-Ebert-Stiftung (Hrsg.): WiSo direkt. Analysen und Konzepte zur Wirtschafts- und Sozialpolitik. (online). URL: library.fes.de/pdf-files/wiso/09197.pdf

Declaration by the United Nations (Subscribing to the Principles of the Atlantic Charter, January 1, 1942) (online). URL: http://www.ibiblio.org/pha/policy/1942/420101a.html

DGB: Faire Mobilität (online). URL: http://www.faire-mobilitaet.de/aktuell/?0a940a30-2cda-11e2-a08a-00188b4dc422-page=22

DGB-Bundesvorstand: Aufruf: Europäische Demonstration gegen die Verschlechterung der Entsenderichtlinie am 23.1.2013 (online). URL: http://www.dgb.de/themen/++co++5814ff86-5975-11e2-ad62-00188b4dc422

Jacques Delors, Henrik Enderlein: Wer Schulden macht, muss Macht abgeben. In: „Die Zeit" vom 23.12.2012 (online). URL: http://www.zeit.de/2012/51/Europa-Rettung-Neuordnung/komplettansicht

Department of Communication and Public Information. Internationale Arbeitsorganisation: Weltbericht zur sozialen Sicherung 2014/15. Zusammenfassung. Genf, 2014 (online). URL: http://www.oit.org/global/research/global-reports/world-social-security-report/2014/WCMS_245158/lang--en/index.htm

Frank Deppe: Gewerkschaften in der Großen Transformation. Von den 1970er Jahren bis heute. Eine Einführung. Neue Kleine Bibliothek 184, PapyRossa-Verlag, Köln 2012.

Deutsche Bank Research: CDS. Auf dem Weg zu einem robusteren System. 8.3.2010 (online). URL: http://www.dbresearch.de/PROD/DBR_INTERNET_DPROD/PROD0000000000254634.pdf

Heribert Dieter: Chancen und Effekte der Besteuerung von Finanzmarkttransaktionen. Studie der Stiftung Wissenschaft und Politik. Deutsches Institut für Internationale Politik und Sicherheit. Berlin, September 2010 (online). URL: http://www.swp-berlin.org/fileadmin/contents/products/studien/2010_S24_dtr_ks.pdf

Georg Diez: Die Lüge vom Hü und vom Hott. In: „Der Spiegel" vom 24.8.2012 (online). URL: http://www.spiegel.de/kultur/gesellschaft/georg-diez-ueber-paul-ryan-ayn-rand-und-hayek-im-us-wahlkampf-a-851840.html

Dieter Döring: Krisen und Wohlfahrtsstaat – einige deutsche Erfahrungen im 20. Jahrhundert. In: „Gegenblende". Das gewerkschaftliche Debattenmagazin vom 7.11.2012, (online). URL: http://www.gegenblende.de/++co++0de2de44-28ef-11e2-88f8-52540066f352

Dokumentation der Hans-Böckler-Stiftung vom 19.01.2012: Zurück zur öffentlichen Hand – Chancen und Formen der Rekommunalisierung. Fachtagung der Hans-Böckler-Stiftung in Kooperation mit dem DGB am 10. Januar 2012 in Berlin (online). URL: http://www.dgb.de/themen/++co++0cdc8e5e-053d-11e1-534b-00188b4dc422

Klaus von Dohnanyi: Hat uns Erinnerung das Richtige gelehrt? Eine kritische Betrachtung der sogenannten „Vergangenheitsbewältigung". Rede im Rahmen der Reinhold-Frank-Gedächtnisvorlesung, Karlsruhe 2002 (online). URL: http://www.collasius.org/POLITIK-ZEITGESCHICHTE/04-HTML/dohnanyi.htm

dpa: WTO erreicht Durchbruch für historisches Freihandelsabkommen. In: „focus" vom 6.12.2013 (online). URL: http://www.focus.de/finanzen/news/wirtschaft-sticker/3-wto-erreicht-durchbruch-fuer-historisches-freihandelsabkommen_id_3463798.html

dpa: Einigung im Streit um Kohlekraftwerk Moorburg. In: „N24-Nachrichten" vom 26.8.2010 (online). URL: http://www.n24.de/n24/Nachrichten/Wirtschaft/d/1078396/einigung-im-streit-um-kohlekraftwerk-moorburg.html

dpa: Arbeitslosigkeit in Europa bleibt auf Rekordniveau. In: „fnp" vom 28.3.2013 (online). URL: http://www.fnp.de/nachrichten/wirtschaft/Arbeitslosigkeit-in-Europa-bleibt-auf-Rekordniveau;art686,138292

Detlef Drewes: Wer auf Kunden wartet, arbeitet nicht. In: „HAZ" vom 19.12.2012.

Gérard Duménil, Dominique Lévy: Jobs statt Arbeit. Folgen der Deindustrialisierung . In: „Le Monde diplomatique", Nr. 9748 vom 9.3.2012 (online). URL: http://www.monde-diplomatique.de/pm/2012/03/09.mondeText.artikel,a0003.idx,1

Sebastian Dullien: Anspruch und Wirklichkeit der Finanzmarktreform: Welche G20-Versprechen wurden umgesetzt? In: Study 26 vom März 2012, hrsgg. vom Institut für Makroökonomie und Konjunkturforschung bei der Hans-Böckler-Stiftung, Kurzbeschreibung (online). URL: http://www.boeckler.de/pdf/p_imk_study_26_2012.pdf

D. Eckert. H. Zschäpitz: Finanzmärkte bejubeln den Tod der Bundesbank. In: „Die Welt" vom 6.9.2012 (online). URL :http://www.welt.de/finanzen/article109060047/Finanzmaerkte-bejubeln-den-Tod-der-Bundesbank.html

Florian Eder: EU zieht Schlinge um Steuerhinterzieher enger. In: „Die Welt" vom 13.4.2013 (online). URL: http://www.welt.de/wirtschaft/article115262252/EU-zieht-Schlinge-um-Steuerhinterzieher-enger.html

Dieter Eißel: Über die Ursachen der Finanzkrise. In: „Spiegel der Forschung" 26 (2009), Nr. 1 , S. 46-55 (online). URL: http://geb.uni-giessen.de/geb/volltexte/2009/7155/index.html

Serge Embacher: Einstellungen zur Demokratie. Demokratie in Deutschland 2011 – Ein Report der Friedrich-Ebert-Stiftung (online). URL: http://www.demokratie-deutschland-2011.de/common/pdf/Einstellungen_zur_Demokratie.pdf

Alexandra Endres: Wir können nicht ohne Wachstum. In: „Die Zeit" vom 2.4.1.2012 (online). URL :http://www.zeit.de/wirtschaft/2012-01/wachstum-ilo-arbeitsplaetze

Alexandra Endres, Lukas Koschnitzke: Wie Konzerne Staaten vor sich hertreiben. In: „Die Zeit" vom 27.3.2014 (online). URL: http://www.zeit.de/wirtschaft/2014-03/investitionsschutz-klauseln-beispiele/komplettansicht

Christoph Engel: Die soziale Funktion des Eigentums. In: Otto Depenheuer, Christoph Engel, Thomas von Danwitz (Hrsg.): Bericht zur Lage des Eigentums. Reihe Bibliothek des Eigentums, Bd. 1. Springer-Verlag, Berlin 2002 , S. 9-107 (online). URL: http://www.coll.mpg.de/publications/die-soziale-funktion-des-eigentums

Enzyklika QUADRAGESIMO ANNO vom 15.5.1931. Universität Innsbruck. Leseraum, 18.12.2002. URL: http://www.uibk.ac.at/theol/leseraum/texte/319.html

epd/abendblatt.de: Studie: Rechtsextremismus nimmt in Deutschland wieder zu. In: „Abendblatt" vom 13.10.2010 (online). URL: http://www.abendblatt.de/politik/article1661857/Studie-Rechtsextremismus-nimmt-in-Deutschland-wieder-zu.html

Burkhard Erke, Ralf-M. Marquardt: Zulassung von Hedgefonds in Deutschland: Fluch oder Segen? In: „Wirtschaftsdienst", Bd. 84, 2004, Heft 5 (online). URL: Wirtschaftsdienst, 84. Jahrgang (2004)http://www.econstor.eu/handle/10419/42319

Ludwig Erhard: Wohlstand für Alle. 8.Aufl., Econ-Verlag, Düsseldorf 1964.

EurActiv/rtr/mka: Eurostat zu Defizit und Schuldenstand. Staatsverschuldung in der EU steigt weiter. In: „EurActiv" vom 22.4.2013 (online). URL: http://www.euractiv.de/finanzen-und-wachstum/artikel/staatsverschuldung-in-der-eu-steigt-weiter-007445

Europäische Kommission: Europäische Rahmenbedingungen für die soziale Verantwortung der Unternehmen. Grünbuch. 2001 (online). URL: http://www.csr-in-deutschland.de/fileadmin/user_upload/Downloads/ueber_csr/was_ist_csr/Gruenbuch_Europaeische_Rahmenbedingungen_fuer_die_soziale_Verantwortung_von_Unternehmen.pdf

Europäische Kommission: Finanzaufsicht (online). URL: http://ec.europa.eu/internal_market/finances/committees/index_de.htm

Europäische Kommission: Grünbuch Schattenbankwesen. Version Com 2012 final vom 19.3.2012 (online). URL: http://eur-lex.europa.eu/LexUriServ/LexUriServ.do?uri=COM:2012:0102:FIN:DE:PDF

Europäische Kommission: Investitionsbestimmungen im Freihandelsabkommen EU-Kanada (CETA). Verlautbarung vom 10.12.2013. URL: http://trade.ec.europa.eu/doclib/docs/2013/december/tradoc_151959.pdf

Europäische Kommission: Investitionsschutz und Beilegung von Investor-Staat-Streitigkeiten in EU-Abkommen. Verlautbarung vom 18.12.2013 (online). URL: http://trade.ec.europa.eu/doclib/docs/2013/december/tradoc_151995.pdf

Europäische Kommission: Labour Market Developments in Europe 2012. In: European Economy Nr. 5/2012. URL: http://ec.europa.eu/economy_finance/publications/european_economy/2012/pdf/ee-2012-5_en.pdf

Europäisches Parlament/Aktuelles: Europäisches Parlament hilft verschuldeten Hauseigentümern. Pressemitteilung vom 6.6.2012 (online). ULR: http://www.europarl.europa.eu/news/de/headlines/content/20120601STO46163/html/Europ%C3%A4isches-Parlament-hilft-verschuldeten-Hauseigent%C3%BCmern

EU-Rat für Wirtschaft und Finanzen: Europäisches Semester. Beschluss vom 7.9. 2010. Zu finden auf dem Server des Bundesfinanzministeriums. URL : http://www.bundesfinanzministerium.de/Content/DE/Standardartikel/Themen/Europa/EU_auf_einen_Blick/EU_Haushalt/2011-03-09-europaeisches-semester.html oder auf dem Server des Rates für Wirtschaft und Finanzen. URL: http://ec.europa.eu/economy_finance/economic_governance/the_european_semester/index_en.htm

Eurostat-Pressemitteilung: Steuerentwicklungen in der Europäischen Union. STAT/11/100 vom 1.7.2011 (online). URL: http://europa.eu/rapid/press-release_STAT-11-100_de.htm?locale=de

Eurostat: Sozialschutzmaßnahmen nach Einnahmearten in der EU 15 im Jahr 2007 (online). URL: http://www.sozialpolitik-aktuell.de/tl_files/sozialpolitik-aktuell/_Politikfelder/Europa-Internationales/Datensammlung/Vorschau-Dateien/abbII7.gif

EU-US TTIP Negotiations: Regulatory Co-operation on Financial Regulation in TTIP. URL: corporateeurope.org/sites/default/files/attachments/regulatory_coop_fs_-_ec_prop_march_2014-2_0.pdf

Fachredaktion ‚anwalt.de': Öffentliche Auftragsvergabe: Portioniert in handlichere Lose (online). URL: http://www.mittelstandswiki.de/wissen/%c3%96ffentliche_Auftragsvergabe

Jürgen W. Falter: Die Wahlen des Jahres 1932/33 und der Aufstieg totalitärer Parteien. In: Holtmann, Band III: Das Ende der Demokratie. Abschnitt „Die Wahlentwicklung 1930-1933" (online. URL: http://www.blz.bayern.de/blz/web/100083/index.html

Lars P. Feld: Wann läuft die Schuldenuhr rückwärts? Die Zukunft der Staatshaushalte in Europa und in Deutschland. Veröffentlichung des Walter-Eucken-Instituts der Universität Freiburg (online). URL: http://www.kas.de/wf/doc/kas_6303-1442-1-30.pdf?120327100612

Michael F. Feldkamp: Neuland Grundgesetz. Abkehr von Weimarer Verfassung – Reaktion auf Nazi-Deutschland. In: Dossier Grundgesetz und Parlamentarischer Rat. Bundeszentrale für Politische Bildung (online), 1.9.2007/08. URL: http://www.bpb.de/themen/88SWHJ,0,Neuland_Grundgesetz.html

Michael F. Feldkamp: Die Arbeit im parlamentarischen Rat. Unstrittige und strittige Punkte. In: Dossier Grundgesetz und Parlamentarischer Rat. Bundeszentrale für Politische Bildung (online), 1.9.2007/08. URL: http://www.bpb.de/themen/2HQIS4,1,0,Die_Arbeit_im_Parlamentarischen_Rat%3A_Unstrittige_und_strittige_Punkte.html

Wilfried Fiedler: Die Alliierte (Londoner) Erklärung vom 5.1.1943: Inhalt, Auslegung und Rechtsnatur in der Diskussion der Nachkriegsjahre (online). URL: http://archiv.jura.uni-saarland.de/projekte/Bibliothek/text.php?id=71

Björn Finke: Liste des Schreckens. In: „SZ" vom 1.10.2014.

Andreas Fischer-Lescano: Globaler Rechtspluralismus. In: Aus Politik und Zeitgeschichte, Heft 34-35 vom 23.8.2012 (online). URL: http://www.bpb.de/apuz/32564/globaler-rechtspluralismus

Heiner Flassbeck, Friederike Spiecker: „The market is always right." In: „ifo Schnelldienst", 63. Jg., 9/2010 (online). URL: http://www.cesifo-group.de/portal/pls/portal/docs/1/1193802.PDF

Josef Foschepoth: In Deutschland gilt auch US-Recht. Warum Edward Snowden nicht in die Bundesrepublik kommen darf. In: „SZ“ vom 11.08.2014.

Freedom House: Freedom in the World. 2014 (online).URL: http://www.freedomhouse.org/report-types/freedom-world

Harald Freiberger, Markus Zydra: Griechenland-Krise im historischen Vergleich. Das Gespenst von Weimar. In: „SZ“ vom 26.2.2012 (online). URL: http://www.sueddeutsche.de/wirtschaft/2.220/griechenland-krise-im-historischen-vergleich-das-gespenst-von-weimar-1.1293486

Johannes Freudenreich: Entschädigung zu welchem Preis? Reparationsprogramme und Transitional Justice. Diplomarbeit, Universität Potsdam 2009. In: Norman Weiß(Hrsg.): Schriftenreihe Potsdamer Studien zu Staat, Recht und Politik, Nr. 6 (online). URL: http://pub.ub.uni-potsdam.de/volltexte/2010/4813/

Michael Freund: Der Welthorizont hinter dem Schumannplan. In: „Gewerkschaftliche Monatshefte“ 06/1950 (online), S. 244-249. URL: http://library.fes.de/gmh/main/pdf-files/gmh/1950/1950-06-a-244.pdf

Friedensvertrag von Versailles ["Versailler Vertrag"] vom 28.Juni 1919. In: documentArchiv.de [Hrsg.]. URL: http://www.documentarchiv.de/wr/vv07.html

Friedens-Vertrag zwischen dem Deutschen Reich und Frankreich [„Frankfurter Friedensvertrag“] (10.05.1871). In: documentArchiv.de (online). URL: http://www.documentArchiv.de/ksr/1871/frankfurter-friedensvertrag.html

Otmar Gächter, Reto Nyffeler: Der Neoliberalismus. Material zum Seminar „Politische Parteien im Wandel“ Universität Bern, SS 2001 (online). URL: http://www.andreasladner.ch/dokumente/seminarvortraege/SS01_neoliberalis.pdf

Gabler Verlag (Hrsg.): Gabler Wirtschaftslexikon. URL:http://m.wirtschaftslexikon.gabler.de/

Anna Gabriel: Griechenland: Hilfe ging fast nur an Finanzsektor. In: „Die Presse“ vom 17.6.2013 (online). URL: http://diepresse.com/home/wirtschaft/eurokrise/1419748/Griechenland_Hilfe-ging-fast-nur-an-Finanzsektor

Cerstin Gammelin: Schlag ein. In: „SZ“ vom 23.10.2013.

Cerstin Gammelin: Krisenpolitik im Umbruch. In: „SZ“ vom 8.7.2014.

Cerstin Gammelin und Claus Hulverscheidt im Interview mit Klaus Regling: ‚Wir müssen ständig um Vertrauen werben.‘ In: „SZ“ vom 10.12.2012. URL: http://www.esm.europa.eu/pdf/Suddeutsche%20Zeitung%2010.12.2012.pdf

Cerstin Gammelin, Claus Hulverscheidt: Rom und Paris rütteln am Stabilitätspakt. In: „SZ“ vom 17.6.2014 (online). URL: http://www.sueddeutsche.de/wirtschaft/haushaltssanierung-rom-und-paris-ruetteln-am-stabilitaetspakt-1.2004525

Heiner Ganßmann: Politische Ökonomie des Sozialstaats. 1. Auflage, Verlag Westfälisches Dampfboot, Münster 2000.

Susan George: Liberalismus versus Freiheit – WTO-Konferenz von Seattle. In: Hamburger Bildungsserver: Die Organisationen der Globalisierung. (online). URL: http://bildungsserver.hamburg.de/die-organisationen-der-globalisierung/2358570/liberalismus-versus-freiheit.html Erstabdruck in: Le Monde diplomatique vom 12.11.1999.

Peter Gey: Marine Le Pen und das Comeback der rechtsradikalen Front National vor den Präsidentschaftswahlen 2012. In: „Perspektive.“ Veröffentlichung der Friedrich-Ebert-Stiftung, 8/2011 (online). URL: http://library.fes.de/pdf-files/id/08435.pdf

Sebastian Gierke: Mitt Romney patzt in Interview. „Um die Armen mache ich mir keine Sorgen.“ In: „SZ“ vom 2.2.2012 (online). URL: http://www.sueddeutsche.de/politik/mitt-romney-patzt-in-interview-um-die-armen-mache-ich-mir-keine-sorgen-1.1273343

Fritz Glunk: Der Investor ist unantastbar In „SZ“ vom 5.7.2013 (online). URL: www.-geiss-haejm.de/fremde/Der%20Investor%20ist%20unantastbar.doc

John Goetz, Nils Naber: Unter Ausschluss der Öffentlichkeit. In: „tagesschau.de“ vom 19.6.2014 (online). URL: http://www.tagesschau.de/wirtschaft/tisa-102.html

Jörg Goldberg: Neuer UNCTAD-Report: Krisenanalyse und Alternativen zum Kasino. In: „Informationsbrief Weltwirtschaft und Entwicklung“, April 2009 (online). URL: http://weltwirtschaft-und-entwicklung.de/wearchiv/042ae69bdf0b29401.php

Steven Greenhouse: Some Retailers Rethink Role in Bangladesh. In: „New York Times“ vom 1.Mai 2013 (online). URL: http://www.nytimes.com/2013/05/02/business/some-retailers-rethink-their-role-in-bangladesh.html?ref=global-home&_r=0

Anne-Christin Gröger: Neues Krankenversicherungsmodell – Generali erfindet den elektronischen Patienten. In: „SZ“ vom 21.11.2014 (online). URL: http://www.sueddeutsche.de/geld/neues-krankenversicherungsmodell-generali-erfindet-den-elektronischen-patienten-1.2229667

Thomas Groß: Soziale Frage revisited!? – Die Gefahr sozialer Unruhen bei anhaltender Wirtschaftskrise. Begleittext zur thematischen Literaturübersicht des Leibniz-Informationszentrums 05/2009 (online). URL: http://www.zbw.eu/kataloge/econis_select/econisselect_docs_2009/gro_soziale_unruhen.htm

Peter Gruber: Krisenland USA: Der Supermacht Amerika geht die Kraft aus. In: „focus“ vom 9.7.2012 (online). URL: http://www.focus.de/politik/ausland/usa/tid-26444/krisenland-usa-der-supermacht-geht-die-kraft-aus_aid_779024.html

Stefan Grünewald: Arbeitsbelastung: Wenn Unruhe die Träume verdrängt. In: „Die Zeit“ vom 14.2.2013 (online). URL: http://www.zeit.de/karriere/2013-02/gruenewald-erschoepfte-gesellschaft

Angel Gurria: Kampf gegen Steuerhinterziehung ist globale Aufgabe. In: „SZ“ vom 21.4.2013 (online). URL: http://www.sueddeutsche.de/wirtschaft/oecd-zu-offshore-leaks-kampf-gegen-steuerhinterziehung-ist-globale-aufgabe-1.1654091

Jürgen Habermas: Die Postnationale Konstellation und die Zukunft der Demokratie, in: Blätter für Deutsche und internationale Politik, Nr. 7, 1998.

Jürgen Habermas: Wir brauchen Europa. In: „Die Zeit“ vom 27.5.2010 (online). URL: http://www.zeit.de/2010/21/Europa-Habermas/komplettansicht

Björn Hacker: Der Fiskalpakt braucht ein Protokoll. Erweiterung um Wirtschaftswachstum, Beschäftigung und soziale Kohäsion. In: FES Perspektive, Mai 2012 (online). URL:: http://library.fes.de/pdf-files/id/ipa/09083.pdf

Alexander Hagelüken, Lorenz Wagner: Freut euch nicht zu früh.In: SZ-Magazin Nr. 12 vom 21.3.2014 (online). URL: http://sz-magazin.sueddeutsche.de/texte/anzeigen/41712/Freut-euch-nicht-zu-frueh

Alexander Hagelüken: Problemstaaten Italien und Frankreich: Zeit für einen Schröder-Moment. In: „SZ“ vom 5.4.2014 (online). URL: http://www.sueddeutsche.de/wirtschaft/problemstaaten-italien-und-frankreich-zeit-fuer-einen-schroeder-moment-1.1930143

Hans von der Hagen: Mit Anlauf in die Katastrophe. In: “SZ“ vom 15.6.2012 (online). URL: http://www.sueddeutsche.de/wirtschaft/griechenland-und-die-waehrungsunion-mit-anlauf-in-die-katastrophe-1.1381277

Gerd Halberstadt, Ernst Zander: Handbuch zum Betriebsverfassungsrecht, Schmidt-Verlag, Köln 1968 (online). URL: http://www.kortstock.de/kurzweiliges/arbeitsordnung.html

Dorothea Hahn: Obamas Zittersieg. In: „taz“ vom 22.3.2010 (online). URL: http://www.taz.de/!50085/

Lars Halter: Buffett, Gates und Co.: Amerikas Superreiche starten Spendenrevolution. In: „Spiegel“ vom 5.8.2010 (online). URL http://www.spiegel.de/wirtschaft/soziales/buffett-gates-und-co-amerikas-superreiche-starten-spendenrevolution-a-710246.html

Rainer Hank: Solidaritätsverbot. Zur Theorie nationalstaatlicher Souveränität in Europa. In: „Eurozine“ vom 28.1.2013 (online). URL: http://www.eurozine.com/articles/2013-01-28-hank-de.html

Thomas Hanke: Moody's erhöht Reformdruck auf Hollande. In: „Handelsblatt“ vom 20.11.2012 (online). URL: http://www.handelsblatt.com/meinung/kommentare/nach-triple-a-verlust-moodys-erhoeht-reformdruck-auf-hollande/7413008.html

Florian Hassel: Griechenland steht schlechter da als vor der Krise. In: „Die Welt“ vom 29.10.2011 (online). URL: http://www.welt.de/wirtschaft/article13687320/Griechenland-steht-schlechter-da-als-vor-der-Krise.html

Paul-Michael Heit, Niko Chatzipanagiotidis (Verantwortliche): Norddeutschland hilft Griechenland. (online). URL: http://www.norddeutschland-hilft-griechenland.de/hintergrund-2/

Arne Heise, Anna Lierse: Haushaltskonsolidierung und das Europäische Sozialmodell. Auswirkungen der europäischen Sparprogramme auf die Sozialsysteme. Studie der Friedrich-Ebert-Stiftung. Internationale Politikanalyse, Abteilung Internationaler Dialog. März 2011 (online). URL: http://library.fes.de/pdf-files/id/ipa/07890.pdf

Jürg Helbrich: Artikel Kommodifizierung. In: Fernand Kreff, Andre Gingrich, Eva-Maria Knoll (Hrsg.): Handbuch Globalisierung. Sozialanthropologische und sozialwissenschaftliche Zugänge zur Praxis. Transcript-Verlag, Bielefeld 2011.

Gerd Held: Die regulative Idee führt die EU in die Katastrophe. In: „Die Welt“ vom 4.10.2011 (online). URL: http://www.welt.de/debatte/article13640932/Die-regulative-Idee-fuehrt-die-EU-in-die-Katastrophe.html

Wieland Hempel: Die schleichende Revolution. Mit neoliberalen Reformen in eine andere Republik? 10.1.2007 (online). URL: http://www.nachdenkseiten.de/upload/pdf/20080113_Hempel_Schleichende_Revolution.pdf

Kai Hennig: Der Schutz geistiger Eigentumsrechte durch internationales Investitionsschutzrecht. In: Christian Tietje, Herhard Kraft, Matthias Lehmann (Hrsg.): „Beiträge zum Transnationalen Wirtschaftsrecht“, Heft 110 vom Mai 2011, S. 13 (online). URL: http://telc.jura.uni-halle.de/sites/default/files/BeitraegeTWR/Heft110.pdf

Ulrike Herrmann im Interview mit Joseph Huber: Geld ensteht aus dem Nichts. In: „taz“ vom 3.2.2012 (online). URL: http://www.taz.de/konom-ueber-das-Geld-machen/!86990/

Karsten Herzmann: Europäische Währungsstabilität über Bande gespielt. Ein Überblick über den Fiskalpakt. In: „Zeitschrift für das Juristische Studium“, Heft 2, 2012 (online). URL: http://www.zjs-online.com/dat/artikel/2012_2_538.pdf

Roman Herzog, Frits Boltkestein, Lüder Gerken: Die EU schadet der Europa-Idee. In: „FAZ" vom 15.1.2010 (online). URL: http://www.faz.net/aktuell/wirtschaft/wirtschaftswissen/bruesseler-institutionen-die-eu-schadet-der-europa-idee-1906033.html

Rudolf Hickel: Reagans ‚amerikanischer Traum' – ein Alptraum für Europa. In: Blätter für deutsche und internationale Politik, Heft 03/1981 (online). URL: http://www.blaetter.de/sites/default/files/downloads/zurueck/zurueckgeblaettert_201103.pdf

Dirk Hirschel: Gewerkschaften stehen vor Strategiewechsel. Merkels Europa ist falsch. In: „taz" vom 13.2.2013 (online). URL: http://www.taz.de/Debatte-Europa/!87595/

Martin Höpner, Alexander Petring, Daniel Seikel, Benjamin Werner: Liberalisierungspolitik. Eine Bestandsaufnahme von zweieinhalb Dekaden marktschaffender Politik in entwickelten Industrieländern. Discussion Paper 09/7 des Max-Planck-Institut für Gesellschaftsforschung (online). URL: http://www.mpifg.de/pu/mpifg_dp/dp09-7.pdf

Marcus Höreth: Warum sich das Vereinte Europa mit der Demokratie schwer tut. In: Friedrich-Ebert-Stiftung (Hrsg.): „International Politics and Society", Heft 1/1998 (online). URL: http://www.fes.de/ipg/arthoereth.html

Catherine Hoffmann im Gespräch mit Werner Abelshauser: Auftakt zur Depression. In: „SZ" vom 17.5.2010 (online). URL: http://www.sueddeutsche.de/geld/wirtschaftskrisen-im-vergleich-auftakt-zur-depression-1.469404

Catherine Hoffmann: Die Zeitbombe ist noch nicht entschärft. In: „SZ" vom 27.4.2012 (online). URL: http://www.sueddeutsche.de/wirtschaft/2.220/europaeische-bankenkrise-die-zeitbombe-ist-noch-nicht-entschaerft-1.1343127

Everhard Holtmann: Zwischen Revolution und Inflation. Arbeitsbeziehungen, Sozialpolitik, soziale Lage. In: Everhard Holtmann (Koordinator), Bayerische Landeszentrale für politische Bildungsarbeit (Hrsg.): Die Weimarer Republik. Bde. I-III. Band I: 1919-1923. Das schwere Erbe (online). URL: http://www.blz.bayern.de/blz/web/100081/07.pdf

W. Horobin, N. Chaturvedi: Hollande – verhindertes Schreckgespenst der Märkte. In: „Die Welt" vom 22.11.2012 (online). URL: http://www.welt.de/wall-street-journal/article111385134/Hollande-verhindertes-Schreckgespenst-der-Maerkte.html

Gert-Jan Hospers, Filip Kubani: Die Bedeutung der Montanunion für die europäische wirtschaftliche Integration. Wirtschaftsdienst, Leibniz-Informationszentrum Wirtschaft, 2003, Vol. 83, Iss. 3 (online). URL: http://hdl.handle.net/10419/42112

hs/ak/hr/cow: Die Eine-Billion-Euro-Frage. In: „Wirtschaftswoche" vom 2.4.2012 (online). URL: http://www.wiwo.de/politik/europa/geldflut-der-ezb-die-eine-billion-euro-frage-seite-all/6457860-all.html

Michael Hudson: Was sind Schulden? In: „FAZ" vom 2.12.2011 (online). URL: http://www.faz.net/aktuell/feuilleton/politik-und-finanz-was-sind-schulden-11548820.

Carsten Hübner: Europas Rechtspopulisten auf dem Vormarsch. Beitrag zum bpb-Dossier „Rechtsextremismus" vom 9.6.2013 (online). URL: http://www.bpb.de/politik/extremismus/rechtsextremismus/41224/europas-rechtsparteien-auf-dem-vormarsch

Gerd Hübner: Die tickende Zeitbombe der weltweiten Derivate. In: „Finanzen100" vom 30.9.2014 (online). URL: http://www.finanzen100.de/finanznachrichten/wirtschaft/die-tickende-zeit-bombe-der-weltweiten-derivate_H842895196_74709/

Jörg Huffschmid: Globalisierung – hinter den Kulissen. In: Christine Buchholz/Anne Karrass/Oliver Nachtwey/Ingo Schmidt (Hrsg.): Unsere Welt ist keine Ware. Handbuch für Globalisierungskritiker, Köln 2001.

Claus Hulverscheidt: Merkel, gefangen in der Rolle der Managerin. In: „SZ" vom 22.11.2012 (online). URL: http://www.sueddeutsche.de/politik/europa-im-jahr-rette-sich-wer-kann-1.1558343

Claus Hulverscheidt: Kapitalismus, ein bisschen gezähmt. In: „SZ" vom 24.9.2012 (online). URL: http://www.sueddeutsche.de/wirtschaft/2.220/regulierung-der-finanzmaerkte-kapitalismus-ein-bisschen-gezaehmt-1.1476508

Claus Hulverscheidt: Patent zum Steuersparen [...]. In: „SZ" vom 12.5.2014.

Claus Hulverscheidt, Markus Zydra: Schuldenschnitt durch die Hintertür. In: „SZ" vom 14.5.2014.

Michael Hutterer: BIP: Keine Industrie, kein Wohlstand. Teil 7 einer Artikelserie zur Eurokrise. In: „focus" ab 20.5.2010 (online). URL: http://www.focus.de/finanzen/news/staatsverschuldung/tid-18286/euro-krise-bip-keine-industrie-kein-wohlstand_aid_508912.html

IG Metall: Schwarzbuch Leiharbeit. (online). URL: http://www.igmetall.de/schwarz-buch-leiharbeit-9744.htm

ILO: Kernarbeitsnormen. URL: http://www.ilo.org/berlin/arbeits-und-standards/kernarbeitsnormen/lang--de/index.htm

Otmar Issing: Politischer Wille oder ökonomisches Gesetz? Einige Anmerkungen zu einem großen Thema. In: Center for Financial Studies (Hrsg.): CFS Working Paper Series, Frankfurt, Nr 24, 2009 (online). URL: http://publikationen.ub.uni-frankfurt.de/volltexte/2009/7273/pdf/09_24.pdf

Hauke Jansen: Münchhausen-Check zu sicheren Banken: Merkel täuscht die Deutschen. In: „Der Spiegel" vom 18.11.2014 (online). URL: http://www.spiegel.de/wirtschaft/soziales/merkel-und-die-banken-ist-der-steuerzahler-wirklich-fein-raus-a-1003554.html

Gotthard Jasper: Die große Koalition 1928-1930. In: Everhard Holtmann (Koordinator), Bayerische Landeszentrale für politische Bildungsarbeit (Hrsg.): Die Weimarer Republik., Bde. I-III., München 1992. Band III: Das Ende der Demokratie. (online). URL: http://www.blz.bayern.de/blz/web/100083/100083kapitel1.pdf

Reinhard Jellen im Gespräch mit Hans Jürgen Krysmanski: Wer die Fäden zieht. In: Telepolis vom 29.12.2009 (online). URL: http://www.heise.de/tp/artikel/31/31763/1.html

Jens Jessen: Finanzkrise: Unterwegs zur Plutokratie. Hemmungsloser Reichtum, betrogene Bürger: Der entfesselte Markt bringt die Demokratie in Gefahr. In: „Die Zeit" vom 3.9.2011 (online). URL: http://www.zeit.de/2011/36/Finanzkrise-Demokratie

Tony Judt: Das vergessene 20. Jahrhundert. Die Rückkehr des politischen Intellektuellen. Hanser Verlag, München 2010.

Claudia Kade: Steinmeier lobt Kiew und geht Putin scharf an. In: „Die Welt" vom 22.3.14 (online). URL: http://www.welt.de/politik/ausland/article126084829/Steinmeier-lobt-Kiew-und-geht-Putin-scharf-an.html

Michael Kaeding: „Alternative für Deutschland" und „Plan B": Die Europäisierung der Protestwähler. In: „SZ" vom 29.4.2013.

Hubert Kahl: Zwangsräumungen treiben Spanier in den Selbstmord. In: „Die Welt" vom 2.11.2012 (online). URL: http://www.welt.de/wirtschaft/article110558226/Zwangsraeumungen-treiben-Spanier-in-den-Selbstmord.html

Stefan Kaiser: Banken bleiben auf Griechenland-Anleihen sitzen. In: „Spiegel online" vom 17.6.2011. URL: http://www.spiegel.de/wirtschaft/unternehmen/schuldenkrise-banken-bleiben-auf-griechenland-anleihen-sitzen-a-768788.html

Franz-Xaver Kaufmann: Sozialpolitisches Denken. Die deutsche Tradition. Frankfurt am Main 2003.

Michael J. Kendzia: Der Aufstieg des Normalarbeitsverhältnisses in Deutschland – vom Ausbruch des Zweiten Weltkriegs bis zur Ölkrise 1973. Arbeitspapier IZA DP No. 5364 des Forschungsinstitut zur Zukunft der Arbeit, Dezember 2010, (online). URL: http://ftp.iza.org/dp5364.pdf

George Kennan: Review of current Trends. US.Foreign Policy. Report by the Planning Staff vom 24.2.1948, Abschnitt VII. Far East. Anhang zum Memorandum by the Director of the Policy Planning Staff (Kennan) to the Secretary of State and the Under Secretary of State (Lovett). (Online). URL: http://en.wikisource.org/wiki/Memo_PPS23_by_George_Kennan

Uwe Kerkow, Jens Martens: Sonderwirtschaftszonen. Arbeitspapier, hrsgg. von DGB, Global Policy Forum Europe, terre des hommes, Düsseldorf, Bonn, Osnabrück 2010 (online). URL: http://www.tdh.de/fileadmin/user_upload/inhalte/04_Was_wir_tun/Themen/Entwicklungspolitik_und_Kinder/Materialien_zum_Download/Sonderwirtschafts-zonen.pdf

Kurt Kister: Europäische Union nach dem Gipfel. Mitgehangen, mitgefangen. In: „SZ" vom 10.12.2011 (online). URL: http://www.sueddeutsche.de/politik/2.220/europaeische-union-nach-dem-gipfel-mitgehangen-mitgefangen-1.1231237

Oliver Klasen: Szenen wie aus einem Spionagethriller. In: „SZ" vom 20.8.2013 (online). URL: http://www.sueddeutsche.de/politik/geheimdienst-in-der-guardian-redak-tion-szenen-wie-aus-einem-spionagethriller-1.1750231

Hans-Otto Kleinmann: 1950-1966: Richtungsentscheidungen – Konrad Adenauer. In: Geschichte der CDU (online). URL: *http://www.kas.de/wf/de/71.8754/*

Christoph Kleßmann: Deutschland nach 1945. In: „Gewerkschaftliche Monatshefte" 4/85 (online). URL: http://library.fes.de/gmh/main/pdf-files/gmh/1985/1985-04-a-199.pdf

Wolfgang Klug: Abstract zu: Was kommt nach der „Moderne"? : Die neue US-amerikanische Sozialpolitik und ihre Konsequenzen für die Entwicklung der Sozialen Arbeit in Deutschland. In: „Sozialmagazin: die Zeitschrift für soziale Arbeit", Bd. 29 (2004), Heft 5 (online), S. 38-43. http://edoc.ku-eichstaett.de/12830/

Carsten Knop: Auf der Suche nach Glück. In: „FAZ" vom 12.2.2014 (online). URL: http://www.faz.net/aktuell/beruf-chance/arbeitswelt/neue-fuehrungsmethode-auf-der-suche-nach-glueck-12808758.html

Moritz Koch: Entzauberung des amerikanischen Traums. In: „SZ" vom 14.4.2012 (online). URL: http://www.sueddeutsche.de/wirtschaft/2.220/protestbewegung-occupy-harvard-entzauberung-des-amerikanischen-traums-1.1332413

Helmut König: Die Zukunft der Vergangenheit. Der Nationalsozialismus im politischen Bewusstsein der Bundesrepublik. Fischer, Frankfurt a.M. 2003.

Helmut König: Politik und Gedächtnis. Velbrück Wissenschaft, Weilerswist 2008.

Ruth König: Inhalts- und Schrankenbestimmung oder Enteignung? In: Juristische Arbeitsblätter, Heft 4, 2001, S.345-349 (online). URL: http://www.ja-aktuell.de/root/img/pool/archiv/2001/aufsatz/ja_2001-4-345_inhalts-und-schrankenbestimmung-oder-enteignung_koenig.pdf

Tomasz Konicz: Explosionsartige Ausweitung der Finanzmärkte in der Clinton-Ära. In „Telepolis" vom 1.12.2008 (online). URL: http://www.heise.de/tp/artikel/29/29235/2.html

Tomasz Konicz: Kultur des Faschismus. In: „Telepolis" vom 3.5.2011 (online). URL: http://www.heise.de/tp/artikel/34/34646/1.html

Tomas Konicz: Der Exportüberschussweltmeister. In: „Telepolis" vom 21.12.2012 (online). URL: http://www.heise.de/tp/artikel/38/38239/1.html

Stefan Kornelius: Gerechtigkeit als Wahlkampfthema. Obama will gegen das große Geld angehen – aber behutsam. In: „SZ" vom 10.1.2012 (online). URL: http://www.sueddeutsche.de/politik/gerechtigkeit-als-wahlkampfthema-obama-will-gegen-das-grosse-geld-angehen-aber-behutsam-1.1261485

Stefan Kornelius: Auf der dunklen Seite der Macht. In: „SZ" vom 2.7.2013 (online). URL: http://www.sueddeutsche.de/politik/usa-nsa-und-prism-auf-der-dunklen-seite-der-macht-1.1710106

Martti Koskiennimi: Miserable Comforters: International. Relations as New Natural Law. In: European Journal of International Relations. SAGE Publications and ECPR-European Consortium for Political Research, Vol. 15(3), S. 395–422 (online). URL: http://ejt.sagepub.com/content/15/3/395.full.pdf+html oder: http://ejt.-sagepub.com/content/15/3/395

Theodore Kouvakas: Schlimmer geht's nimmer. In: „taz" vom 1.3.2012 (online). URL: http://www.taz.de/Debatte-Spardiktat/!88729/

Timm Krägenow: „Die Rekommunalisierung muss dem Bürger zugutekommen." Interview mit dem Präsidenten des Bundeskartellamtes, Andreas Mundt. In: „Energie&Management" vom 1.9.2013 (online). URL: www.energie-und-management.de/fileadmin/sonderdruck/100895..Die.Rekommunalisierung.muss.dem.Buerger.zugutekommen.pdf

Gregor Kritidis: Die Demokratie in Griechenland zwischen Ende und Wiedergeburt. In: „Sozial.Geschichte Online", Heft 6 (2011) (online). URL: http://duepublico.uni-duisburg-essen.de/servlets/DerivateServlet/Derivate-28997/07_Kritidis_Ende.pdf

Ernst Krüger: Trumans Kampf für den „Fair Deal". In: „Die Zeit" vom 12.5.1949 (online). URL: http://www.zeit.de/1949/19/trumans-kampf-fuer-den-fair-deal

Matthias Krupka, Khue Pham: Wie in einer Salatschleuder. In: „Die Zeit" vom 26.5.2014 (online). URL: http://www.zeit.de/2014/23/europa-wahl-parteien-mitte

André Kühnlenz, Karsten Röbisch: Deutsche Banken laden Hellas-Bonds am Markt ab. In: „ftd“ vom 15.5.2011 (online). URL :http://www.ftd.de/unternehmen/finanz-dienstleister/:griechische-staatsanleihen-deutsche-banken-laden-hellas-bonds-am-markt-ab/60065242.html. Link ist nach ftd-Insolvenz erloschen. Alternativlink: http://www.hintergrund.de/201201171883/wirtschaft/finanzwelt/die-farce-der-griechischen-schulden-geschichte-einer-umverteilung-zugunsten-der-reichen.html

Hanns Jürgen Küsters: Düsseldorfer Leitsätze vom 15. Juli 1949. Publikation der Konrad-Adenauer-Stiftung vom 1. 1. 1997 (online). URL: http://www.kas.de/wf/de/33.814/

Joseph Kuhn: Unser Gesundheitssystem im Visier von Standard & Poor's. In: Science Blog vom 2.2.2012 (online). URL: http://scienceblogs.de/gesundheits-check/2012/02/02/unser-gesundheitssystem-im-visier-von-standard-poors/

Otto Graf Lambsdorff: Konzept für eine Politik zur Überwindung der Wachstumsschwäche und zur Bekämpfung der Arbeitslosigkeit. Denkschrift vom 9. Sept. 1982. In: Gérard Bökenkamp, Detmar Doering, Jürgen Frölich, Ewald Grothe (Hrsg.): 30 Jahre „Lambsdorff-Papier“. Texte und Dokumente zum „Konzept für eine Politik zur Überwindung der Wachstumsschwäche und zur Bekämpfung der Arbeitslosigkeit“ vom 9. September 1982, 1. Auflage 2012 (online). URL: http://liberalesinstitut.files.wordpress.com/2012/09/doku_a5_lambsdorff_484s_print_e_web2.pdf

Lutz Leisering: Der deutsche Sozialstaat. Entfaltung und Krise eines Sozialmodells 1949-2003, (online). URL: http://www.uni-bielefeld.de/soz/personen/Leisering/pdf/Der%20deutsche%20Sozialstaat.pdf

Christof Leisinger im Gespräch mit James Galbraith: Krise geht auf institutionalisierten Betrug zurück. In: „FAZ“ vom 13.12.2010 (online). URL: http://www.faz.net/aktuell/finanzen/anleihen-zinsen/im-gespraech-professor-james-galbraith-krise-geht-auf-institutionalisierten-betrug-zurueck-1359913.html

Rainer Lenz: Finanzmarkt braucht keine Banken. Plädoyer für eine grundlegende Finanzreform. In: Perspektive. Veröffentlichung der Friedrich-Ebert-Stiftung, Juni 2012 (online). URL: http://library.fes.de/pdf-files/id/ipa/09203.pdf

Per Leo: „Krisenjahre der Klassischen Moderne“? Diskurs- und Erfahrungsgeschichte der Weimarer Republik. Tagung der Humboldt-Universität Berlin vom 25. bis 26. Juli 2003. URL:http://www.hsozkult.de/hfn/conferencereport/id/tagungsberichte-285

Wolfgang Lieb: Der Reiche als der ausgebeuteter Gutmensch und der Arme als Schmarotzer. In: „NachDenkSeiten“ vom 10.8.2010 (online). URL: http://www.nachdenkseiten.de/?p=6433

Wolfgang Lieb: Wie aus der Finanz- und Wirtschaftskrise eine Krise der Staatsverschuldung gemacht wird. In: NachDenkSeiten vom 8.11.2011 (online). URL: http://www.nachdenkseiten.de/?p=8249

LobbyControl – Initiative für Transparenz und Demokratie e.V.: Chronologie der (De-)Regulierungen im Finanzsektor (online). URL: https://www.lobbypedia.de/index.php/Chronologie_(De-)Regulierungen_im_Finanzsektor#Einzelnachweise

Lobbypedia: Chronologie der (De-)Regulierungen im Finanzmarktsektor (online). URL: http://www.lobbypedia.de/index.php/Chronologie_%28De-%29Regulierungen_im_Finanzsektor#Einzelnachweise

Jürgen Löwe: Die Verantwortung der Ordnungspolitik. Der Wandel der Sozialen Marktwirtschaft in der Zeit und Ansätze zu ihrer Revitalisierung. Arbeitspapier der Konrad-Adenauer-Stiftung, Nr. 164/2006 , S. 3-47 (online). URL: http://opus.kobv.de/zlb/volltexte/2012/12495/pdf/kas_165.pdf

Stefan Löwenstein: „Dicke Bertha" Nur bedingt durchschlagskräftig. In: „FAZ" vom 1.3.2012 (online). URL: http://www.faz.net/aktuell/wirtschaft/dicke-bertha-nur-bedingt-durchschlagskraeftig-11667395.html

Domenico Losurdo: Krieg der Begriffe. Obama und Orwell: Die Sprache des Imperiums und das „Newspeak". Vorabdruck aus: Die Sprache des Imperiums. Ein historisch-philosophischer Leitfaden, PapyRossa-Verlag, Köln 2011. (online). URL: http://www.ag-friedensforschung.de/themen/neuekriege/losurdo.html

Markus Mainzer: Deutschland im Schattenfinanzindex 2011. „Informationsbrief des Netzwerks Steuergerechtigkeit", Ausgabe 06, April 011 (online). URL: http://www.taxjustice.net/cms/upload/pdf/Deutsch/infosteuergerechtigkeit006.pdf

Wolfgang Malanowski: Die Gnade der künstlichen Geburt. In: „Spiegel" 20/1989 (online). URL: http://www.spiegel.de/spiegel/print/d-13494725.html

Kenan Malik: Menschen sind potenziell gleich, Kulturen nicht. In: „Novo-Magazin", Heft 60, Sept./Okt. 2002 (online). URL: http://www.novo-magazin.de/60/novo6012.htm

Golo Mann: Deutsche Geschichte des 19 und 20. Jahrhunderts. Fischer-Verlag, Frankfurt a.M. 1958.

Jürgen Mansel, Kirsten Endrikat: Die Abwertung von „Überflüssigen" und „Nutzlosen" als Folge der Ökonomisierung der Lebenswelt. In: „Soziale Probleme. Zeitschrift für soziale Probleme und soziale Kontrolle", 18. Jahrgang, 2007, Heft 2 (online). URL: http://www.soziale-probleme.de/2007/03_20Mansel-Endrikat_20Die_20Abwertung_20der_20_C3_9Cberfl_C3_BCssigen_20und_20Nutzlosen_202-2007_1_.pdf

Gerhard Matzig: Nicht in meinem Hinterhof. In: „SZ" vom 12.11.2013,

Andrea Maurer: Neues altes Feindbild. In Europa wächst der Hass gegen Sinti und Roma. In: „3sat Kulturzeit" vom 7.9.2010 (online). URL: http://www.3sat.de/page/?source=/kulturzeit/themen/147505/index.html

Aiman Mazyek: Deutschland kann anders, Deutschland ist anders. Rede am 15.12.2012 in Dresden. In: islam.de (online) URL:http://islam.de/24447

U. Meerkamp: EZB kaufte Staatsanleihen für 22 Milliarden Euro. In: tagesschau.de vom 16.8.2012 (online).URL: http://www.tagesschau.de/wirtschaft/ezbstaatsanleihen100.html

Christian Meier: Das Gebot zu vergessen und die Unabweisbarkeit des Erinnerns. Vom öffentlichen Umgang mit schlimmer Vergangenheit. Siedler Verlag, München 2010.

Jordan Mejias: Amerikas Milliardenspender. Profitgeier im Schafspelz. In: „FAZ" vom 10.8.2010 (online). URL: http://www.faz.net/s/Rub117C535CDF414415B-B243B181B8B60AE/Doc~E6915A88340B5423387F70DD19DF41933~ATpl~E common~Scontent.html

Wolfgang Merkel, Hans-Jürgen Puhle, Aurel Croissant, Claudia Eicher, Peter Thiery: Defekte Demokratie. Bd. 1: Theorie. Leske + Budrich, Opladen 2003.

Wolfgang Merkel: Das Ende der Euphorie. Der Systemwettlauf zwischen Demokratie und Diktatur ist eingefroren. In: Internationale Politik, Heft 3, Mai/Juni 2010, S. 18-25. URL: https://zeitschrift-ip.dgap.org/de/ip-die-zeitschrift/archiv/jahrgang-2010/mai-juni/das-ende-der-euphorie

Thomas Meyer: Die Theorie der Sozialen Demokratie. Online-Akademie der Friedrich-Ebert-Stiftung (online). URL: http://www.fes-online-akademie.de/fileadmin/Inhalte/01_Themen/05_Archiv/Soziale_Demokratie/dokumente/FES_OA_Thomas_Meyer_Theorie_SD.pdf Der Text erschien bereits in: Thomas Meyer: Praxis der Sozialen Demokratie. Wiesbaden: VS Verlag, 2006.

Armin Müller: Geldpolitik: Papiertiger. In: „Handelszeitung" vom 26.8.2012 (online). URL: http://www.handelszeitung.ch/invest/geldpolitik-papiertiger

Jan-Werner Müller: Seit einigen Jahren geistert der suggestive Begriff ‚Postdemokratie' durch die politischen und politikwissenschaftlichen Debatten. Bringt er mehr zum Ausdruck als ein vages Gefühl der Ohnmacht? In: „NZZ" vom 10.11.2012 (online). URL: http://www.nzz.ch/aktuell/feuilleton/literatur-und-kunst/karriere-und-gehalt-eines-problematischen-schlagwortes-1.17782268

Franz Müntefering: „Er richtete den Blick immer auf das Neue." In: „Die Welt" vom 29.9.2007 (online). URL: http://www.welt.de/politik/article1222117/Er-richtete-den-Blick-immer-auf-das-Neue.html

Robert Muner: Materialien Eurokrise/ Finanzkrise/ Staatsschuldenkrise. Büchse der Pandora: Die Entfesselung der Finanzmärkte (online). URL: http://www.robertmwuner.de/materialien_pandora_finanzmarkt.html

nck/dpa :ILO gibt deutschen Löhnen schuld an Euro-Krise. In: „Spiegel“ vom 24.01.2012 (online). URL: http://www.spiegel.de/wirtschaft/soziales/beschaeftigungsbericht-2012-ilo-gibt-deutschen-loehnen-schuld-an-euro-krise-a-810956.html

Rainer Neef: Privatisierung großer Wohnungsbestände. In: „Gemeingut in Bürgerhand“ vom 3.4.2014 (online). URL: http://www.gemeingut.org/2014/04/privatisierung-grosser-wohnung 5.6.sbestaende/

Uwe-Jürgen Ness: Der Ausstieg aus der Krise ist links. Das 10-Punkte Grundsatzprogramm von SYRIZA. In: Uwe-Jürgen Ness: Texte zu Politik, Geschichte & Literatur (online). URL: http://www.uweness.eu/programm-von-syriza.html

Harald Neuber: Eucadorianer schaffen Neoliberalismus ab. In: „Telepolis“ vom 30.9.2008 (online). URL: http://www.heise.de/tp/artikel/28/28838/1.html

Harald Neuber: Mit Sonderwirtschaftszonen aus der Eurokrise? In: „Telepolis“ vom 15.9.2012 (online). URL:http://www.heise.de/tp/artikel/37/37630/1.html

N.N.: Mein Gott – was soll aus Deutschland werden? In: „Der Spiegel“, 45/1961 (online). URL: http://www."Spiegel".de/"Spiegel"/print/d-43367138.html

N.N.: Öffentliche Dienstleistungen. Europa drängt auf Privatisierung. In: „Böcklerimpuls“ 18/2007. URL: http://www.boeckler.de/pdf/impuls_2007_18_7.pdf

N.N.: EU: Steuerwettbewerb ohne Grenzen. In: „Böckler Impuls“, Ausgabe 08/2011. URL: http://www.boeckler.de/impuls_2011_08_2.pdf

N.N. Auflagen für Griechenland Sparen an allen Ecken und Enden. In: „tagesschau-Hintergrund“ vom 20.2.2012. URL: http://www.tagesschau.de/ausland/sparmassnahmen102.html

N.N.: Daten zur Eurokrise . Wie schlecht geht es Europas Staaten? In: ARD-Hintergrund. Stand November 2012 (online). URL: http://www.tagesschau.de/wirtschaft/wirtschaftsdaten104.html

N.N: Kurzmeldung: Schröder über Niedriglohnjobs. In: HAZ vom 18.4.2012.

N.N.: EZB finanziert Schulden-Staaten durch die Hintertür. In: Deutsche Wirtschaftsnachrichten vom 9.3.2014 (online). URL: http://deutsche-wirtschafts-nachrichten.de/2014/03/09/billiges-geld-ezb-finanziert-schulden-staaten-durch-die-hintertuere/

Claus Noé: Der Staat darf nicht abdanken. In: „Die Zeit“ vom 15.11.1996 (online). URL: http://www.zeit.de/1996/47/thema.txt.19961115.xml/komplettansicht

Jürgen Nordmann: Um uns herum nur Sozialisten. In: „FAZ“ vom 7.9.2012 (online). URL: http://www.icae.at/wp/wp-content/uploads/2012/09/120907_faz_JN.pdf. Artikel nur noch über kostenpflichtiges FAZ-Archiv erreichbar.

Lukas Oberndorfer: Die Renaissance des autoritären Liberalismus? Carl Schmitt und der deutsche Neoliberalismus vor dem Hintergrund des Eintritts der „Massen" in die europäische Politik. In: PROKLA.Zeitschrift für kritische Sozialwissenschaft, 42. Jg., Heft 3, 2012, (online). URL: http://ipr.univie.ac.at/fileadmin/user_upload/Rechtsvergleich_Verschraegen/Verschraegen/MitarbeiterInnen/Lukas_Oberndorfer/Oberndorfer__Die_Renaissance_des_autor%C3%A4ren_Liberalismus__Carl_Schmitt_vor_dem_Hintergrund_des_Eintritts_der_Massen_in_die_europ%C3%A4ische_Politik__PROKLA_168-2012.pdf

Rainer Land: Teilhabe und Lohnentwicklung in Deutschland und im internationalen Vergleich von der Nachkriegszeit bis heute. Anhang 3 (Oktober 2008, soeb-Arbeitspapier 2008-4. Forschungsverbund Berichterstattung zur sozioökonomischen Entwicklung der Bundesrepublik Deutschland: Arbeit und Lebensweisen. URL: http://www.soeb.de/fileadmin/redaktion/downloads/soeb_arbeitspapier_2008_4_lohnentwicklung_und_internat_vergleich.pdf

Thomas Öchsner: Einkommensverteilung in Deutschland – Bundesregierung schönt Armutsbericht. In: „SZ" vom 28.11.2012 (online). URL: http://www.sueddeutsche.de/politik/einkommensverteilung-in-deutschland-bundesregierung-schoent-armutsbericht-1.1535166

Klaus Offe: Die Bundesrepublik als Schattenriß zweier Lichtquellen. Wilhelm Hennis im Gespräch mit Claus Offe. In: „Ästhetik & Kommunikation", Heft 129/130, 36. Jg., Herbst 2005.

Open Working Group of the General Assembly on Sustainable Development Goals: Open Working Group proposal for Sustainable Development Goals. Dokument A/68/970. URL: http://sustainabledevelopment.un.org/index.php?page=view&type=400&nr=1579&menu=1300 oder: http://undocs.org/A/68/970

OTS: Körperschaftsteuersätze sinken weiter, aber Regierungen erhöhen indirekte Steuern. 18.10.2010 (online). URL: http://www.ots.at/presseaussendung/OTS_20101018_OTS0172/koerperschaftsteuersaetze-sinken-weiter-aber-regierungen-erhoehen-indirekte-steuern

Max Otte: Die Finanzkrise und das Versagen der modernen Ökonomie. In: „APuZ" 52/2009 (online). URL: http://www.bpb.de/apuz/31506/die-finanzkrise-und-das-versagen-der-modernen-oekonomie?p=all

Hans-Jürgen Papier: Zum Spannungsverhältnis von Lobbyismus und parlamentarischer Demokratie. Vortrag anlässlich der Vorstellung des Buches „Die fünfte Gewalt. Lobbyismus in Deutschland„ am 24. Februar 2006 im Berliner Reichstag (online). URL: http://www.bpb.de/system/files/pdf/LD34GU.pdf

Joachim Perels: Die Würde des Menschen ist unantastbar. Entstehung und Gefährdung einer Verfassungsnorm: Skript (online). URL: http://www.ipw.uni-hannover.de/fileadmin/politische_wissenschaft/Dateien/090420-Nr1.doc Text ist enthalten in: Wolf-Rüdiger Bub, Rolf Knieper, Rainer Metz, Gerd Winter (Hrsg.): Zivilrecht im Sozialstaat. Festschrift für Peter Derleder. Baden-Baden 2005.

Joachim Perels: Sind Grundrechte und Demokratie unvereinbar? In: „Vorgänge", H.1/1984 (online). URL: www.ipw.uni-hannover.de/fileadmin/politische_wissenschaft/Dateien/090420-Nr11.doc

Werner A. Perger: Expertokratie als neue Herrschaftsform. In: „Die Zeit" vom 30.12.2011 (online). URL: http://www.zeit.de/politik/ausland/2011-12/expertenregierung-krise-demokratie/seite-1

Petra Pinzler, Wolfgang Uchatius, Kerstin Kohlenberg: Im Namen des Geldes. In: „Die Zeit" vom 10.4.2014 (online). URL: http://www.zeit.de/2014/10/investitionsschutz-schiedsgericht-icsid-schattenjustiz

Philip Plickert: Der Neoliberalismus wird siebzig. In: „FAZ" vom 30.8.2007 (online). URL: http://www.faz.net/aktuell/wirtschaft/wirtschaftswissen/aus-der-krise-geboren-der-neoliberalismus-wird-siebzig-1683870.html

Nikolaus Piper: Armut in den USA. Das verlorene Jahrzehnt. In: „SZ" vom 18.9.2010 (online). URL: http://www.sueddeutsche.de/wirtschaft/armut-in-den-usa-das-verlorene-jahrzehnt-1.1001730

Nikolaus Piper: Gewagtes Projekt, gewaltiges Potenzial. In: „SZ" vom 14.2.2013 (online). URL: http://www.sueddeutsche.de/wirtschaft/freihandelszone-zwischen-usa-und-europa-gewagtes-projekt-gewaltiges-potenzial-1.1599652

Nikolaus Piper: Allein, es fehlt die Mitte. Worauf sich Demokraten und Republikaner einigen müssten – aber es nicht unbedingt tun werden. In: „SZ" vom 18.10.2013.

Nikolaus Piper: US-Bank muss Rekordstrafe für Finanzkrise zahlen. In: „SZ" vom 21.10.2013.

Nikolaus Piper: Eine Debatte der Furcht. In: „SZ" vom 24./25.5.2014.

Nikolaus Piper: Das 15-Dollar-Fanal. In: „SZ" vom 17.09.2014.

Nikolaus Piper: Brauchen wir neues Geld? In: „SZ" vom 26.11.2014, S. 17.

Platon: Politeia, 470 St. 2 D. Nach der Übersetzung der Bücher I-V von Wilhelm Siegmund Teuffel und der Bücher VI-X von Wilhelm Wiegand. In: Platon's Werke. Zehn Bücher vom Staate. Stuttgart, 1855, bearbeitet (online). URL: http://www.-opera-platonis.de/Politeia5.html

po; Quelle: PwC : Sinkende Steuerlast. Deutschland bleibt trotz Reform im Mittelfeld. (Bericht über die Studie „Paying Taxes 2009: The global Picture"). In: „business-wissen" vom 11.11.2008 (online). URL: http://www.business-wissen.de/artikel/sinkende-steuerlast-deutschland-bleibt-trotz-reform-im-mittel-feld/

Erich Potthoff: Zusammenbruch und Wiederaufbau Ein Beitrag zur Geschichte der betrieblichen Mitbestimmung an der Ruhr 1945 bis 1947. In: GMH, 6. Jg., März 1955, S. 129-137 (online). URL: http://library.fes.de/gmh/main/pdf-files/gmh/1955/1955-03-a-129.pdf

Sven Prange: Island – ein Vorbild für die EU? In: „Handelsblatt" vom 27.10.2012 (online). URL: http://www.handelsblatt.com/meinung/kommentare/wege-aus-der-krise-island-ein-vorbild-fuer-die-eu-seite-all/7287144-all.html

Heribert Prantl: Bankenregulierung. Pflicht zur Wiedergutmachung. In: „SZ" vom 4.10.2012 (online). URL: http://www.sueddeutsche.de/politik/bankenregulierung-pflicht-zur-wiedergutmachung-1.1486230

Heribert Prantl: Rette sich, wer kann. In: „SZ" vom 24.12.2012 (online). URL: http://www.sueddeutsche.de/politik/europa-im-jahr-rette-sich-wer-kann-1.1558343

Heribert Prantl: Zypern-Hilfe im Bundestag. Geld schlägt Recht. In: „SZ" vom 18.4.2013 (online). URL: http://www.sueddeutsche.de/politik/zypern-hilfe-im-bundestag-geld-schlaegt-recht-1.1651613

Heribert Prantl: Kavaliersstrafrecht? Nein danke! In: „SZ" vom 23.4.2013 (online). URL: http://www.sueddeutsche.de/politik/hoeness-und-die-selbstanzeige-kavaliersstrafrecht-nein-danke-1.1656043

Heribert Prantl: Vom Verschwinden der Bürgerrechte. In: „SZ" vom 21.10.2013.

Heribert Prantl: Wie souverän ist Deutschland? In: „SZ" vom 18.11.2013.

Heribert Prantl: Europa, ein rohes Ei. Wie auch die Deutschen die EU wieder lieben lernen können: In: „SZ" vom 17.4.2014.

Heribert Prantl: Ein heimlicher Staatsstreich. In: „SZ" vom 10./11. 2014.

Franz-Josef Rademacher: Balance oder Zerstörung – Ökosziale Marktwirtschaft als Schlüssel zu einer weltweiten nachhaltigen Entwicklung. Ökosoziales Forum Europa, Wien/Österreich, 2002 (online). URL: http://www.kliwa.de/download/symp2004/20_radermacher.pdf

Kunibert Raffert: Die Farce der griechischen Schulden – Geschichte einer Umverteilung zugunsten der Reichen. In: „Hintergrund" vom 17.1. 2012 (online). URL: http://www.hintergrund.de/201201171883/wirtschaft/finanzwelt/die-farce-der-griechischen-schulden-geschichte-einer-umverteilung-zugunsten-der-reichen.html

Christian Ramthun: Wir werden eine Liste mit Steueroasen erstellen. Interview mit EU-Steuerkommissar Algirdas Semeta. In: „Wirtschaftswoche" vom 19.11.2012 (online). URL: http://www.wiwo.de/politik/europa/algirdas-emeta-wir-werden-eine-liste-mit-steueroasen-erstellen/7397364.html

Rat der Europäischen Union: Leitlinien für die Verhandlung über ein umfassendes Handels- und Investitionsabkommen – bezeichnet als transtlantische Handels- und Investitionspartnerschaft – zwischen der Europäischen Union und den Vereinigten Staaten von Amerika vom 14.6.2013. Dok.-Nr. 11103/13, WTO 139 SERVICES 26, FDI 17, USA 18 (online). Zu finden auf dem Server des Bundesministeriums für Wirtschaft und Energie (online). URL: http://www.bmwi.de/BMWi/Redaktion/PDF/S-T/ttip-mandat.pdf

Peter Reichel: Vergangenheitsbewältigung in Deutschland. Die Auseinandersetzung mit der NS-Diktatur von 1945 bis heute. Beck, München 2001.

Alexander Reichwein: Der amerikanische Neokonservatismus und seine Ursprünge, Ideen und Ziele. In: Zentrum für Nordamerika-Forschung der Universität Frankfurt a.M.(Hrsg.): ZENAF Arbeits-und Forschungspapiere (ZAF), Nr.1, 2009.

Martin Rempe: Rezension zu Matthias Schmelzer: Freiheit für Wechselkurse und Kapital. Die Ursprünge neoliberaler Währungspolitik und die Mont Pélerin Society. Marburg 2010. In: H-Soz-u-Kult, 20.01.2011 (online). URL: http://hsozkult.geschichte.huberlin.de/rezensionen/id=15303&count=1&recno=1&type=rezbuecher&sort=datum V der=down&hskyear=2011&search=Neoliberalismus

Reuters: Merkel fordert CDU-Grundsatzentscheidung über Staatsquote. 5.9.2008 (online). URL: http://www.reuters.com/article/2008/09/05/deutschland-cdu-zf-idDEHUM55154020080905

Reuters: EU-Schwergewichte forcieren Kampf gegen Steuerbetrug. Meldung vom 10.4.2013. URL: http://de.reuters.com/article/idDEBEE93900320130410

Reuters/dpa/cat: Weltbankenverband malt Horrorszenario für Europa. In: „Die Welt" vom 6.3.2012. URL: http://www.welt.de/wirtschaft/article13905858/Weltbankenverband-malt-Horrorszenario-fuer-Europa.html

Reuters: Euro-Hilfen könnten nach ESM-Herabstufung teurer werden. Agenturmeldung vom 2.12.2012 (online). URL: http://de.reuters.com/article/topNews/idDEBEE8B102F20121202

Reuters: Wegen hoher Arbeitslosigkeit: Uno warnt vor sozialen Unruhen in Europa. In: „faz.net" vom 7.4.2013 (online). URL: http://www.faz.net/aktuell/wirtschaft/eurokrise/wegen-hoher-arbeitslosigkeit-uno-warnt-vor-sozialen-unruhen-in-europa-12140281.html

Andrea Rexer: Wer unbemerkt von der Bankenrettung profitierte. In: „SZ" vom 27.5.2014 (online). URL: http://www.sued deutsche.de/wirtschaft/staatsgeld-in-der-finanzkrise-heimliche-nutzniesser-der-bankenrettung-1.1975439

Andrea Rexer, Markus Zydra: Der Inflationsmacher. In: „SZ" vom 5.6.2014.

Andrea Rexer: Offenlegung der Abgaben. EU zwingt Banken zu Steuertransparenz. In: „SZ“ vom 12.11.2014. URL: http://www.sueddeutsche.de/wirtschaft/offenlegung-der-abgaben-eu-zwingt-banken-zu-steuertransparenz-1.2215616

Christian Rickens, Nicolai Kwasniewski: Rückkauf der Hamburger Energienetze: „Vertrauen Sie Ihrem Bürgermeister!“ In: „Spiegel“ vom 16.9.2013 (online). URL: http://www.spiegel.de/wirtschaft/soziales/olaf-scholz-ueber-den-rueckkauf-der-hamburger-energienetze-a-921150.html

Maria Rigoutsou: „Ärzte der Welt helfen in Griechenland. In: Deutsche Welle. Themen vom 10.4.2012 (online). URL: http://www.dw.de/dw/article/0,,15745781,00.html

Rainer Rilling: Virale Eigentumsmuster. In: Ingrid Lohmann, Rainer Rilling (Hrsg..): Die verkaufte Bildung. Kritik und Kontroversen zur Kommerzialisierung von Schule, Weiterbildung, Erziehung und Wissenschaft, Opladen 2001 (online). URL: http://www.rainer-rilling.de/texte/eigentumsmuster.htm

Albrecht Ritschl: War 2007/08 das neue 1931? In: „ApuZ“ 20/2009 (online). URL: http://www.bpb.de/system/files/pdf/PQYS6J.pdf

Gerhard A. Ritter: Der Sozialstaat. Entstehung und Entwicklung im sozialen Vergleich. 3. erweiterte Auflage. Oldenbourg Verlag, München 2010.

Helmut Rittstieg: Die juristische Eigentumslehre in der Zeit des Nationalsozialismus. In: Quaderni fiorentini, hrsgg. von A.Giuffré, Mailand, Heft V/VI (1976-77) (online). URL: http://www.centropgm.unifi.it/quaderni/05/index.htm

Claudia Ritzi, Gary S. Schaal: Politische Führung in der „Postdemokratie“. In: „APuZ“, Heft 2-3 vom 11.1.2010 (online). URL: http://www.bpb.de/apuz/33022/politische-fuehrung-in-der-postdemokratie?p=all

Jörg Roesler: Ein Generalstreik, der keiner sein durfte. Die Bizone am 12. November 1948. In: „Der Freitag“ vom 7.11.2003 (online). URL: http://www.freitag.de/autoren/der-freitag/ein-generalstreik-der-keiner-sein-durfte

Jörg Roesler: Der schwierige Weg in eine solidarische Wirtschaft. Historische Erfahrungen aus Weltwirtschaftskrise und New Deal. In: Supplement der Zeitschrift „Sozialismus“ 9/2010, S. 1-43.

Florian Rötzer: Gibt es wie in England boomende Nullstundenverträge in Deutschland? In: „Telepolis“ vom 21.3.2014 (online). URL: http://www.heise.de/tp/artikel/41/41259/1.html

F.D. Rooesevelt: The Four Freedoms. Rede, gehalten am 6.1.1941 vor dem US-Kongress. Protokoll-Wortlaut (online). URL: http://www.americanrhetoric.com/speeches/fdrthefourfreedoms.htm

Karl Heinz Roth: Griechenland und die Euro-Krise. In: „Sozial.Geschichte Online", Ausgabe 6 (2011) (online). URL: duepublico.uni-duisburg-essen.de/servlets/DerivateServlet/Derivate-28950/Sozial_Geschichte_Online_6_2011.pdf

rtr/afp: EuGH stärkt „Recht auf Vergessen". In: „FR" vom 13.5.2014 (online). URL: http://www.fr-online.de/digital/eugh-urteil-gegen-google-eugh-staerkt--recht-auf-vergessen-,1472406,27111680,view,asFirstTeaser.html

Kolja Rudzio: Böse Deutsche. In: „Die Zeit" vom 26.01.2012 (online). URL: http://www.zeit.de/2012/05/Niedriglohn-Deutschland

Christian Manfred Rust: Deutschland und die Nachkriegsordnung. Großbritannien, die Vereinigten Staaten und die Grundlagen einer Friedensregelung mit Deutschland in Paris 1919 und Jalta/Potsdam 1945. Dissertation, Freie Universität Berlin, 2001 (online). URL: http://webdoc.sub.gwdg.de/ebook/diss/2003/fu-berlin/2001/264/Rust.pdf

Sachverständigenrat-Jahresgutachten 2011/12, Wiesbaden 2011, (online). URL: http://www.sachverstaendigenrat-wirtschaft.de/fileadmin/dateiablage/download/gutachten/ga11_ges.pdf

Armin Schäfer: Verfassung und Wohlfahrtsstaat. Sozialpolitische Dilemmas Europäischer Integration. In: Internationale Politik und Gesellschaft online (IPG), Ausgabe 4, 2005 (online). URL: http://library.fes.de/pdf-files/id/ipg/03046.pdf

Ulrich Schäfer: Startschuß für Casino Royale. In: „SZ" vom 28.7.2012.

Petra Schaper-Rinkel: Der Zeit-Raum der Zukunft als politischer Handlungsraum. In: Britta Krause; Tania Meyer; Nina Pippart; Dietmar Fricke (Hrsg.): Agency in ZeitRäumen. Frankfurt am Main: P. Lang, 2006 (online). URL: http://www.ssoar.info/ssoar/handle/document/12704

Albert Scharenberg: Alles außer Bush. In: „Blätter" 9/2004 (online). URL: http://www.blaetter.de/archiv/jahrgaenge/2004/september/alles-ausser-bush

Juliane Scharff: Chronik der Weltfinanzkrise. In: „Wirtschaft im Wandel", Themenheft „Weltfinanzkrise", Ausgabe vom 31.3.2009 (online). URL: http://www.iwh-halle.de/d/publik/wiwa/1TH-09.pdf

Wolfgang Schäuble: Über das Verhältnis von Staat und Finanzmarkt – Lehren aus der Finanzmarktkrise. Rede am 24.2.2011 auf dem CFS-Kolloquium in Frankfurt (online). URL: http://www.bundesfinanzministerium.de/nn_88146/DE/Presse/Reden-und-Interviews/24022011-Lehren-Finanzkrise.html Der Text wurde auf der Webseite inzwischen gelöscht, vom Verf. d. Arbeit aber vorher gespeichert.

Wolfgang Scherf: Defekte des internationalen Steuerwettbewerbs. Finanzwissenschaftliche Arbeitspapiere der Universität Giessen, Arbeitspapier Nr. 82-2010 (online). URL: https://www.econstor.eu/dspace/bitstream/10419/39855/1/627498302.pdf,

Christoph Scherrer: In der Krise wächst die Macht des Finanzkapitals. In: „polis", Heft 1/2010 (online). URL: http://www.dvpb.de/Polis/POLIS1_2010/POLIS_01_2010_12_Christoph%20Scherrer_In%20der%20Krise%20waechst%20die%20Macht%20des%20Finanzkapitals.pdf

Stefan Schirm: Analytischer Überblick: Stand und Perspektiven der Globalisierungsforschung. In: Ders. (Hrsg.): Globalisierung. Forschungsstand und Perspektiven. Baden-Baden 2006.

Frank Schirrmacher: Der griechische Weg: Demokratie ist Ramsch. In: „FAZ" vom 1.11.2011 (online). URL: URL: http://www.faz.net/aktuell/feuilleton/der-griechische-weg-demokratie-ist-ramsch-11514358.html

Johan Schloemann: Die Seele verändern. Margret Thatcher hat Großbritannien revolutioniert. Damit hat sie auch zerstört, was ihr lieb war. In: „SZ" vom 10.4.2013.

Christiane Schlötzer: Kalter Krieg am Rande Europas. In: „SZ" vom 15.3.2010 (online). URL :http://www.sueddeutsche.de/politik/ruestungsausgaben-kalter-krieg-am-rande-europas-1.16257

Christiane Schlötzer: Schluss mit den Mauscheleien. In: „SZ" vom 18.1.2013.

Christiane Schlötzer: Staatsschiff in sozialer Schieflage. In: „SZ" vom 18.1.2013 (online). URL: http://www.sueddeutsche.de/wirtschaft/reeder-in-griechenland-staatsschiff-in-sozialer-schieflage-1.1577237

Dirk Schmaler: Gute Firma, gute Gesellschaft, gutes Geld. In: „HAZ" vom 28.10.2012,.

Josef Schmid: Struktur und Dynamik von Sozialausgaben. bpd-Dossier vom 31.5.2012 (online). URL: http://www.bpb.de/politik/grundfragen/deutsche-verhaeltnisse-eine-sozialkunde/138831/struktur-und-dynamik-von-sozialausgaben?p=all

Artur P. Schmidt: Der große Rating-Wahnsinn. In: „Telepolis" vom 15.6.2010 (online). URL: http://www.heise.de/tp/artikel/32/32797/1.html

Helmut Schmidt: Offener Brief an Bundesbankpräsident Hans Tietmeyer. In: „Die Zeit" vom 8.11.1996 (online). URL: http://www.uni-konstanz.de/FuF/wiwi/laufer/HANS.html

Michael Schmidt-Klingenberg: Europas Erbe: So fern, so nah. In: „Spiegel Special" 1/2002 (online). URL: http://www.spiegel.de/spiegel/spiegelspecial/d-21868859.html

Matthias Schmidt-Preuss: Der Wandel der Energiewirtschaft vor dem Hintergrund der europäischen Eigentumsordnung. In: „Europarecht". Heft 4, Juli-August 2006. URL: http://www.europarecht.nomos.de/fileadmin/eur/doc/Aufsatz_EUR_06_04.pdf

Fred Schmitt: China: Krise als Chance? Aufstieg zur ökonomischen Weltmacht. In: „isw-report" 83/84, Dezember 2010, Textauszug (online). URL: http://www.ag-friedensforschung.de/regionen/China/isw.html

Kai Schöneberg: Ex-Banker über Steueroasen. 100.000 Euro lohnen nicht. Interview mit Rudolf Elmer. In: „taz" vom 11.4.2013 (online). URL: http://www.taz.de/!114402/

Sebastian Schoeps: Gemeinwohl statt Gewinn. In: „SZ" vom 18.4.2012.

Lutz Schrader: Krisen- und Gewaltprävention. In: Internstaatliche Konflikte. Dossier der Bundeszentrale für Politische Bildung vom 12.3.2012 (online). URL: http://www.bpb.de/internationales/weltweit/innerstaatliche-konflikte/54728/praevention

Patrick Schreiner: EU dringt weiter auf Finanzmarkt-Deregulierung durch das EU-US-Freihandelsabkommen. In: „annotazioni" vom 2.7.2014 (online). URL: http://www.annotazioni.de/post/1410

Gerhard Schröder: „Zukunft in Arbeit. Industriepolitik für Deutschland". Rede am 25. Mai 2009 anlässlich einer Veranstaltung der Friedrich-Ebert-Stiftung in Peine (online). URL: http://www.fes.de/aktuell/audio/2009/090525_Redemanuskript_GerhardSchroeder.pdf

Martin Schröder: Varianten des Kapitalismus. Studienmaterial zum Kurs 33917 des Studiengangs „M.A.-Governance" an der Fernuniversität Hagen. FernUniversität Hagen 2012.

Herbert Schui: Soziale Marktwirtschaft, SPD und Gewerkschaften. Arbeitspapier, 14.4.2008 (online). URL: http://www.herbert-schui.de/uploads/media/Soziale_Marktwirtschaft_SPD_und_Gewerkschaften.pdf. Link inzwischen gesperrt.

Katharina Schuler: Gleich viel für alle ist nicht gerecht. In: „Die Zeit" vom 5.6.2012 (online). URL: http://www.zeit.de/politik/deutschland/2012-06/pflegezusatzversicherung

Stephan Schulmeister: Der Boom der Finanzderivate und seine Folgen. In: „APuZ", Heft 26 vom 22.06.2009 (online). URL: http://www.bpb.de/apuz/31913/der-boom-der-finanzderivate-und-seine-folgen?p=all

Stephan Schulmeister: Ausgetrickst von den Chicago-Boys. In: „SZ" vom 23.6.2012.

Stephan Schulmeister: EU-Fiskalpakt: Strangulierung von Wirtschaft und Sozialstaat. Eigenveröffentlichung vom Mai 2012 (online). URL: http://stephan.schulmeister.wifo.ac.at/fileadmin/homepage_schulmeister/files/Fiskalpakt_Misere__end_04_12.pdf

Thorsten Schulz: Die Troika und der Flächentarifvertrag. In: „Gegenblende" vom 12.5.2013 (online). URL: http://www.gegenblende.de/++co++73c3f192-bba9-11e2-9fa4-52540066f352

Ralph Schulze: Portugal: Amtsdiener sollen gehen. In: „Mitteldeutsche Zeitung" vom 4.5.2011 (online). URL: http://www.mz-web.de/politik/portugal-amtsdiener-sollen-gehen,20642162,17505812.html

Gerhard Schwarz: Schleichende Gefährdungen der Freiheit. In: „NZZ" vom 10.9.2012 (online). URL: http://www.avenir-suisse.ch/20992/schleichende-gefahrdungen-der-freiheit/

Gotthart Schwarz: Rezension zu Eric Mührel (Hrsg.): Der Staat und die Soziale Arbeit. (online). URL: http://www.socialnet.de/rezensionen/9895.php

Rainer Schweickert:: Vom Washington-Konsens zum Post-Washington-Dissens? Glaubwürdigkeit, Timing und Sequencing wirtschaftlicher Reformen. In: „Die Weltwirtschaft", Jg. 2003, Nr. 3 (online). URL: http://www.econstor.eu/handle/10419/3082

Rainer Schweickert, Rainer Thiele: Makroökonomische Stabilisierung und Wirtschaftswachstum in Lateinamerika: Was bringt die Debatte über den Washington-Konsens? Kieler Arbeitspapier des Instituts für Weltwirtschaft, Nr. 1202 vom Febr. 2004 (online). URL: http://www.ifw-members.ifw-kiel.de/global-images/kap1202.pdf

SDA: Olympische Winterspiele: Graubünden sagt Nein zu Olympischen Winterspielen 2022. In: „Blick" vom 3.3.2013 (online). URL: http://www.blick.ch/news/schweiz/olympische-winterspiele-graubuenden-sagt-nein-zu-olympischen-winterspielen-2022-id2223433.html

Georg Seesslen: Philipp Röslers Nachtgebet. In: „taz" vom 10.10.2012 (online). URL: http://www.taz.de/!103228/

Gustav Seibt: Der rechte Abschied von der Politik. In: „Tagesanzeiger" vom 8.8.2011 (online). URL: http://www.tagesanzeiger.ch/ausland/amerika/Der-rechte-Abschied-von-der-Politik/story/22710602

Christoph Seidler: Westfälisches Vexierbild. In: „Der Spiegel – Geschichte", Heft 4, 2011 (online). URL: http://www.spiegel.de/spiegel/spiegelgeschichte/d-79558326.html

Daniel Seikel: MPIfG Discussion Paper 11/16. Wie die Europäische Kommission Liberalisierung durchsetzt Der Konflikt um das öffentlich-rechtliche Bankenwesen in Deutschland. Max-Planck-Institut für Gesellschaftsforschung. MPIfG Discussion Paper 11/16 (online). URL: https://www.econstor.eu/dspace/bitstream/10419/51553/1/672241404.pdf

sid: Auch Norweger wollen Winterspiele 2022 nicht. In: „rp-online" vom 12.2.2014 (online). URL: http://www.rp-online.de/sport/olympia-winter/auch-norweger-wollen-winterspiele-2022-nicht-aid-1.4031469

Christian Siedenbiedel: Brauchen wir ein neues Geldsystem? In: „faz-net" vom 6.10.2014. URL: http://geldhahn-zu.de/div/faz-_-brauchen-wir-ein-neues-geldsystem/view

Dorothea Siems: Dem Euro-Abenteuer droht ein schreckliches Ende. In: „Die Welt" vom 23.11.2010 (online). URL: http://www.welt.de/debatte/article11138091/Dem-Euro-Abenteuer-droht-ein-schreckliches-Ende.html

Dorothea Siems: Europas Regierungen nehmen die Reichen ins Visier. In: „Die Welt" vom 13.1.2013 (online). URL: http://www.welt.de/wirtschaft/article112733150/Europas-Regierungen-nehmen-die-Reichen-ins-Visier.html

Dorothea Siems: Länder führen heimlich den Mindestlohn ein. In: „Die Welt" vom 8.7.2013 (online). URL: http://www.welt.de/wirtschaft/article117818038/Laender-fuehren-heimlich-den-Mindestlohn-ein.html

Helmut Simon: Die Friedensverpflichtung im Grundgesetz. Vortrag anlässlich der von der Zentralstelle KDV und der Evang. Akademie veranstalteten Fachtagung „Welche Waffen braucht der Frieden?" vom 10. bis zum 12. 3. 2000 in Bad Boll, (online). URL: http://www.friederle.de/krieg/simon.htm. Der Text wurde inzwischen gelöscht.

Timothy Snyder: Der Holocaust: die ausgeblendete Realität. In: „Eurozine", Netzwerk europäischer Kulturjournale, (online). URL: http://www.eurozine.com/articles/2010-02-18-snyder-de.html

Lars Sobirai im Gespräch mit Werner Rügemer: Die wahren Ursachen der Finanzkrise (1). 18.12.2009 (online). URL: http://www.gulli.com/news/11926-interview-die-wahren-ursachen-der-finanzkrise-1-2009-12-18

Richard Sorg: Die Reichen und Mächtigen – Materialien und Vorschläge zu ihrer Erforschung. in: „UTOPIE kreativ", Heft 180 (Oktober 2005) (online). URL: http://www.rosalux.de/publication/20414/die-reichen-und-maechtigen-materialien-und-vorschlaege-zu-ihrer-erforschung.html

Christian Spiller. Olympia hat die Menschen verloren. In: „Die Zeit" vom 11.11.2013 (online). URL: http://www.zeit.de/sport/2013-11/olympia-muenchen2022-wahl-ioc

ssu/dpa: Wirtschaftskrise: Hunderttausende Griechen melden ihre Autos ab. In: „Der Spiegel" vom 28.12.2012 (online). URL: http://www.spiegel.de/wirtschaft/soziales/hunderttausende-griechen-melden-ihre-autos-ab-a-874974.html#ref=rss

Joachim Starbatty: Zum Zusammenhang von Politik, Ethik und Ökonomik bei Aristoteles. Tübinger Diskussionsbeitrag, No. 298, 2005 (online). URL: http://nbn-resolving.de/urn:nbn:de:bsz:21-opus-21190

Susanne Steinborn: Regulierung der Finanzmärkte in Deutschland unter Berücksichtigung der Rahmensetzung durch die EU. Kurzstudie im Auftrag der Rosa-Luxemburg-Stiftung, Stand November 2009 (online). URL: http://ifg.rosalux.de/wp-content//Regulierung-der-Finanzm%C3%A4rkte-in-Deutschland3.pdf

Eduard Steiner: Ukrainische Milliardäre setzen auf Janukowitsch. In: „Die Welt" vom 17.1.2014 (online). URL http://www.welt.de/wirtschaft/article5882460/Ukrainische-Milliardaere-setzen-auf-Janukowitsch.html

Dirk Stelzel: Frühe Warnungen der Ökonomen. In: HAZ vom 20.6.2012.

Holger Steltzner: Scheitern in Hellas. In: „faz.net" vom 4.6.2011 (online). URL: http://www.faz.net/aktuell/wirtschaft/europas-schuldenkrise/waehrungsunion-scheitern-in-hellas-1650791.html

Felix Stephan: Kulturstaatsstreich. In: „SZ" vom 22.5.2014.

Engelbert Stockhammer: Finanzkrise: Chronologie, Ursachen und wirtschaftspolitische Reaktionen. Kasinokapitalismus mit staatlichen Fremdheilungskräften. In: „grundrisse". Zeitschrift für linke Theorie und Debatte, Heft 28, Winter 2007/08 (online). URL: http://www.grundrisse.net/PDF/grundrisse_28.pdf

Olaf Storbeck: Wie die Finanzkrise die VWL auf den Kopf stellt. In: „Handelsblatt" vom 14.01.2010 (online). URL: http://www.handelsblatt.com/politik/oekonomie/nachrichten/fundamentalkritik-wie-die-finanzkrise-die-vwl-auf-den-kopf-stellt/3345646.html

Ralf Streck: Konkrete Finanzhilfe für härtere Auflagen an Griechenland? In: „Telepolis" vom 16.2.2010 (online). URL: http://www.heise.de/tp/artikel/32/32097/1.html

Ralf Streck: Erste ungeordnete Staatsinsolvenz innerhalb der Eurozone. In: „Telepolis" vom 9.6.2011 (online). URL: http://www.heise.de/tp/artikel/34/34913/1.html

Ralf Streck: Regiert Goldman Sachs nun in Italien? In: „Telepolis" vom 16.11.2011 (online). URL: http://www.heise.de/tp/artikel/35/35890/1.html

Ralf Streck: Kreditausfälle und Zwangsräumungen in Spanien steigen dramatisch an. In: „Telepolis" vom 19.12.2012 (online). URL: http://m.heise.de/tp/blogs/8/153395

Wolfgang Streeck: Man weiß es nicht genau: Vom Nutzen der Sozialwissenschaften für die Politik. MPIfG Working Paper 09 /11, hrsgg. vom Max-Planck-Institut für Gesellschaftsforschung, Köln 2009 (online). URL: http://www.econstor.eu/bitstream/10419/41655/1/615284914.pdf

Wolfgang Streeck, Daniel Mertens: Politik im Defizit: Austerität als fiskalpolitisches Regime. Diskussionpapier 10/5 des Max-Planck-Instituts für Gesellschaftsforschung. Köln 2010 (online). URL: http://www.mpifg.de/pu/mpifg_dp/dp10-5.pdf

Süddeutsche.de/AFP/bero/bbr: 30 Millionen mehr Arbeitslose seit Finanzkrise. In: „SZ" vom 12.10.2012 (online). URL: http://www.sueddeutsche.de/wirtschaft/uno-bericht-millionen-mehr-arbeitslose-weltweit-seit-finanzkrise-1.1494058

Süddeutsche.de/AFP/jab/bbr: Internationale Arbeitsorganisation attackiert Sparkurs der Regierungen. In: „SZ" vom 30.4.2012 (online). URL: http://www.sueddeutsche.de/wirtschaft/arbeitslosigkeit-steigt-weltweit-internationale-arbeitsorganisation-attackiert-sparkurs-der-regierungen-1.1345127 http://newsticker.sueddeutsche.de/list/id/1308770,

Süddeutsche.de/afp/mahu/sana: EU lenkt bei Wasserprivatisierung ein. In: „SZ" vom 21.6.2013 (online). URL http://www.sueddeutsche.de/wirtschaft/reaktion-auf-buergerinitiative-eu-lenkt-bei-debatte-um-wasserprivatisierung-ein-1.1702673

Süddeutsche.de/dpa/Reuters/gie/bbr: Rettungsschirm trotzt Herabstufung. In: „SZ" vom 17.1.2012 (online). URL: http://www.sueddeutsche.de/wirtschaft/efsf-rettungsschirm-trotzt-herabstufung-1.1259985

Süddeutsche.de/infu/bbr: Hedgefonds-Elite wettet gegen Deutschland. In: „SZ" vom 21.6.2012 (online). URL: http://www.sueddeutsche.de/wirtschaft/schuldenkrise-in-europa-hedgefonds-elite-wettet-gegen-deutschland-1.1387860

Jutta Sundermann: Attac veröffentlicht Liste deutscher Banken in Steueroasen. In: „blog steuergerechtigkeit" vom 11.4.2011 (online). URL: http://steuergerechtigkeit.blogspot.de/2011/04/attac-veroffentlicht-liste-deutscher.html

Barbara Supp: Unbarmherzige Samariter. Wie Margaret Thatcher und ihre deutschen Schüler die marktkonforme Demokratie erschaffen haben. „Spiegel"-Essay. In: „Spiegel" 6/2012, S. 56-57 (online). URL: http://www."Spiegel".de/"Spiegel"/print/d-83865235.html

Hermann Sussitz: Der talentierte Mr. Goldman Sachs. In: „Der Standard" vom 3.9.2012 (online). URL: http://derstandard.at/1345165817702/Der-talentierte-Mr-Goldman-Sachs

SZ/fran: „Sparen allein schafft kein Wachstum." In: „SZ" vom 29.4.2013 (online). URL: http://www.sueddeutsche.de/wirtschaft/eu-sozialkommissar-sparen-allein-schafft-kein-wachstum-1.1660992

„The Economist": Democracy Index 2012: Democracy is at a standstill (online). http://www..eiu.com/public/topical_report.aspx?campaignid=DemocracyIndex12

Philipp Ther: Die neue Ordnung auf dem alten Kontinent Eine Geschichte des neoliberalen Europa. Suhrkamp 2014.

Ulrich Thielemann: Die Grenzen des Wachstums. In: „The European“ vom 24.11.2010 (online). URL: http://www.theeuropean.de/ulrich-thielemann/4684-das-globale-nullsummenspiel

Paul Tiedemann: Das Sozialstaatsprinzip der deutschen Verfassung. Rechtsprechungs-direktive oder Begründungsornament? (online). URL: http://www.dr-tiedemann.-de/sozialstaat.pdf

Guido Thiemeyer: Das Demokratiedefizit der Europäischen Union. Geschichtswissen-schaftliche Perspektiven. In: Themenportal Europäische Geschichte (2008). URL: http://www.europa.clio-online.de/2007/Article=292.

Richard Tüngel: Die Atlantic Charter. In: „Die Zeit“ vom 2.1.1947 (online). URL: http://www.zeit.de/1947/01/die-atlantic-charter

Marlies Uken: Im Zweifel für den Arbeitgeber. In: „Die Zeit“ vom 16.5.2014 (online). URL:) http://www.zeit.de/wirtschaft/2014-05/Freihandel-TTIP-Deutschland-USA/komplettansicht

United Nations Conference on Trade and Development: The Gobal Economic Crisis: Systemic Failures and Multilateral Remedies. Report by the UNCTAD Secretariat Task Force on Systemic Issues and Economic Cooperation. Hrsgg. von den Verein-ten Nationen. New York und Genf, 2009 (online). URL: http://www.unctad.org/en/docs/gds20091_en.pdf

Thomas Urban: Späte Einsicht. In: „SZ" vom 11.6.2014.

Viktor J. Vanberg: Was ist Neoliberalismus? In: „Ifo-Schnelldienst“, 63. Jg., Heft 9/2010 (online). URL: http://www.cesifo-group.de/portal/pls/portal/docs/1/1193802.PDF

Simon Vaut: Gezähmt oder gelähmt? In: „Berliner Republik“, Heft 5, 2005 (online). URL: http://www.b-republik.de/archiv/gezaehmt-oder-gelaehmt

Sven-Michael Veit: Konkurrenz um jeden Preis. In: „taz“ vom 14.6.2012 (online). URL: http://www.taz.de/!54032/

Vertrag über Stabilität, Koordinierung und Steuerung in der Wirtschafts- und Wäh-rungsunion (Fiskal- oder SKS-Vertrag) vom 2.3.2012 (online). Server des Bundesfi-nanzministeriums. URL: http://www.bundesfinanzministerium.de/Content/DE/Standardartikel/Themen/Europa/Stabilisierung_des_Euro/Neue_haushaltspolitische_Ueberwachung/Fis-kalvertrag/2012-05-21-fiskalvertrag.html

Vertrag über die Arbeitsweise der Europäischen Union. Fassung aufgrund des am 1.12.2009 in Kraft getretenen Vertrages von Lissabon (Konsolidierte Fassung be-kanntgemacht im ABl. EG Nr. C 115 vom 9.5.2008) (online). URL: http://deju-re.org/gesetze/AEUV

Vertrag über die Europäische Union. Fassung aufgrund des am 1.12.2009 in Kraft getretenen Vertrages von Lissabon (Konsolidierte Fassung bekanntgemacht im ABl. EG Nr. C 115 vom 9.5.2008 (online). URL: http://dejure.org/gesetze/EU/17.html

Vertrag über die Gründung der Europäischen Gemeinschaft für Kohle und Stahl vom 18. April 195. In: EUR-Lex. Gesetzessammlung der EU (online). URL: http://eur-lex.europa.eu/legal-content/DE/TXT/?qid=1413802073478&uri=CELEX:11951K/TXT

Hannes Vogel: Abendessen im Schlosshotel. In: „SZ" vom 31.3./1.4.2012 (online). URL: http://www.sueddeutsche.de/wirtschaft/2.220/geschaefte-der-deutschen-bank-mit-kommunen-butterfahrt-ins-schlosshotel-1.1323144

Günter Voss: Neue Front gegen Merkels Sparpolitik. In: „HAZ" vom 2.5.2011.

vst/chb/sda/awp: Ein Drittel der Griechen arbeitet schwarz. In: „Handelszeitung" vom 28.12.2012 (online). URL: http://www.handelszeitung.ch/politik/ein-drittel-der-griechen-arbeitet-schwarz

Sahra Wagenknecht: Europa in der Krise. Schluß mit Mephistos Umverteilung. In: „FAZ" vom 8.12.2011 (online). URL: http://www.faz.net/aktuell/feuilleton/debatten/kapitalismus/europa-in-der-krise-schluss-mit-mephistos-umverteilung-11554102.html

Theo Waigel: Die Vision der Vereinigten Staaten von Europa. In: „Die Welt" vom 28.2.2012 (online). URL: http://www.welt.de/debatte/article13891736/Die-Vision-der-Vereinigten-Staaten-von-Europa.html

Lori Wallach: TAFTA / TTIP – die große Unterwerfung. In: „Le Monde Diplomatique" vom 8.11.2013 (online). URL: http://www.monde-diplomatique.de/pm/2013/11/08.mondeText1.artikel,a0003.idx,0

Ines Wallrod: Von Fall zu Fall. In: „Neues Deutschland" vom 21.4.2011 (online). URL: http://www.neues-deutschland.de/artikel/215432.von-fall-zu-fall.html

wallstreet:online (Redaktion): Europäische Arbeitslosenversicherung – Deutschland zum Zahlmeister degradiert. In: „wallstreet:online" vom 18.8.2014. URL: http://www.wallstreet-online.de/nachricht/6939412-eu-transferunion-europaeische-arbeitslosenversicherung-deutschland-zahlmeister-degradiert

Hans Ulrich Wehler: Deutsche Gesellschaftsgeschichte. Bd. 5, Bundesrepublik und DDR 1949-1990. Beck, München 2007/08 (online). URL: http://lesesaal.faz.net/wehler/texte.php?tid=6

H.U. Wehler: Kritik der sozialen Ungleichheit in Deutschland. In: „SZ" vom 14.5.2014.

Wolfgang Weiß: Daseinsvorsorge in allen Landesteilen sichern – Linke Sozialpolitik unter demographischen Aspekten. Analyse für die Rosa-Luxemburg-Stiftung Gesellschaftsanalyse und Politische Bildung e.V. vom 18.12.2009 (online). URL: http://www.originalsozial.de/fileadmin/m_v_2020/Wolfgang_Weiss_I.pdf

Christian Wernicke: USA in der Krise. Amerikas Reiche – und der große Rest. In: „SZ“ vom 09.10.2011 (online). URL: http://www.sueddeutsche.de/politik/usa-in-der-krise-amerikas-reiche-und-der-grosse-rest-1.1158060

Leo Wieland: Portugals langer Weg zum schlanken Staat. In: „FAZ“ vom 29.3.2013 (online). URL: http://m.faz.net/;fitScript=0/aktuell/wirtschaft/europas-schuldenkrise/portugal/schuldenkrise-portugals-langer-weg-zum-schlanken-staat-12126859.html

Manfred Wilke: Geschichte der CDU, Stichwort „Deutscher Gewerkschaftsbund (DGB)“ (online). URL: http://www.kas.de/wf/de/71.8578/

Jan Willmroth: Schön locker bleiben. In: „SZ“ vom 6.10.2014.

Rüdiger Wölk / imago: Kliniken: Privatisierungszug rollt weiter. In: „Ärzte Zeitung“ vom 19.7.2012 (online). URL: http://www.aerztezeitung.de/praxis_wirtschaft/klinikmanagement/article/818356/kliniken-privatisierungszug-rollt-weiter.html

Karl Wohlmuth: Die „Vereinigten Staaten von Europa“ und der Euro. Konferenzbeitrag für das Europapolitische Kolloquium 2012 zum Thema: Die „Vereinigten Staaten von Europa“ – ein Revival? In: Andreas Knorr, Alfons Lemper, Axel Sell, Karl Wohlmuth (Hrsg.): Materialien des Wissenschaftsschwerpunktes „Globalisierung der Weltwirtschaft“, Bd. 41, Mai 2012 (online). URL: http://www.iwim.uni-bremen.de/Siakeu/Vereinigte_Staaten_von_Europa_2012.pdf

Ignaz Wrobel (Kurt Tucholsky): Verfassungsschwindel. In: Die Weltbühne vom 26.10.1926, Nr. 43 (online). URL: http://www.zeno.org/Literatur/M/Tucholsky,+Kurt/Werke/1926/Verfassungsschwindel

Christian Zaschke: Reich gegen Arm. In: „SZ“ vom 3.4.2013 (online). URL: http://www.sueddeutsche.de/politik/sparen-in-grossbritannien-reich-gegen-arm-1.1638630

ZEIT ONLINE: Handelsabkommen Tisa gefährdet den Datenschutz. In: „Die Zeit“ vom 19. 6.2014 (online). URL: http://www.zeit.de/wirtschaft/2014-06/tisa-handelsabkommen-bankdaten-datenschutz-wikileaks

ZEIT ONLINE, AFP, Reuters: UN-Organisation warnt vor Folgen der Sparpolitik. In: „Die Zeit“ vom 30.4.2012 (online). URL: http://www.zeit.de/wirtschaft/2012-04/arbeitslosigkeit-eu-ilo

ZEIT ONLINE, dpa, AFP: USA entlasten amerikanische Hausbesitzer. In: „Zeit online“ vom 9.2.2012. URL: http://www.zeit.de/wirtschaft/2012-02/usa-hypothekenvergleich-immoblienkrise

ZEIT ONLINE: Globales Dienstleistungsabkommen Tisa rückt näher. In: „Die Zeit" vom 19. 6.2014 (online). URL http://www.zeit.de/wirtschaft/2014-06/dienstleistungsabkommen-tisa-usa-eu-ttip

ZEIT ONLINE, dpa, kg: DFB und DGB mobilisieren gegen Katar. In: „Die Zeit" vom 31.10.2013 (online). URL: http://www.zeit.de/sport/2013-10/katar-wm-dfb-dgb

ZEIT Online, Reuters, AFP, dpa, ff: Euro-Krise. Portugals Verfassungsrichter kippen Sparpaket. In: „Die Zeit" vom 6.4.2013 (online). URL: http://www.zeit.de/wirtschaft/2013-04/portugal-sparhaushalt-ungueltig-verfassungsgericht

Andreas Zielke: Dieses Girl nimmt nie Urlaub. Wie der Siegeszug der Leiharbeit begann. In: „SZ" vom 20.2. 2013.

Andreas Zielcke: Transatlantisches Freihandelsabkommen. TTIP Sieg über das Gesetz. In: „SZ" vom 3.5.2014 (online). URL: http://www.sueddeutsche.de/politik/transatlantisches-freihandelsabkommen-ttip-sieg-ueber-das-gesetz-1.1948221

Reimut Zohlnhöfer: Globalisierung der Wirtschaft und nationale Anpassungsreaktion. In: Zeitschrift für Internationale Beziehungen, 12. Jg. (2005).

Holger Zschäpitz: EZB-Bazooka macht den Euro-Crash richtig teuer. In: „Die Welt" vom 29.02.2012 (online). URL: http://www.welt.de/finanzen/article13895448/EZB-Bazooka-macht-den-Euro-Crash-richtig-teuer.html

Markus Zydra, Andrea Rexer: Europas heimliche Regierung. In: „SZ" vom 4.9.2012 (online). URL: http://www.sueddeutsche.de/wirtschaft/ezb-im-kampf-gegen-die-schuldenkrise-europas-heimliche-regierung-1.1459045

Ernst Wolff

Weltmacht IWF

Chronik eines Raubzugs

2014, 240 Seiten
Klappenbroschur
17,95 € [D] / 18,50 € [A]
ISBN 978-3-8288-3329-6

Ausgabe in englischer Sprache:
2014, 206 Seiten
17,95 € [D] / 18,50 € [A]
ISBN 978-3-8288-3438-5

Er erpresst Staaten. Er plündert Kontinente. Er hat Generationen von Menschen die Hoffnung auf eine bessere Zukunft genommen und ist dabei zur mächtigsten Finanzorganisation der Welt aufgestiegen: Die Geschichte des IWF gleicht einem modernen Kreuzzug gegen die arbeitende Bevölkerung auf fünf Kontinenten.

In seinem bis zur letzten Seite fesselnden Buch schildert der Journalist Ernst Wolff, welche dramatischen Folgen die Politik des IWF für die globale Gesellschaft und seit Eintreten der Eurokrise auch für Europa und Deutschland hat. Denn die Vergabe von Krediten durch den IWF hat die Erzwingung neoliberaler Reformen zur Folge: Auf der einen Seite fördert diese Praxis Hunger, Armut, Seuchen und Kriege, auf der anderen begünstigt sie eine winzige Gruppe von Ultrareichen, deren Vermögen derzeit ins Unermessliche wächst – alles im Namen der Stabilisierung des Finanzsystems.

Ernst Wolff, 1950 geboren, wuchs in Südostasien auf, ging in Deutschland zur Schule und studierte in den USA. Er arbeitete in diversen Berufen, u.a. als Journalist, Dolmetscher und Drehbuchautor. Die Wechselbeziehung von Wirtschaft und Politik, mit der er sich seit vier Jahrzehnten beschäftigt, ist für ihn gegenwärtig von höchster Bedeutung: »Die Finanzkrise von 2008 und die Eurokrise waren nur die ersten Vorboten eines aufziehenden globalen Finanz-Tsunamis, in dem der IWF und seine Verbündeten auch in Deutschland zu Maßnahmen greifen werden, die wir uns heute noch nicht vorstellen können.«

Klaus Simon

Zwickmühle Kapitalismus

Auswüchse und Auswege

2014, 268 Seiten
Klappenbroschur
17,95 € [D] / 18,50 € [A]
ISBN 978-3-8288-3257-2

Es muss sich was ändern! Spätestens seit der aktuellen Finanzkrise spüren wir es alle: Mit diesem System stimmt etwas nicht. Anhand klarer Zahlen und verblüffender Fakten gibt Klaus Simon einen sehr verständlichen Überblick, wie der globale Finanzmarkt-Kapitalismus abläuft – und warum er auf Dauer nicht funktionieren kann.

Es besteht dringend Handlungsbedarf, doch Sozial- und Finanzmarkt-Reformen laufen unter den Bedingungen der Globalisierung ins Leere. Schlimmer noch: Auch ökologische Reformen scheitern am Wachstumszwang des kapitalistischen Systems. Das Fazit liegt auf der Hand: Der Kapitalismus ist den anstehenden Herausforderungen nicht mehr gewachsen.

Doch Simon kritisiert nicht nur: Er zeigt auf, wie eine nachhaltige, zukunftsfähige Ökonomie aussehen kann, ohne gewaltsame Umsturzversuche. Damit gibt er der sympathischen Utopie einer Neuordnung »von unten« Raum.

Klaus Simon, Jahrgang 1948, studierte in Leipzig Mathematik. Er arbeitete in einem energetischen Institut und wurde 1986 EDV-Leiter eines Thüringer Unternehmens. Den Druck der DDR-Kommandowirtschaft wie auch des neoliberalen Verdrängungswettbewerbs lernte Simon im Beruf selbst hautnah kennen. 2009 wurde er Mitglied der Akademie Solidarische Ökonomie, wo er alternative Gesellschaftsentwürfe diskutiert.

Zeitfracht Medien GmbH
Ferdinand-Jühlke-Straße 7
99095 Erfurt, Deutschland
produktsicherheit@kolibri360.de